Rome, ville et capitale

de Jules César à la fin des Antonins

Articles réunis et présentés par

Sabine Lefebvre

Éditions Jacques Marseille
Librairie Vuibert

Dans la même collection

Françoise Micheau
Les relations des Pays d'Islam avec le monde latin du milieu du Xe *siècle au milieu du* XIIIe *siècle* (© 2000)

Patrick Cabanel
Religion et culture dans les sociétés et dans les États européens de 1800 à 1914 (© 2001)

Dans la collection « Questions sur... »

Serge Berstein
La démocratie aux États-Unis et en Europe occidentale de 1918 à 1989 (© 1999)

Claude Mossé
Guerres et sociétés dans les mondes grecs de 490 à 322 avant J.-C. (© 1999)

François Lebrun
Les monarchies espagnole et française du milieu du XVIe *siècle à 1714* (© 2000)

Robert Fossier
Les relations des Pays d'Islam avec le monde latin du milieu du Xe *siècle au milieu du* XIIIe *siècle* (© 2000)

Direction éditoriale : Jacques Marseille
Coordination éditoriale : Brigitte Brisse
Couverture, mise en page et dessins : Thomas Winock

ISBN 2 7117 6095 2

SOMMAIRE

Introduction générale

« *Rome, ville et capitale de César à la fin des Antonins* » : le thème peut surprendre. Cependant deux raisons justifient qu'il soit proposé aux candidats au Capes et à l'Agrégation d'Histoire. En effet, si l'Italie républicaine, l'empire au IIIᵉ siècle, ainsi que les provinces orientales puis les provinces occidentales au Haut-Empire ont été ces dernières années l'objet de l'attention des futurs professeurs, la ville de Rome, traitée en tant que telle, n'a pas reçu la même attention ; elle apparaissait comme un des éléments constitutifs de l'empire romain, mais ses spécificités n'étaient pas mises en valeur. Il était donc temps que les historiens rendent à l'*Vrbs* sa place centrale comme ville et capitale [1]. De plus, ce thème de réflexion correspond tout à fait à l'un des sujets actuellement prisé les romanistes.

Plusieurs raisons justifient cet intérêt ; il faut tout d'abord mentionner le renouveau des fouilles dans la Ville. Depuis une quinzaine d'années, de nombreux chantiers se sont ouverts dans le centre historique de Rome [2], permettant de reconstruire l'histoire de certains monuments, de découvrir de nouveaux bâtiments, simplement connus jusque-là par les sources littéraires ou la *Forma Vrbis*, ou de modifier des interprétations souvent anciennes. Les fouilles menées aussi bien par les services archéologiques italiens que par les Écoles étrangères à Rome ont ainsi permis de compléter la planimétrie du Palatin, en particulier le secteur de l'église Saint Sébastien, mais aussi, plus récemment, de modifier la compréhension du Forum de Trajan et la vision de la colonne Trajane. Ces exemples ne sont que quelques-uns des résultats obtenus par les archéologues.

1. Une bibliographie très complète sur ce thème a été établie par J.-P. Guilhembet dans la revue Historiens et géographes, n° 375, juillet-août 2001, pp. 215-242 ; site Internet http ://argentoratum.ustrasbg.fr/sophau.html

2. Pour toute localisation, cf. la carte de Rome ci jointe, p. 11.

Bien entendu, si la topographie est un des aspects essentiels de ce nouvel éclairage sur la capitale de l'empire, son étude ne doit pas conduire à négliger le reste des apports récents. En effet, grâce aux travaux des archéologues, et à la réédition de certains volumes du *Corpus Inscriptionum Latinarum*, VI, les historiens ont pu compléter les études portant sur de multiples aspects de la vie à Rome, en particulier pendant les trois siècles où le développement des institutions, l'agrandissement de l'empire, la structuration de l'administration devaient avoir des répercussions sur l'urbanisme et la vie de la population romaine. Ainsi, de nombreuses publications permettent de cerner tous les aspects de la vie romaine ; on peut mentionner des colloques [3], et plus récemment les ouvrages de F. Kolb [4] d'A. Giardina [5] et de E. Lo Cascio [6] sans négliger la réflexion entamée par l'École Française de Rome sur les mégapoles : Rome, capitale de l'Empire y tient une place centrale [7]

Les institutions républicaines, déjà bien mises à mal par Sylla ou Pompée, marquent le début d'un urbanisme idéologique, avec en particulier le Forum de César, les prémices de la concentration des responsabilités entre les mains d'un seul homme, et une attention plus rationnelle portée à la population romaine, par exemple lors des recensements. Mais c'est surtout Auguste qui va initier les grandes lignes de l'histoire de la capitale romaine pour au moins deux siècles, avec en particulier la création des services administratifs gérant Rome (préfecture de la Ville, curatelles des travaux publics, du Tibre, préfecture des Vigiles…) ou l'empire (les bureaux palatins, préfecture du prétoire, préfecture de l'annone, fonctions procuratoriennes…). Alors que certains services sont bien localisés dans l'espace urbain, comme les *castra praetoria* à l'est de la Ville, ou

3. *L'Vrbs. Espace urbain et histoire (Ier s. av. J.-C. – IIIe s. ap. J.-C.)*, CEFR 98, Rome, 1987, et *La Rome impériale. Démographie et logistique*, CEFR 230, Rome, 1997.
4. *Rom. Die Geschichte der Stadt in der Antike*, Munich, 1995.
5. *Storia di Roma dall'Antichità a aggi. Roma antica*, Rome/Bari, 2000.
6. *Roma imperaile : una metropoli antica*, Studi superiori 391, Rome, 2000.
7. C. Nicolet, R. Ilbert et J.-C. Depaule éds, *Mégapoles méditerranéennes. Géographie urbaine rétrospective*, CEFR 261, Paris/Rome, 2000.

quelques-unes des casernes des Vigiles, des hypothèses sont aujourd'hui proposées quant à la localisation d'autres bureaux. En effet, Auguste et son entourage vont modifier de façon conséquente plusieurs secteurs de Rome. La Ville, nouvellement découpée en *regiones*, voit ainsi le Champ de Mars se structurer entre les mains d'Agrippa (le Panthéon, les thermes) ; le pouvoir, représenté par le Prince, s'installe de façon encore inorganisée sur le Palatin destiné à devenir grâce aux travaux des Julio-Claudiens et des Flaviens, la zone palatiale par excellence. Enfin, on peut mentionner la création des Forums impériaux, voisins du vieux Forum républicain, qui ne répond plus ni aux besoins politiques — le peuple ne jouant plus de rôle actif dans le fonctionnement de l'État —, ni aux besoins judiciaires de plus en plus importants, ni aux besoins idéologiques des princes, qui ressentent la nécessité de mettre en scène leur propagande. Plus vastes, organisés de façon rationnelle, ces forums sont autant de vitrines du pouvoir, tout en permettant l'installation des services administratifs, comme la préfecture de la Ville localisée sans doute dans les portiques du temple de la Paix. Certes, la Ville, sous les successeurs d'Auguste, connaît des drames : les incendies (celui de 64 est le plus connu, mais jusqu'au règne de Commode, Rome survit à plusieurs crises identiques, ainsi qu'à des crues du Tibre aussi catastrophiques), les expropriations massives afin de répondre aux désirs des princes (comme Néron, bâtisseur de la *Domus Aurea*), mais surtout les émeutes populaires lors des changements de règne ou de dynastie, comme en 68-69. Les rues de Rome ne sont cependant pas uniquement les témoins des vicissitudes économiques et politiques. En effet, les artères de la capitale servent également de scène où se déroulent les fêtes qui rythment la vie des Romains ; ainsi, les triomphes militaires entérinant les conquêtes de Rome, les cérémonies d'avènement, ainsi que la célébration de la divinisation du prince mort, les célébrations religieuses comme les Jeux séculaires, remis à l'honneur par Auguste, sont autant d'occasion d'offrir à la plèbe urbaine des cérémonies se poursuivant dans les espaces de loisirs spécialement construits pour l'occasion comme les théâtres, et surtout le Colisée, amphithéâtre permanent de Rome dû à l'initiative des

Flaviens. Aussi, lorsque Commode est assassiné à la fin de l'année 192, Rome, ville et capitale, dispose de tous les équipements caractéristiques, tant sur le plan politique, que culturel, économique, ou religieux. Les modifications ultérieures ne feront que compléter l'œuvre entamée sous César.

Les thèmes sont donc nombreux qui peuvent être étudiés dans le cadre des concours. Certains font l'objet d'ouvrages, traitant plus spécifiquement des rapports entre Rome et certains des acteurs principaux qui l'animent [8] qui à travers plusieurs articles évoque la place et le rôle du prince dans la ville-capitale), tout en ne négligeant pas les données artistiques [9]

C'est donc vers des thèmes de recherche différents que nous avons choisi de nous tourner pour constituer ce recueil d'articles. Ces thèmes permettent de comprendre les motivations des princes, les raisons de telle ou telle décision, les potentialités de la Ville comme modèle diffusé dans l'empire. Il est en effet nécessaire que les dirigeants de Rome connaissent la population qu'ils doivent nourrir, distraire, séduire, convaincre. Le petit peuple de Rome ne doit donc pas être négligé, dans tous les aspects de sa vie. À l'autre extrémité de l'échelle sociale, il sera celui que nous suivrons au cours d'une promenade romaine. C'est pourquoi, après avoir rappelé quel est « L'espace urbain de Rome » (I), « Rome et son image » (II) nous permettra de comprendre pourquoi l'*Vrbs* devait être la plus belle ville du monde connu. Puis, nous nous tournerons vers la « Rome, centre économique de l'Empire » (III), en voyant dans quelle mesure le poids de la plèbe qu'il faut nourrir conditionne en partie les rapports sociaux dans la capitale. Enfin, nous verrons comment, dans la mesure où Rome est le centre du pouvoir, elle peut également devenir « Rome, lieu de conflits ? » (IV).

Sabine Lefebvre

---

8. N. Belayche dir., *Rome : la Ville et le Prince aux deux premiers siècles de notre ère*, Rennes, 2001.
9. M. Tarpin, *Roma Fortunata. Identités et mutations d'une ville éternelle*, Gollion, octobre 2001.]

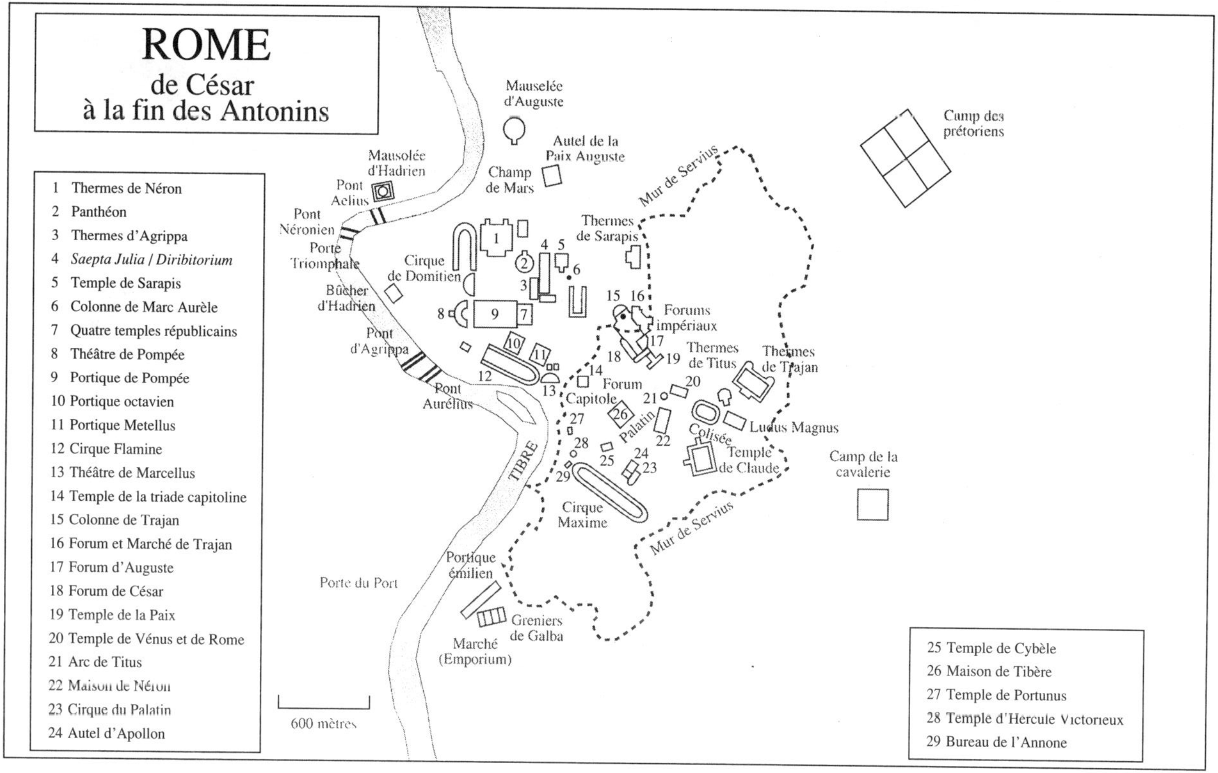
ROME
de César
à la fin des Antonins
1 Thermes de Néron
2 Panthéon
3 Thermes d'Agrippa
4 *Saepta Julia / Diribitorium*
5 Temple de Sarapis
6 Colonne de Marc Aurèle
7 Quatre temples républicains
8 Théâtre de Pompée
9 Portique de Pompée
10 Portique octavien
11 Portique Metellus
12 Cirque Flamine
13 Théâtre de Marcellus
14 Temple de la triade capitoline
15 Colonne de Trajan
16 Forum et Marché de Trajan
17 Forum d'Auguste
18 Forum de César
19 Temple de la Paix
20 Temple de Vénus et de Rome
21 Arc de Titus
22 Maison de Néron
23 Cirque du Palatin
24 Autel d'Apollon
25 Temple de Cybèle
26 Maison de Tibère
27 Temple de Portunus
28 Temple d'Hercule Victorieux
29 Bureau de l'Annone
Mauselée d'Auguste
Autel de la Paix Auguste
Camp des prétoriens
Mausolée d'Hadrien
Pont Aelius
Champ de Mars
Mur de Servius
Pont Néronien
Porte Triomphale
Thermes de Sarapis
Cirque de Domitien
Bûcher d'Hadrien
Forums impériaux
Pont d'Agrippa
Thermes de Titus
Thermes de Trajan
Pont Aurélius
Forum
Capitole
Palatin
Ludus Magnus
Colisée
Temple de Claude
Camp de la cavalerie
TIBRE
Cirque Maxime
Mur de Servius
Portique émilien
Porte du Port
Greniers de Galba
Marché (Emporium)
600 mètres

I

L'espace urbain de Rome

Comprendre le fonctionnement, la dynamique qui anime Rome, de César à la fin des Antonins, demande de connaître l'histoire de la Ville, tant politique que sociale, économique ou religieuse. En effet, cité à l'échelle de ses voisines à sa naissance, la Ville a vu son « territoire » s'accroître au cours des siècles, englobant l'Italie, puis les rivages méditerranéens et les territoires adjacents. Il a donc fallu que Rome, la ville, trouve sa place dans ce gigantisme que les structures d'origine n'avaient pas prévu, et devienne la capitale de l'Empire romain. Ville la plus importante de son époque en taille et en population, Rome peut ainsi être qualifiée de mégapole. Dans le cadre de la réflexion sur ces cités tentaculaires au cours des siècles, Claude Nicolet, qui a longuement étudié la vie politique de Rome, en particulier à la fin de la République[1], présente les évolutions qui ont conduit à la transformation de Rome en une mégapole qui, déjà dans l'Antiquité, frappait les contemporains.

Originairement fondée sur le Palatin — la *Roma Quadrata* légendaire —, la Ville va considérablement se développer, en particulier dans les années postérieures aux campagnes victorieuses contre Carthage et en Orient. L'afflux de population et les nouveaux besoins politiques vont conduire à une réorganisation de l'espace géopolitique de la cité, dès l'époque de Sylla ; ce sont les déplacements successifs du *pomerium* qui sont sans doute la modification la plus significative, car visuali-

1. *Le métier de citoyen dans la Rome républicaine*, Paris, 1976, rééd. coll. Tell, 1988) ; *Rendre à César. Économie et société dans la Rome antique*, Paris, 1988 ; *L'Inventaire du monde*, Paris, 1988 ; *Censeurs et publicains. Économie et fiscalité dans la Rome antique*, Paris, 2000.

sée par des cippes. Ces agrandissements de l'essence sacré sont évoqués par François Hinard[2].

Dans ce nouveau cadre administratif, les modifications sont importantes. En quelques années, Rome va changer de visage, et les principaux espaces publics vont s'adapter aux nouveaux besoins politiques (les Forums impériaux), religieux (temples reconstruits, restaurés et mise en place du culte impérial), idéologiques (les *Saepta* construites en tant que bureau de vote à un moment où le vote du peuple ne joue plus un rôle déterminant), administratifs (palais et bâtiments administratifs), économiques et sociaux (aménagement des ports, aqueducs entretenus ...). Aussi, l'urbanisme de Rome, tel qu'on pouvait le présenter il y a quelques années[3], doit aujourd'hui être complété et corrigé par des synthèses plus récentes, qui se sont multipliées ces dernières années. L'ouvrage de F. Coarelli[4] a été complété et légèrement modifié[5]. Aussi toute synthèse est rapidement dépassée. Néanmoins, quelques bilans des fouilles récentes restent utiles pour pouvoir apprécier les apports de l'archéologie ; dans ce cadre l'article de John R. Patterson fait le point, secteur par secteur, sur les fouilles menées à Rome depuis 1980.

Ce vaste espace urbain, défini et aujourd'hui mieux connu, a vécu au cours des siècles des petits drames et des grandes crises — crues du Tibre, incendies, violence urbaine, trafic urbain difficile... —, appréhendés par les résultats des fouilles (en particulier par les reconstructions datées par les briques) et rendus vivants par les sources littéraires. Des travaux récents montrent les apports de la confrontation entre ces deux types

---

2. *Sylla*, Paris, 1985 ; *Les proscriptions de la Rome républicaine*, Rome, 1985.

3. L. Homo, *Rome impériale et l'urbanisme dans l'Antiquité*. Paris, 1951 [rééd. 1971], L. Duret et J.-P. Néraudau, *Urbanisme et métamorphoses de la Rome antique*, Paris, 1983 ; P. Gros et M. Torelli, *Storia dell'urbanistica. Il mondo romano*, Rome/Bari, 1988 [rééd. 1994.

4. *Guide archeologiche. Roma*, Bari, 1980, traduit en français et complété par quelques pages sur les environs de Rome, en particulier Ostie et Tivoli, *Guide archéologique de Rome*, 1994, Paris.

5. *Guide archeologiche. Roma*, Rome, 2001.

des villes « dangereuses » comme la Naples des Bourbons, ou telle autre.

Je partirai de la constatation empirique que ces « mégapoles » constituent, du fait même de leurs dimensions et de leur rôle exceptionnels, un milieu urbain nouveau. Et je voudrais me demander comment se comportent, dans ce milieu nouveau, les facteurs qui caractérisaient, de l'avis général, la vie urbaine « normale » du réseau continu des villes petites et moyennes d'où se détachent les unes après les autres des « mégapoles ». Je tâcherai d'illustrer mon propos, et de tester mon « questionnaire », par le cas particulier d'une ville qui n'est pas seulement celui que (par hasard) je connais le mieux mais celui qui aura, je pense, valeur de modèle.

> « *Verum haec tantum alis inter caput extulit urbes*
> *...quantum lenta solent inter viburna cupressi* »
> « mais en vérité cette ville a élevé sa tête au milieu des autres, autant que d'ordinaire les cyprès au milieu des souples viornes »

C'est en ces termes que Virgile, « provincial » de Mantoue, parle de Rome : « *urbem quam dicunt Romam* », pour marquer par rapport aux autres villes italiennes la différence irréductible de ses dimensions, qui finit par induire aussi des différences de nature.

Il faut donc d'abord rappeler quelles étaient les caractéristiques normales d'une ville ancienne pour apprécier les changements et les différences qui transforment Rome en « mégapole ». Je le fais aussi rapidement que possible :

a) d'abord, une ville est généralement, dans l'Antiquité, une cité, une *polis* (ou, en latin, une *civitas*), ce que nous appelons de nos jours une cité-État. C'est-à-dire un petit État autonome, de territoire en général réduit, indépendant de ses voisins, de peuplement en général unitaire et spécifique (la cité est aussi désignée par le nom de ses habitants : on dit aussi fréquemment « Athènes », que les « Athéniens ») ;

b) cette population est aussi un *peuple* : c'est-à-dire que les habitants de la cité-État (sauf les étrangers et les non-libres) forment en principe un tout cohérent, pourvu de droits politiques : ils constituent l'instance souveraine. On retrouve en règle générale dans chaque cité sous des noms différents des organes politiques indispensables : des cultes communs (civiques ou *poliades*), une ou plusieurs assemblées du peuple (souveraines), un *conseil* délibératif plus restreint qui se réunit plus fréquemment, des *magistrats* qui, au nom du peuple et tenant leur pouvoir de lui (qu'ils soient élus ou tirés au sort), administrent le Trésor ou commandent l'armée et assurent l'exercice de la justice, qui elle aussi, est celle du peuple ;

c) dans ce contexte, il y a, on le voit, confusion presque totale entre la ville, comme agglomération, et la cité comme communauté civique ou comme État. Bien sûr, dans l'Antiquité, l'économie est à base essentiellement agricole ; et le territoire de la cité-État est bien exploité d'un point de vue agricole. Il doit d'abord fournir l'essentiel des ressources alimentaires de la communauté ; c'est pourquoi d'ailleurs l'accès à la propriété foncière est presque toujours un des grands enjeux de la politique des cités. Mais il n'y a pas, en principe, quant aux droits et aux devoirs civiques, quant aux obligations de la vie collective, de différence entre la cité-ville et son territoire rural. La cité est le centre, le seul lieu où peuvent se prendre les décisions communes essentielles. Que le régime soit oligarchique, comme le plus souvent, ou démocratique, ces décisions sont prises sur le mode délibératif, avec débats publics. La participation physique et la « présence réelle » des citoyens aux diverses procédures ou cérémonies religieuses et civiques est, dans la cité antique, en général aussi contraignante que la participation au devoir militaire comme aux charges financières ;

d) ces caractéristiques — que nous trouvons toutes présentes dans la Rome républicaine — se lisent aisément dans l'urbanistique elle-même. L'organisation de l'espace urbain les reflète assez fidèlement, à la fois parce qu'il en est le cadre ou le décor juridiquement nécessaire, et parce qu'il les modèle à son tour. À Rome comme ailleurs, l'espace de la cité (son orientation, ses divisions, etc.) doit être en liaison plus ou moins directe, en « harmonie » avec l'ordre du monde, humain et divin ; il est au sens propre orienté par des lieux consacrés religieusement autour desquels se dérouleront les rites qui accompagnent la vie collective, principalement des sanctuaires. Mais il faut aussi ménager des espaces convenables pour que puissent se dérouler concrètement les opérations — civiles ou militaires — qui mettaient en cause ou en mouvement les citoyens : des espaces pour que le peuple — en principe dans sa totalité — s'assemble pour voter, des bâtiments pour que le sénat puisse délibérer ;

e) un espace surtout où puisse s'accomplir le *census*, c'est-à-dire la longue série d'opérations par laquelle la cité, tous les cinq ans, dénombre ses citoyens, les enregistre, les répartit selon des classements divers afin d'en avoir toujours l'inventaire disponible. Double inventaire des personnes (et surtout des mâles adultes, futures recrues) et des ressources matérielles et financières publiques et privées. Il fallait aussi des lieux pour les tâches administratives et juridictionnelles qui incombaient aux magistrats ; un lieu pour le Trésor, d'autres pour les archives. Mais tout cela s'adaptait assez facilement à cette topographie et à cet urbanisme tout pénétré par la religion et jalonné par les demeures des dieux. Bref, la Ville, en tant qu'organisme, est construite de façon à accueillir le peuple, les magistrats, le sénat, organes de la cité, avec laquelle elle s'identifie ;

f) naturellement, la Ville est aussi un lieu où se joue toute une vie de relation : et principalement les échanges et la production. Le ou les marchés, les ports ou les ponts, s'il s'en trouve, qui jalonnent ou engendrent les routes et les rues ; des locaux pour stocker et répartir les biens, qu'ils soient encore, en ce domaine, privés ou publics ; sans oublier des zones ou des lieux où s'organise une production préindustrielle certes, mais qui peut, profitant des besoins accrus d'une population concentrée, ou des perspectives d'échange ou d'exportation, être importante et sophistiquée. Cependant, tant que persiste le caractère primordial des activités civiques et les institutions d'une cité-État, les espaces « économiques » et les espaces « civiques » interfèrent et se confondent parfois ; au forum (à l'origine un marché) on vote et on juge ; dans les basiliques qui le jouxtent, on trouve des banques aussi bien que des tribunaux.

La Rome de la fin de la République — depuis au moins le IIe siècle av. J.-C. — conserve formellement tous ces traits d'une « cité » comme les autres ; ses institutions comme son architecture restent encore comme des conservatoires d'un type de cité-État qui, dès cette époque, fait figure d'archaïsme. C'est que, dans le monde grec, sont apparues déjà des transformations politiques et civiques qui trouvent leur traduction dans un nouvel urbanisme : des cités « royales », fondations *ex nihilo*, comme Alexandrie, Antioche ou Pergame ; ou des aménagements significatifs, produits, le plus souvent, de l'évergétisme royal, dans « les cités » plus anciennes (par ex. le portique d'Attale dans l'Agora d'Athènes).

Mais, en même temps, commencent à se produire les changements de tous ordres — quantitatif et qualitatif — qui vont à la fois affecter l'État romain dans ses structures, et marquer la Ville elle-même pour la transformer en une « mégapole ». On peut tenter de les présenter sommairement comme suit :

a) le premier est quantitatif et démographique. La population de l'État romain (de la cité-État) connaît dans cette période une augmentation considérable — passant en gros de 923 000 habitants en 225 av. J.-C. à 1 250 000 en 124 et 3 000 000 en 76 av. J.-C. Naturellement, il s'agit là du nombre total des citoyens (femmes, vieillards et enfants compris) qui vivent non dans la Ville, mais sur l'ensemble du « territoire » — étendu bientôt, par une fiction irréductible aux normes d'une cité, à toute l'Italie au sud du Pô (soit respectivement 25 000, 55 000, 160 000 km^2). Cette augmentation n'est due que très marginalement à un accroissement « naturel » ; ses causes sont politiques : « l'annexion » de territoires italiens s'accompagne de « l'assimilation » civique et politique de leurs habitants qui culmine après la « révolte des Alliés » (91-89 av. J.-C.) avec l'octroi de la citoyenneté *romaine* à tous les Italiens libres. Dès lors, Rome — originale et unique en cela — n'est plus une « cité-État » comme les autres. Car, naturellement, la grande majorité de ces « citoyens » n'habitent plus la Ville ou son territoire immédiat ni même proche. Cependant, la population de l'agglomération elle-même (moins bien connue) augmente elle aussi fortement, par immigration cette fois, dans la même période. Rome, au IIe siècle, est sûrement déjà une ville de 300 000 ou 400 000 habitants. C'est-à-dire aussi grosse, sinon plus, qu'Alexandrie. Au milieu du Ier siècle av. J.-C. (entre 58 et 46) elle en compte au moins 600 000 ou 700 000 (tous ces chiffres doivent être justifiés par de longs raisonnements. Il s'agit cette fois de la population totale, y compris les non-libres et les étrangers). L'échelle a changé de façon spectaculaire.

b) mais le mode d'appréhension, de contrôle et de répartition de cette population, qui était le fondement même de la cité-État, change aussi profondément. Jusqu'en 70 av. J.-C. au moins, les opérations quinquennales du cens ne pouvaient se dérouler — sur dix-huit mois — qu'à Rome même, par comparution personnelle de tous les citoyens (chefs de famille) devant les employés des censeurs. D'où une intense circulation des personnes (qui était en principe nécessaire également pour la fréquente participation électorale). À partir d'une date comprise entre 70 et 45, le recensement des citoyens romains ne résidant pas à Rome (toute l'Italie) se fera localement, dans chaque municipalité. Ne feront le voyage à Rome que les registres locaux et les délégations qui viennent les déposer aux archives centrales. Vers la même époque d'ailleurs (46 av. J.-C.), le recensement d'une partie de la « plèbe urbaine » (sinon de la totalité de la population libre de la Ville) se fait selon le même type de procédure indirecte, démultipliée, maison par maison. Il y a là sûrement des concomitances voulues : la mobilité des documents remplace celle des personnes.

c) la répartition de la population est également modifiée. Jusque vers l'époque de César, la répartition théorique de la population « romaine » était en principe simple : les citoyens habitant la Ville étaient répartis entre quatre tribus urbaines (peut-être topographiques) ; ceux qui résidaient dans le « territoire rural » en 31 « tribus rustiques ». À vrai dire, les choses étaient plus compliquées, car l'inscription dans une tribu ne dépend pas de la résidence, mais de l'« origine » de la famille. Mais de toute manière, à la fin du Ier siècle av. J.-C., « l'exode rural » massif a eu pour résultat de peupler Rome d'une population qui, par voie héréditaire, demeure inscrite dans ses tribus d'origine, donc les « tribus rurales ». Se concentre au contraire dans les « tribus urbaines » principalement la masse des affranchis. On voit que cela va changer radicalement la physionomie de la « plèbe urbaine » qu'on commence à appeler « des 35 tribus » : bien qu'habitant la Ville, elle peut (formellement) être censée représenter la totalité du « peuple romain ». On n'interdit certes pas aux citoyens romains habitant Bologne ou Brindes de venir à Rome pour accomplir leurs devoirs civiques : mais on peut se passer d'eux.

d) on comprend aussi qu'un peu plus tard, avec un certain décalage, le fonctionnement politique de l'État (essentiellement le vote aux assemblées pour les lois et les élections, qui ne peut avoir lieu qu'à Rome) ait été aussi complètement dénaturé. Avec l'obligation du déplacement, la participation des citoyens d'Italie était, on s'en doute, terriblement inégalitaire et variable, jusqu'à vider de sens la solennelle machinerie. Guerres civiles et émeutes urbaines scandent la marche vers la monarchie, de César d'abord — avortée — d'Auguste ensuite, réussie. Le « peuple » cesse donc d'intervenir (même si c'était souvent seulement pour arbitrer des débats ou des conflits à l'intérieur d'une aristocratie). On ne le réunira plus, sinon pour une simple « ratification » que quelques figurants suffisent à accomplir, après 14 ap. J.-C. Certes, c'est à cette époque que, par un apparent paradoxe, on fournit aux opérations électorales un cadre magnifique, celui d'une « enceinte » bâtie en dur au Champ de Mars, gigantesque et luxueuse ; mais ce n'est là qu'un masque, et l'enceinte devra trouver d'autres destinations. Un instant, on a pu croire, sous Auguste, que la contradiction entre les dimensions de la Ville et de l'État et le maintien d'institutions surannées trouverait une solution originale avec un vote « par correspondance » pour les notables municipaux au moins : la chose n'eut pas de suite. On préféra s'en tenir à la « fiction » de la représentation du tout par le microcosme de la « plèbe urbaine », supposée représenter le « peuple romain universel ». À elle, et à elle seule, le « devoir » de voter (fictivement) et — nous le verrons — d'entretenir avec le nouveau pouvoir de nouveaux rapports. Pour elle seule, du même coup, les « bénéfices » de la vie collective, les exemptions fiscales et plus encore, les « largesses » du prince : le blé gratuit (plus tard, le vin, le pain, la viande) et, de temps en temps, l'argent. Certes, ces « largesses » ne touchent pas toute la population urbaine (un million de personnes au IIe siècle, sans doute) : mais à peu près 200 000 chefs de famille, c'est quand même beaucoup — et cela *coûte très cher* à un « empire » qui s'étend de l'Écosse à l'Arabie. Ainsi, on réduit et on exalte à la fois une plèbe urbaine dangereuse (par sa concentration, et la charge symbolique qu'elle représente) qui n'est plus un « peuple », mais qui est beaucoup plus qu'un prolétariat...

e) ces mutations profondes ont d'ailleurs une autre conséquence : la naissance et la croissance d'une véritable *administration urbaine*. Jusqu'à Auguste les « magistrats du peuple romain » (dits « urbains » parce qu'ils sont élus ou désignés à Rome) administrent à la fois la Ville et les provinces (puisqu'ils commandent les armées), sous le contrôle du sénat. À partir du moment où la vieille constitution républicaine (jamais abolie) est coiffée par un personnage, l'empereur, qui en est à la fois à l'intérieur et à l'extérieur, qui — en gros — commande seul les armées et s'occupe presque seul des finances, et qui est, aux yeux de tous, tenu pour responsable de presque tout, une nouvelle façon de gouverner et d'administrer s'installe peu à peu. Elle ignore de plus en plus le vieil encadrement « civique » (les tribus personnelles, la responsabilité des « magistrats » du peuple) et leur substitue de nouveaux cadres. Topographiques d'abord : les onze « régions » italiennes, et les quatorze « régions » romaines, de création à peu près contemporaine. Les unes et les autres suscitées sans doute par des pratiques archivistiques et donc statistiques, elles servent rapidement de cadre à des procédures administratives. À Rome, cette organisation est contemporaine de la création progressive de « services » urbains, qui se met en place sous le règne d'Auguste ou de ses successeurs immédiats. Préfecture des « vigiles » (pompiers et police de nuit) en 6 ap. J.-C. ; préfecture de l'Annonce (le ravitaillement et les distributions de blé), vers 8 ap. J.-C. ; service des eaux (après 11 av. J.-C.), à quoi il faut ajouter les forces de l'ordre : les neuf cohortes prétoriennes, et le ou les préfets qui les commandent ; les trois, puis cinq « cohortes urbaines », sous l'ordre du préfet de la Ville. Ces deux dernières préfectures finiront par devenir de véritables gouvernements, chargés de juridictions étendues, à la tête de bureaucraties considérables. Par la suite, jusqu'au Bas-Empire, se développeront bien d'autres administrations ou directions (pour les travaux publics, pour l'entretien de la voirie et des quais du Tibre, pour les monuments et les statues, etc.) qui toutes justifieront des services étoffés, des bâtiments, des archives. Leur caractère commun est désormais d'être placés sous la responsabilité non plus de magistrats élus annuellement, mais de préfets ou procurateurs nommés par le seul empereur, responsables devant lui, et susceptibles d'une gestion continue. Bref, une administration bureaucratique lourde, de type étatique et « moderne », et essentiellement centralisée.

f) avec cette nouvelle hypostase du pouvoir, aux antipodes des procédures de la cité traditionnelle, la population de la ville (à dessein, je ne dis plus « le peuple romain » ni même « la plèbe urbaine des 35 tribus ») va entretenir des rapports nouveaux qui s'esquissaient déjà à la fin de la République, mais qui vont désormais se trouver ritualisés et même institutionnalisés. Les jours fériés (une centaine à la fin de la République, 175 au IVe siècle) n'étaient pas seulement le prétexte du repos ou du loisir : ils étaient l'expression d'une liturgie. Et les spectacles qui les marquaient — au cirque, pour des courses et des concours ; au théâtre, pour des tragédies ou des comédies — étaient d'abord, en principe, des occasions où le peuple — d'ailleurs organisé et hiérarchisé dans son rôle de spectateur comme dans toute autre activité — se retrouve, se contemple lui-même mais aussi retrouve et voit, de ses yeux, le « gouvernement » de la cité, ses magistrats, organisateurs et garants de la faveur des dieux. Au dernier siècle de la République, et jusqu'au règne d'Auguste, nous avons suffisamment d'exemples qui nous montrent que ces rencontres quasi-rituelles étaient aussi l'occasion où pouvait se mesurer la popularité des magistrats et des leaders, ou même, plus précisément, s'exprimer l'opinion du peuple ou de telle de ses composantes sur des événements ou des débats précis. Bref, un mode d'expression politique officieux, parallèle à celui qu'offraient les institutions.

Ce phénomène, qui semble lié à des institutions où le débat public au Sénat ou devant le peuple est prépondérant, ne disparaît pas totalement, comme on pourrait s'y attendre, sous l'empire. Mais, là encore, il change de sens. C'est désormais avec la personne du prince que se noue un dialogue à la fois adulateur et orageux. La présence physique de l'empereur est requise, au cirque ou dans l'amphithéâtre (nouveauté de l'époque impériale) moins pour en recevoir ou lui adresser un message articulé et cohérent, que pour la valeur symbolique, prophylactique ou sacrée de cette présence, garantie de la survie de Rome, et de l'abondance de son ravitaillement. En outre, le « peuple », désormais lié « au pain et au cirque », attend de ses « maîtres » qu'ils partagent, ou affectent de partager, ses goûts. Nous verrons que le nouveau régime, en offrant aux populations des villes — à commencer par celle de la Ville — les formes religieuses précises du culte monarchique, place désormais ce « dialogue » au plan des symboles ou des mythes. Comme toujours, même avec des précautions nécessaires (puisque le prince est aussi, en théorie, un magistrat), monarchie et religion ont partie liée.

g) changement de signe, enfin, dans la parure monumentale et dans l'urbanisme de la ville. Je n'y insisterai pas longuement, car c'est peut-être l'aspect le mieux étudié, parce que le plus évident, des « mutations » de la ville en mégapole. La « très grande ville », qui fait, vers 14 ap. J.-C., l'admiration du géographe Strabon, est désormais conçue comme la *capitale* prédestinée, par sa position centrale et ses performances politiques et militaires, d'un empire au sens propre mondial, c'est-à-dire qui englobe la quasi-totalité du monde. On va jusqu'à prétendre, métaphoriquement, que ses vrais remparts sont les légions qui, sur des frontières quasiment circulaires reculées à des milliers de kilomètres, montent la garde face au monde obscur et inorganisé de la barbarie. Cette centralité cosmographique (et cosmogonique en un sens) s'affirme dans les représentations cartographiques qu'élabore, pour ses usages pratiques comme pour l'ostentation de sa gloire, l'autorité impériale. Mieux encore : l'urbanisme officiel tente de l'inscrire dans des monuments ou des alignements remarquables qui en illustrent le symbolisme, du mausolée au forum d'Auguste, en passant par le gigantesque Horologium marqué par l'autel de la Paix Auguste, le portique d'Agrippa où était offert à l'admiration de la Ville et du monde (*urbi* et *orbi*) la fameuse et unique carte universelle. Les siècles postérieurs multiplieront à Rome ces merveilles qui toutes convergeront vers la même exaltation quasi-théologique.

Mais, plus pratiquement, d'autres changements interviennent. Dans les matériaux et la parure : Auguste, on le sait, a fait « d'une ville de briques une ville de marbre ». Il a commencé aussi la patiente acquisition ou réalisation, par le pouvoir impérial, des *parcs privés* et *publics* qui créeront dans la Rome des « espaces verts » qui, eux aussi, n'ont pas seulement un propos de plaisir ou d'hygiène. Ce propos se conjugue, à partir de Néron, avec l'exaltation de la Maison du Prince (le palais) qui est à la fois lieu de pouvoir (il abrite l'état-major et beaucoup de bureaux de l'administration impériale), lieu de culte, et lieu de plaisir où le prince offre au peuple l'image de délices nouvelles.

Changements aussi dans les bâtiments publics : dans la cité « classique », je l'avais dit, c'étaient le plus souvent les temples qui servaient de siège aux « administrations » embryonnaires. Pourtant la République finissante avait édifié le premier des monuments fonctionnels — d'ailleurs grandiose — que nécessitait une bureaucratie grandissante : les Archives (78 av. J.-C.) qui, sur les pentes du Capitole, dominent le Forum. Désormais vont se multiplier les bâtiments de ce genre : casernes des vigiles ou des cohortes urbaines ; sous Tibère, immenses *Castra Praetoria* (notons le renversement absolu que représente une garnison à Rome !), sièges des grandes préfectures (la *cosidetta* Basilique de Maxence comme préfecture de la Ville), des grandes procuratèles. De même qu'une Italie et dans les provinces s'esquisse une géographie administrative, de même se dessine à Rome une *topographie administrative* attachée à des bâtiments. Au centre de tout, la série des Forums que les empereurs de César à Trajan, aménagent autour du vieux Forum républicain (d'ailleurs lui-même sans cesse remanié) comme centres d'une vie qu'il faut bien encore, faute de mot, qualifier de « civique », mais qui se trouve dévoyée vers d'autres fonctions, d'autres activités, d'autres modes de convivialité qui ont été trop souvent analysées pour que j'y insiste ici : on peut le plus souvent les opposer terme à terme à ceux de l'époque précédente.

Revenons au concept taxinomique de « mégapole » et récapitulons, du point de vue d'une géographie et d'une histoire urbaines comparatistes, ce que nous enseignent les nouveaux « signes » du fonctionnement d'une ville.

D'abord la *croissance démographique*.

– Elle n'est pas seulement naturelle ou d'origine économique (bien qu'il faille l'analyser de ce point de vue) : elle est lice à des phénomènes *politiques* (la conquête et la *naturalisation* de l'Italie : bientôt du monde). Elle provient d'une *immigration*, d'abord italienne (donc provenant d'un territoire proche et continu), mais bientôt mondiale, venue par mer pour former parfois autant d'*enclaves ethniques* dans la ville, qui devient ainsi segmentarisée. Ce n'est pas seulement par métaphore que la Ville est un *microcosme* : c'est au sens propre.

– Elle tend à détacher fortement la Ville de son *territoire immédiat* (qu'on peut appeler hinterland si l'on veut), la Ville (État) n'en dépend plus pour le déroulement correct des *procédures civico-politiques* ; elle n'en dépend plus uniquement, non plus, pour ses *subsistances* et ses *relations commerciales*.

– Les distances se sont étendues. Un *réseau de relations* à la fois matériel (concrétisé par des ports et des routes convergeant vers le cœur de la Ville) et immatériel (des liens de dépendance politique et administrative entre le centre du pouvoir, de chef-lieu devenu *capitale* ; des liens idéologiques et religieux) donne à la Ville-centre, à la Ville-monde, un nouveau statut, une mission centrale d'organisation de l'espace.

– Mais les caractéristiques propres de la civilisation gréco-romaine (une civilisation de la cité-État) ne disparaissent pas tout de suite ni complètement : les notions de *citoyen* et de *droit* subsistent. D'où de nouvelles relations, fondées sur des *fictions* et des *symboles*, entre la *population* de la Ville (qu'il faut nourrir et faire vivre) et le *peuple* qu'elle constituait jadis, qu'elle doit en quelque sorte *représenter* désormais. Ce qui est à la fois plus simple et plus inutile depuis qu'au-dessus des pouvoirs collectifs s'élève la personne d'un prince *Cosmocrator* de plus en plus aspiré vers la divinité. La *mégapole*, devenue capitale, finira en *métropole* œcuménique.

Sous la direction de Claude Nicolet, Robert Ilbert et Jean-Charles Depaule, *Mégapoles méditerranéennes. Géographie urbaine rétrospective*, Actes du colloque organisé par l'École française de Rome et la Maison méditerranéenne des sciences de l'homme (Rome, 8-11 mai 1996), Maisonneuve et Larose, 2000, pp. 888-895.

François Hinard

L'ÉLARGISSEMENT DU POMERIUM. L'ITALIE ET L'ESPACE URBAIN DE ROME

La modification du tracé du *pomerium* est un phénomène tout à fait rare, puisqu'elle n'est attestée de façon certaine qu'à trois reprises pour Sylla, César et Claude. Elle a donc une importance symbolique très forte, mais qui nous échappe, pour l'essentiel. Ce qui se pourrait bien, en l'occurrence, c'est que, compte tenu de son caractère de reviviscence d'un rituel archaïque, cette cérémonie n'ait pas eu, à l'époque où elle est historiquement attestée, une définition très précise et qu'en particulier elle ait changé de signification à un moment où s'était établi un système politique nouveau : autrement dit il y a des risques qu'on ne l'ait pas perçue sous César et, surtout, sous Claude, de la même façon que sous Sylla. Il serait donc prudent de considérer chacun des trois exemples que nous connaissons comme une manifestation originale, ce qui veut dire qu'il ne convient pas de les analyser de façon « horizontale », si je puis dire, c'est-à-dire en amalgamant ce que nous savons de chacun d'eux, mais qu'il faut au contraire les examiner « verticalement », un par un, en admettant de possibles déplacements de sens.

C'est aussi la raison pour laquelle il est hors de question de se lancer ici dans la question de la signification du mot *pomerium* : elle me semble avoir été assez bien traitée par R. Antaya[1] et, surtout, le débat me paraît un peu vain : là encore le mot a pu changer de signification ou plutôt les hommes de

1. « The Etymology of *Pomerium* », *AJPh*, 101, 1980, pp. 184-189.

la République tardive avaient pu en oublier le sens originel, ce dont me semblent témoigner les étymologies données par Varron, Festus, Tite-Live, puis Aulu-Gelle et les scholies de Lucain. Et puis, une fois encore, la signification que les Romains lui donnaient a bien pu changer entre Sylla et Claude. Ce qui est certain, c'est qu'en termes de droit sacré le *pomerium* était, à l'époque de Sylla, une limite, matérialisée par des cippes [2], dont la fonction institutionnelle est sans doute celle qui est le mieux connue : en un mot le *pomerium* séparait les deux formes distinctes de l'*imperium* [3].

Alors, si on examine la première *prolatio pomerii* qui ait un caractère historique, celle de Sylla puisqu'il faut bien se résoudre à considérer celle de Servius Tullius comme relevant du mythe (et un mythe qu'on serait tenté de dater de l'époque syllanienne), il faut l'analyser pour elle-même, en se méfiant des indications qui sont données pour les deux autres exemples connus. Malheureusement, les sources littéraires dont nous disposons à ce sujet sont pour le moins biaisées puisqu'elles nous en parlent dans un contexte qui n'a rien d'historique. En particulier, elles ne nous permettent pas de déterminer à quel moment Sylla y procéda ni non plus n'établissent de rapport entre cette cérémonie et les autres actions du dictateur (si tant est que la cérémonie se soit faite durant l'année de la dictature, ce qui reste à prouver, mais ce dont nous ferons l'hypothèse).

---

2. Varro, *LL V*, 143 ; Liu., 1, 44, 5. On a conservé l'inscription de plusieurs des cippes installés par Claude (sources au tome I des *Fontes* de Lugli) : *Ti. Claudius/Drusi f. Caisar/Aug. Germanicus,/pont. max., trib. pot/VIIII, imp. XVI, cos. IIII,/censor, p. p./auctis Populi Romani/finibus pomerium/ ampliauit terminauitq*. (*CIL*, VI, 31537 d).

3. Sur toutes ces questions uid. A. Magdelain, « Le *pomerium* archaïque et le *mundus* », *REL*, 54, 1976, pp. 71-109 & « L'inauguration de l'*urbs* et l'*imperium* », *MEFRA*, 89, 1977, pp. 11-29; mais aussi A. Giovannini, *Consulare imperium*, Bâle, 1983, notamment chap. 1 & 2. On se souvient de la mésaventure survenue en 163 a. C., lorsque Ti. Gracchus, qui présidait les comices consulaires, quitta l'assemblée réunie au Champ de Mars pour aller consulter le sénat ; à son retour il oublia de prendre à nouveau les auspices de départ et l'élection à laquelle il présida alors fut déclarée nulle et les consuls abdiquèrent (Cic., *Nat. deor.*, II, 4, 11).

Examinons donc ces sources. Sénèque et Aulu-Gelle ont à l'évidence puisé chez le même auteur, M. Valerius Messalla, les indications concordantes qu'ils nous rapportent quant au fait que même après les élargissements par Sylla et par César, l'Aventin n'y était point inclus et que c'est seulement avec Claude qu'il fut embrassé dans l'espace consacré. Sénèque le fait dans un texte où il dénonce ce qu'il considère comme une cuistrerie inutile ou pernicieuse. Quant à Aulu-Gelle, comme toujours, il prétend faire le tour de la question. Il n'y a malheureusement, dans ces textes, aucune indication sur les modifications apportées au tracé par l'un et l'autre dictateurs [4]. Pourtant il y a toute vraisemblance que, comme ce fut le cas au temps de Claude, les archives publiques aient conservé un descriptif détaillé de l'endroit où étaient plantés les cippes [5].

Puisque nous n'en saurons pas davantage sur cette question, il nous reste à examiner celle des raisons pour lesquelles nos trois personnages ont procédé à cet élargissement. On observera, tout d'abord que Tacite s'étonne que Sylla ait été le premier à y procéder. Pour lui, en effet, il ne fait aucun doute que le droit en revenait, d'après l'usage ancien, à ceux qui avaient étendu les limites de l'empire [6] et il y avait sans doute bien des *imperatores* qui auraient été fondés à revendiquer cet honneur :

---

4. Les seules indications dont on dispose sont celles qui concernent le premier *pomerium*, celui de Romulus, sur lequel Aulu-Gelle (13, 14, 2) et, de façon plus détaillée, Tacite (*Ann.*, 13, 24) s'accordent à dire qu'il correspondait au pourtour du Palatin, c'est-à-dire qu'il correspondait à la *Roma Quadrata*. Il resterait à cartographier précisément les lieux de trouvaille des différents cippes (datant de Claude, de Vespasien et d'Hadrien) pour tenter de se faire une idée du parcours de cette frontière sacrale. À cela on ajoutera quelques indications comme celle de la correspondance avec la ligne pomériale d'une part de la *porta triumphalis* (F. Coarelli, « La porta trionfale e la via dei trionfi », *DArch*, 2, 1968, pp. 66-68) et, d'autre part, de l'arc érigé par Claude sur la via Flaminia (E. Rodriguez-Almeida, *Forma Vrbis Marmorea*, Rome, 1981, pp. 124-126).

5. Tacite rappelle que les cippes installés par Claude sont faciles à trouver parce qu'ils sont décrits en détail dans les *acta publica : Et quos tum Claudius terminos posuerit, facile cognitu et publicis actis perscriptum* (*Ann.*, 12, 24, 3).

6. *Et pomerium urbis auxit Caesar, more prisco, quo iis qui protulere imperium etiam terminos urbis propagare datur.* (*Ann.*, 12, 23, 4).

nec tamen duces Romani, quamquam magnis nationibus subactis, usurpauerant, nisi L. Sulla et diuus Augustus[7]. Pourtant Aulu-Gelle confirme que c'était à l'occasion de prise de territoire à l'ennemi qu'on pouvait porter en avant le *pomerium*[8] ce que confirme de façon éclatante le texte épigraphique de l'un des cippes d'époque claudienne : *(...) auctis Populi Romani/finibus pomerium/ampliauit terminauitq(ue)*[9].

On observera d'ailleurs que Sénèque présente une version un peu différente, plus précise, en tout cas : selon lui il fallait, pour que la cérémonie fût légitime, que le territoire ait été conquis sur le sol italien et non pas sur un sol destiné à devenir une province : *quod numquam prouinciali sed Italico agro adquisito proferre moris apud antiquos fuit*[10]. On fera remarquer, au passage, que cette petite remarque érudite qui se présente comme une critique à l'égard de Sylla qui, à l'évidence, n'avait pas accru l'emprise de Rome sur le sol italien et était donc censé avoir détourné le sens originel de la cérémonie, concerne aussi Claude, le *princeps* érudit, qui aurait dû savoir que la *prolatio imperii* ne lui était pas possible et qui, pourtant, proclamait qu'il y avait procédé « pour avoir repoussé les frontières de l'empire du Peuple Romain »[11]. Dans l'un et l'autre cas, il y avait, selon Sénèque, usurpation.

Le problème est en effet complexe, s'agissant de Sylla, parce que si on regarde bien sa biographie, non seulement il ne pouvait guère se targuer d'avoir conquis une parcelle d'Italie (à moins qu'on ne se reporte à ses actions glorieuses de la Guerre Sociale, ce qui est peu vraisemblable[12]), mais encore il ne semble jamais avoir revendiqué non plus un accroissement

---

7. *Ibid.*

8. *Habebat autem ius proferendi pomerii, qui populum Romanum agro de hostibus capto auxerat* (13, 14, 3).

9. Cf. supra note 2.

10. *Breu. uit.*, 13, 8.

11. Dans le même sens uid. P. Grimal, « La date du *De breuitate uitae* » *REL*, XXV, 1947, pp. 164-177, & M.T. Boatwright, « The Pomerial Extension of Augustus », *Historia*, 35, 1986, pp. 13-27, notamment 19.

12. On ne voit pas très bien à quoi fait allusion A. Keaveney lorsqu'il affirme que Sylla revendiquait le droit d'agrandir le *pomerium* au nom de son action

de l'Empire : Appien témoigne que ce qui intéressait le proconsul c'était de réduire le plus rapidement possible Mithridate pour pouvoir revenir en Italie et qu'il se contenta donc de le confiner dans ses anciennes frontières [13]. Dès lors on est contraint d'admettre que les sources littéraires qui nous en parlent, bien tardives par rapport à l'événement, avaient perdu le véritable sens de la cérémonie célébrée par Sylla. Et en tout état de cause il me paraît peu convaincant d'assimiler l'extension de l'empire à une nouvelle fondation, celle qu'aurait mise en valeur la propagande de Sylla, ce dont témoigneraient les symboles religieux présents sur ses émissions monétaires [14].

Ce qu'on sait de la même opération réalisée par César ne nous éclaire guère : Dion Cassius l'évoque dans le chapitre dans lequel il a brièvement passé en revue les principales actions de César en 44. Il signale d'ailleurs au passage qu'une fois encore il agissait comme Sylla, dont il ne se différenciait que par la clémence [15]. En dehors de cette « correspondance » entre les deux dictateurs, il n'y a rien de plus dans nos sources. On peut cependant faire l'hypothèse que, compte tenu de la place qu'elle occupe dans nos sources, cette cérémonie est intervenue assez tard dans l'œuvre de César dont elle semble constituer comme un couronnement, et cela nous conforte dans notre hypothèse que ce fut aussi un des derniers actes de la dictature de Sylla.

Si donc on veut comprendre la signification de l'opération réalisée en 81 a. C., force nous est d'examiner ce qui, dans la réorganisation opérée par le dictateur, pourrait justifier la célébration d'un tel rituel. La tentation est forte de le lier à l'œuvre

en Cisalpine : « As Sulla had adjusted the boundaries of Cisalpine Gaul, he elected to exercise this right. » (*Sulla the last Republican*, Londres, 1982, p. 193).

13. *BC*, I, 76, 347 : ἐζ μόνην τὴν πατρῶαν εκ τοσῶνδε κατακλείσας".

14. C'est, pour résumer, l'interprétation de M. Sordi, « Silla e lo *ius pomerii proferendi* », *Il confine nel mondo classico, a cura di M. Sordi*, Milan, 1987, pp. 200-211, notamment pp. 208-210.

15. 43, 50, 1. P. Grimal dans l'art. cité supra (note 11) considère que cette attribution à César d'une extension du *pomerium* (qu'il lie à la *lex de urbe augenda* de 45) est une invention de nos sources.

urbaine ; et d'un certain point de vue, l'affirmation de Tacite qui considère qu'Auguste y a, lui aussi, procédé [16], va dans ce sens. Bien sûr on peut penser que l'erreur de Tacite vient de Claude lui-même qui aurait falsifié délibérément les faits pour les besoins de sa cause [17], mais erreur et falsification sont fondées en grande partie sur la forte impression que devait avoir faite aux Romains l'emprise qu'Auguste avait eue sur l'espace urbain de Rome. Et d'un certain point de vue, on pourrait penser qu'il en était allé de même avec César dont l'œuvre urbaine était certes, loin d'être achevée en 44, mais avait déjà toute sa cohérence. À examiner les réalisations de Sylla dans ce domaine, on serait tenté de considérer que l'hypothèse a quelque vraisemblance : on sait, il est vrai, très peu de choses concernant ses constructions ou restaurations de temples et on en est réduit à énumérer quelques noms. *Venus Felix* qui devait être, pour Sylla, d'une importance capitale, si on en croit le surnom qu'il se fit conférer : `Επαφοδιτός Hercule aussi, auquel il semble avoir voué un culte particulier : réfection du temple d'*Hercules Custos* au Circus Flaminius, attestation d'un *Hercules Sullanus* sur l'Esquilin (qui était peut-être un temple) ; d'une façon plus générale, on rappellera que Sylla avait une dévotion particulière pour ce héros divinisé puisqu'il possédait une statuette du dieu qu'il vénérait et que, d'autre part, il lui consacra la dîme de ses biens.

En revanche on en sait un peu plus sur l'opération de restauration du Capitole qui était de nature différente puisqu'elle ne ressortissait pas à un vœu, mais qu'elle était due à la nécessité : l'ensemble avait brûlé en 83. Il est clair que cette opération était perçue par Sylla comme une mission particulière [18]. Elle concernait essentiellement le temple, de Jupiter

16. *Nec tamen duces Romani, quamquam magnis nationibus subactis, usurpauerant, nisi L. Sulla et diuus Augustus* (*Ann.*, 12, 23, 4).
17. Sur cette hypothèse, M. T. Boatwright, art. cité pp. 17-18, (et déjà P. Grimal, art. cit. & E. Frezouls, « Rome ville ouverte. Réflexions sur les problèmes de l'expansion urbaine d'Auguste à Aurélien », *L'Vrbs. Espace urbain et histoire* (Ier siècle avant J.-C.-IIIe siècle après J.-C., Rome, 1987, pp. 373-392).
18. Val. Max., IX, 3, 8.

Capitolin. On sait que, pour les colonnes il avait prévu d'utiliser celles du Zeus Olympien d'Athènes[19]. Mais il y avait d'autres temples dans le voisinage immédiat de celui de Jupiter Capitolin, temples qui avaient dû être détruits ou endommagés à l'occasion de l'incendie de 83 et qui, donc, ont subi des restaurations ou ont été reconstruits à cette occasion : *Jupiter Feretrius, Fides*, c'est-à-dire, sans doute, *Fides Publica Populi Romani, Venus Erycine, Mens*. On se souvient que le relief triomphal trouvé lors des fouilles de la via del Mare est attribué à cette réfection[20].

On n'aura garde d'oublier que l'entreprise concernait aussi le Tabularium. Là les choses sont plus claires[21] : c'est encore Q. Lutatius Catulus qui fut chargé d'achever cette reconstruction. Compte tenu de ce qu'on connaît de ce bâtiment, il faut admettre que l'ouvrage concernait aussi le passage qui reliait le podium du temple de Saturne à la galerie intermédiaire dudit Tabularium, passage qui servait au transport de métal à monnayer en direction des ateliers situés dans le voisinage de Juno Moneta et au transport, en retour, des pièces frappées. En un mot, c'est presque tout ce qui comptait au Capitole et à son articulation avec le Forum qui était en jeu. En d'autres termes l'activité de reconstruction était de très grandes ampleur et valeur symbolique.

Mais il y a un troisième pôle de l'activité édilitaire de Sylla sur lequel il convient d'attirer l'attention : il s'agit du remaniement de la zone du Comitium. C'était là, semble-t-il, une opération d'une nature particulière puisqu'elle n'était commandée ni par un vœu ni par la nécessité de reconstruire à la suite d'un incendie ou d'un tremblement de terre : c'est une décision institutionnelle prise par Sylla dans le cadre de sa dictature constituante qui l'avait rendue nécessaire. Il fallait, en effet, agrandir la curie pour accueillir un sénat dont le nombre des membres avait été récemment porté à six cents. Or,

19. Plin., 36, 6, 45.

20. G. Ch. Picard, « Les Fouilles de la via del Mare et les débuts de l'art triomphal romain », *Mélanges Arch & Hist.*, 71, 1959, pp. 263-279.

21. R. Delbrück, *Hellenistische Baute in Latium*, 1907 (Pérouse, 1979), 25 ; F. Coarelli, *Guida*[2], pp. 32-33.

précisément parce que cette modification de l'espace civique était la conséquence d'une « réforme institutionnelle », il est possible de l'analyser en la mettant plus précisément en rapport avec l'œuvre du dictateur en général et avec la *prolatio pomerii*.

Si, en effet, on examine un ensemble de mesures prises par Sylla pour augmenter les capacités administratives et politiques de Rome, je veux dire l'augmentation du nombre de certaines prêtrises et de certaines magistratures [22] ou le doublement des sièges au sénat, on est amené à se demander quelle signification il convient de leur donner. Bien sûr, on peut trouver des explications politiques à ces mesures, et on ne s'est guère privé de le faire [23]. Mais on peut aussi se contenter d'observer qu'il s'agissait de répondre, institutionnellement, à des besoins nouveaux. Or on ne s'est guère interrogé sur la nature de ces besoins. Certes on a remarqué, ici ou là, que les préteurs avaient été portés à huit pour répondre aux nécessités de l'organisation provinciale [24] ; et que les questeurs avaient vu leur nombre fixé à vingt, pour assurer, dit-on, la jouvence d'un sénat dont le nombre avait été doublé [25] pour passer de 300 à 600.

Mais ces explications ne suffisent pas, surtout si on se souvient que le sénat et les magistratures n'ont pas été les seules institutions à subir des augmentations significatives : les grandes prêtrises, elles aussi, ont été affectées par cette croissance soudaine : *pontificum augurumque collegium ampliauit ut essent* XV écrit l'abréviateur de Tite-Live [26] (ils étaient 9 depuis la *Lex Ogulnia* de 300 [27]). Et il y a toute vraisemblance pour que les *Xuiri sacris faciundis* soient devenus *XVuiri* précisément à ce moment. Or ces mesures ne se comprennent que si on trouve une explication d'ensemble : on

---

22. Pour le détail de ces mesures on se reportera encore à G. Rotondi, *Leges Populi Romani Rei Publicae*, Milan, 1915, s.aa. 82-81 et à E. Valgilio, *Silla e la crisi repubblicana*, Florence, 1969, notamment pp. 76-107.
23. Ainsi J. Carcopino, *Sylla ou la monarchie manquée*, Paris, 1942, pp. 64-78.
24. Entre autres A. Keaveney, *Sulla, the last Republican*, Londres, 1982, en particulier pp. 172-173.
25. Ainsi A. Keaveney, *op. cit.*, p. 175.
26. *Per*, 89, juste avant d'évoquer la mesure concernant le sénat.

ne saurait se contenter d'affirmer que cette augmentation du nombre des prêtres « *rientrava nel programma di Silla di rinnovare le basi dell'amministrazione, colla immissione di nuovi elementi che aspiravano a prendere parte alla vita politica di Roma, non esclusi i partigiani del dittatore* (...) »[28]. Il va bien falloir trouver une explication qui rende compte de l'ensemble de ces mesures qu'on est contraint d'imaginer comme un système cohérent.

Or il est un secteur de l'activité de Sylla qui n'a guère été éclairci et qui, pourtant, pourrait bien permettre de rendre compte de ces modifications structurelles : il s'agit des relations avec les Italiens. On se souvient que, dès avant son débarquement en Italie, de peur sans doute que toute l'Italie ne fasse cause commune avec les consuls contre lui, le proconsul avait cherché à ménager les susceptibilités italiennes : Appien témoigne qu'il avait écrit d'Éphèse, à la fin de l'année 85, une lettre au sénat protestant qu'il n'avait aucune hostilité à l'égard des nouveaux citoyens :

τοῖς δ' ἄλλοις πολίταις τε καὶ νεοπολίταις προύλεγεν οὐδενὶ μέμψεσθαι οὐδενός"[29] ; plus tard, au cours de l'hiver 83-82, il eut d'abord une explication, conclue par un accord, avec le consul Scipion qui portait notamment sur les droits des nouveaux citoyens[30], et surtout il traita directement avec un certain nombre de peuples italiens en leur garantissant leurs droits : *Sulla cum italicis populis, ne timeretur ab his uelut erepturus ciuitatem et suffragii ius nuper datum, fœdus percussit*[31]. Comme on sait, par ailleurs, que l'intégration des italiens qui avaient acquis la citoyenneté n'avait pas été réalisée par le gouvernement populaire, mais qu'en revanche elle était réalisée en 70[32], la conclusion s'impose : c'est bien Sylla qui

27. Rotondi, *LPPR* s.a. & Valgilio, *op. cit.*, pp. 111-112.
28. Valgilio, *op. cit.*, p. 112.
29. *BC*, 1, 77 352.
30. Cic., *Phil.*, 12, 27 : *Sulla cum Scipione inter Cales et Teanum, cum alter nobilitatis florem, alter belli socios adhibuisset, de auctoritate senatus, de suffragiis populi, de iure ciaitatis leges interse et condiciones contulerunt.*
31. Liu., *Per.*, 86, 3.
32. Cic., *IIVen.*, 54. Sur cette question, C. Nicolet, *Rome et la conquête du*

l'a réalisée, ce que tend à prouver l'expression employée par l'abréviateur de Tite-Live : *fœdus percussit*.

Dans cette hypothèse l'ensemble des mesures institutionnelles de Sylla prennent leur sens : elles ne sont pas le témoignage des caprices d'un autocrate, elles sont le résultat d'une modification profonde de la cité qui devait accroître considérablement la capacité de son personnel politique. Et la procédure de recrutement des trois cents nouveaux membres du sénat me paraît témoigner de ces préoccupations d'intégrer les aristocraties italiennes. En tout cas, la reconstruction de la curie pour permettre à l'assemblée élargie de siéger avait une valeur symbolique forte et, en définitive, liée à cette œuvre institutionnelle et à sa traduction dans l'espace urbain, l'élargissement du *pomerium* achevait de fonder la nouvelle Rome.

Je voudrais rappeler que l'hypothèse n'est pas gratuite dans la mesure où Sénèque fait explicitement le lien du *ius pomerii proferendi* avec le sol italien. Simplement, probablement parce que le sens en est déjà partiellement perdu, il écrit qu'il s'agit d'une « conquête »[33]. Par ailleurs, comme on l'a fait observer[34], c'est Claude qui est responsable du lien entre *pomerium* et conquête, alors qu'à regarder de plus près les occasions au cours desquelles la frontière sacrale a été remaniée ou restaurée, il s'agit plus volontiers d'un contexte censorial, ce qui, à l'évidence, concorde parfaitement avec ce qui s'est passé sous Sylla.

Restent maintenant César et Auguste. Pour ce qui est du premier, nous ne savons que trop peu de choses et nous sommes donc contraints de nous en tenir aux hypothèses : si on évacue l'idée de conquête, introduite par Claude pour servir ses intérêts, la cérémonie devait consacrer l'intégration de la cisalpine dans la cité romaine. En revanche, on sait maintenant qu'Auguste n'y a jamais procédé[35] et l'erreur de Dion

monde méditerranéen. I : *Les structures de l'Italie romaine*, Paris, 1977, pp. 294-296.

33. Sen., *Breu. uit.*, 13, 8 : *quod numquam prouinciali sed Italico agro adquisito proferre moris apud antiquos fuit.*

34. M. T. Boatwright, art. cit., p. 25.

35. M. T. Boatwright, art. cit.

Cassius[36], qui lui attribue cependant cette initiative est intéressante : Dion la relie à un certain nombre d'honneurs accordés au *Princeps* en l'année 8, notamment les jeux institués le jour de son anniversaire et le changement du nom de mois *Sextilis* en *Augustus*. Or comme l'a bien montré M.T. Boatwright, cette erreur s'explique par le fait que l'extension du *pomerium* était liée, dans l'esprit des Romains, à l'idée d'un renouvellement institutionnel profond ; mais j'ajouterais volontiers aussi à une œuvre urbaine d'une certaine importance. Je veux dire qu'après Sylla, dont j'ai essayé d'esquisser rapidement les interventions sur l'espace urbain, César et Auguste ont été les seuls à avoir projeté ou réalisé une transformation de la ville d'une grande ampleur et qu'on ne pouvait pas, par conséquent imaginer que le premier *Princeps* qui avait non seulement organisé la ville, mais qui l'avait aussi remodelée, n'avait pas procédé à la cérémonie qui, en quelque sorte, était perçue comme devant couronner cette partie de son œuvre.

Il me semble qu'ainsi les choses sont plus claires : l'élargissement du *pomerium* était lié à l'emprise de Rome sur le sol italien. C'est Sénèque qui nous le rappelle ; mais ce lien avait probablement un caractère plus institutionnel que militaire, ce qui explique que Sylla ait été le premier à y procéder. Après César comme il était devenu impossible, pour des raisons évidentes, de procéder à un nouvel élargissement, mais que la cérémonie avait garde une très forte valeur symbolique on lui trouva d'autres significations en la reliant à la conquête. En tout état de cause, elle semblait naturellement liée à l'œuvre édilitaire dont elle constituait, en quelque sorte, le couronnement, attestant ainsi, s'il en était besoin, la sacralité de l'espace urbain.

La Ciutat en el món romà, vol. 1, Actas XIVe Congreso Internacional d'Arqueologia Clàssica, Tarragone, 1993, (1994) pp. 233-237.

36. 55, 6 : Τά τα τοῦ πομηριόυ όια ἐπηὖξησε ... Mais c'est aussi, nous l'avo celle de Tacite.

John R. Patterson

*SURVEY ARTICLE THE CITY OF ROME : FROM REPUBLIC TO EMPIRE**

This survey article — the first in a new series to be published in the *Journal of Roman Studies* — is an attempt to review developments in the study of the city of Rome since 1980 : a decade which can reasonably be seen as one of the most exciting in this field for a century, in terms not only of the archaeological discoveries and other related research taking place in Rome itself[1], but also of the increasing integration of the topographical and monumental history of the city of Rome into what might be termed "mainstream" Roman history.

---

* The following abbreviations are used :
Città e architettura : Città e architettura nella Roma imperiale, ARID supplementum X (1983).
Archeologia e progetto : Roma : archeologia e progetto (catalogue of exhibition held in the Markets of Trajan, 23 May-30 June 1983).
Roma Capitale : Roma Capitale 1870-1911 : l'archeologia in Roma tra sterro e scavo (catalogue of exhibition held in the Auditorium of Maecenas, November 1983-January 1984).
Coarelli, *Foro romano I* : F. Coarelli, *Il foro romano I : periodo arcaico* (1983).
Coarelli, *Foro romano II* : F. Coarelli, *Il foro romano II : periodo repubblicano e augusteo* (1985).
Archeologia nel centro : Roma : archeologia nel centro (2 vols, 1985).
L'Urbs : L'Urbs : espace urbain et histoire, Collection de l'École Francaise de Rome, XCVIII (1987).

A visible sign of the upsurge in archaeological activity in Rome over the last decade has been the shrouding of many of the city's most impressive monuments in scaffolding and green netting, now largely removed. This was an initiative taken by the Superintendent of Antiquities at Rome, La Regina, arising out of increasing concern over damage to the (predominantly marble) monuments of imperial Rome, which were gradually being eaten away by atmospheric pollution; matters were brought to a head by a survey undertaken after a small earthquake in 1979, which revealed very serious deterioration in the condition of the monuments. Meanwhile, a special law, passed by the Italian government as no. 92 of 23 March 1981, provided the finance for a programme of conservation, study and publication of these monuments, and a series of major excavations in the centre of the city, as well as more general provisions for the *valorizzazione* of Rome's archaeological heritage [2].

Close scrutiny of the familiar monuments of the imperial city such as the Column of Trajan, the Arch of Septimius Severus, and the Temple of Saturn has provided many remarkable new insights. Trajan's Column (and many other monu-

---

Zanker, *Power of Images*: P. Zanker, *The Power of Images in the Age of Augustus* (1988).

Kaiser Augustus : *Kaiser Augustus und die verlorene Republik* (1988).

Ricerche e discussioni : *Topografia antica : ricerche e discussioni*, Quaderni di Topografia Antica dell'Università di Roma X (1988).

I am very grateful to the Editor and the Editorial Committee, and in addition to Lucos Cozza, Janet DeLaine, Nicholas Purcell, and Peter Wiseman for their comments on earlier drafts of this survey; to Sally Cann for drawing the figures; and to Angela Heap for improving the final text. Errors which remain are, of course, my own responsibility. Without the library facilities provided by the British School at Rome, it could hardly have been written at all.

1. T. P. Wiseman, *JRS*, 76, 1986, 308.

2. For the provisions of the law, see N. Pagliardi, "I programmi d'attuazione della legge n. 92", in *Archeologia e progetto*, pp. 1-3. Discussion of the measures taken and their implications: D. Whitehouse, "The future of ancient Rome", *Antiquity*, 57, 1983, pp. 38-44; J. Packer, "Politics, urbanism and archaeology in Roma capitale : a troubled past and a controversial future", *AJA*, 93, 1989, pp. 137-41.

ments) are now known to have been painted in antiquity with a *scialbatura*, a mysterious liquid containing calcium oxalate as its active ingredient, perhaps based on a mixture of milk and chalk, which preserved the surface of the marble [3]; the Arch of Severus is now known to have been transformed in the mediaeval period into a fortress, complete with turrets [4]; the Temple of Saturn as we now see it, dating from a restoration between A.D. 360 and 380, is shown to be built almost entirely from re-used columns, bases and cornices, taken not only from Munatius Plancus' temple, built in the first century B.C., but also from an assortment of other monuments of Hadrianic and Severan date [5]. More generally, close examination of the monuments has revealed details of the working methods used by the Roman craftsmen (as on the Temple of Hadrian, now built into Rome's Borsa or stock-exchange) [6] and allowed chemical analyses to be made of the marbles in the monuments, thus enabling archaeologists to identify the areas which provided the stone [7].

In addition to the study of the standing monuments, new excavations have been taking place in many areas of the city, most notably in the central archaeological area bounded by the Forum, the Palatine, the Imperial Fora and the Colosseum. Many of these have been collaborative efforts, involving the foreign schools at Rome as well as the archaeological authorities of the Italian State and the city administration of Rome [8], and the results have been published with admirable promptness,

3. A. M. Vaccaro, "Studi e scoperte in relazione ai restauri dei grandi monumenti romani", *Arch., Laz.* 8, 1987, pp. 88-95.

4. A. Claridge and L. Cozza, "Arco di Settimio Severo", in *Archeologia nel centro*, pp. 34-9; R. Nardi, "Arco di Settimio Severo : analisi archeologica e conservativa", in *Archeologia nel centro*, pp. 41-55 ; R. Nardi, "Intervento archeologico all'arco di Settimio Severo", in *Archeologia e progetto*, pp. 52-6.

5. P. Pensabene, *Tempio di Saturno : architettura e decorazione*,1984.

6. A. Claridge, "Methods of fluting Corinthian columns and pilasters", in *Città e architettura,* pp. 119-28; and *eadem* in L. Cozza (ed.), *Tempio di Adriano*, 1982, pp. 27-30.

7. e.g. L. Lazzarini *et al.*, "Determination of the provenance of marbles used in some ancient monuments in Rome", in N. Herz and M. Waelkens, *Classical Marble : Geochemistry, Technology, Trade*,1988, pp. 399-409.

8. For example : the involvement of the British School at Rome in the

both in the form of interim reports and (in many cases) in the new series of monographs *(Lavori e studi di archeologia)* set up by the Soprintendenza Archeologica specifically in the context of this project. A variety of methodologies have been used by the researchers : some work has been primarily architectural, seeking to reconstruct the plans and elevations of standing monuments [9] ; on other sites, the techniques of urban excavation developed in the cities of northern Europe have been employed on the complex sequence of deposits in Rome. One project which has been especially self-conscious in methodological terms is Manacorda's excavation of the Crypta Balbi (and Theatre of Balbus) in the Campus Martius. Here the Roman levels lie below an early mediaeval church, a renaissance college and derelict nineteenth-century housing, all of which have been examined in detail [10].

One characteristic feature of recent archaeological work in the city has been an increased consciousness of the problems involved in dealing with earlier excavation work. This has been a particularly acute problem in the Forum, where the

---

excavation of the S. Maria Antiqua site in the Forum ; the Finnish Institute at the Lacus Juturnae ; the Institutes of Denmark, Norway and Sweden at the Temple of Castor and Pollux ; the American Academy at the Regia, the École Française at the Vigna Barberini, and the Swiss Institute at the Domus Tiberiana. It is striking, however, that most recent work on the city of Rome by British scholars has been primarily historical in character.

9. e.g. C. F. Giuliani and P. Verduchi, *L'area centrale del foro romano*, 1987, with T. P. Wiseman, "The central area of the Roman forum", *JRA*, 3, 1990, pp. 245-6. On methodological issues, see F. Coarelli, "Topographie antique et idéologie moderne : le Forum romain revisité", *Annales ESC*, 37 (1982), pp. 724-40 ; T. P. Wiseman, *JRS*, 75, 1985, p. 229 ; N. Purcell, "Rediscovering the Roman Forum", *JRA*, 2, 1989, pp. 156-66.

10. D. Manacorda, *Archeologia urbana a Roma : il progetto della Crypta Balbi*, 1982 ; D. Manacorda, "Scavi alla Crypta Balbi : problemi di topografia antica", in *L'Urbs*, pp. 597-610 ; D. Manacorda and E. Zanini, "The first millennium AD in Rome", in K. Randsborg, *The Birth of Europe : Archaeology and Social Development in the First Millennium AD*, ARID Supplementum XII, 1989, pp. 25-32 ; D. Manacorda, "Excavations in the Crypta Balbi, Rome : a survey", *Accordia Papers I*, 1990, pp. 73-81. See further below, note 103.

excavations carried out by Boni and others are now being re-interpreted; in effect the excavators are having to re-excavate the nineteenth century trenches to understand (and re-evaluate) the work of their predecessors [11], and also take account of the changes brought about in the visible monuments as a result of earlier restoration work, which has in some cases caused serious confusion. An example of this is the area around the Temple of Divus Julius and the Arch of Augustus, discussion of which has been bedevilled by Boni's placing in a crucial area of a completely extraneous marble block from a mediaeval workshop [12].

Similar problems (and challenges) arise out of the work carried out by the archaeologists of the 1930s. Their priority was the clearance *(sterro)* of large public monuments of the imperial period; one area particularly affected was that of the Imperial Fora, which were revealed when the sector of the mediaeval city north of the Forum Romanum was demolished to make way for the new Via dell'Impero (now Via dei Fori Imperiali), designed to connect the northern and south-eastern parts of the city. Such a project had been under consideration since the 1880s [13], but was finally brought to fruition in 1932; it allowed military processions to march from Mussolini's headquarters at Palazzo Venezia to the Colosseum [14]. (Fortunately a related project, to build a "Palazzo del Littorio" near the Via Cavour, was never put into effect here : instead, it was constructed near

11. At the Lacus Juturnae, for example : E. M. Steinby, *Lacus Juturnae* I, 1989, pp. 176-316. For reassessment of the documentation of Boni's work : see, e.g., D. Palombi, "Contributo alla topografia della Via Sacra, dagli appunti inediti di Giacomo Boni", in *Ricerche e discussioni*, pp. 77-97; D. Palombi, "Gli *horrea* della Via Sacra : dagli appunti di G. Boni ad une ipotesi su Nerone", *DdA*, II.8, 1990, pp. 53-72; E. Carnabuci, "L'angolo sud-orientale del Foro Romano nel manoscritto inedito di Giacomo Boni", *Mem. Linc.*, IX. I.4, 1991, pp. 251-365.

12. C. F. Giuliani, "Lettura del centro monumentale : problemi di metodo", in *Archeologia nel centro*, pp. 9-16; Giuliani and Verduchi, *op. cit.* (n. 9), pp. 11-18.

13. L. Barroero, A. Conti, A. M. Racheli and M. Serio, *Via dei Fori Imperiali. La zona archeologica di Roma : urbanistica, beni artistici, e politica culturale*, 1983, 101ff.

the Foro Italico to the north of the city, and is now the seat of the Italian foreign ministry.) A priority of recent work in this area, in anticipation of a full programme of excavation, has been to reconstruct the results of these (and earlier) excavations, and study the architectural fragments surviving on the site and in storerooms, with a view to reconstructing the monuments in both plan and elevation [15]. Similarly, the inscriptions and remains which came to light when the Via Imperiale (Via delle Terme di Caracalla) was constructed have been studied by Avetta [16]. Perhaps the most striking example, though, of this sort of "excavation in the *deposito*" is the reconstruction by La Rocca of the fifth-century sculpture used on the pediment of the Temple of Apollo Sosianus (thought to have originated on the temple of Apollo Daphnephoros at Eretria) which had been excavated in the 1930s but then dispersed to storerooms all over the city [17].

Together with this re-evaluation of the excavations of earlier periods has developed an increasing interest in the ideologies influencing archaeological work in the city, whether in the Napoleonic period, the late nineteenth century, or the Fascist era [18]. Similarly, an important feature of recent studies of the topography of the city has been an increasing exploitation of non-archaeological sources for the city of Rome in the mediaeval, renaissance and later periods, including documents, maps, prints and photographs [19]. The Soprintendenza

14. See A. Cederna, *Mussolini Urbanista*, 1981 ; R. Nicolini, "La questione di Via dei Fori Imperiali", in *Roma : continuità dell'antico : i Fori Imperiali nel progetto della città*, 1981, pp. 26-8.
15. See below, p. 209.
16. L. Avetta, *Roma : Via Imperiale : scavi e scoperte (1937-50) nella costruzione di Via delle Terme di Caracalla e Via Cristoforo Colombo*, 1985.
17. E. La Rocca, *Amazzonomachia : le sculture frontali del tempio di Apollo Sosiano*, 1985.
18. Napoleonic : R. T. Ridley, *The Eagle and the Spade*, 1992 ; nineteenth century : *Roma Capitale* ; Fascism : D. Manacorda and R. Tamassia, *Il piccone del regime*,1985. See Packer, *op. cit.* (n. 2).
19. For photographs of nineteenth-century excavations see G. M. De Rossi, *La riscoperta di Roma antica*,1983.

Archeologica has been building up an archive of such materials [20], which have cast light in particular on the fate of the monuments after the end of the Roman Empire, and the way in which they were exploited by the town planners of the nineteenth and twentieth centuries [21]. In the same way, a systematic programme of study of the cellars under Rome's historic centre has been set in motion [22], in the context of a broader project to revise Lanciani's classic map of the antiquities of the city, the *Forma Urbis Romae* [23]. Many remarkable finds have been made, especially in the Campus Martius, where in many cases mediaeval buildings were constructed directly on top of Roman structures. Thus substantial remains of the Baths of Nero (later rebuilt as the Thermae Alexandrinae) have been discovered under the Palazzo Madama and nearby buildings, generally confirming the impression of the complex provided by a drawing of Palladio [24].

During the past decade, the Soprintendenza has sought both to reduce the damage to the monuments of Rome from exhaust fumes, and to allow scholars and visitors properly to appreciate the archaeological zone, by eliminating roads which cross or border upon it and restricting access by vehicles. In the early 1980s two such roads were closed, the Via del Foro Romano, which connected the Via della Conciliazione and the Curia, and the road to the west of the Colosseum, which had previously isolated the monument as a glorified roundabout in a mass of

20. E Gatti, "Ricerche bibliografiche ed archivistiche", in *Archeologia nel centro,* pp. 334-5.
21. e.g. P. Refice and M. Pignatti Morano, "Ara Pacis Augustae : le fasi della ricomposizione nel documenti dell'Archivio Centrale dello Stato", in *Archeologia nel centro*, pp. 404-20, on the Ara Pacis.
22. L. Cozza, "I resti archeologici visibili nel sottosuolo : necessità di conoscerli e registrarli", in *Archeologia nel centro*, pp. 308-12.
23. F. Castagnoli, "Per un aggiomamento della Forma Urbis del Lanciani", in *Archeologia nel centro*, pp. 313-19 ; also E. Tortorici, "Alcune osservazioni sulla tavola 8 della forma urbis del Lanciani", in *Ricerche e discussioni*, pp. 7-l5 ; F. De Caprariis, "Le pendici settentrionali del Viminale ed il settore ovest del Quirinale", in *Ricerche e discussioni*, pp. 7-44.
24. G. Ghini, "Terme Neroniane-Alessandrine", in *Archeologia nel centro*, pp. 395-9.

traffic [25]. Excavation in these areas has revealed an important series of stratified deposits between the Capitol and the Forum [26], and the foundations of the Colossus of Nero and the Meta Sudans, both of which had survived from antiquity but were demolished in 1933 and 1936 respectively [27]. A more ambitious plan, and one which has caused considerable debate among archaeologists and the general public alike, has been that of the closure of the Via dei Fori Imperiali itself to traffic [28]. The attraction of the plan in archaeological terms is that it would allow a proper examination of the areas of contact between the different Imperial Fora and the Forum Romanum, which up to now have been known only hypothetically, and the creation of a massive archaeological park, stretching from the Capitol to the Colosseum ; on the other hand, the practical difficulties of closing one of the main traffic arteries in Rome would be considerable. Ironically, the contemporary archaeologists are encountering the same difficulties as their predecessors a century before : "The Minister... wants to create in the very centre of the modern town an archaeological group quite unique in the Roman world. Such a scheme cannot be carried into execution without constant fighting and exertion... In a town numbering 300 000 souls it is impossible to cut important thoroughfares without substituting other channels for the

25. A. La Regina, "Rome : continuità dall'antico", in *Roma : continuità dall'antico : i Fori Imperiali nel progetto della città*, 1981, pp. 11-18 ; Whitehouse, *op. cit.* (n. 2), pp. 40-2.
26. U. Valle, "Lavori nell'area nord occidentale del Foro Romano", in *Archeologia nel centro*, pp. 19-23 ; G. Maetzke, "Area nord-occidentale del Foro Romano", *Bull. Comm.*, 91, 1986, pp. 372-80 ; G. Maetzke, "La struttura stratigrafica dell'area nord-occidentale del Foro Romano come appare dei recenti interverti di scavo", *Arch. Med.*, 18, 1991, pp. 43-200.
27. The Colossus : C. Lega, "Il Colosso di Nerone", *Bull. Comm.*, 93, 1989-90, pp. 339-78 ; Meta Sudans : E. Leone, "Domus Aurea e Meta Sudans", in *Archeologia nel centro*, pp. 113-21, C. Panella "La valle del Colosseo nell'antichità", *Bollettino di Archeologia*, 1-2, 1990, pp. 35-88.
28. *Roma : continuità dall'antico : i Fori Imperiali nel progetto della città*, 1981, 103 provides a list of articles about the project published in the Italian and foreign press. See also Whitehouse, *op. cit.* (n. 2), Packer, *op. cit.* (n. 2).

traffic..."[29]. Since the unveiling of the project in 1981, architects have proposed models for the new urban infrastructure necessary to make such a plan work[30], while the excavation which has so far taken place, behind the Curia and Basilica Aemilia, has provided a taste of the enormous potential interest of the results of the larger project[31]. Often, archaeological issues and issues of urban planning have gone hand-in-hand, as for example in discussions on the Oppian hill. Plans have been presented which would both allow for the *valorizzazione* of the archaeological remains of this area, and enable the area to be preserved as a much-needed public park for the people of Rome[32].

Besides the wide variety of new archaeological work, the decade has also seen a series of important publications on the city of Rome and its monuments, many resulting from conferences and exhibitions held in the city. *Roma : archeologia nel centro* (1985) published the papers delivered at a conference held on the Capitol between 23 and 28 May 1983, which provided a first assessment of the results of the projects set in motion by La Regina's initiatives and the law of 1981. Similarly, the wealth of historical and archaeological argument in *L'Urbs : espace urbain et histoire* originated in a colloquium held at the École Française de Rome in 1985. Important exhibitions have included *Roma : archeologia e progetto* (1983), held to coincide with the meeting on the Capitol ;

29. R. Lanciani in *Athenaeum* 2920 (13 Oct. 1883), reprinted in *Notes from Rome* (ed. A. L. Cubberley, 1988), pp. 146-7.
30. e.g. L. Benevolo, *Roma : l'area archeologica centrale e la città moderna*, 1988.
31. The project : F. Castagnoli, E. Tortorici and C. Morselli, "Progetto per lo scavo di un settore dei Fori di Cesare e di Nerva", in *Archeologia nel centro*, pp. 245-71 ; the excavations : C. Morselli and E. Tortorici, "Area retrostante la Curia e la Basilica Emilia", *Bull. Comm.*, 91, 1986, pp. 380-8 ; the results : C. Morselli and E. Tortorici, *Curia, Forum Iulium, Forum Transitorium*, 1989 ; E. Tortorici, *Argiletum : commercio speculazione edilizza e lotta politica dall'analisi topografica di un quartiere di Roma di età repubblicana*, 1991.
32. P. Baldi and G. Martines, "Domus Aurea, Terme di Traiano. Proposte per la conservazione", in *Archeologia nell centro*, pp. 478-86.

while the (approximate) centenary of the period between 1870-1911, when Rome was acquiring its new identity as the national capital of Italy, was celebrated with the *Roma Capitale* exhibition. This focused primarily on the Esquiline, the area most affected by the large-scale building of residential quarters in the city during those years. *Kaiser Augustus*, a catalogue of an exhibition held in Berlin in 1988, also contains much important material.

Among the many publications on specific monuments or buildings, the series of volumes on the topography of the city by Coarelli (arising from a sequence of seminars known as the "Lectiones Planetariae") stand out; so far these have dealt with the Forum Romanum and Forum Boarium, and further volumes are promised on the Campus Martius and (perhaps) the Palatine [33].

One of the most interesting features of work on Roman history in the English-speaking world over the last decade has been the increasing emphasis on the potential contribution of archaeology to our understanding of the ancient world, and in particular a growing awareness of the physical and visual aspects of the city of Rome : historians have been learning to "read not only the authors, but the city itself" [34]. The appearance of Stambaugh's *The Ancient Roman City* has provided an accessible introduction to the city of Rome and its monuments, and has allowed the City of Rome to form an increasingly important element in university syllabuses [35]; and the publication of Zanker's *Augustus und die Macht der Bilder* and other works has led to a transformation in ways of thinking about the principate of Augustus [36]. Similarly, several

33. *Foro romano* I and II; *Il Foro Boario*, 1988.

34. T. P. Wiseman, "Conspicui postes tectaque digna deo : the public image of aristocratic and imperial houses in the late Republic and early Empire", in *L'Urbs*, pp. 393-413, at 412.

35. J. E. Stambaugh, *The Ancient Roman City*, 1988 : for important syntheses on the city in general in Italian and French, see P. Gros and M. Torelli, *Storia dell'urbanistica il mondo romano*, 1988, pp. 61-126; P. Neraudau and L. Duret, *Urbanisme et métamorphoses de la Rome antique*, 1983.

36. P. Zanker, *Augustus und die Macht der Bilder*, 1987, translated as *The*

important recent studies of Augustan poetry have integrated literary and archaeological evidence [37].

The decade has also been notable for the number of basic tools for the would-be topographer which have become readily available. Castagnoli's classic *Topografia di Roma antica* appeared in book form in 1980; Coarelli's invaluable *Guida archeologia Laterza* for the city was published in the following year [38]; also worthy of particular mention are the reassessment of the Severan Marble Plan published by Rodriguez Almeida [39]; the publication of a lively eye-witness account of the rediscovery of ancient Rome in the nineteenth century in the form of Rodolfo Lanciani's reports to a London journal, the *Athenaeum* [40]; a reprinted version of Lanciani's *Forma Urbis Romae* [41]; the photographs of Ashby and Parker, taken in the late nineteenth and early twentieth centuries [42]; and a valuable handbook of monuments appearing on coin-types [43].

Power of Images in the Age of Augustus, 1988, with A. Wallace-Hadrill, "Rome's cultural revolution", *JRS*, 79, 1989, pp. 157-64. Note the importance of the visual dimension in recent work honouring R. Syme, and in particular the comments by H. Galsterer in "A man, a book and a method : Sir Ronald Syme's Roman Revolution after fifty years", in K. A. Raaflaub and M. Toher (eds), *Between Republic and Empire : Interpretations of Augustus and his Principate*, 1990, pp. 1-20, esp. p. 15; also F. Millar and E. Segal (eds), *Caesar Augustus : Seven Aspects*, 1983.

37. e.g. P. Hardie, *Virgil's Aeneid : Cosmos and Imperium*, 1986; E. Lefevre, *Das Bild-Programm des Apollo-Tempels auf dem Palatin*, 1989, reviewed by P. Hardie, *CR*, 40, 1990, p. 520; D. C. Feeney, *The Gods in Epic*, 1991.

38. F. Castagnoli, *Topografia di Roma antica*, 1980; F. Coarelli, *Guida archeologica Laterza : Roma*, 1981.

39. E. Rodriguez-Almeida, *Forma urbis marmorea : aggiornamento generale*, 1980.

40. R. Lanciani (ed. A. L. Cubberley), *Notes from Rome*, 1988. See also T. P. Wiseman, *Talking to Virgil*, 1992, pp. 111-48 on the excavations of the period.

41. *Forma Urbis Romae*, ed. R. Lanciani, 1990.

42. *Archeologia a Roma nelle fotografie di Thomas Ashby (1891-1930)*, 1989 : *Un inglese a Rome : la raccolta Parker nell'archivio fotografico comunale*, 1989.

43. P. Hill, *The Monuments of Rome as Coin Types*, 1989.

Especially welcome is the news that a replacement for Platner and Ashby's essential (but increasingly ouf-of-date) *Topographical Dictionary of Ancient Rome*, the *Lexicon Urbis Romae*, is currently in preparation. The subject catalogue of the German Archaeological Institute in Rome has recently been published in CD-ROM form as "DYABOLA", while the catalogue of the complete photographie archive of the same Institute is now available on microfiche. (DYABOLA is currently available in the Library of the Institute of Classical Studies, London, along with the microfiche; the latter is also held at the Ashmolean Library, Oxford).

For all these reasons, a review of recent work at the beginning of the 1990s represents a worthwhile exercise [44]. The aim is to summarize the most recent work in (and on) the City of Rome and set it in the context of some of the recent central debates on Roman history, focusing in particular on recent archaeological research and on the change from Republic to Empire. To keep the work within reasonable bounds, however, I have had to confine the treatment to the city within the Aurelian Walls [45], limit the discussion of some central issues, notably religion, the administration of the city [46], and building

44. For other recent surveys, see the special number of *Archeo*, 48 (Feb. 1989), entitled *Roma : il futuro nel passato* and B. Ginge, "Ancient Rome : a decade of discovery", *Archaeology*, 44 (Jan./Feb. 1991), pp. 28-35. Recent archaeological work in the city is discussed in *Bull. Comm.* (which also contains very useful bibliographic summaries), the new journal *Bolletino di Archeologia*, and the publication of the annual "Archeologia Laziale" conferences.

45. Unfortunately this means largely excluding the problems of burial at Rome, for which see recently K. Hopkins, *Death and Renewal*, 1983, pp. 201-56, and H. von Hesberg and P. Zanker, *Römische Gräberstrassen*, 1987, and the whole problem of the relation of the periphery or *suburbium* of Rome and the city itself, on which see, e.g., E. Champlin, "The suburbium of Rome", *AJAH*, 7, 1982, pp. 97-117 ; A. Carandini, *Schiavi in Italia*, 1988, pp. 339-57 ; N. Purcell, "Tomb and suburb", in von Hesberg and Zanker, *op. cit.*, pp. 25-41.

46. On which see now A. Fraschetti, *Roma e il principe*, 1990, pp. 204-73, and the survey by O. F. Robinson, *Ancient Rome : City Planning and Administration*, 1992.

materials [47] (all of which have a substantial literature of their own), and make some exclusions, in particular work on archaic and early republican Rome [48], and on the late imperial and early Christian city [49]. Likewise, I have excluded work of a primarily architectural or art-historical nature (while being conscious of the artificiality of such distinctions) [50]. What follows is a personal selection of recent work; it should be stressed that exclusion implies no adverse judgement.

I. Politics and the city: the forum (Fig. 1)

Polybius observed that it was impossible to tell whether the Roman constitution was aristocratic, monarchical, or democratic [51], and a major preoccupation of recent scholarship on the Roman Republic has been to re-examine the respective roles played by popular assemblies and the Senate within the Roman state [52]. The recent studies of the topography of the

47. Wood : see R. Meiggs, *Trees and Timber in the Ancient Mediterranean World,* 1982; marble : H. Dodge, "Ancient Roman marble studies : recent research", *JRA,* 4, 1991, pp. 28-50, bricks : E. M. Steinby, "I senatori e l'industria laterizia urbana", in *Epigrafia e ordine senatorio*, 1982, 2 vols, I, pp. 227-37; E. M. Steinby, "L'edilizia come industria pubblica e privata", in *Città e architettura*, pp. 219-21; J. C. Anderson, *Roman Brick Stamps : the Thomas Ashby Collection in the American Academy at Rome*, 1991. On building in general, see S. Martin, *The Roman Jurists and the Organisation of Private Building in the Late Republic and Early Empire*, Collection Latomus CCIV, 1989.
48. For which see the annual publications of the Archeologia Laziale conferences, and the occasional summaries in *Archaeological Reports* (most recently T. J. Cornell, "Rome and Latium Vetus", *Archaeological Reports,* 1985-6, pp. 123-33, at 125-6. A survey of work carried out in the late 1980s is currently in preparation by the same author.
49. Summaries of recent work on Christian Rome occasionally appear in *Rivista di Archeologia Cristiana.*
50. For recent surveys of the public art of imperial Rome see N. Hannestad, *Roman Art and Imperial Policy,* 1988; N. H. Ramage and A. Ramage, *The Cambridge Illustrated History of Roman Art,* 1991.
51. Polybius, VI. 11.
52. Recent contributions to the debate include : F. G. B. Millar, "The political character of the classical Roman Republic", *JRS,* 74, 1984, pp. 1-19;

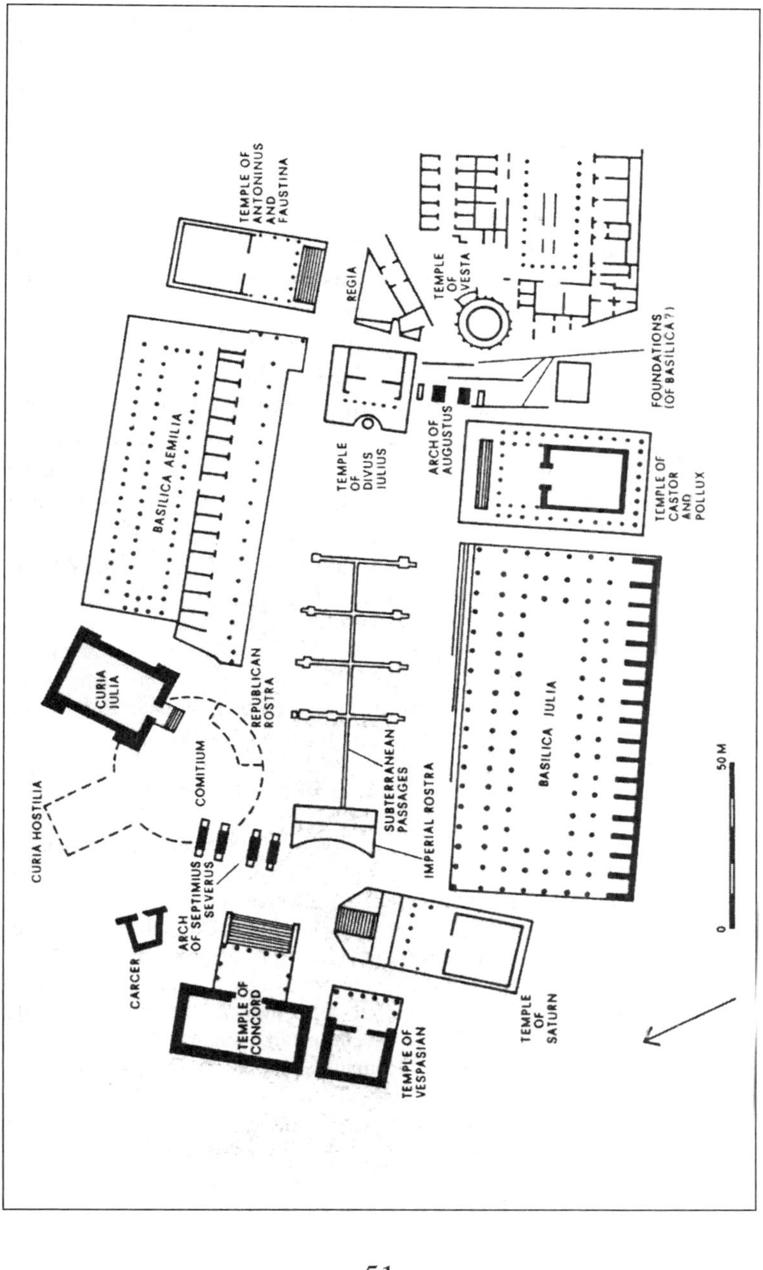

Fig. 1. *The Forum Romanum*

Forum by Coarelli [53] and others have a significant bearing on this debate [54].

Both Coarelli and Bonnefond have stressed the integrated nature of the monuments of the Comitium area, which clearly reflect the linkage between popular voting assemblies, Senate and judicial activity. Not only do the Comitium and Curia form part of the same complex (as subsequently at Cosa and Paestum), but so do the rostra, tribunal of the praetors, and the places of execution and civic punishment such as the Carcer and Lautumiae which were situated nearby [55], below the Tarpeian Rock (which is now convincingly identified as the summit of the Arx overlooking the Forum) [56].

One of the most interesting elements in Coarelli's treatment of the Forum is his discussion of the vexed question of the movement of popular assemblies from the Comi-tium into the central part of the Forum. Confusingly, two separate traditions about this departure from traditional practice survive : Cicero and Varro ascribe the initiative to C. Licinius Crassus, tribune of the plebs in 145 B.C. [57],

---

idem, "Politics, persuasion and the people before the Social War", *JRS*, 76, 1986, pp. 1-11 ; P. A. Brunt, *The Fall of the Roman Republic and Other Essays*, 1988, pp. 382-442 ; J. A. North, "Democratic politics in Republican Rome", *Past and Present*, 126, 1990, pp. 3-21, esp. 13-15.

53. Coarelli, *Foro romano* I and II.

54. See F. G. B. Millar, "Political power in mid-Republican Rome : curia or comitia ?", *JRS*, 79, 1989, pp. 138-50.

55. M. Bonnefond, "Espace, temps et idéologie : le sénat dans la cité romaine républicaine", *DdA*, III. 1, 1983, pp. 37-44. On punishment in the Forum, see F. Hinard, "Spectacle des exécutions et espace urbain", in *L'Urbs*, pp. 111-25, esp. 116-19. See also J.-M. David, "Du Comitium à la roche Tarpéienne. Sur quelques rituels d'exécution capitale sous la République, les règnes d'Auguste et de Tibère", in *Du châtiment dans la cité : supplices corporels et peine de mort dans le monde antique*, Collection de l'École Française de Rome LXXIX, 1984, pp. 131-76. For executions in the amphitheatre, see now K. M. Coleman, "Fatal charades : Roman executions staged as mythological enactments", *JRS*, 80, 1990, pp. 44-73.

56. T. P. Wiseman, "Flavians on the Capitol", *AJAH*, 3, 1978, pp. 163-75, at 169 ; *idem*, "Topography and rhetoric — the trial of Manlius", *Historia*, 28, 1979, pp. 32-50, esp. 42-5.

57. Cicero, *De Amicitia*, 96 ; Varro, *De Re Rustica*, I. 2. 10.

whereas Plutarch thinks Gaius Gracchus was responsible [58].

Coarelli's solution of the problem is to suggest that both traditions are correct. Emending the text of Varro [59], he suggests that Crassus moved the meetings of the *comitia tributa* out of the *Comitium* and into the "saepta iugera forensia", whereas Gaius Gracchus did the same for *contiones*, thereby upsetting traditionalists by turning his back on the Senate while speaking [60]. The transformation of the greater area of the Forum into a formal political space explains the rows of *pozzetti* (small pits) in the paving [61], which Coarelli explains as being intended for posts which marked out the *templum*, the space designated by the augure in which the popular assembly, like the Senate, was obliged to meet [62].

The opening out of the central area of the Forum led to the creation of an additional integrated complex of monuments mirroring those around the *Curia* and *Comitium* : the restored Temple of Castor and Pollux became a regular place of meeting for the Senate [63], speakers could address meetings of the people at the east end of the Forum area from a podium in front of the temple [64], and a new praetorian tribunal for the administration of justice was established next to the Puteal Scribonianum (near the site of the later Temple of Divus Julius), probably in 149 B.C. [65].

Just as the places of popular participation changed to reflect the political realities of the growing city of Rome and the increasingly active role of the tribunes, so changes in the membership and status of the Senate were reflected in the buildings of the Forum. Sulla's extension of the Curia (to accommodate the 600 members of the reformed Senate)

---

58. Plutarch, *Gaius Gracchus*, 5.
59. Coarelli, *Foro romano* II, p. 130.
60. Coarelli, *Foro romano* II, pp. 157-8.
61. For the *pozzetti*, see G. Lugli, *Roma antica*, 1946, pp. 81-2.
62. Coarelli, *Foro romano* II, pp. 125-31.
63. Bonnefond, *op. cit.* (n. 55), p. 38.
64. C. Gronne, "Ultime indagini al tempio dei Castori", *Arch. Laz.*, 8, 1987, pp. 83-7.
65. Coarelli, *Foro romano* II, pp. 166-89.

eliminated a large part of the circular Comitium area[66], and symbolically diminished the authority of the people, which had also been reduced in reality by his restrictions on the powers of the tribunes. His judicial reforms were also reflected in the creation by C. Aurelius Cotta of the Gradus Aurelii, an auditorium designed to accommodate those following trials at the praetors' new tribunal[67].

As part of a wider study of the activities of the Senate under the Republic, Bonnefond-Coudry has examined the places in which it was accustomed to meet, discussing possible explanations for the choice of meeting-places : the Curia in the Forum was only one of sixteen locations attested (for 134 meetings)[68]. The Senate was obliged to meet in a *templum*[69], but practical and symbolic considerations as well as legal restrictions might determine the choice of a particular meeting-place. Thus meetings which demanded the presence of a serving promagistrate had to take place outside the *pomerium* (typically in the Temples of Apollo or Bellona)[70] ; by contrast, the Temple of Concord was chosen for several important senatorial debates with security implications, such as the meetings on 3 and 5 December 63 B.C. to discuss the fate of the Catilinarian conspirators, or that on 18 October A.D. 31 to debate that of Sejanus. Whereas the Temple of Concord seems to have been chosen in the latter case because of its closeness to the Carcer, where Sejanus was executed, and the Gemonian steps, where his body was subsequently exposed[71], Bonnefond-Coudry argues that the debates on the Catilinarians were held there largely for reasons of intimidation,

66. Coarelli, *Foro romano* II, p. 56.
67. Coarelli, *Foro romano* II, pp. 196-9. Remains found under the Temple of Divus Julius were identified by Gamberini Mongenet with those of the Gradus Aurelii, but scepticism on this identification has been expressed by Carnabuci, *op. cit.* (n. 11), at pp. 290-6.
68. M. Bonnefond-Coudry, *Le sénat de la république romaine*, 1989, pp. 25-197 at 27.
69. Aulus Gellius, *Nocies Atticae,* XIV. 7.
70. Bonnefond-Coudry, *op. cit.* (n. 68), pp. 137-60.
71. Bonnefond-Coudry, *op. cit.* (n. 68), pp. 100-1.

rather than for any wider symbolic reason connected with Concordia and its association with Opimius, suppressor of Gaius Gracchus and his supporters. Although placing greater emphasis on practical considerations, she does, nevertheless, accept that those participating in senatorial debates in temples might exploit the historical associations of the venue in their orations. Thus the choice of the Temple of Jupiter Stator for the meeting of the Senate which exposed Catiline's plans was due largely to fears for the security of the meeting (it could effectively be guarded) but this also enabled Cicero to invoke Jupiter, the stayer of flight, in his First Catilinanan [72]. The exploitation of the monuments of the Forum in oratory is also a theme taken up by Millar, who notes how the use of landmarks as "visual aids" in speeches to the People is recommended in Cicero's *De Oratore* [73].

Providing a setting for less formal political interaction were the basilicas around the Forum. Gaggiotti has explained the origin of the basilica form in Rome (as well as solving a problematic passage in Plautus) by linking the term "basilica" to the Atrium Regium which we know to have been in the Forum; he argues that following a fire in 210 B. C., the Atrium was rebuilt and became known as the *Aule Basilike*, and that this equivalency was further exploited by the Aemilius family, who wanted to stress their royal ancestry and the mythical links of their family with king Numa Pompilius through the figure of Aimylos, one of his sons. This first basilica, which thus combined Greek and regal associations, lay long the north side of the Forum [74]. Interestingly, the excavations of Morselli and Tortorici suggest building activity on the site of the Basilica Aemilia both shortly after the fire in 210 B.C. and then around 179 B.C., when Livy tells us this basili-

72. Cicero, *In Catilinam,* I, 33 ; Bonnefond-Coudry, *op. cit.* (n. 68), p. 124.
73. Cicero, *De Oratore,* II, 266-7 ; Millar, *op. cit.,* 1986 (n. 52), pp. 1-2.
74. M. Gaggiotti, "Atrium Regium-Basiliea (Aemilia) : une insospettata continuità storica e une chiave ideologica per la soluzione del problema dell'origine della basilica", *ARID,* 14, 1985, pp. 53-80; M. Gaggiotti, "Plauto, Livio, la più antica 'basilica' del foro romano e la politica edilizia degli Aemilii", in *Archeologia nel Centro*, pp. 56-65.

ca was built, which tends to confirm Gaggiotti's picture [75].

The Basilica Aemilia has been one of the most hotly disputed monuments over the last few years. The traditional assumption has been that the basilica running along the northern side of the Forum was the Basilica Aemilia, but a recent study of the east end of the Forum undertaken by Steinby in connection with her excavations at the site of the Lacus Juturnae has cast doubt on this. Her re-examination of the excavations conducted in the 1950s (but never properly published) by Gamberini Mongenet revealed three substantial parallel foundations which she interpreted as a hitherto unsuspected public building extending northwards from the Temple of Castor and Pollux, beneath the Temple of Divus Julius. She then re-examined the literary tradition for the basilicas of the Forum and suggested that this new building was in fact the Basilica Aemilia, which was situated on a north-south alignment, rather than in its traditional position on an east-west alignment along the north side of the Forum. The basilica traditionally thought of as the Basilica Aemilia would therefore be the Basilica Fulvia of 179 B.C., subsequently rebuilt as the Basilica Paulli in the 50s B.C. [76]. Furthermore, Steinby suggested that the "new" Basilica Aemilia was built by L. Aemilius Paullus, victor over the Macedonians at the battle of Pydna, together with a monument at the Lacus Juturnae [77].

If Steinby is right, the implications are very important. Firstly, the Forum would acquire a monumental east end in the second century B.C., rather than with Augustus'creation of the Temple of Divus Julius and the adjacent arch as traditionally

75. Tortorici, *op. cit.* (n. 31).

76. E. M. Steinby, "Il lato orientale del Foro", *Arch. Laz.*, 9, 1988, pp. 32-6, and "Il lato orientale del Foro Romano", *Arctos,* 21, 1987, pp. 139-84, usefully summarized and discussed for the English reader by J. J. Paterson in "One of our basilicas is missing", *CA News,* I, 1989, pp. 12-14. For further discussion of the Aemilii and their activities in the Forum, see also T. P. Wiseman, "Rome and the resplendent Aemilii", in *Tria Lustra : Essays Presented to the Editor of LCM*, 1992, pp. 181-92.

77. E. M. Steinby (ed.), "Lacus Juturnae 1982-3", in *Archeologia nel centro*, pp. 73-91.

assumed. Secondly, it would seem that at approximately the same time that Julius Caesar was beginning his new Forum, members of the Aemilian gens were engaged in a project on a similar scale at the opposite end of the Forum Romanum; L. Aemilius Paullus was rebuilding two basilicas [78]. Normally Caesar's building projects in the 50s B.C. are seen as the seeds of his autocratic activities as dictator : the new analysis shows that the Aemilii too were able and willing to compete on this scale in the historical centre of Rome [79].

Doubts have however been cast on Steinby's reconstruction from several quarters. Tortorici makes the point that a passage of Varro referring to the building of a sundial in the "Basilica Aemilia et Fulvia" (which on Steinby's analysis would be two buildings) is easier to understand if only one building is being referred to [80]. Besides, a recent study of the east end of the Forum by Carnabuci, using the excavation journal of Boni's 1904 excavation, has cast doubt on the very existence of Steinby's new basilica. Carnabuci points out that not only are the three foundations very fragmentary, but that they are at irregular distances from each other, making it implausible that they formed part of a single colonnaded building unless an additional foundation to the west is hypothesized.

This would then have to extend beneath the podium of the Temple of Castor and Pollux, dating to 117 B.C. In any case, it seems odd that the destruction of an important monument like the Basilica could have escaped notice in the well-attested period following Julius Caesar's assassination. Carnabuci suggests that the foundations may instead have been linked with a ramp which ran from the Palatine down to the Forum [81]. The "new" Basilica Aemilia may therefore have to be abandoned; but the Aemilii still emerge as active in a substantial way in the Forum.

78. Cicero, *Ad Att.*, IV. 16.8. See also Wiseman, *op. cit.* (n. 76), pp. 181-2, who argues that the two basilicas were those along the north and south (Basilica Julia) sides of the Forum.

79. Wiseman, *op. cit.* (n. 76), pp. 186-7.

80. Varro, *De L.L.*, VI. 64; Tortorici, *op. cit.* (n. 31), pp. 64-6.

81. Carnabuci, *op. cit.* (n. 11), pp. 280-7.

Coarelli's study of the Forum in the Caesarian and Augustan period provides some important new ideas on the organization of space in the Forum at this crucial time. It is clear that Caesar's new Senate House, the Curia Julia, was not only attached both physically and symbolically to one of the wings of Caesar's new Forum, eventually completed under Augustus [82], but that it also removed almost entirely the traditional monuments of the Comitium, completing the work Sulla had begun [83]. Dio tells us that when Sulla's Curia was demolished in 44 B.C., a temple to Felicitas was erected by Lepidus to mark its site, and fragments of this temple have now been identified in foundations discovered in the 1930s under the Via del Tulliano [84].

A new speakers' platform was placed axially in the centre of the Forum, looking towards the central area in which the people would now have assembled for *contiones*; interestingly, it still maintained the curved shape of the original rostra, which had been determined by its position on the edge of the curved Comitium. Subsequently the rostra built by Caesar was increased in size, with an extension placed on the front of the platform: Coarelli argues convincingly that this was an Augustan innovation, designed to obliterate the memory of the triumviral persecutions when the severed heads of the proscribed — including, for example, Cicero — were displayed on the rostra [85].

In general, after the erection of the Temple of Divus Julius on the site of Caesar's cremation in 29 B.C., and the new rostra in front of it [86], the interventions of Augustus in the Forum Romanum seem to have been limited. After his original display of *pietas* towards the memory of Caesar, he was (unlike his predecessor) probably concerned to avoid undue disturbance of the most ancient political and religious monuments in Rome, and he was able to make his mark more effectively by

82. Morselli and Tortorici, *op. cit.*, 1989 (n. 31), p. 229.
83. Coarelli, *Foro romano* II, pp. 233-7.
84. Dio, XLIV. 5; Tortorici, *op. cit.* (note 31).
85. Coarelli, *Foro romano* II, pp. 237-57.
86. Coarelli, *Foro romano* II, pp. 308-24.

creating a new forum of his own. One problem here, however, is the role of Augustus' arch(es) in the Forum, which have always presented difficulties. Gamberini Mongenet, who excavated here in the 1950s, suggested that there were two arches to the south of the Temple of Divus Julius : the single-span Actian arch, which collapsed soon after it was built, to be replaced by the triple Parthian arch. Coarelli, however, argued that there were three arches, one erected after the battle of Naulochos in 36 B.C., one after the battle of Actium, and a third following Augustus' diplomatic victory over the Parthians and the recovery of the standards lost by Crassus in 53 B.C. The Naulochos arch was, according to Coarelli, located to the south of the Temple of Divus Julius, but then demolished and replaced with the Actian arch ; subsequently the Parthian arch was placed to the north of the Temple of Julius [87]. However, it has now been convincingly shown by Nedergaard, who conducted an excavation in the area to the south of the Temple of Divus Julius, that in fact there was only one arch here : a triple arch, datable between 29 B.C. and A.D. 6, which she identifies with the Parthian arch [88]. Dio tells us only that the Actian arch was "in the Roman agora", so presumably it was somewhere else in the Forum if it was ever built [89].

The overall effect of the Forum under Augustus, then, was that the western end was essentially given over to the Senate and People — with the Curia becoming the standard place for

87. Coarelli, *Foro romano* II, pp. 258-308.

88. E. Nedergaard, "Zur problematik der Augustusbogen auf dem Forum Romanum", in *Kaiser Augustus*, pp. 224-39. E. Nedergaard, "Nuove indagini sull'arco di Augusto nel Foro Romano", *Arch. Laz.*, 9, 1988, pp. 37-43. See also F. S. Kleiner, "The study of Roman triumphal and honorary arches 50 years after Kähler", *JRA*, 2, 1989, pp. 195-206. For arches as manifestations of a new language of power in the intensely competitive context of the late Republic and early Empire, see A. Wallace-Hadrill, "Roman arches and Greek honours : the language of power at Rome", *PCPS*, n.s. 36, 1990, pp. 143-81, esp. 144-50.

89. Dio, LI. 19. E. Carnabuci, who generally takes a similar view to Nedergaard, points out, *op. cit.* (n. 11), 324, that Dio only says that the arch was decreed.

meetings of the Senate, especially after the principate of Nero [90] — while the eastern end, with the Temple of Divus Julius, the new rostra in front of it, the Augustan arch and the Portico of Gaius and Lucius, emphasized the role of the emperor [91].

The history of the Forum, then, is in microcosm the history of the Late Republic : the traditional symbolic unity of Senate and People as expressed in the relationship between Curia, Comitium, and the related monuments ; the populist reforms of the second half of the second century B.C., leading to a greater importance for the whole Forum area ; the Sullan reaction, and the pre-eminence he gave to the Senate ; the aristocratic competition of the final years of the Republic ; Caesar's dictatorship, Octavian's victory in civil war and Augustus' settlement which divided power between himself and the Senate : all are reflected in the monuments of the Forum.

II. Aristocratic competition in the city : the Campus Martius (Fig. 2)

The Campus Martius was the setting for two of the key self-defining activities of the Roman aristocracy, electoral rivalry and military ambition. The most crucial elections, for the consulship or censorship, had always taken place here, in the *ovile* or *saepta* : the *comitia centuriata* (which elected these magistrates) had by law to meet outside the *pomerium*, since in theory it represented the Roman people arrayed for war, and Roman armies were allowed to cross the formal boundary of the city only in the most exceptional circumstances. From the mid second century (perhaps not long after 145 B.C.), the *comitia tributa* held electoral meetings here too [92]. The Campus Martius was similarly important as a setting for the triumph [93]. Before the triumph, the victorious army would

90. R. J. A. Talbert, *The Senate of Imperial Rome*, 1984, pp. 113-21.
91. Coarelli, *Foro romano* II, pp. 320-2.
92. Coarelli, *Foro romano* II, p. 165.
93. For the ritual, see E. Künzl, *Der römische Triumph. Siegesfeiern im antiken Rom*, 1988, pp. 30-44.

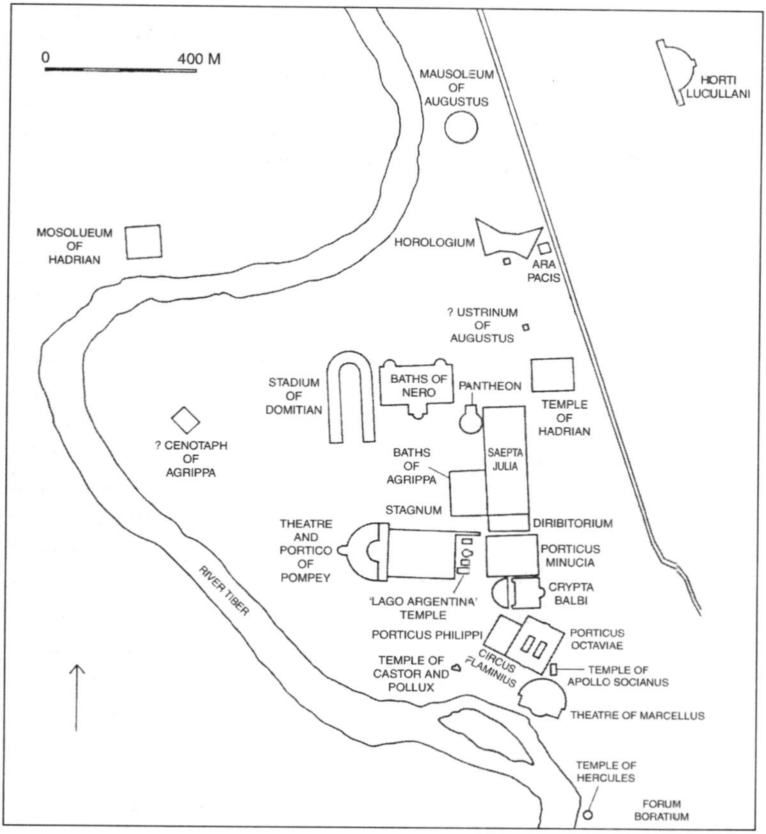

Fig. 2. *The Campus Martius*

assemble in the Campus Martius (usually either around the Villa Publica or in the Circus Flaminius), and then follow a traditional processional route, through the Circus Flaminius and Forum Boarium, before passing along the Circus Maximus, skirting the Palatine, and proceeding across the Forum and up the Capitol, where a sacrifice would take place to Jupiter[94].

The monuments of the Campus Martius (and adjacent areas) have therefore to be examined in the context of the political and military associations of the area. By contrast to the imposing

94. F. Coarelli, *Il Foro Boario*, 1988, p. 365.

and permanent monuments associated with popular participation in the Comitium and Roman Forum, the direct impact on the urban landscape of the voting assemblies in the Campus Martius was extremely limited until Julius Caesar began to monumentalize the Saepta in 54 B.C., as Deniaux has stressed [95]. No sign has yet been found of the headquarters of the tribes and the *divisores* or bribery agents located around the Campus, which formed an indication of the continuing necessity for the aristocracy to pursue popular support, even at considerable expense to their fortunes [96]. The Saepta was completed in 26 B.C. by Agrippa, but its role as a monument to popular participation was to be short-lived; the comitia declined in importance, and Augustus' personal designation of candidates accelerated the process [97]. Tiberius transferred voting for senatorial office to the senators themselves, and the Saepta became primarily a place of entertainment and exhibition, although it seems that the assemblies continued to meet here for the formal election of the designated candidates at least until the third century [98].

Much more imposing in monumental terms than the formal meeting-place of the voting assemblies were the numerous temples and other public buildings which grew up in the surrounding area, and came to dominate the places where the assemblies met. Information on the temples dedicated in Rome during the period between the First and Third Punic Wars has been usefully collected by Pietilä-Castren, who points out that eighteen out of a total of thirty were erected on the route of the triumphal procession, and others very close to it, such as those in the "Largo Argentina" complex on the

95. E. Deniaux, "De l'ambitio à l'ambitus : les lieux de la propagande et de la corruption électorale à la fin de la république", in *L'Urbs*, pp. 279-304. See also S. Demougin, "Quo descendat in campo petitor : élections et électeurs à la fin de la République et au début de l'Empire", in *L'Urbs*, pp. 305-17, at 305-8.

96. A. Lintott, "Electoral bribery in the Roman Republic", *JRS*, 80, 1990, pp. 1-16.

97. Demougin, *op. cit.* (n. 95), p. 314.

98. Dio LVIII. 20 ; F. Millar, *The Emperor in the Roman World*, 1977, p. 302.

Campus Martius [99]. Although Pietilä-Castren seeks to differentiate these, it seems that both groups of temples would have had a double symbolic function : to remind those participating in triumphal processions of the achievements of their ancestors, and to remind voters of the achievements either of candidates for election themselves (in the second century temples were increasingly dedicated by praetors as well as consuls), or of their familles. Cicero stresses the value of military success to an electoral campaign [100] and it seems likely that many temples erected with the spoils of war were visible from the Villa Publica, the official centre of electoral activity in the Campus. In Varro's *De Re Rustica* III [101], which has a dramatic setting at an election in 54 B.C. [102], a comparison is drawn between Varro's aviary and the Temple of Fortuna Huiusce Diei, the "aedes Catuli", in the nearby Largo Argentina group. It is hard to avoid the conclusion that these temples were so positioned as to impress the voters thronging the Campus at election time.

Since the core of mediaeval and renaissance Rome occupies the site of the ancient Campus, the scope for new excavation there has been limited, although there have been a few notable exceptions, such as the Crypta Balbi project [103], and projects in the western part of the Campus undertaken by Quilici, La Rocca, and others [104], as well as the programme of research in the cellars of the area [105]. Consequently much recent topogra-

99. L. Pietilä-Castren, *Magnificentia Publica : the Victory Monuments of the Roman Generals in the Era of the Punic Wars*, Commentationes Humanarum Litterarum LXXXIV, 1987, pp. 154-8. An important new monograph on manubial temples is soon to be published by A. Ziolkowski.
100. Cicero, *Pro Murena,* 24.
101. Varro, *De Re Rustica,* III, 5, 12.
102. J. S. Richardson, "The triumph of Metellus Scipio and the dramatic date of Varro's *RR* III", *CQ,* 33, 1983, pp. 45-63 ; J. Linderski, however, in "The dramatic date of Varro, *De Re Rustica,* III and the elections in 54", *Historia,* 34, 1985, pp. 248-54, argues for 50 B.C.
103. See note 10.
104. e.g. L. Quilici, "Il Campo Marzio occidentale", in *Città e architettura*, pp. 59-86 ; E. La Rocca, *La riva a mezzaluna*, 1984.
105. See note 22.

phical work has been concerned with providing a secure identification for the monuments already known from the area. The publication of a volume on the temples in the Largo Argentina showed how detailed study of the existing remains and finds from the site, together with what remained of the documentation from the 1930s, could provide valuable information : Coarelli has securely identified two of the four temples on this site as being, respectively, that dedicated to the Lares Permarini (vowed by L. Aemilius Regillus in 190 B.C. during a battle against the fleet of Antiochus and then dedicated by M. Aemilius Lepidus in 179 B.C.) and the Temple of Fortuna Huiusce Diei (vowed by Quintus Lutatius Catulus at the battle of Vercellae with the Cimbri and Teutones in 101 B.C.) [106]. He is slightly less confident about his identification of the other two temples (which he identifies with those of Juturna (vowed by Q. Lutatius Catulus in 242 B.C.) and Feronia (vowed by M. Curius Dentatus in 290 B.C.). A new identification of these temples has been made by Ziolkowski, who reverses the order and sees them as dedicated by Q. Lutatius Catulus (in 242 B.C.) and L. Aemilius Papus (following the battle of Telamon in 225 B.C.) respectively [107]. One of the attractions of Ziolkowski's solution to the problem is that it enables the Largo Argentina group to be seen as testimony to a very specific example of aristocratic competition, between the Aemilii and the Lutatii Catuli : on Ziolkowski's reading, the two temples of the Lutatii Catuli are in the middle of the complex, surrounded by those of the Aemilii. A similar debate has developed over the identification of the (still extant) round temple in marble overlooking the Tiber opposite the Church of Santa Maria in Cosmedin. Coarelli has identified it with the Temple of Hercules Olivarius, and presents the argument in his new book on the Forum Boarium [108]. Problems have been identified with this analysis [109], and

106. F. Coarelli et al., *L'area sacra di Largo Argentina*, 1981, pp. 37-46.
107. A. Ziolkowski, "Les temples A et C du Largo Argentina : quelques considérations", *MEFRA*, 98, 1986, pp. 623-41.
108. Coarelli, *op. cit.* (n. 33), pp. 180-204.
109. T. P. Wiseman, *Gnomon*, 62, 1990, pp. 730-4.

Ziolkowski has suggested that the temple should instead be linked with an inscription (*CIL* I² 626) found on the Caelian and commemorating the building of a temple to Hercules Victor by C. Mummius, the conqueror of Corinth in 146 B.C. ; again, Ziolkowski is keen to stress the rivalry of specific aristocrats in his new interpretation, in particular between Mummius and Q. Caecilius Metellus Macedonicus, who built Rome's first marble temple, dedicated to Jupiter Stator, and Scipio Aemilianus, who built another round temple dedicated to Hercules, which stood just to the north of the Church of Santa Maria in Cosmedin but was demolished in the late fifteenth century [110].

A remarkable discovery has increased our knowledge of one particular temple in the Circus Flaminius, that of Castor and Pollux. During excavations for a new car-park under the police station in Via Anicia (in Trastevere), a fragment of a marble plan was discovered showing the plan of the temple, which seems to have been situated on the southern side of the Circus Flaminius, between it and the Tiber ; there seems to be a link between this temple and the discovery of colossal statues of the Dioscuri (now erected on the Capitol) in Piazzetta dei Cenci [111]. Investigations under the Church of S. Tommaso ai Cenci have now revealed walls dating to the third or second century B.C. which presumably must be part of the temple [112], and suggest an early date within the period 173-46 B.C. [113].

110. A. Ziolkowski, 'Mummius' temple of Hercules Victor and the round temple on the Tiber", *Phoenix,* 42, 1988, pp. 309-33, esp. 328. The rivalry of Aemilianus and Mummius : see A. E. Astin, *Scipio Aemilianus*, 1967, pp. 120-l. For another view of this group of temples, see R. E. A Palmer, "Cults of Hercules, Apollo Caelispex and Apollo Fortuna in and around the Roman cattle market", *JRA,* 3, 1990, pp. 234-44.
111. M. Conticello de' Spagnolis, *Il Tempio dei Dioscuri nel Circo Flaminio*, 1984, pp. 33-43.
112. M. Conticello de'Spagnolis, "Nuove osservazioni sull'area del Tempio dei Dioscuri in Circo Flaminio", *Bull. Comm.,* 91, 1986, pp. 91-6.
113. Conticello de'Spagnolis, *op. cit.* (n. 111), 59ff. ; see also F. Castagnoli, "Un nuovo documento per la topografia di Roma antica", *Studi Romani,* 33, 1985, pp. 205-11 ; E. Rodriguez-Almeida, "Un frammento di une nuova pianta marmorea di Roma", *JRA,* I, 1988, pp. 120-31.

Another temple which has recently been identified is that of Vulcan, variously referred to as being "in Campo" or "in Circo" ; Manacorda has suggested that it lay to the south of the Largo Argentina complex, to the west of the Theatre of Balbus [114].

The transformation of aristocratic competition into the rivalry of the great dynasts in the first century B.C. was reflected on the Campus Martius, as we might expect, given the military achievements of both Pompey and Caesar. Whereas Sulla's building activities were centred on the Forum Romanum and the adjacent Capitol, Pompey used the wealth obtained from his eastern campaigns to construct a massive new complex on the Campus Martius, which incorporated gardens, a portico, a senate-house, and, most notably, Rome's first permanent stone theatre [115]. The creation on the Campus Martius of a group of buildings designed with the pleasures and entertainment of the plebs as a whole in mind was a new departure. Traditionally the Roman authorities had regarded places of entertainment as inherently suspect, but the Campus had always been a place in which voters were impressed by monumental buildings and (if necessary) bribed, so in some ways we can see parallels with earlier practice [116] ; and Pompey was careful to provide religious sanction for the complex in the form of a shrine to Venus Victrix at the top of the banks of seating. Jolivet sees it as an alternative centre of public life for the city to the forum itself [117]. Although the Saepta was originally a rather different sort of building, its monumentalization by Caesar and then

---

114. D. Manacorda, "Il tempio di Vulcano in Campo Martio", *DdA*, III. 8, 1990, pp. 35-51.
115. K. L. Gleason, "The garden portico of Pompey the Great", *Expedition*, 32. 2, 1990, pp. 4-13.
116. See T. P. Wiseman in I. M. Barton (ed.), *Roman Public Buildings*, 1989, pp. 151-4 on the parallels between politics and theatre at Rome.
117. V. Jolivet, "Les jardins de Pompée : nouvelles hypothèses", *MEFRA*, 95 (1983), pp. 115-38. For an interpretation of the groups of statuary within Pompey's complex, see G. Sauron, "Le complexe pompéien du Champ de Mars", in *L'Urbs*, pp. 457-73 ; cf. P. Gros and G. Sauron in *Kaiser Augustus*, pp. 51-4.

Agrippa can be seen as a response to Pompey's complex [118].

It was, however, the complex of monuments built by Agrippa between 29 and 25 B.C. on the Campus which most effectively exploited Pompey's lead. Agrippa had acquired from Antony the large estates in the Campus which had formerly been owned by Pompey [119] and created a complex of monuments which combined the religious (the Pantheon, recently dated by Coarelli to the earliest years of Augustus' rule at Rome and therefore linked with the Mausoleum and Temple of Apollo as part of his "Hellenistic" phase) [120] with places of entertainment such as the Baths of Agrippa, the Stagnum, and, perhaps, the Trigarium (a paddock for horses) [121]. After his death, Agrippa may have been honoured in the Campus Martius, as was appropriate for a figure who had done so much to transform this sector of the city, although his remains were buried in the Mausoleum of Augustus ; La Rocca has argued that a monument excavated under Piazza Sforza Cesarini, near the Chiesa Nuova, and previously thought to have been the Ustrinum of Hadrian [122], was

---

118. For the Saepta, see F. Castagnoli, "Influenze alessandrine nell'urbanistica della Roma augustea", *Riv. Fil.*, 109, 1981, pp. 415-23.

119. J. Roddaz, *Marcus Agrippa*, Bibliothèque des Écoles françaises d'Athènes et de Rome, CCLIII, 1984, pp. 238-41.

120. F. Coarelli, "Il Pantheon, l'apoteosi di Augusto e l'apoteosi di Romolo", in *Città e architettura*, pp. 41-6.

121. Roddaz, *op. cit.* (n. 119), pp. 252-98 ; La Rocca, *op. cit.* (n. 104), pp. 57-69. La Rocca, following F. Coarelli, "Il Campo Martio occidentale : storia e topografia", *MEFRA*, 89, 1977, pp. 807-46 at 839, believes the Trigarium was an extensive racecourse, but the recent work by Quilici ("Il Campo Marzio occidentale", in *Città e architettura*, pp. 59-86), who has identified several roads running across the supposed line of the Trigarium, has induced doubts. It must have been much smaller in extent. See the review by T. P. Wiseman in *Gnomon*, 59, 1987, pp. 471-4, and R. E. A. Palmer, *Studies of the Northern Campus Martius in Ancient Rome*, Trans. Am. Phil. Soc., 80.2, 1990, pp. 28-33.

122. For scepticism about the traditional identification see B. Fischer, "Monumenta et ara honoris virtutisque causa : evidence of memorials for Roman civic heroes", *Bull. Comm.*, 88, 1982-3, pp. 51-86, esp. 73-6 ; M. T. Boatwright, "The 'Ara Ditis-Ustrinum of Hadrian' in the Western Campus

Agrippa's cenotaph [123]. As the popular assemblies decreased in importance, so the meeting of Princeps and people at the games and in the theatre became more important, and the character of the Campus changed correspondingly. Not only Agrippa's buildings but also those of Statilius Taurus, who built an amphitheatre in 29 B.C., and Balbus' theatre, combined the characteristics of traditional manubial building with the creation of locations where emperor and people could meet together — divided, however, according to their rank and status [124]. The hierarchy of the comitia had given way to the hierarchies of the circus and theatre ; in time the *stabula factionum*, the bases of the teams of chariot racers [125], replaced the *divisiones*.

The Princeps did not forget the traditional temples of the Campus, though ; La Rocca has Shown how the *principes viri* of the early part of Augustus' reign restored many of the temples of the Circus Flaminius [126]. Perhaps the most notable is the Temple of Apollo Sosianus, which, although built by a former partisan of Antony, the consul of 32 B.C., incorporated sculptural decoration commemorating Augustus' triple triumph and a pediment depicting the struggle between Greeks and Amazons [127]. Also dating to the same period is the Porticus Philippi, which has now been identified on the ground by

---

Martius and other problematic Roman ustrina", *AJA*, 89, 1985, pp. 485-97, M. T. Boatwright, *Hadrian and the City of Rome*, 1987, pp. 218-30.

123. La Rocca, *op. cit.* (n. 104), pp. 87-100 ; Wiseman, *op. cit.* (n. 119), is sceptical : he suggests the monument may belong to Julius Caesar.

124. P. Gros, "La fonction symbolique des édifices théâtraux dans le paysage urbain de la Rome augustéenne", in *L'Urbs*, pp. 319-46 ; P. Zanker, *Power of Images*, 144 ; For imperial legislation on the theatre, see E. Rawson, "Discrimina ordinum : the Lex Iulia Theatralis", *PBSR*, 55, 1987, pp. 83-114.

125. Coarelli, *op. cit.* (n. 121), at 840.

126. E. La Rocca, "L'adesione senatoriale al 'consensus' : i modi della propagande augustea e tiberiana nei monumenti 'in Circo Flaminio'", in *L'Urbs*, pp. 347-72.

127. E. La Rocca, "Sculture frontonali del tempio di Apollo Sosiano : notizia preliminare", *Bull. Comm.*, 87 (1980-1, pub. 1982), pp. 57-73 ; *idem*, *op. cit.* (n. 17), 83ff. ; E. La Rocca and A. Viscogliosi in *Kaiser Augustus*, pp. 121-48.

Gianfrotta[128]. When combined with the new monuments built by Augustus and his family, such as the Theatre of Marcellus[129], the Porticus of Octavia, and (subsequently) the arch dedicated to Germanicus now known from the Tabula Siarensis[130], the effect was to create a new complex focused on the figure of the Princeps which helped to mask the impact of the republican *triumphatores* on this part of the city.

If anything, the impact of Augustus was even more dramatic on the northern part of the Campus. Activity here was initiated with the building of Augustus' Mausoleum in 29 B.C., which was followed by the Ara Pacis (vowed in 13 B.C., dedicated in 9 B.C.), and the Horologium Augusti of 10 B.C.

The Mausoleum has traditionally presented problems. On the one hand, it seems to fit into the tradition that heroes of the Republic (like Sulla and Caesar before Octavian) should be buried on the Campus Martius, and comparisons can be made with the large republican family tombs on the roads leading out of Rome, such as the Tomb of the Scipios; on the other hand, the massive scale of the monument (300 ft in diameter), its commanding position, and the fact that it became known as the Mausoleum (evoking the tomb of Mausolus, Hellenistic dynast and perhaps the object of hero-cult[131]) make it hard to perceive it as a purely "republican" monument[132]. Zanker, drawing on Kraft's work, suggests that we should

128. P. A. Gianfrotta, "Indagini nell'area del Porticus Philippi", in *Archeologia nel centro*, pp. 377-84; see also F. Castagnoli, "Porticus Philippi", in *Città e architettura*, pp. 99-104.
129. For new work on the Theatre of Marcellus, see T. Cianfa et al., "Area archeologica del Teatro di Marcello e del Portico d'Ottavia", in *Archeologia e progetto*, pp. 110-12; "Area archeologica del teatro di Marcello e del Portico d'Ottavia", in *Archeologia nel centro*, pp. 533-45; P. C. Rossetto, "Le maschere del teatro di Marcello", *Bull Comm.*, 88 (1982/3, pub. 1984), pp. 7-50; L. Labianca and M. Petrecca, "Teatro di Marcello", *Bull Comm.*, 91, 1986, pp. 389-94.
130. F. Castagnoli, "L'arco di Germanico", *Arch. Class.*, 36, 1984, pp. 329-32.
131. S. Hornblower, *Mausolus*, 1982, pp. 223-73, esp. 253-61.
132. F. Millar, "State and subject: the impact of monarchy", in F. Millar and E. Segal (eds), *Caesar Augustus: Seven Aspects*, 1983, pp. 37-60, at 57-8.

see the Mausoleum as a programmatic statement by Octavian, proclaiming his loyalty to Rome rather than to Alexandria like his rival Antony[133]; the Mausoleum, like the Temple of Apollo on the Palatine and the Temple of Divus Julius in the Forum, is a statement of Octavian's own authority in Rome.

The nearby Ara Pacis, however, presents a very different image of Augustus : the emperor and the imperial family are depicted at a sacrificial ceremony, together with members of the Senate. The alter was erected at a site one mile from the *pomerium*, where generals returning from war exchanged their military garb for the civilian toge[134], in fulfilment of a vow made by the Senate following Augustus' safe return to the city from Spain and Gaul. The monument has recently been the subject of much discussion, focusing in particular on the problem of how far Augustan monuments can be thought to present a single unambiguous message, and how such a message was received by the viewer[135].

One of the most exciting discoveries in the city of Rome in recent years has been that of the Sundial or Horologium of Augustus. Although the monument was known from Pliny's *Natural History*, it was only as a result of excavations undertaken by Buchner and Rakob since 1979 in the area of the Campus Martius around San Lorenzo in Lucina, and under the church itself, that the striking topographical implications of Pliny's text were fully appreciated. The excavations revealed a travertine pavement with bronze strips inlaid within it, together with bronze inscriptions recording astrological features. A particular surprise was that the level at which the pavement was found was Domitianic in date; Pliny observed that in his time Augustus' sundial was no longer accurate, so it must have been

---

133. Zanker, *Power of Images*, pp. 72-7. See also H. von Hesberg in *Kaiser Augustus*, pp. 245-51.

134. *Res Gestae*, 12; M. Torelli, *Typology and Structure of Roman Historical Reliefs*, 1982, p. 29.

135. See S. Settis, "Die Ara Pacis", in *Kaiser Augustus*, pp. 400-26; J. Elsner, "Cult and sculpture : sacrifice in the Ara Pacis Augustae", *JRS*, 81, 1991, pp. 50-61. On the problem in general : A. Wallace-Hadrill, "Rome's cultural revolution", *JRS*, 79, 1989, pp. 157-69, esp. 162-3.

restored subsequently[136]. Later, probably under Hadrian, the whole area became a park, and the sundial was abandoned[137].

The implications of the discovery of the sundial are striking both in terms of the topography of Rome and of the image of Augustus himself. The whole of the northern part of the Campus Martius can be seen to have been transformed during the reign of Augustus, when the area occupied by the sundial is combined with the gardens which surrounded the Mausoleum; but even more remarkable is the way in which the sundial combines an overtly traditional concept — the dedication to the gods, in this case the Sun, of an object captured from a foreign enemy — in a monumental complex which by implication puts Augustus at the very centre of the cosmos[138]. Nicolet has shown how Augustus followed Caesar in developing a new geography of the world, with his regime at the centre; the sundial demonstrates that the whole universe now formed part of the new Augustan system[139].

Jolivet has shown that the buildings of the Horti Lucullani were situated on a line between the top of the Pincio and the Mausoleum of Augustus, implying that Augustus' Mausoleum had become a point of reference for the topography of the whole of this part of Rome[140]. A further significant element in

---

136. *NH,* XXXVI, 72-3. Excavations of the sundial : see E. Buchner, *Die Sonnenühr des Augustus*, 1982 ; A. Snodgrass, *An Archaeology of Greece*, 1987, pp. 27-34.

137. F. Rakob, "Die Urbanisierung des nordlichen Marsfeldes : neues Forschungen im Areal des 'Horologium Augusti'", in *L'Urbs*, pp. 687-712 ; M. T. Boatwright, *Hadrian and the City of Rome*, 1987, p. 71.

138. See A. Wallace-Hadrill, *JRS,* 75, 1985, pp. 246-7 ; A. Wallace-Hadrill, "Time for Augustus : Ovid, Augustus and the Fasti", in M. Whitby, P. Hardie and M. Whitby (eds), *Homo Viator*, 1987, pp. 221-30 ; Hardie, *op. cit.* (n. 37), pp. 368-9. For more on the astrological aspects of Augustus' programme, with reference to the Temple of Concord in the Forum see B. A. Kellum, "The city adorned : programmatic display at the Aedes Concordiae Augustae", in Raaflaub and Toher (eds), *op. cit.* (n. 36), pp. 276-307.

139. C. Nicolet, *L'inventaire du monde* (1988), esp. 28-30, with reviews by F. Millar, *JRA,* I, 1988, pp. 137-41, and N. Purcell, *JRS* 80, 1990, pp. 178-82.

140. V. Jolivet, "Les cendres d'Auguste : note sur la topographie monumentale du Champ de Mars septentrional", *Arch. Laz.*, 9, 1988, pp. 89-96, at 90.

the complex of monuments focused on the Mausoleum came into being after Augustus' death in A.D. 14, in the form of the Ustrinum. Lanciani believed this was located between the Mausoleum and the Via Flaminia, on the basis of a paved area and some *cippi* bearing the names of members of the imperial family which had been discovered in the Largo dei Lombardi. Recently, however, scepticism has been expressed about both the location and the reconstruction of this monument offered by Lanciani. Tortorici notes that second-century buildings were subsequently found on the site of Lanciani's Ustrinum, and argues plausibly that so prestigious a monument would not have been covered with other buildings only a century or so after Augustus' death; he suggests that the Ustrinum must have been situated further to the south[141]. Jolivet's solution to the problem is even more radical : he argues that the Ustrinum, which Strabo says was "in the middle of the Campus" (ἐν μέσῳ δὲ τῷ πεδίῳ) in fact north of the monuments in the Montecitorio area conventionally identified as the Ustrina of Marcus Aurelius and other emperors, and was oriented along the same line as the Mausoleum and the Obelisk which formed the Gnomon of the sundial. It should therefore be seen as a memorial marking the place where Augustus was cremated (like the alter which marked the place of Julius Caesar's cremation in the Forum Romanum), not a place regularly used for subsequent cremations[142]. The attraction of this theory is not only that it fits the otherwise obscure Ustrinum into the Augustan programme for the northern Campus Martius, but also explains why the *cippi* found in the Largo dei Lombardi commemorate members of the imperial family who were (we assume) subsequently buried in the Mausoleum; they mark the locations where the various cremations took place.

After Augustus, the Campus became an increasingly important location for imperial monuments : in particular, the lead given

141. Tortorici, *op. cit.* (n. 23).
142. Jolivet, *op. cit.* (n. 140). See also C. Buzzetti, "Ustrini imperiali a Montecitorio", *Bull. Comm.*, 89, 1984, pp. 27-8.

by Agrippa was followed up by Augustus' successors, and the Baths of Nero, the Stadium of Domitian and other monuments contributed to making it an area of the city which combined entertainment facilities with important religious buildings set up by the imperial house. Its transformation from an area characterized primarily by republican political competition became complete[143].

III. Aristocratic housing (Fig. 3)

Two major themes of recent scholarship on the late Roman Republic have been the nature of aristocratic competition and the role of patronage within Roman political relations[144], and both of these issues are illuminated by the study of aristocratic housing in the City of Rome, since much formal and informal political activity tended to take place in private houses. Clients were received in the atrium, and the design and location of a house could impress potential voters and lead to political success. Thus the increasing level of political competition in the first century B.C. was reflected in the building of increasingly lavish houses : Pliny observes that the house of M. Aemilius Lepidus, the finest in Rome in 78 B. C., was only thirty five years later not even in the first hundred[145]. These themes have been taken up by several scholars recently, who have stressed the political implications of both the interior and exterior design of the Roman aristocratic house. Wiseman stresses the outside appearance of the houses of the aristocrats, decorated with spoils recalling the achievements of their present

143. On the later history of the Campus, see Boatwright, *op. cit.* (n. 137), pp. 37-40.

144. Aristocratic competition : see, e.g., W. V. Harris, *War and Imperialism in Republican Rome, 327-70 B.C.*, 1979, pp. 17-34, T. P. Wiseman, "Competition and cooperation", in T. P. Wiseman (ed.), *Roman Political life : 90 BC-AD 69*, 1985, pp. 3-20. Patronage in the Late Republic : see, e.g., Brunt, *op. cit.* (n. 52) ; A. Wallace-Hadrill, "Patronage in Roman society : from Republic to Empire", in A. Wallace-Hadrill (ed.), *Patronage in Ancient Society*, 1989, pp. 63-87.

145. Pliny, *NH*, XXXVI, 110.

Fig.3. *The Palatine*

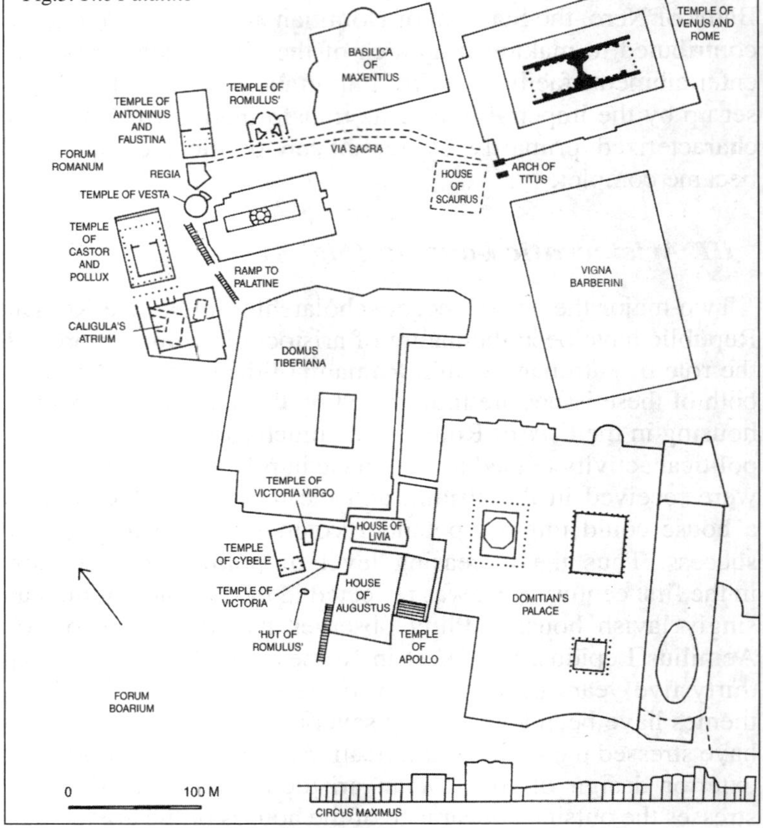

(or previous) owners[146]; Wallace-Hadrill draws on Vitruvius' *De Architectura* to analyse its internal organization in terms of the "axes of differentiation", public / private and grand / humble[147]. The exploitation of themes and elements derived from religious architecture in the houses of the late Republic are examined by Coarelli, who compares the design of the Villa of Lucullus on the Pincio (just above the modern Spanish

146. Wiseman, *op. cit.* (n. 34), esp. pp. 393-6.
147. Vitruvius, *De Arch.* VI. 5 ; A. Wallace-Hadrill, "The social structure of the Roman house", *PBSR,* 56, 1988, pp. 43-97.

Steps) with that of the Temple of Fortuna Primigenia at Palestrina, a sanctuary with which the Luculli had traditional connections [148]. Doubt has been cast on the precise chronology of the linkage between the temple and the villa by recent excavations which have shown that the hemicycle which Coarelli links with the temple is of Augustan date [149], but the general trend is clear : as the level of aristocratic competition increased in the last century of the Republic, so the architectural idiom of religious monuments was exploited to exalt the aristocrats whose houses contributed significantly to their political identity.

Perhaps the most striking contribution to our understanding of the Roman aristocratic house and its importance in political rivalries has come as a result of the excavations between the Forum Romanum and the Arch of Titus which have taken place since 1985 under the direction of A. Carandini. As well as producing results of major importance for our understanding of archaic Rome [150], this project has also identified the remains of a major aristocratic *domus* of the first century B.C. [151]. This part of the city was destroyed in the great fire of A.D. 64, and subsequently became part of Nero's Domus Aurea complex before in the Flavian period becoming an area of warehousing and shops apparently associated with the Colosseum [152]. Only the basement of the late republican level has therefore survived, containing in one area a suite of small underground rooms, which have traditionally been thought of as the cells of a *lupanar* [153], but which have now been identified as the slave-

---

148. F. Coarelli, "Architettura sacra e architettura privata nella tarda Repubblica", in *Architecture et société*, Collection de l'École Française de Rome LXVI, 1983, pp. 191-217.
149. H. Broise and V. Jolivet, "Recherches sur les jardins de Lucullus", in *L'Urbs*, pp. 747-61, at 758.
150. For which see A. Carandini in M. Cristofani (ed.), *La Grande Roma dei Taquinii,* 1990, pp. 96-9.
151. See A. Carandini, "Domus e horrea in Palatio", in *Schiavi in Italia,* 1988, pp. 359-87, a revised version of "*Domus* et *insulae* sulla pendice settentrionale del Palatino", *Bull. Comm.,* 91, 1986, pp. 263-78.
152. Carandini, *op. cit.* (n. 151), pp. 378-9.
153. F. Coarelli, *Guida archeologica Laterza : Roma*, 1981, p. 91.

quarters of an important *domus*, together with a bath-house and other service-rooms. More specifically, the excavators have related the site to a passage in Asconius, which has enabled them to identify the house as that of M. Aemilius Scaurus, aedile in 58 B.C., "in that part of the Palatine which is located where you descend the Sacred Way and take the first turning on the left side"[154]. Scaurus' house was famous in antiquity (and condemned by Pliny) for the lavishness of its decoration[155]. Coarelli, meanwhile, by combining the heights of the columns mentioned by Pliny with the appropriate proportions for an atrium suggested by Vitruvius[156] has reconstructed the dimensions of Scaurus' atrium reaching a figure which fits well with the size of the basement revealed by the excavations[157].

The identification of this building as the house of Scaurus has enabled Carandini, building on Coarelli's demonstration that the area around the Arch of Titus was considered in antiquity to be part of the Palatine[158], to locate in this area a group of houses which we know from the literary sources of the first century B.C. (and particularly Cicero in his *De Domo*) to have been adjacent to each other : in particular the houses of P. Clodius Pulcher (who in 53 acquired the adjacent house of Scaurus), Cicero himself (which we know to have been situated between the house of Clodius and the Domus Publica), and that of his brother Quintus, which was, like Cicero's own house, demolished by Clodius in 58 B.C.[159]. The identification of these houses on the slope leading down to the Forum has

---

154. Asconius, *In Scaurianam* 27C.
155. Pliny, *NH,* XXXVI. 5-7.
156. Vitruvius, *De Architectura,* VI, 3, 3.
157. F. Coarelli, "La casa dell'aristocrazia romana secondo Vitruvio", in H. Geertman and J. J. De Jong, *Munus non ingratum : Proceedings of the International Symposium on Vitravius" De Architectura and the Hellenistic and Republican Architecture*, 1989, pp. 178-87.
158. *Foro Romano* I, pp. 24-6.
159. Carandini, *op. cit.* (n. 151), pp. 360-73. Similar conclusions were reached by M. Royo in "Le quartier républicain du Palatin, nouvelles hypothèses de localisation", *REL,* 65, 1987, pp. 89-114.

meant that earlier reconstructions of the area, for example that of Tamm[160], have had to be abandoned. More and more houses of the late Republic are coming to light; in addition to those identified by Tamm on top of the Palatine under the Domus Tiberiana, others have been found overlooking the Circus Maximus[161] and under Hadrian's Temple of Venus and Rome[162]. The latter has been identified by Carandini as the house of L. Domitius Ahenobarbus[163].

It has to be said that much of Carandini's argument for the specific identification of the house excavated (and the neighbouring properties) depends on the road leading down to the Forum from the Arch of Titus being identified with the Via Sacra, an identification which has been the subject of considerable debate in recent years[164]. Traditionally it was accepted that the Via Sacra led from the supposed site of the Temple of Jupiter Stator (by the Arch of Titus) down to the Regia, but Coarelli, in a re-examination of the evidence for the road, argued that the Temple of Jupiter Stator was to be identified with the so-called "Temple of Romulus" between the Basilica of Maxentius and the Temple of Antoninus and Faustina. The Via Sacra was, therefore, to be identified between it and the Regia[165]. Several scholars have subsequently argued for the traditional picture : Castagnoli, who believed that the "Temple of Romulus" was part of the Flavian Temple of Peace, pointed out that Coarelli's reconstruction makes the Via Sacra only some 70 metres long, and that the rise in level between the Regia and the "Temple of Romulus" is only some 1.5 metres;

---

160. B. Tamm, *Auditorium and Palatium*, 1963, pp. 28-43.
161. See below.
162. S. Panella, "Scavo nella platea del tempio di Venere e Roma", in *Archeologia nel centro*, pp. 106-112; M. L. Morricone, "Edificio sotto il tempio di Venere e Roma", in *Studi per Laura Breglia*, Bollettino di Numismatica, supplement IV (3 vols), III, 1987, pp. 69-83.
163. Carandini, *op. cit.* (n. 151), p. 359; D. Palombi, "Gli horrea della Via Sacra : dagli appunti di G. Boni ad une ipotesi su Nerone", *DdA*, III. 8, 1990, pp. 53-72, at 67.
164. For Carandini's own position, see *op. cit.* (n. 151), p. 371.
165. *Foro romano* I, pp. 11-33.

so "summa sacra via" seems an odd way to describe its position[166]. Ziolkowski takes a similar line, arguing in addition that the foundation near the Arch of Titus should once again be identified as the Temple of Jupiter Stator[167]; however, recent excavations of this monument suggest that it post-dates the Neronian great fire and so is unlikely to be related to a republican Temple of Jupiter, whether Jupiter Stator or Jupiter Propugnator (as Torelli has recently suggested)[168]. As Santangeli Valenzani and Volpe note, the problem can only be solved by the acquisition of new archeological data. They demonstrate from excavations behind Carandini's houses that the republican Via Nova must have met the Via Sacra not far from the Arch of Titus; "summa sacra via" must therefore have been here[169]. The position of the Temple of Jupiter Stator still presents a problem; but the identification does tend to confirm Carandini's identification of these houses.

Pensabene, who has been excavating the area around the Temple of Cybele on the SW corner of the Palatine, has recently suggested that the complex of houses adjacent to that of Cicero must have been situated there, rather than on the slope leading down to the Forum as in Carandini's reconstruction; he notes the proximity of the Portico of Catulus to the house of Cicero[170], and that of Catulus' house to that of Hortensius, which we know to have been incorporated into the palace of Augustus[171]. However, Cicero emphasizes that the portico was built as a *monumentum manubiarum* on the site of

166. F. Castagnoli, "Ibam forte Via Sacra", in *Ricerche e discussioni*, pp. 99-114.
167. A. Ziolkowski, "The Sacra Via and the temple of Jupiter Stator", *Op. Rom.*, 17, 1989, pp. 225-39.
168. J. Arce, R. Mar and F.-J. Sanchez-Palencia, "Monumento presso l'arco di Tito nel Foro Romano : campagne 1989", *Arch. Laz.*, 10, 1990, pp. 43-51, for the Temple of Jupiter Propugnator, see M. Torelli, "Culto imperiale e spazi urbani in età flavia", in *L'Urbs*, pp. 563-82, at 577-4.
169. R. Santangeli Valenzani and R. Volpe, "Nova Via", *Bull. Comm.*, 93, 1989-90, pp. 23-31.
170. Cicero, *De Domo* 102; *Ad Att.* IV. 3.
171. Suetonius, *De Gramm.* 17; Aug. 72.

the house of Catulus' brother's father-in-law, M. Fulvius Flaccus, not implying necessarily that the house of Catulus and the portico were adjacent[172]. Further excavation in this area will undoubtedly allow interesting comparisons with the complex of houses on the opposite side of the Palatine[173].

Whether or not Carandini is correct in his identification of these houses — and I would argue that he is — the impact of these discoveries is clear : they have led to a much more graphic picture of the relationship between competitive politics and the houses of the aristocracy, whose rivalry must have been significantly aggravated by their physical proximity ; and in particular they have illustrated the scale of the slave-households owned by the aristocracy of the late Republic. Perhaps most exciting is the evidence of continuity of occupation in this area of the city from the archaic period until the Great Fire, most strikingly shown in the case of the house identified by Carandini as that of Clodius, which may well have been built on the ancestral home of the Claudii[174].

The house of Scaurus eventually became, like that of Vedius Pollio on the Esquiline, a victim of Augustus' concern to stamp out scandalous examples of aristocratic *luxuria* : the onyx columns which were the pride of Scaurus' house were removed on Augustus' orders and used in the building of the Theatre of Marcellus[175]. Despite the rigours of the Augustan moral programme and the decline in the political power of the traditional aristocracy, however, it is clear that competition in the sphere of housing continued under the early Empire.

172. Cicero, *De Domo* 114.

173. P. Pensabene, "Scavi nell'area del Tempio della Vittoria e del Santuario della Magna Mater sul Palatino", *Arch. Laz.*, 9, 1988, pp. 54-67, esp. 64-7.

174. Carandini, *op. cit.* (n. 150), pp. 97-9 ; A. Carandini, "Campagne di scavo delle pendici settentrionali (1985-88)", *Boll. Arch.*, 1-2, 1990, pp. 159-65.

175. Asconius, *In Scaur.*, 27C, see Zanker, *Power of Images*, p. 137. Vedius Pollio's house : see C. Pannella, "L'organizzazione degli spazi sulle pendici settentrionali del Colle Oppio tra Augusto e i Severi", in *L'Urbs*, pp. 611-51 ; P. Zanker, "Drei Stadtbilder aus dem augusteischen Rom", in *L'Urbs*, pp. 475-9, esp. 477-83.

Tacitus comments that, at least until Nero, "the more handsome a man's fortune, *domus*, and establishment, the more imposing his reputation and his *clientelae*"[176]. Rooms to entertain clients, often apsidal, continued to be important under the Empire, even after the decline in the importance of popular participation in politics[177].

One major problem, to which a clear answer is not yet forthcoming, concerns the location of senatorial households under the Empire. Since the second century B.C., private housing had given way to public monuments in the area around the Forum : for example, the house of Scipio Africanus gave way to the Basilica Sempronia[178]. As the monumentalization of the central public spaces of the city continued, and the emperors took over not only the Palatine but also parts of the Oppian for their palace, suitable locations for aristocratic housing must have become harder and harder to find. This problem must have been aggravated by the confiscation of properties by the emperors[179], and the increasing numbers of houses that came into imperial hands by gift and marriage, for example around the Lateran[180] and on the Aventine[181].

However, our picture of elite housing under the Empire has been built up gradually over the past few years. The presence of senators in the city has been confirmed by Eck's analysis of the lead waterpipes they used to tap into the public water supply[182]; Rodriguez-Almeida has plausibly identified a

176. Tacitus, *Annals,* III. 55.

177. F. Guidobaldi, "L'edilizia abitativa unifamiliare nella Roma tardoantica", in A. Giardina (ed.), *Società romana e impero tardoantico* (4 vols, 1986), II, pp. 165-237, at 207; S. P. Ellis, "The end of the Roman house", *AJA,* 92, 1988, pp. 565-76; Wallace-Hadrill, *op. cit.* (n. 147), pp. 68, 90.

178. Livy, XLIV. 16. See Coarelli, *Foro romano* II, pp. 154-5.

179. F. Millar, *The Emperor and the Roman World,* 1977, p. 168, however, suggests that the traffic was not all one-way : houses in imperial possession could be sold or given away as gifts.

180. See P. Liverani, "Le proprietà private nell'area Lateranense", *MEFRA,* 100, 1988, pp. 891-915.

181. F. Coarelli, *Roma sepolta,* 1984, pp. 157-65; L. La Follette, "Le terme Deciane sull'Aventino", *Arch. Laz.,* 7, 1985, pp. 139-44.

182. W. Eck, "Die fistulae aquariae der Stadt Rom. Zum Einfluss des sozialen

house shown on the Esquiline by the Marble Plan as that of Pliny the Younger[183], and some *domus* can be seen to have survived even in the very centre of the city. One on the Velia, which dates from the first century A.D. and was rebuilt in the third, is discussed by Pisani Sartorio; it was demolished to make way for the Basilica of Maxentius[184].

Other wealthy houses have come to light in different parts of the city, largely as a result of investigation in cellars or the digging of trenches for pipes and cables. Perhaps the most impressive is the domus on the Via Eleniana (just inside the Porta Maggiore), which preserves fine wall-paintings of the late second century A.D., but may date back to the late Republic[185]. Others have been found on the Quirinal: one under the Palazzo Rospigliosi[186]; one under the Fire Station[187] and close to another house identified as the Domus Flavia[188]; another on the Viminal, under the Ministry of the Interior[189]; and two more on the Aventine hill, one of which is identified as the ancestral house of Trajan[190], while the ancestral house of Hadrian has been identified with a building near Santa

---

Status auf administratives Handeln", in *Epigrafia e ordine senatoric*, 2 vols, 1982, I, pp. 197-225.

183. E. Rodriguez-Almeida, "Le Esquiliae Patrizie e il Lacus Orphei", in *L'Urbs*, pp. 415-28, esp. 421-3.

184. G. Pisani Sartorio, "Una *domus* sotto il giardino del Pio Istituto Rivaldi sulla Velia", in *Città e architettura*, pp. 147-68.

185. M. de'Spagnolis, 'Una *domus* in Via Eleniana", in *Archeologia nel centro*, pp. 337-44; M. de'Spagnolis Conticello and M. Bertinetti, "Via Eleniana", *Bull. Comm.*, 93, 1989/90, pp. 79-95.

186 S. Vilucci, "Terme di Costantino", in *Archeologia nel centro*, pp. 357-9, E. Gatti and F. Scoppola, "Centro storico : interverti", *Bull. Comm.*, 1985, pp. 75-80, at 78; S. Vilucchi, "Le Terme di Costantino sul Quirinale e gli edifici privati di età precedente", *Bull. Comm.* 91, 1986, pp. 350-5.

187. F. De Caprariis, "Le pendici settentrionali del Viminale ed il settore sud ovest del Quirinale", in *Ricerche e discussioni*, pp. 17-44.

188. F. Coarelli, *Roma sepolta*, 1984, pp. 147-55; see also E. Rodriguez-Almeida, "Alcune notule topografiche sul Quirinale", *Bull. Comm.*, 91, 1986, pp. 49-60.

189. F. De Caprariis, "Topografia archeologica dell'area del Palazzo del Viminale", *Bull. Comm.*, 92, 1987-8, pp. 100-26.

190. See n. 181; R. Luciani (ed.), *Roma Sotterranea*, 1984, pp. 85-9.

Balbina[191]. Excavations of the great bath complexes of the third and fourth centuries A.D. have also provided useful evidence of *domus* which previously existed on their sites but were demolished to make way for them (and so have a correspondingly fixed *terminus ante quem*), for example under the Baths of Caracalla and Diocletian[192]; while excavations on the site of the Military Hospital on the Caelian have brought to light the impressive remains of a late Roman *domus*[193]. Interestingly, the excavations seem to suggest that in the Republic the Caelian was comparatively little occupied, by the Julio-Claudian period the hill was one of the *celeberrimi colles*, according to Frontinus[194].

The impermanence of the houses of the Roman poor, and the numerous fires which ravaged the city in antiquity, have made it hard to identify much in the way of popular housing[195]; however, the late first and second centuries A.D. saw the development of new areas of non-elite housing in the capital, many of which have been identified recently. One interesting example is the complex of insula blocks discovered in the

---

191. R. Quinto and P. di Manzano, "Area di S. Balbina", *Bull. Comm.*, 89, 1984, pp. 68-81, at 80-1.
192. D. Candilio, "Terme di Diocleziano — Museo Nazionale Romano. Scavo nella platea nord-occidentale", *Archeologia nel centro*, pp. 525-32; I. Iacopi, "Esempi di stratificazione pittorica della domus sotto le Terme di Caracalla", in *Archeologia nel centro*, pp. 605-23. For remains found under the Baths of Constantine, see n. 186.
193. C. Pavolini, "Indagini archeologiche a Piazza Celimontana (1984-7)", *Arch. Laz.*, 9, 1988, pp. 97-104; A. Carignani et *al.*, "Nuovi dati sulla topografia del Celio : le ricerche nell'area dell'ospedale militare", *Arch. Laz.*, 10, 1990, pp. 72-80; A. Carignani et al., "Gli dei della porta accanto", *Archeo* 48, Feb. 1989, pp. 99-103; C. Pavolini, "Celio, Ospedale Militare : La Basilica Hilariana", *Boll. Arch.*, 1-2, 1990, pp. 171-6.
194. *De Aqu.*, 87; see also H. B. Evans, "Nero's Arcus Caelimontani", *AJA*, 87, 1983, pp. 392-9.
195. Pannella, *op. cit.* (n. 175), at 616-17; Guidobaldi, *op. cit.* (n. 177), pp. 218-19. For wide-ranging accounts of the housing conditions of the poor, see A. Scobie, "Slums, sanitation and mortality in the Roman world", *Klio*, 68, 1986, pp. 399-433; C. R. Whittaker, "Il povero", in A. Giardina (ed.), *L'uomo romano*, 1989, pp. 301-33.

excavations in Piazza Celimontana below the Temple of Claudius on the Caelian hill, created after the Great Fire[196]. Similarly, there seems to have been a major expansion of housing on the western slopes of the Quirinal and along the Via Lata in the second century A.D., as exemplified by discoveries in Via dei Maroniti[197], in Piazza della Pilotta[198], and under the Church of S. Lorenzo in Lucina, where an apartment-block seems to have been built on top of the Domitianic sundial[199]. The Severan marble plan suggests that in some cases traditional-style *domus* had been transformed into insulae by the early third century A.D., perhaps housing several family groups in the subdivided atrium[200].

Coarelli draws attention to the importance of a particular group of villas built between the third and sixth milestones during the first half of the second century A.D., such as the villa of the Quintilii on the Via Appia and the Sette Bassi and Santo Stefano villas off the Via Latina[201]. These, he argues, can be linked to the initiative of Trajan in encouraging Roman senators of provincial origin to acquire estates in Italy, rather than using Italy as an "inn or boarding-house"[202]. By building villas in the *suburbium*, provincial senators such as Herodes Atticus from Greece, and the Servilii Pudentes from Africa, both complied with Trajan's request, and created for themselves lavish palaces which would at the same time combine the functions of rural villas and urban *domus*. This they did all too

196. C Pavolini, "Lo scavo di Piazza Celimontana. Un'indagine nel *Caput Africae*", in *L'Urbs*, pp. 653-85.
197. E. L. Caronna, "Un complesso edilizio tra Via in Arcione, Via dei Maroniti e Vicolo dei Maroniti", in *Archeologia nel centro*, pp. 360-5.
198. S. Ferdinandi, "Ambienti romani presso Piazza della Pilotta", *Arch. Laz.*, 10, 1990, pp. 88-94 ; S. Ferdinandi, "Quirinale : Piazza della Pilotta. Ambienti sotto il chiostro dei Gesuiti", *Boll. Arch.*, 1-2, 1990, 180ff.
199. Rakob, *op. cit.* (n. 137), pp. 688-717, esp. 699-707.
200. See E. Rodriguez-Almeida, *Forma Urbis Marmorea : aggiornamento generale 1980*, 1981, p. 86 ; Stambaugh, *op. cit.* (n. 35), p. 168.
201. F. Coarelli, "L'urbs e il suburbio", in Giardina, *op. cit.* (n. 177), II, pp. 1-58.
202. Pliny., *Ep.*, VI.19.

successfully : by the end of the second century nearly all of them had become imperial properties, presumably as a result of confiscation by jealous emperors.

IV. The emperor at home : the Palatine (Fig. 3)

When Octavian in 36 B.C. acquired the house of the orator Hortensius on the Palatine, the choice was not accidental : the location of the site combined a variety of legendary and historical associations which made it an appropriate choice for the home of Rome's new ruler. Central themes of recent work on the Palatine have been to elucidate some of these associations and to examine the way in which the name of the hill became synonymous with the Palace of the emperor at Rome.

Since the late 1970s, excavations under the direction of Pensabene have investigated the south-west corner of the Palatine around the Temple of Cybele, initiated in 204 B.C. at the instruction of the Sibylline books and completed in 191 B.C.[203]. This complex stands above the site of the Lupercal, the cave in which Romulus and Remus were suckled by the she-wolf (a statue of which was dedicated by the brothers C. and Q. Ogulnius in 296 B.C.) ; it also includes the remains of another major temple, which has been identified by Wiseman with that of Victoria (dedicated in 294 B.C. by the consul L. Postumius Megellus)[204], and a smaller shrine now thought to have been that of Victoria virgo[205]. Wiseman has convincingly

203. For the excavations around the Temple of Magna Mater, see the annual reports on the project by P. Pensabene in *Arch. Laz.*, 1, 1978, pp. 67-71 ; 2, 1979, pp. 67-74 ; 3, 1980, pp. 65-89 ; 4, 1981, pp. 101-18 ; 5, 1983, pp. 65-75 ; 6, 1984, pp. 149-58 ; 7, 1985, pp. 149-55 ; 9, 1988, pp. 54-67. His "Area sud-occidentale del Palatino", in *Archeologia nel centro*, pp. 179-212, is perhaps the clearest overview of the project.

204. T. P. Wiseman, "The Temple of Victory on the Palatine", *Antiq. Journ.*, 61, 1981, pp. 35-52 = *Roman Studies*, 1987, pp. 187-204, with addenda/corrigenda at pp. 380-1 ; see also his "Democracy and myth : the life and death of Remus', *LCM*, 16. 8, 1991, pp. 115-24, and P. Rehak, "The Ionic temple relief in the Capitoline : the temple of victory on the Palatine ?", *JRA*, 3, 1990, pp. 72-86.

205. Pensabene in Cristofani, *op. cit.* (n. 150), p. 87.

shown the importance of these associations to Octavian : we are told by Suetonius and Dio that he considered taking the name Romulus in 27 B.C. [206], and thus associating himself with the legendary founder of the city, but his acquisition of a house near to the Lupercal and the site of the hut thought by contemporaries to have been that of Romulus proclaimed the same message in a more subtle way [207]. Similarly, the existence of a temple dedicated to Victoria acquired a greater importance after Octavian's victory at the Battle of Actium ; while even Cybele, traditionally thought of as a suspiciously foreign and ecstatic goddess, was brought into the Augustan programme as a deity linked with Aeneas and Troy [208]. Both the Temples of Victoria and of Cybele were restored during Augustus' reign [209].

The excavations of Carettoni have gradually over the past three decades been revealing the site of Augustus' house itself, with important results not only for the history of the imperial palace in general, but also for our understanding of wall decoration [210]. Although Suetonius commented that the former home of Hortensius was a "modest dwelling" [211], Zanker has

206. Suet., *Aug.*, 7 ; Dio, LIII, 16.
207. For the hut of Romulus, see A. Balland, "La casa Romuli au Palatin et au Capitole", *REL*, 62 (1984, pub. 1986), pp. 57-80, who also discusses the literary references to a hut of Romulus on the Capitol, occurring particularly during the decade between 30 and 20 B.C. Balland argues that greater emphasis is given to the Romulan associations of the Capitol in this period because Augustus' other initiatives in the city appeared to diminish the prestige of Jupiter Capitolinus : the importance attached to the Capitoline hut of Romulus can thus be seen as making up for its diminished prestige in other respects.
208. T. P. Wiseman, "Cybele, Virgil and Augustus", in T. Woodman and D. West (eds), *Poetry and Politics in the Age of Augustus*, 1984, pp. 117-28.
209. Pensabene, *op. cit.* (n. 173).
210. G. Carettoni, *Das Haus des Augustus auf dem Palatin*, 1983, a translation of "La decorazione pittorica della casa di Augusto sul Palatino", *Röm. Mitt.*, 90, 1983, pp. 373-419, which, as the title suggests, deals primarily with wall-painting. For a recent discussion of the paintings in English, see R. Ling, *Roman Painting*, 1991, 37ff.
211. *Augustus*, p. 72.

stressed the overall visual impact of the complex of buildings which centred on Augustus' house on the Palatine, which soon included the Temple of Apollo Palatinus, together with a portico and libraries, comparing it with the sanctuaries at Palestrina and Tivoli [212]. We should perhaps see in this another element in the "Hellenistic" phase of Augustus' building activities at Rome : Suetonius was reflecting the official ideology of the later Augustan period, stressing the supposed frugality of the imperial house. Wiseman has argued that as Augustus' reign progressed the main route of access to the palace became not the Clivus Victoriae leading up from the Forum Boarium past the hut of Romulus and the Temple of Cybele, but the Clivus Palatinus, leading from the Forum Romanum past the houses of the traditional Roman aristocracy and up to Augustus' house : the "Hellenistic monarch" had become the Princeps, *primus inter pares* among the aristocracy of Rome [213].

Despite this, the gradual concentration of functions in the house of the Princeps was significant : in 12 B.C. Augustus became Pontifex Maximus, and built a new alter to Vesta on the Palatine, thereby symbolically moving the common hearth of the stase into his palace [214]; and the Temple of Apollo became a meeting place for the Senate on occasions in the latter years of the Principate when Augustus was too infirm to attend meetings in the Curia Julia. This, as Thompson notes, must also have acted as a symbolic subjection of the Senate to Augustus'authority [215].

Since 1980 the Swiss Institute at Rome has been conducting excavations in the area on the NW corner of the Palatine

---

212. P. Zanker, "Der Apollotempel auf dem Palatin : Ausstattung und politische Sinnbezüge nach der Schlacht von Actium", in *Città e architettura*, pp. 21-40 ; *Power of Images*, pp. 67-8. See also M. J. Strazzulla, "Il principato di Apollo", *Studia Archeologica*, 57, 1990, pp. 111-25.
213. Wiseman, *op. cit.* (n. 34), esp. pp. 403-6.
214. A. Fraschetti, *Roma e il principe*, 1990, pp. 342-57 ; Feeney, *op. cit.* (n. 37), pp. 215-17.
215. D. L. Thompson, "The meetings of the Roman senate on the Palatine", *AJA*, 85, 1981, pp. 335-9.

known as the Domus Tiberiana. These have revealed that this part of the palace, rather than being a new initiative of Caligula, as was previously thought, comprised four major stages of building. A group of republican houses was subsequently amalgamated into the palace in the Julio Claudian period ; a new Neronian palace, part of the Domus Aurea project, was followed by a Flavian phase, related to the development of the western side of the Palatine in this period ; and a Hadrianic phase on the northern side overlooked the Forum Romanum [216]. This view of the Domus Tiberiana is supported by Wiseman's analysis of Josephus' account of the assassination of Caligula, and his re-examination of the network of passages which led between the complex around the house of Augustus and the republican houses, which seem to have retained separate identities even at the time of Caligula's death [217].

Suetonius' comment that Caligula "made the Temple of Castor and Pollux his vestibule" [218] is interesting in this context. Hurst's excavations in the Domitianic buildings later occupied by the Church of Santa Maria Antiqua have revealed a massive atrium datable by pottery deposits not earlier than A.D. 25-30 [219], which is interpreted as forming part of Caligula's palace. The mid-point of this atrium seems to be tied into the central axis of the Temple of Castor and Pollux, which may suggest a link between the two structures, and help to explain the accounts of Suetonius and Dio, who comments that Caligula "cut a passage between the images of the gods" [220].

216. C. Krause, *Domus Tiberiana : nuove ricerche, studi di restauro*, 1985 ; *idem*, "La Domus Tiberiana e il suo contesto urbano", in *L'Urbs*, pp. 781-98. Also C. Krause, "Domus Tiberiana : progetto di studio e di restauro", in *Archeologia nel centro*, pp. 158-69 ; E. Monaco, "Domus Tiberiana. Il versante nord occidentale", in *Archeologia nel centro*, pp. 170-5 ; M. A. Tomei et *al.*, "Domus Tiberiana", *Bull. Comm.*, 91, 1986, pp. 438-70.

217. T. P. Wiseman, *Death of an Emperor*, 1991, pp. 105-10.

218. Suet., *Cal.*, 22.

219. H. Hurst, "Nuovi scavi nell'area di Santa Maria Antiqua", *Arch. Laz.*, 9, 1988, pp. 13-17. For a reconstruction based on Hurst's analysis, see *Architecture and Archaeology : the Work of Sheila Gibson*, 1991, pp. 26-7.

220. Dio, LIX. 28. Wiseman, however, thinks that the reference here may be to the ramp leading up to the palace from the Temple of Vesta, *op. cit.*

Carandini has suggested that the atrium may have been that of the *domus* of Caligula's family [221].During the Julio-Claudian period, the emperors gradually extended their urban residences beyond the Palatine, and came to acquire more and more of the *horti* of the Roman aristocracy. *Horti* had originated as vegetable gardens on the periphery of the city, but in the first century B.C. the term came to be applied to a particular type of luxurious residence. Usually beyond the Servian walls and the *pomerium*, the *horti* provided their owners with ease of access to the city and a luxurious lifestyle which would have aroused envy and disapproval if pursued within the city itself [222]. Lucullus, who had acquired an immense fortune in the East, led the way with his gardens on the Pincio, but his initiative was followed by others like Sallust, and Maecenas' transformation of the cemeteries on the Esquiline into gardens around 35 B.C. opened up this area of the city too to the creation of *horti* [223]. Eventually the city was ringed by a sequence of gardens of this type [224].A considerable amount of research has been done on the gardens in recent years. Many of them were on the Esquiline, an area especially affected by the vast building projects of the 1870s and 1880s designed to provide accommodation for the increasing population of the city of Rome, now capital of a united Italy [225].The "Auditorium of Maecenas", discovered in the area of the Horti Maecenatis in

---

(n. 34), p. 407, and in *JACT Review* n.s. I, 1987, p. 5. For a discussion of the whole problem see A. A. Barrett, *Caligula : the Corruption of Power*, 1989, 203ff.

221. Carandini, *op. cit.* (n. 151), pp. 386.

222. M. Cima and E. La Rocca, *Le tranquille dimore degli Dei*, 1986, pp. 3-35 ; R. C. Häuber, "Zur topographie der Horti Maecenatis und der Horti Lamiani auf dem Esquilin in Rom", *Kölner Jahrbuch,* 23, 1990, pp. 11-107.

223. Horace, *Satires* I. 8 ; D. Mancioli, "Gli 'horti' dell'antica Roma", in *Roma Capitale*, pp. 187-90. M. Albertoni, "La necropoli esquilina arcaica e repubblicana", in *Roma Capitale*, pp. 140-55, casts doubt on the conventional identification of the "reeking pits" excavated by Lanciani in the nineteenth century with the *puticuli* of the ancient sources.

224. S. Rizzo and D. Mancioli, "Gli 'horti' dell'Esquilino", in *Roma Capitale*, pp. 195-203.

225. *Roma Capitale*, pp. 13-98.

1873, was at first thought to have been an auditorium in which Horace, Virgil, and other famous literary personalities in Maccenas' circle would have declaimed poetry : an epigram of Callimachus was even found inscribed on one of the walls. Recent studies have however suggested that the building would have served as a triclinium and/or nymphaeum : water-pipes were found which would have supplied a cascade of water to provide a cool and attractive setting for a meal. One attraction of the Esquiline for the creation of gardens of this kind was the plentiful supply of water from the aqueducts [226]. As the *horti* of the Roman aristocracy increasingly came under the control of the emperors, these too became favoured places of residence. A famous episode in Philo describes how a Jewish delegation from Alexandria was received in the Horti Lamiani, situated near Maccenas' gardens on the Esquiline [227]. A catalogue of an exhibition held in 1984 reconstructs the buildings, decoration, and sculpture found in these gardens, which included many famous pieces of statuary such as a bust of Commodus as Hercules, and the "Esquiline Venus" [228]. It was Nero, however, who in the ambitious Domus Transitoria and Domus Aurea projects sought to combine the Horti on the Esquiline with the Palace and incorporate rural and urban elements in an integrated complex of exceptional luxury and artificiality [229].The central nucleus of the Domus Aurea survives on the Oppian hill, preserved by the foundations of the Baths of Trajan, although the deterioration of the structure and its

226. M. De Vos, "Funzione e decorazione dell'Auditorium di Mecenate", in *Roma Capitale*, pp. 231-48.
227. Philo, *Legatio ad Gaium*, pp. 351-2.
228. Cima and La Rocca, *op. cit.* (n. 222), reviewed by N. Purcell, *JRA*, I, 1988, p. 132.
229. N. Purcell, "Town in country and country in town", in E. B. MacDougall (ed.), *Ancient Roman Villa Gardens,* 1987, pp. 185-203; L. Fabbrini, "Domus Aurea : una nuova lettura planimetrica del palazzo sul Colle Oppio", in *Città e architettura*, pp. 169-84; M. T. Griffin, *Nero : the End of a Dynasty*, 1984, pp. 133-42; J.-L. Voisin, "'Exoriente sole' (Suétone, Nér. 6.). D'Alexandrie à la Domus Aurea", in *L'Urbs*, pp. 509-43 stresses the Alexandrian models for the Golden House.

wall paintings due to the damp permeating through the earth is giving cause for concern [230]. Recent excavations under the Meta Sudans, a monumental fountain beside the Colosseum, have revealed remains of one of the main elements in the complex of buildings around Nero's artificial lake. It seems that the building was demolished to make way for the Meta, which was Domitianic in date [231] and not an element of the Neronian complex as had recently been argued [232] ; the Flavians used the site of Nero's lake for the Amphitheatre, completed the Temple of Claudius, and then constructed the Baths of Titus (and perhaps began the Baths of Trajan too) [233]. The colossal statue of Nero survived (transformed into a statue of the sun) in its position overlooking the Amphitheatre until Hadrian moved it, using a team of twenty four elephants [234], in order to build his Temple of Venus and Rome on the site [235].

The palace of the Flavians was again concentrated on the Palatine. Its remains have until recently been surprisingly little studied : though a study of the so-called Domus Flavia and Domus Augustana has shown the close inter-relationship between these two supposedly separate entities [236], and Wiseman has similarly expressed scepticism about the standard terminology used to refer to the different sectors of the palace [237]. Meanwhile, studies of the "Severan" complex at the west end of the Palatine hill have suggested the involvement of Commodus in building activities [238], and excavations at the site

230. Baldi and Martines, *op. cit.* (n. 32).
231. Panella, *op. cit.* (n. 27), pp. 75-7.
232. Leone, *op. cit.* (n. 27).
233. J. C. Anderson, "The date of the Thermae Traiani and the topography of the Oppius Mons", *AJA,* 89, 1985, pp. 499-509.
234. Historia Augusta, *Hadrian,* 19.
235. Lega, *op. cit.* (n. 27).
236. L. D'Elia and S. Le Pera Buranelli, "Rilievo del peristilio inferiore della Domus Augustana", in *Archeologia nel centro*, pp. 176-8.
237. Wiseman, *op. cit.* (n. 34), pp. 404.
238. I. Iacopi and M. A. Tomei, "Indagini al complesso Severiano sul Palatino", *Arch. Laz.,* 9, 1988, pp. 69-76 see also I. Iacopi, M. A. Tomei and P. Meogrossi "Compiesso Severiano", *Bull. Comm.,* 91, 1986, pp. 486-98.

of the Septizodium have largely confirmed the picture given by the marble plan of this vast nymphaeum, designed by Septimius Severus to welcome travellers from his native Africa to Rome, but entirely demolished in 1588 [239].

Scholars from the École Française are now investigating a hitherto neglected sector of the Palatine, the Vigna Barberini, which lies between Domitian's palace and Hadrian's Temple of Venus and Rome [240]. This has recently been identified by Grenier and Coarelli as the site of the tomb of Antinous, as a result of a new reading of the hieroglyphic inscription on an obelisk which marked the monument, suggesting that it was in "the garden of the domain of the Prince in Rome" [241]. Other scholars, however believe that the tomb was elsewhere in Rome (the inscription might refer to another imperial property in the city), at Hadrian's Villa at Tivoli [242], or in Egypt [243]. Cozza has cast doubt on the hypothesis of Rodriguez-Almeida (followed by Coarelli) that after Hadrian this was the site of the Adonaea known from the Severan Marble Plan [244] ; subsequently it seems that the site was occupied by the Temple of Elagabalus [245]. This area is one which still raises many questions ; we can expect that the excavations will help to provide some of the answers.

---

239. G. Pisani Sartorio, P. Chini and D. Mancioli, "Indagini archeologiche nell'area dell Settizodio Severiano", *Arch. Laz.*, 8, 1987, pp. 57-69 ; I. Iacopi et al., "Il Settizodio", *Bull. Comm.*, 91, 1986, pp. 498-502.

240. Preliminary work by M. Royo : "Topographie ancienne et fouilles sur la Vigna Barberini (XIXe siècle-début XXe siècle)", *MEFRA*, 98, 1986, pp. 707-66, interim reports in *MEFRA*, 99 (1987), pp. 481-98 ; 100, 1988, pp. 505-25 ; 101, 1989, pp. 489-513 ; 102, 1990, pp. 443-71. Overview of the project in M. Lenoir et al. "Vigne Barberini", *Bull. Comm.*, 98, 1986, pp. 507-14.

241. J. C. Grenier and F. Coarelli, "La tombe d'Antinous à Rome", *MEFRA*, 98, 1986, pp. 217-53.

242. N. Hannestad, "Über des Grabmal des Antinoos : Topographische und thematische Studien im Canopus-Gebiet der Villa Adriana", *ARID*, II, 1982, pp. 69-108.

243. M. T. Boatwright, *Hadrian and the City of Rome*, 1987, pp. 239-60.

244. *Bull. Comm.*, 91, 1986, p. 152, contra Rodriguez-Almeida, *op. cit.* (n. 39), pp. 48-53.

245. F. Coarelli, "La situazione edilizia di Roma sotto Severo Alessandro", in *L'Urbs*, pp. 429-56, at 435-9.

V. *The emperor and the city: the Imperial Fora (Fig. 4)*

The organization under the Republic of the area of the city subsequently occupied by the Imperial Fora is particularly obscure, as the original excavations were concerned primarily to expose the imperial monuments. Between 1985 and 1986, however, excavation was carried out to the north of the Curia Julia, as the first element in the "Via dei Fori Imperiali Project", and this has allowed a greater understanding of developments in this crucial area [246]. Remains of the Macellum, a market building constructed after a fire in the Forum in 210 B.C. [247], were identified, along with deposits of lamps and other goods which were presumably from the shops which occupied the market. 'The chief surprise, however, was the discovery that the Macellum was still operational in the Flavian period, when it seems to have been restructured as part of the project to build Vespasian's Templum Pacis [248]. Tortorici's analysis has altered our view of this area in other ways too : the "Argiletum" is seen to have been not just a street, but an identifiable district of the city, which, like the Forum in an earlier period, was characterized not only by commerce but also by the presence of residential property. We know that Cicero and his brother Quintus owned property for rent in this area of the city [249], and Cicero is even found buying up property here for Julius Caesar, prior to the realization of his new Forum [250]. Tortorici suggests that Cicero may have been defrauding Caesar by buying his own property at extortionate expense, though it is hard to see why Caesar should have engaged Cicero for this task if it was well known that he owned property in the area. A *domus* from the late Republic,

246. See above, n. 31.
247. Livy, XXVI. 27 ; XXVII. II. The Macellum : see J. C. Anderson, *The Historical Topography of the Imperial Fora*, Collection Latomus CLXXXII, 1984, pp. 26-34 ; C. De Ruyt, *Macellum,* 1983, pp. 236-52.
248. Tortorici, *op. cit.* (n. 31), 44 contra, e.g., Anderson, *op. cit.* (n. 247), p. 33.
249. *Ad Att.,* I. 14 ; Tortorici, *op. cit.* (n. 31), pp. 66-7.
250. *Ad Att.,* IV. 16 ; Tortorici, *op. cit.* (n. 31), p. 104.

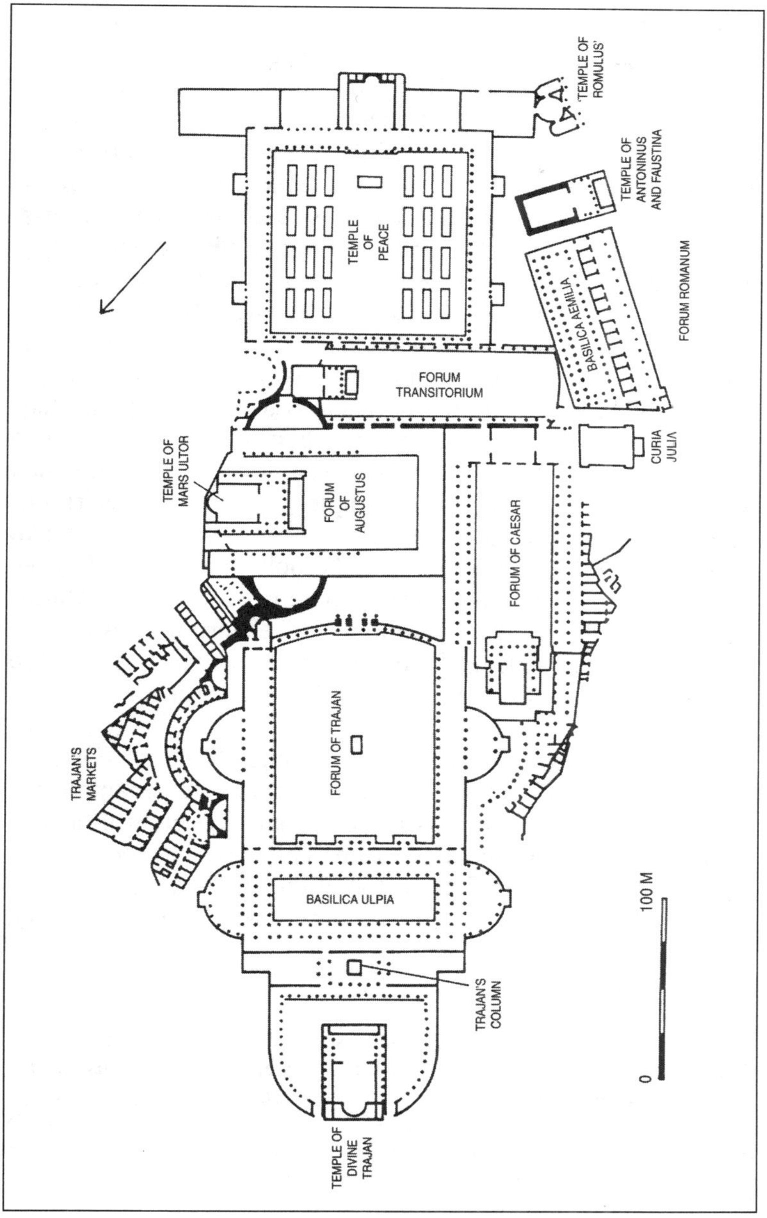

Fig. 4. *The Imperial Fora*

identified as that of Sextus Pompeius, consul in A.D. 14, survived the building of the Forum of Augustus and is preserved behind it in the foundations of the mediaeval "House of the Knights of Rhodes"[251].

As the central monument of the Augustan Principate, the Forum of Augustus has been the subject of several major studies. Analysis of the Forum and its sculptural programme is at the centre of Zanker's work, drawing on his earlier study of the complex[252]; others have studied the statues and *elogia* of the Forum[253], while scholars including Bonnefond and Anderson have examined the activities which took place in the Forum and assess its role within the civic space of the city[254]. Bonnefond stresses that many of the rituals which took place in the Forum of Augustus tended to complement those which had traditionally taken place in other locations, rather than replacing them altogether. Examples include the sacrifices undertaken by generals about to set off on campaign, which from the time of Augustus onwards took place at the Temple of Mars Ultor as well as at the Temple of Jupiter Capitolinus, as had been the traditional practice. The Forum of Augustus also provided a space where other rituals might take place involving Senate, Equites and People, in a setting defined by Augustus' own achievements[255].

Much of the work on this and the other Imperial Fora has been architectural in character, documenting for example the remains of the Temple of Mars Ultor and the great tufa wall which surrounds Augustus' Forum. This has revealed that the kink in the rear of the Forum, sometimes thought to be symptomatic of Augustus' concern to purchase the land on which

251. Tortorici, *op. cit.* (n. 31), 68ff.
252. Zanker, *Power of images*, pp. 192-215.
253. S. Rinaldi Tufi, "Frammenti delle statue dei summi viri nel foro di Augusto", *DdA*, II. 3, 1981, pp. 69-84, T. J. Luce, "Livy, Augustus and the Forum Augustum", in Raaflaub and Toher, *op. cit.* (n. 36), pp. 123-38.
254. Anderson, *op. cit.* (n. 247), pp. 88-97 ; M. Bonnefond, "Transferts de functions et mutation idéologique : le Capitole et le Forum d'Auguste", in *L'Urbs*, pp. 251-78.
255. Bonnefond, *op. cit.* (n. 254), pp. 262-70.

the Forum was to be built rather than confiscating it [256], was instead determined by the route of a road behind the Forum and the related sewer [257]. Augustan respect for the road network is also shown by the fact that the entrances to the Forum stand opposite major road-junctions within the Subura : though the existence of steps up to these would have prevented wheeled traffic from using Augustus' Forum as a short cut.

The Flavian period also saw substantial changes in this area, with the building of the Temple of Peace by Vespasian to commemorate his victory in Judaea, where spoils of war (and the treasures of the Domus Aurea) were displayed [258] ; and it seems that Domitian rebuilt the Forum of Caesar as well as his own Forum, the Forum Transitorium [259].

Ammianus Marcellinus tells us that when the emperor Constantius II entered Rome for the first time in A.D. 357, the monument which most impressed him was the Forum of Trajan. This has been the focus of much important recent work, which has laid stress both on its architectural design and its programmatic message [260]. Sculptures of Dacian

256. Suet., *Aug.* 56.

257. A. Vodret, "Foro di Augusto e Porticus Absidata : il progetto di consolidamento e restauro", in *Archeologia nel centro*, pp. 224-8, H. Bauer, "Ricerche sul muro perimetrale e sul portico del Foro di Augusto", in *Archeologia nel centro*, pp. 229-40. See also H. Bauer, "Nuove ricerche sul Foro di Augusto", in *L'Urbs*, pp. 763-70 ; V. Kockel, "Beobachtungen zum Tempel des Mars Ultor und zum Forum des Augustus", *Röm. Mitt.*, 90, 1983, pp. 421-48 ; J. Ganzert, "Der Mars-Ultor-Tempel auf dem Augustusforum in Rom. Vorläufiger Arbeitsbericht", *Röm. Mitt.*, 92, 1985, pp. 201-19 ; J. Ganzert and V. Kockel in *Kaiser Augustus*, pp. 149-99.

258. M. Nota, "Il foro della pace : recenti rinvenimenti", in *Archeologia nel centro storco : apporti antichie moderni di arte e cultura dal Foro della Pace,* 1986, pp. 63-75. For the gardens of the Templum Pacis, see R. B. Lloyd, "Three monumental gardens on the marble plan", *AJA,* 86, 1982, pp. 91-100.

259. J. C. Anderson, "Domitian's building-program : Forum Julium and Markets of Trajan", *Archaeological News,* 10, 1981, pp. 41-8 ; Anderson, *op. cit.* (n. 247), pp. 55-60 ; C. M. Amici, *Il foro di Cesare*, 1991, p. 74.

260. C. M. Amici, *Basilica Ulpia e bibliotheche,* 1982, reviewed by J. Packer, *AJA*, 87, 1983, pp. 569-72 ; Anderson, *op. cit.* (n. 247), pp. 141-77 ; A. La Regina in S. Settis (ed.), *La colonna Traiana*, 1988, pp. 5-44 ; P. Pensabene et al., "Foro Traiano : contributi per une ricostruaione storica

prisoners[261], *imagines clipeatae*, and inscriptions commemorating the achievements of individual legions combined to present the emperor as a *triumphator* in republican style[262]. At the centre of the complex was Trajan's Column, decorated with scenes from his campaigns, which was eventually to form the emperor's burial-place. A systematic project of recording has enabled a new publication of the reliefs on Trajan's Column to take place, and Settis' new discussion of the Column sets it in the context of the surrounding buildings, relating the burial of Trajan's ashes at the base of the Column, between two libraries, to the burial of Celsus in his library at Ephesus[263]. Meanwhile, a small-scale excavation has revealed pits for trees in the Forum[264], and further excavations have been proposed as part of the Via dei Fori Imperiali project[265].

A particularly difficult problem concerns the temple at the west end of Trajan's Forum (unfortunately known only from very fragmentary evidence). Comparison of the Forum of

---

architettonica", *Archeologia Classica*, 41, 1989, pp. 27-292, esp. the historical synthesis by M. Milella and P. Pensabene (pp. 33-54) ; and the review article by J. Packe, "Trajan's Forum in1989", *AJA*, 96, 1992, pp. 151-62 ; Packer's *The Forum of Trajan : a Study of the Monuments* I. forthcoming. On Trajan's Markets : L. Ungaro, "I mercat di Traiano : l'immagine del monumento", in *Archeologia e progetto*, pp. 80-92.

261. M. Waelkens, "From a Phrygian quarry : the provenance of the statues of the Dacian prisoners in Trajan's Forum at Rome", *AJA*, 89, 1985, pp. 641-53, discusses an almost completed statue of a Dacian in pavonazzetto, presumably intended for Trajan's Forum, discovered in Turkey.

262. Aulus Gellius, XIII, 25 tells us that under the statues of horses and representations of standards in Trajan's Forum were inscribed the words "ex manubiis".

263. Settis, *op. cit.* (n. 260). In the same year, another re-examination of the reliefs on the Column was published (F. Lepper and S. S. Frere, *Trajan's Column*, 1988) ; this, however, uses the Cichorius plates, originally published in 1896 from casts made in the 1860s. See reviews by A. Claridge, *Antiquity*, 63, 1989, pp. 627-8 and J. Coulston, *JRA*, 3, 1990, pp. 290-309 for comparative discussion of the two books.

264. J. Packer, "A new excavation in Trajan's Forum", *AJA*, 87, 1983, pp. 165-72.

265. A. Carandini, M. Medri and R. Volpe, "Progetto per uno scavo nel Foro di Traiano", in *Archeologia nel centro*, pp. 272-99.

Trajan with the other Imperial Fora might suggest that a temple should have been an integral part of the complex from the beginning; but it seems suspiciously contrary to precedent for a "good" emperor like Trajan to have himself deified during his lifetime. Various solutions to the problem have been offered: Settis thinks the temple must have been dedicated not to the emperor Trajan, but to Trajan's father M. Ulpius Traianus, whom we know to have been deified in his son's lifetime [266]. Perhaps more convincing is the solution of Boatwright, who notes that the temple would have been invisible to the viewer in the central part of the Forum behind the Basilica of Trajan, and sees the temple as one of several acts of homage by Hadrian to his imperial predecessor, being constructed after the main phase of the Forum. On this analysis, in the original phase of the project Trajan's Column would have been clearly visible from the Via Flaminia as travellers entered the city from the north [267]. Wiseman similarly suggests that Trajan's Forum may originally have had a north-south alignment, with the Basilica Ulpia being in the same relationship to it as the Basilica Julia to the Forum Romanum [268].

Recent work on the Imperial Fora has led to a new interest in their role within the urban framework of the city [269]. The creation of the Templum Pacis seems to have resulted in a reorganization of the road-network in the area [270]; the transformation of the main street of the Argiletum, colonnaded by Vespasian in eastern style, into the Forum Transitorium would have substantially restricted free passage between the Forum Romanum and the popular housing area of the Subura [271], as

266. Settis, *op. cit.* (n. 260).
267. Boatwright, *op. cit.* (n. 137), pp. 75-95.
268. T. P. Wiseman, *JRS*, 75, 1985, p. 231.
269. See Wiseman, *op. cit.* (n. 268), p. 231 on this. The project presented by Carandini, Medri and Volpe for the Forum of Trajan envisages investigating the communications between the Imperial Fora, *op. cit.* (n. 265), pp. 282-8.
270. M. Piranomonte and A. Capodiferro, "Indagini intorno al Vicus ad Carinas", *Arch. Laz.*, 9, 1988, pp. 82-9.
271. J C. Anderson, "Domitien, the Argiletum and the Temple of Peace",

indeed did the massive tufa wall at the rear of the Forum of Augustus, at least for wheeled traffic. The Forum of Trajan was skirted both to the north and south by roads which allowed communication to take place between the Forum Romanum and the Campus Martius but apparently without letting traffic pass through the new Forum [272], while Trajan's Markets were physically separated from the Forum by another massive wall. These increasing restrictions on communication in the centre of the city must be seen in the context of an increasing specialization in the use of urban space from the early Republic onwards. The mid-republican Forum Romanum had been characterized by a variety of activities, political, commercial, and residential ;during the last two centuries of the Republic, housing and commerce were progressively removed from it, as houses gave way to basilicas, and shops were replaced by a purpose-built Macellum to the north of the Forum. In the imperial period, these tendencies were taken even further : the Macellum, next to the site used by Vespasian for his Temple of Peace, was restructured and eventually disappeared altogether with the building of the Forum Transitorium. A new facility had been created by Nero below the Caelian [273], and the Markets of Trajan may have also partly replaced it, even if architecturally they do not follow the classical form of the Macellum [274]. The result of this tendency is a deliberate separation of the Fora from the residential and commercial districts nearby, which became even more pronounced

---

AJA, 86, 1982, pp. 102-10 ; *op. cit.* (n. 247), pp. 126-31. For the restructuring of this area in the Flavian period, see now Morselli and Tortorici, *op. cit.*, 1989 (n. 31), pp. 237-41.

272. Pensabene, *op. cit.* (n. 260), pp. 88.

273. For a possible identification of Nero's Macellum Magnum, see A. Carignani et al., "Nuovi dati sulla topografia del Celio : le ricerche nell'area dell'ospedale militare", *Arch. Laz.,* 10, 1990, pp. 72-80.

274. De Ruyt, *op. cit.* (n. 247), pp. 336-7. For the changing pattern of commercial space, see J.-P. Morel, "La topographie de l'artisanat et du commerce dans la Rome antique", in *L'Urbs*, pp. 127-55 ; see also A. Wallace-Hadrill, "Elites and trade in the Roman town", in J. Rich and A. Wallace-Hadrill (eds), *City and Country in the Ancient World*, 1991, pp. 241-72, at 262-3.

from the Flavian period onwards; the centre of the city became increasingly dominated by the ceremonial space of the Imperial Fora.

VI. The emperor and the people (Fig. 5)

Although after Augustus meaningful popular participation in politics was just a memory, the emperors were keen to seek the support and approval of the plebs [275]. The means they used varied from occasional acts of direct generosity such as scattering coins from the roof of the Basilica Julia [276] to longer term measures such as the effective maintenance of the food supply. In some ways, however, the most effective acts of generosity — and those with most effect on the archaeological record — were those concerned with the entertainment of the plebs : in particular, amphitheatres, circuses, and baths. Fronto observes that "the emperor did not neglect actors and the other performers of the stage, the circus, or the amphitheatre, knowing as he did that the Roman people is held fast by two things above all, the corn-dole and the shows... food largess is a weaker incentive than shows; by largesses of food only the proletariat on the corn-register are conciliated singly and individually, whereas by the shows the whole populace is kept in good humour" [277].

Gladiatorial shows (which are first attested at Rome in 264 B.C.) were originally funerary in character, but eventually became an element in the *ludi* staged annually by the aediles [278]. Under the Republic, the standard location for combats became the Forum. Permanent balconies for viewing the spectacles, the Maeniana, were built in 318 B.C. [279] and tempo-

275. See F. Millar, *The Emperor in the Roman World*, 1977, pp. 368-75; P. Veyne, *Bread and Circuses*, 1990, a translation and abridgement of *Le pain et le cirque*, 1976.
276. Suet., *Cal.*, 37.
277. Fronto, *Principia Historiae*, 17.
278. See G. Ville, *La gladiature en occident*, 1981 ; K. Hopkins, *Death and Renewal*, 1983, pp. 1-30.
279. Coarelli, *Foro romano* II, p. 143.

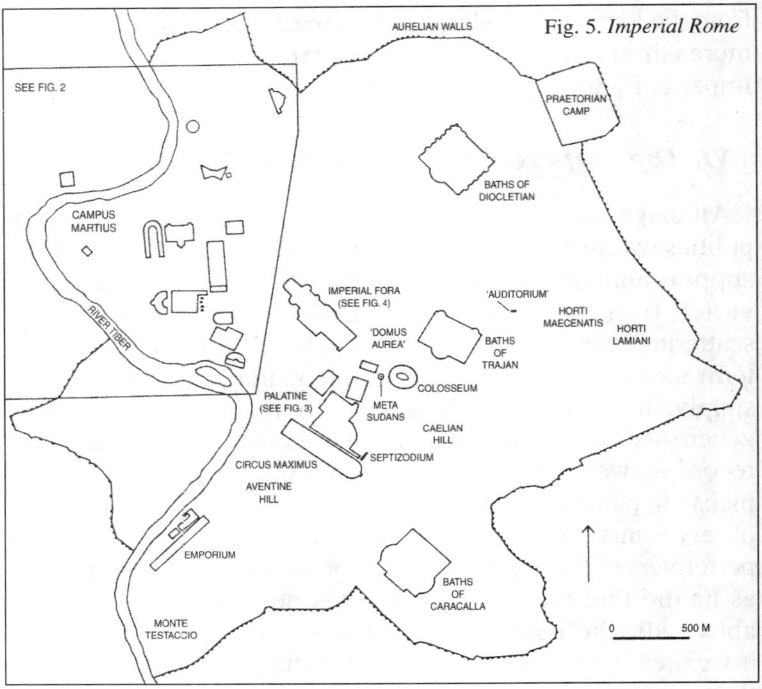

Fig. 5. *Imperial Rome*

rary stands were also erected by magistrates in which seating was rented to spectators. In the late Republic, probably in the 70s B.C., underground passageways were constructed under the Forum, which enabled gladiators to make dramatic appearances [280]; and Caesar seems to have planned a massive theatre on the Capitol, which would have overlooked the Forum [281]. Only in the time of Augustus, when the underground chambers were blocked up by a new pavement, were the shows moved away from the Forum [282] — another symptom

280. Giuliani and Verduchi, *op. cit.* (n. 9), pp. 52-66, with Wiseman, *op. cit.*, 1990 (n. 9), contra Coarelli, *Foro romano* II, pp. 222-30.
281. Suet., *Div. Jul.*, 44. r. See Wiseman, *op. cit.* (n. 116), p. 152; *op. cit.* (n. 76), p. 188.
282. Giuliani and Verduchi, *op. cit.* (n. 9), p. 58; Coarelli, *Foro romano* II, p. 224.

of the increasing specialization of space within the city.

Augustus mounted eight gladiatorial shows, involving 10 000 gladiators [283], but at the same time enacted measures restricting private *munera* ; he handed over control of games to the praetors, and forbade them to hold gladiatorial games more than twice in the year, or with more than sixty pairs [284]. The desire to distinguish private from imperial *munera* may also have been behind his reluctance to use the new amphitheatre of Statilius Taurus, which had been constructed on the Campus Martius in 29 B.C. Augustus seems to have preferred the Saepta for games of this type, presumably because it had been completed by Agrippa after being initiated by Julius Caesar. The same venue was used by Caligula and Claudius, although Caligula also built a wooden amphitheatre on the Campus, in the process damaging the Aqua Virgo, which Claudius afterwards restored. Nero, too, created a temporary amphitheatre on the Campus ; but for a full-scale, permanent, amphitheatre, Rome had to wait for the construction of the Colosseum by Vespasian, Titus and Domitian [285].

The creation of the Colosseum can be seen to fit very clearly into the populist initiatives of the Flavians, who were evidently seeking to distance themselves from the extravagances of the later Julio Claudians. The arena itself was built on the lake of Nero's Golden House, and thus an area taken over by the emperor had been returned to the people. There were also practical benefits : a purpose-built amphitheatre allowed more people to see the games in a setting which both improved the facilities for the spectators and provided an infrastructure which allowed more lavish and spectacular games and performances [286].

Although the Colosseum is one of the most massive and impressive monuments of ancient Rome, there has been very

283. *Res Gestae*, 22.

284. Dio, LIV, 2.

285. J.-C. Golvin, *L'amphithéâtre romain*, 2 vols, 1988, I, pp. 52-5, and K. Welch, "Roman amphitheatres revived", *JRA*, 4, 1991, pp. 272-81.

286. Golvin, *op. cit.* (n. 285), p. 414 ; A. Scobie, "Spectator security and comfort at gladiatorial games", *Nikephoros*, I, 1988, pp. 191-243.

little detailed work on it until very recently. A new volume, however, contains some interesting studies : of the marble fragments, of illustrations of the monument on coins, and of the drains of the arena which produced the bones of wild animals such as bears, lions and panthers, as well as those of cattle and pigs, and the seeds of fruits and vegetables, which were presumably the remains of spectators' meals [287].

A gradual improvement in facilities can likewise be detected at the Circus Maximus, which has been the subject of an exhaustive study by Humphrey [288]. Although of very ancient origin, the Circus was given its canonical shape by Caesar, perhaps as a response to Pompey's theatre on the Campus Martius [289], and was then completed by Augustus ; but it was badly affected by a series of fires (the Great Fire of A.D. 64 began in the *tabernae* along the Circus) [290] and Trajan initiated a rebuilding in brick-faced concrete. Excavations at the rounded end of the Circus in recent years have identified the area where the *sellae curules* of the magistrates were located [291] ; but most exciting has been Humphrey's reconstruction of the Imperial Box, a monumental structure with a colonnaded facade, on the basis of the Marble Plan and an illustration on a mosaic at Luni [292]. Interestingly, it seems that Domitian, having extended the imperial palace to overlook the Circus Maximus, preferred to watch the games from a viewpoint in the palace itself. By

287. G. Ghini, "Prime indagini archeologiche", in A. M. Reggiani (ed.), *Anfiteatro Flavio : immagini, testimonianze, spettacoli,* 1988, pp. 100-5, esp. 104. See also R. Rea, "Anfiteatro Flavio", *Bull. Comm.,* 92, 1987-8, pp. 323-8.
288. J. H. Humphrey, *Roman Circuses : Arenas for Chariot Racing*, 1986, pp. 56-294, reviewed by R. J. A. Wilson, *JRS,* 77, 1987, pp. 206-10.
289. Humphrey, *op. cit.* (n. 288), p. 73 ; P. Ciancio Rossetto, "Cireo Massimo", in *Archeologia nel centro*, pp. 213-23 ; P. Ciancio Rossetto, "Circo Massimo : il circo cesariano e l'arco di Tito", *Arch. Laz.,* 8, 1987, pp. 39-46 ; P. Ciancio Rossetto, "Circo Massimo", *Bull. Comm.,* 91, 1986, pp. 542-8.
290. Tacitus, *Ann.,* XV. 38.
291. Humphrey, *op. cit.* (n. 288), p. 110.
292. Humphrey, *op. cit.* (n. 288), pp. 74-83.

restoring the Imperial Box in the Circus itself and then using it, Trajan was able to enhance his reputation for accessibility : attendance at the circus or at the games provided many of the occasions on which the emperor met a substantial proportion of the people of Rome gathered together[293].

Recent research on Roman baths, including archaeological work in the city of Rome, has recently been critically reviewed by Delaine[294], so only a few additional comments are necessary here, in particular to draw attention to a new monograph on the subject by Nielsen. The first of the imperial bath-complexes was the Baths of Agrippa, followed by Nero's Baths[295]; however, the plan of the Baths of Agrippa is known only from a Severan rebuilding and a (Flavian ?) fragment of the Marble Plan, while the Baths of Nero were extensively rebuilt by Severus Alexander and renamed the Thermae Alexandrinae[296], so it is difficult to tell how far the facilities of later baths were available at these earlier buildings. It seems likely that later complexes (such as the Baths of Trajan and Caracalla) may have been intended to recreate the atmosphere and facilities of the Campus Martius — intellectual, social, and athletic — in other areas of the city[297]. Certainly the thermae were seen as examples of imperial generosity : Suetonius observes that Titus made a point of bathing in the baths he gave to the people on the Oppian hill[298], and these may originally have formed part of Nero's Domus Aurea complex, since they seem to have been close to the Colosseum[299]. The thermae provided libraries, places for athletic training, pleasant gardens and

---

293. Humphrey, *op. cit.* (n. 288), p. 126, estimates the capacity of the Circus as 150 000 ; that of the Colosseum is estimated at around 50 000 by Golvin, *op. cit.* (n. 285), p. 287.
294. J. DeLaine, "Recent research on Roman baths", *JRA*, I, 1988, pp. 11-32, esp. 19-22 on the imperial thermae.
295. I. Nielsen, *Thermae et balnea*, 2 vols, 1991, I, pp. 43-4.
296. Baths of Agrippa : Coarelli, *Foro romano* I, p. 252 ; Thermae Alexandrinae : Ghini, *op. cit.* (n. 24).
297. Nielsen, *op. cit.* (n. 295), I, p. 58 ; DeLaine, *op. cit.* (n. 294), pp. 27-9.
298. Suet., *Titus,* 8.
299. Nielsen, *op. cit.* (n. 295), I, p. 46.

much more, besides the facilities for everyday bathing and washing, which must presumably have been done in smaller neighbourhood *balnea*. How wide a clientele the baths would have had remains an open issue : the entrance fee charged would presumably have deterred the poorest members of the urban population from entry, but the emperors were in any case arguably more keen to solicit the approval of the *pars populi integra* than that of the plebs *sordida*[300].

Closely related to the provision of bathing facilities was the provision of water to the city by means of aqueducts : often, as in the case of the Aqua Virgo and the Baths of Agrippa, aqueducts and baths were constructed together[301]. Several recent studies have examined the role of the aqueducts in Rome both from the administrative[302] and technical points of view[303].

Even if it was perceived as less important than the games (by some emperors at least), the necessity of maintaining a regular supply of corn for the city of Rome can be seen as a key element in maintaining good relations between emperor and plebs. Rome's corn supply has been the focus of much important recent work, concentrated on the twin problems of the mechanisms by which corn was brought to Rome, and then the political implications of the way in which it was distributed[304]. Recent archaeological research has cast light on both these facets of the supply mechanism.

Excavations in the area of the Emporium have revealed the

---

300. Tacitus' distinction : *Hist.*, I, 4.
301. See H. B. Evans, "Agrippa's water plan", *AJA,* 86, 1982, pp. 401-11.
302. Especially C. Bruun, *The Water Supply of Ancient Rome*, Commentationes humanarum litterarum XCIII, 1991, which provides a survey of recent work on the aqueducts of Rome in the first chapter. See also C. Brunn, "Statio aquarum", in E. M. Steinby (ed.), *Lacus Juturnae*, 1989, pp. 127-47.
303. e.g. A. T. Hodge, "Aqueducts", in I. M. Barton (ed.), *Roman Public Buildings,* 1989, pp. 127-49. A monograph on aqueducts by the same author is forthcoming. Other recent work : *Trionfo dell'acqua : acque e acquedotti a Roma,* 1986; *Wasserversorgung im antiken Rom*, 1983, an edition of Frontinus with useful introductory material.
304. G. Rickman, *The Corn Supply of Ancient Rome,* 1980; C. Virlouvet,

way in which the Tiber wharves were extended and developed in the time of Trajan[305], after they few into the hands of the emperors during the first century A.D.[306]. Together with the building of Trajan's new harbour at Ostia, and the Markets attached to his Forum[307], the new wharves demonstrated the emperor's care for the people of Rome, along with his activities in rebuilding the Circus Maximus and creating new Thermae on the Oppian hill. More generally, the study by Rodriguez-Almeida of Monte Testaccio, a hill 36 metres high composed almost entirely of the smashed remains of Spanish oil-amphorae, has made the wealth of data it provides for the Roman economy accessible to the historian[308].

One problematic issue about the corn-distributions concerns the location (or locations) where the occurred. For the imperial period, at least after the Flavian period, the picture seems reasonably secure the distributions took place in the Porticus Minucia "Frumentaria". Where exactly this was is more problematic. The Porticus Minucia "Vetus", built by M. Minicius Rufus after a victory over the Scordisci in 106 B.C., is identified as the portico which surrounds the Largo Argentina temples on the Campus Martius, and most scholars have identified the Porticus Minucia "Frumentaria" as either

---

Famines et émeutes à Rome des origines de la République à la mort de Néron, 1985 ; P. Herz, *Studien zur römischen wirtsgeschaftsgesetzgebung : die Lebensmittelversorgung*, Historia Einzelschriften, LV, 1988 ; P. Garnsey, *Famine and Food-Supply in the Greco-Roman World*, 1988 ; H. Galsterer, "Plebiculam pascere : Die Versorgung Roms in der Kaiserzeit", *Critica storica*, 27, 1990, pp. 21-40.

305. R. Meneghini, "Scavo di Lungotevere Testaccio", in *Archeologia nel centro*, pp. 433-41 ; C. Mocchegiani Carpano and R. Meneghini, "Lungotevere Testaccio", *Bull. Comm.*, 90, 1985, pp. 864-95 ; M. Incitti, R. Meneghini and C. Mocchegiani Carpano, "Lungotevere Testaccio", *Bull. Comm.*, 91, 1986, pp. 560-95.

306. R. Étienne, "Extra Portam Trigeminam : espace politique et espace économique à l'Emporium de Rome", in *L'Urbs*, pp. 235-49.

307. La Regina in Settis, *op. cit.* (n. 260), pp. 29-36.

308. E. Rodriguez-Almeida, *Il Monte Testaccio*, 1984 ; cf. D. J. Mattingly, "Oil for export ? A comparison of Libyan, Spanish and Tunisian olive-oil products in the Roman empire", *JRA*, I, 1988, pp. 33-56, at 54-5.

being the same portico or an enlargement of it [309]. Rickman, however, has expressed doubts, arguing that the Porticus Minucia on the Campus seems oddly distant from the quays on the river to which the grain would have been brought, and that the design of the Porticus (as shown on the Marble Plan) seems too elegant and insufficiently utilitarian for a complex in which on average six tons of grain daily would have to be stored or distributed [310]. However, some light has been cast on the problem by the recent excavations of the Crypta Balbi complex. On its north side, the Crypta abuts directly onto the Porticus, which seems from the excavations to be Domitianic in date, and incorporates a series of interconnecting small brick rooms. Perhaps these are the storerooms which would have been necessary in a building designed for administering the corn-distributions ; if so, Rickman's objections to the identification of the Porticus Minucia are partly answered [311]. The Domitianic date requires a re-thinking of earlier views of the Portico, though ; it has traditionally been thought to have been constructed in the Julio-claudian period [312].

The location of the corn-distributions in the republican period is an even more vexed question Rickman suggested that the distribution of grain may have taken place at a variety of locations throughout the city simultaneously [313], but Virlouvet has recently suggested that the Saepta or the Circus Flaminius might have been used. The attractions of this hypothesis are that the use of these public spaces would remove the corn-distributions from the structures of aristocratic patronage and relate them (in the case of the Saepta) to the electoral assemblies or (in both cases) to the assembly of the Roman people in the *contiones* ; the use of the nearby Porticus Minucia in the imperial period would thus represent a continuity from Republic to Empire [314].

---

309. G. Rickman, "Porticus Minucia", in *Città e architettura*, pp. 105-8, at 105.
310. Rickman, *op. cit.* (n. 304), pp. 250-2 ; *op. cit.* (n. 309).
311. Manacorda, *op. cit.*, 1987 (n. 10), pp. 607-9 ; Manacorda and Zanini, *op. cit.* (n. 10), p. 27.
312. Rickman, *op. cit.* (n. 304), p. 192 ; Coarelli, *op. cit.* (n. 106), p. 35.
313. Rickman, *op. cit.* (n. 304), pp. 185-6.
314. C. Virlouvet, "La topographie des distributions frumentaires avant la

VII. Conclusions

One of the chief attractions of Roman topography as a subject is the way in which the monuments of the city directly and indirectly reflect broader historical developments. The aristocratic competition which ultimately brought down the Republic is manifested in the aristocratic houses of the Palatine, the basilicas of the Forum, and the temples of the Campus Martius, all of which served to impress the Roman people, on whose votes the aristocrats ultimately depended for political success; the language of this competition was increasingly that of the Greek territories Rome had recently conquered. With the advent of the Empire, aristocrats still competed in private luxury; but as triumphs were restricted to the imperial house, as the traditional monuments of the great familles were rebuilt by the emperors in their own image, and the people were no longer called upon to judge between aristocratic rivals, the scope for competitive building was seriously diminished. Even gladiatorial games were now restricted; the emperor became, in this as in so many other aspects of Roman life, the single patron and benefactor on whom the whole imperial edifice relied.

At the same time, the structural differentiation characteristic of a developing society [315] began to be reflected in the layout and organization of the city. In the early years of the Republic, commerce housing, politics and religion all characterized the Forum Romanum; first, the shops were pushed out of the Forum proper into the Macellum; they were followed by aristocratic housing, as the sides of the Forum were monumentalized in the second century B.C.; the Comitia Tributa moved to the Saepta on the Campus Martius for electoral meetings, while under Augustus the Senate often met either on the Palatine. in the emperor's Palace, or in the Curia, which was now an appendage to Julius Caesar's Forum. Even the gladiatorial

création de la Porticus Minucia", in *L'Urbs*, pp. 175-89. For the public corn distributions of the late second century B.C. as an alternative to aristocratic patronage, see Garnsey, *op. cit.* (n. 304), pp. 197, 208-11.

315. K. Hopkins, *Conquerors and Slaves*, 1978, pp. 74-96.

combats which traditionally took place in the Forum were moved to the Saepta under Augustus; *mos maiorium*, however, demanded that the Forum continue to play an important role in the religious life of the city.

During the first and second centuries, the increasing imperial presence in the centre of the city, with the growth of the palace and the Imperial Fora, aggravated these developments; the Macellum gave way to the Forum Transitorium, and the houses of the aristocracy were increasingly pushed out of the traditional heart of the city. But the increasing emphasis on the public and ceremonial buildings in the centre of Rome was closely tied to the developing role of the city as imperial capital and capital of the civilized world: it acquired a complex of monuments which increasingly combined the Greek and the Roman, using materials from around the Mediterranean and beyond. When Constantine began to build his city at Constantinople, its key elements included a hippodrome and adjacent palace, an imperial Forum complete with Column, a Mausoleum, and housing stretching beyond[316]. The new imperial capital paid tribute to the old. "If one has beheld the city itself and the boundaries of the city, one can no longer be amazed that the entire civilized world is ruled by one so great"[317].

John R. Patterson, *The Journal of Roman Studies*, London, Society for the Promotion of Roman Studies, LXXXIII, 1992, pp. 186-215.

316. R. Krautheimer, *Three Christian Capitals,* 1983.
317. Aelius Aristides, *Ad Romam,* 9 (trans. J. Oliver).

Edwin S. Ramage

URBAN PROBLEMS IN ANCIENT ROME

Sources and Methods

When a sociologist turns to consider an aspect of life in one of our cities, he can expect to have a variety of source material at his disposal. Not only are there written records of all kinds, but contemporary institutions can be examined and human subjects interviewed. The situation is quite different for anyone attempting to deal with Rome, for not only is the human element missing but the institutions are also foreign to his experience. Moreover, the written record is far from complete, and the usefulness of what survives varies considerably from one source to another. The Romans wrote nothing on urban problems *per se*, so we must rely on the random comments of authors writing epigram, satire, history, technical treatises, and the like, where purposes and subjects only incidentally involve such things.

There are other sources, of course, and they present similar difficulties. The legal texts are helpful in reconstructing the problems that the law is expected to solve, but here too the record is incomplete, and without confirmation from elsewhere it is not always clear whether any real or anticipated problem has generated the legislation. Inscriptions, too, are important, but they are difficult to work with because they are frequently out of context and often fragmentary. At the same time they are usually terse and so offer a minimum amount of information. The archaeological record is far from complete for our purposes, since urban problems are often part of the mundane and ephemeral details of everyday existence that have long since disappeared.

Because of the incomplete and fragmentary nature of the evidence urban problems in Rome must be treated in fairly broad time periods. It is simply not possible to put together an account of the situation in a given year, not to mention a day in that year. But when they are approached in this way, the various sources have a substantial amount of information to offer on the subject. The period that is best documented and the one that will be dealt with here for the most part is the first century and a half of the Empire — the times of Augustus through those of Hadrian. But earlier and later material cannot be ignored, and it will be introduced for purposes of comparison and contrast.

In all of this the classical scholar does have one advantage over those investigating contemporary problems : he is involved with a terminal situation. The people and institutions with which he is dealing have run their course and their history is complete. This opens up the possibility of talking about long-term social, psychological, and economic developments and effects without having to rely completely on theory and prognosis.

The task of identifying the problems and estimating their effect is a large one, and what follows is not meant to be the last word on the subject. Research is not yet complete, and, besides, such a broad topic cannot be covered exhaustively in a few pages. Enough has been done, however, to make it possible to formulate a number of working definitions and to put together a tentative model consisting of the problems themselves, their psychological effect on the urbanite, and the search for solutions to them.

Factors Contributing to Urban Problems

Before considering the urban problems themselves, something must be said about location, population, and the lack of urban planning, all of which contributed to the situation in the city in the early Empire. As with most cities, Rome in all its periods was to a large extent the product of its *location*. The advantages of the site were clear to the ancients. They appreciated the breezy, healthful hills and a location that was separated from, but within easy reach of the sea via the Tiber River (Cicero, *De Rep.*, 2. 10 ; Livy, 5, 54, 4). Cicero calls it a healthy place in an area that is generally unhealthy (*De Rep.*, 2, 11), while Livy has Camillus in 390 B.C. or shortly after observe that the site was « uniquely suited to the growth of the city ».

Others like Strabo are a little more realistic. Rome was founded more out of need than by choice, and later expansion was subject to the exigencies of the site (5, 3, 2 ; 5, 3, 7). This is a fair appraisal of the situation. For, no matter how earnestly Cicero might insist that Romulus had chosen the site with a vision of Rome's future greatness before him, the early Iron Age people who established their villages on the Palatine and the other hills (Map 1) had only their own primitive concerns in mind. The hills were defensible sites ; the marsh that later became the Roman Forum (Map 1 : A) and the Tiber River offered defense in two different directions. At the same time, the river provided access to the sea, while the Tiber Island made contact with the people to the northwest easier as Rome's interests developed in that direction (Dudley, 1967, pp. 5-6). But, as Strabo suggests, these early assets became drawbacks for the developing city. The Romans themselves recognized the fact that the combination of hills and vallies limited urban communication and planning as the city grew. By the time of the late Republic they were ready to admit that Rome, which was « situated on mountains and in vallies, » was topographically inferior to a city like Capua that was located in a plain (Cicero, *De Leg. Agrar.* 2, 96). Cicero's mention here of apartment buildings, poor streets, and extremely narrow lanes suggests ways in which he feels the irregular topography has affected the city by his time. The situation did not improve much later ; Martial, for example, describes the narrow street (*semita*) running from the Subura (Map 1 : F) to the Esquiline (Map 1 : N° 9) as having to be « overcome » (5, 22, 5-8). By comparing Maps 1 and 2 it is possible to see how closely the streets to the east and northeast follow the terrain.

Map 1. *Topography and walls of Rome*

Hills		Areas	
1. Palatine	7. Caelian	A. Roman Forum	F. Subura
2. Capitoline	8. Aventine	B. Campus Martius	G. Docks and Warehouses
3. Quirinal	9. Esquiline	C. Forum Holitorium	H. Campus Vaticanus
4. Viminal	10. Janiculum	D. Forum Boarium	
5. Cispian		E. Velabrum	
6. Oppian			

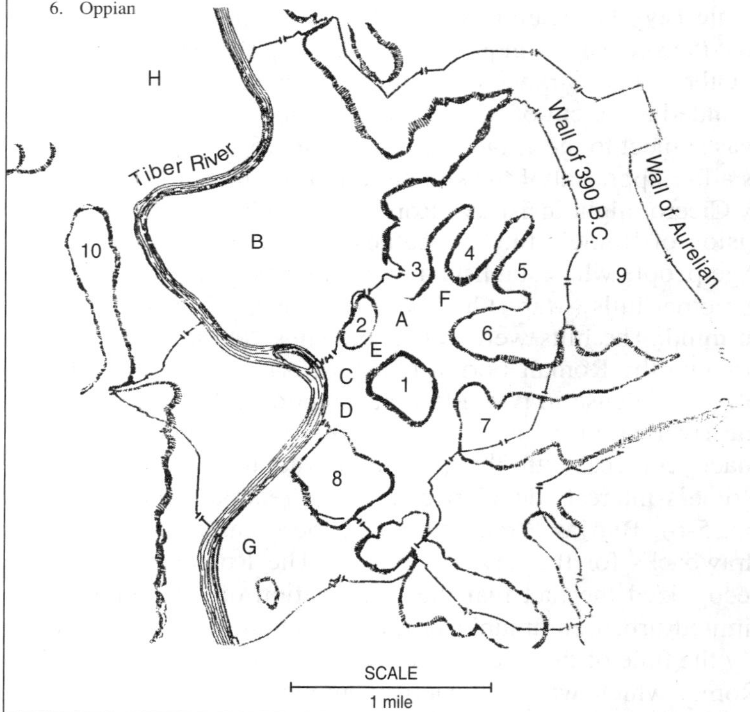

The Tiber may have been an asset to the city, but as soon as Rome expanded from the hills to the lower levels it proved to be a liability as well. For it flooded regularly, as we shall see, inundating some of the busiest and most heavily populated parts of the city (Maps 1 : A, B, C, D, E, G).

It is also possible that the unhealthiness of the city, especially in the summer and fall, that we hear about so frequently was at least in part due to the fact that Rome was located in « an unhealthy area » (Cicero, *De Rep.*, 2,11). Although some Romans insisted that their city was a wholesome place in which to live (Cicero, *De Rep.*, 2, 11 ; Livy, 5, 54, 4), such praise runs contrary to what other writers say about the common occurrence of fever in Rome at certain times of year (e.g., Horace, *Ep.*, 1, 7, 5-9 ; Valerius Maximum 2, 5, 6). More will be said about this later.

Another factor conditioning the quality of life in any urban center is the size and mix of the *population*. In the case of any large ancient city this was even more crucial, since the lack of easy transportation made the population less mobile and reinforced a natural tendency to concentrate activities in a limited area in the center of the city.

The Romans of the Augustan period and later make frequent reference to overcrowding. Vitruvius, for example, speaks of an immense number of citizens needing countless places to live (2, 8, 17 ; cf. Seneca, *Consol. ad Helv.* 6, 2), and Tacitus keeps reminding his reader of the crowds of people that fill the streets (e.g., *Hist.*, 1, 8 ; 1, 75). Various parts of the city are singled out for special mention. The Caelian and Aventine were heavily populated (frontinus, *De Aqu.*, 2, 87) ; the Subura seethed with people (Juvenal, 11, 51) and was perhaps the most crowded part of the city (cf. *Schol. ad Pers.*, 5, 32). Getting through the streets was a struggle, especially if one was going against the tide of humanity (Horace, *Sat.*, 2, 6, 28). People pushed, bumped, and trampled each other (Juvenal, 3, 243-48). The person who could find someone to go ahead and shoulder the opposition to one side was at a clear advantage (Horace, *Sat.*, 2, 5, 94-95 ; Tibullus, 1, 5, 63-64 ; Martial, 3, 46.5-6).

There is little agreement as to what the population of the city was at any given time. Estimates for the early Empire range all the way from 250 000 to 1 800 000 (Oates, 1934, pp. 101-102 ; Maier, 1953, pp. 321-22). Population figures have not survived and satisfactory methods of using the meager information that does exist have not been devised (Packer, 1971, pp. 78-79). A number of scholars have estimated the population of Rome at 1 000 000 people at the end of the Republic (Yavetz, 1958, p. 500 ; cf. Hammond, 1972, p. 284 ; Newbold, 1974, p. 858) and since this falls in the middle range of the estimates, it will suffice as a working figure here.

A city of a million people is hardly remarkable by modern standards, but the area into which they were squeezed is. In the fourth century after Christ Rome covered some 1,783 hectares (4 400 acres) or just under seven square miles (Homo, 1971, p. 113). There is no way of knowing how much the city had grown since the first century, though it seems safe to assume that some growth had taken place. But even if we take seven square miles as the space covered by the city at the beginning of the Empire, this is not a very large area for such an extensive population, for it leaves a per capita average of only eighteen square meters for all urban functions. But it must be remembered that much of the city was devoted to uninhabitable, low-activity areas such as gardens, public buildings, and the like (van Gerkan, 1943, pp. 217-27 (p. 219, fig. 1); Paoli, 1963, p. 4, fig. 3) which intensified the overcrowding in the other areas. The solution was the same for the Romans as it has been for us : they build upwards (Vitruvius, 2, 8, 17). Some public buildings like basilicas, markets, and warehouses had a number of stories, but it was the *insula* or apartment/tenement house, at times reaching a height of seventy feet or more and containing as many as four or five stories (Meiggs, 1973, pp. 240-41 ; Werner, 1906, finds six or seven stories), that helped the Romans to pack so many people into so small a space. There is no way of knowing how many of these buildings existed in Rome in the first century. The *Curiosum* and *Notitia*, which were drawn up about 350 years after Christ, list 46 602 apartment buildings scattered throughout the city at that time. By contrast there were only 1 790 homes. The figures are late and not without their problems, but combined with the frequent mention by authors like Vitruvius, Seneca, Martial, Tacitus, and Juvenal and the archaeological evidence of Ostia they enable us to conclude that the *insula* was important and well established in the early Empire (cf. Calza, 1914) and that we should project a large number of apartment buildings for Rome in the first century. We may also conclude that the overcrowding, unemployment, widespread poverty, debt, high rents, and the pressures of inflation meant that living conditions for the masses had not changed much since the late Republic when « most of the inhabitants of Rome lived in appalling slums » (Brunt, 1966, p. 13). It can be put even more pointedly : « The main population of the city... lived in cramped, noisy, airless, foul-smelling, infected quarters, paying extortionate rents to merciless landlords, undergoing daily indignities and terrors that coarsened and brutalized them, and in turn demanded compensatory outlets » (Mumford, 1961, p. 221 ; cf. Yavetz, 1958 ; 1969, p. 33 ; Bourne, 1969, p. 205 ; Hammond, 1972, p. 285 ; Frier, 1977, p. 34 ; Tacitus, *Ann.,* 3, 52 ; 4, 6 ; 6, 13 ; *Hist.,* 1, 89).

Another factor contributing to the problems of the city was a general *lack of active urban planning* (Homo, 1971, p. 55). The Romans were, of course, fine engineers and planners. New, well-planned and well-appointed cities were springing up continually throughout the Empire. Even the city of Pompei shows careful urban planning in its later stages. But no general planning was attempted in Rome. This was not unusual ; it is the fate of most large cities. Livy suggests one step in the process of unplanned growth when he describes the rebuilding of Rome after the Gallic sack of 390 B.C. (5, 55, 2-5 ; cf. Diodorus Siculus, 14, 116, 8-9 ; Plutarch, *Cam.,* 32, 3). The city was rebuilt in a random manner *(promiscue)* without any attempt to lay out streets. This is the reason, Livy observes, that the city of his day looks more like one that has merely been taken over and filled up rather than one that has been carefully planned *(occupatae magis quam divisae).* What the historian says is important not only for the information it provides, but also because he is showing that he is fully aware of the reasons for the unplanned state of contemporary Rome and is tacitly admitting the desirability of some form of urban planning. The same conclusion may be drawn from Cicero's comparison between Rome and Capua that was mentioned earlier (*De Leg. Agrar.,* 2, 96).

A glance at the pattern of the streets of Rome (Map 2), confirms the general lack of planning mentioned by Livy and Cicero. Only a few of the major thoroughfares have been included on the map and hundreds of narrow, twisting streets and lanes must be added (cf. Vitruvius 6, 6, 6 ; Seneca,

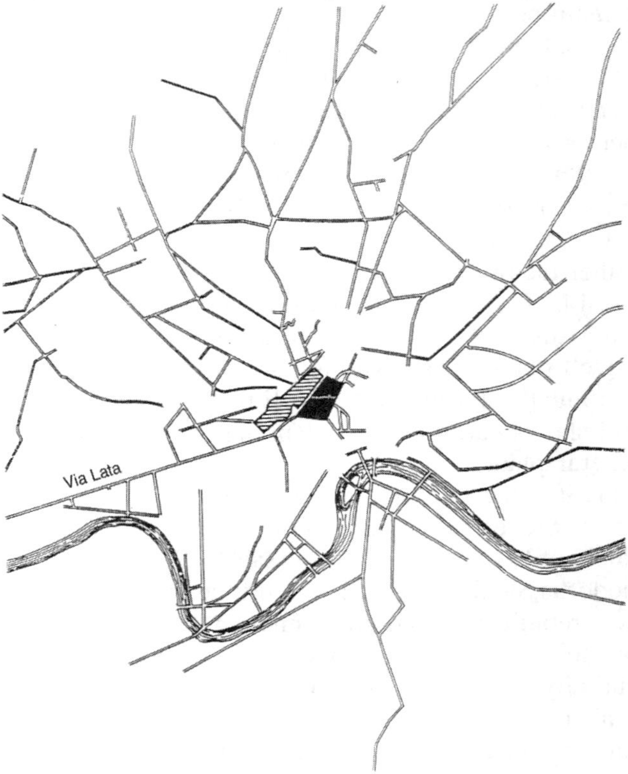

Map 2. *Some of the Main Streets of Rome.*
The Roman Forum is the dark area ; the Imperial Fora are hatched.

Controv., 2, 1, 11 ; Suetonius, *Nero,* 38, 1 ; Tacitus, *Hist.,* 3, 82). Actually, Rome must have been a maze of narrow, muddy (Martial, 3, 36, 4 ; 7, 61, 6 ; 8, 44, 5-8 ; 10, 10, 8 ; 12, 26, 8), dusty (Horace, *Ep.,* 1, 17, 6-7 ; Martial, 12, 2, 2), slippery (Martial, 4, 18, 2 ; Tacitus, *Hist.,* 2, 88 ; 3, 82) streets that during the day were in constant shadow because of the high buildings lining them (Dionysius of Halicarnassus, *Rom. Ant.,* 1, 68, 1) and at night were extremely dangerous because of a lack of any lighting (Tibullus, 1, 2, 25-26 ; Juvenal 3, 78-301).

There were three areas of Rome that testified to some awareness of long term planning on the part of the Romans : the

Roman Forum (Map 1 : A ; Map 2), the Campus Martius (Map 1 : B) and the gardens that eventually all but ringed the city. In the case of the Roman Forum it was largely fortune and the restricted use of the area that produced some regularity. In somewhat the same way the Campus Martius from an early time was designated a monumental area, and this identity seems to have been maintained through most periods in the history of the city. The very name of the Via Lata (« Broad Street » : Map 2), which was a planned thoroughfare marking the eastern boundary of the Campus Martius, sets it off from the other crooked, narrow streets that predominated in the city.

The gardens are a special case. They had gradually come into the public domain since the time of the late Republic and were protected throughout the Empire from encroachment of any kind (Homo, 1971, pp. 68-69). The Romans recognized that the rest, relaxation, and pure, healthy air that these areas offered were important for urban living (Vitruvius 5.9.5-6). In fact, early in the time of Augustus, Maecenas cleared a large area of the Esquiline (Map 1 : No. 9) of its cemeteries and established gardens there that he later willed to Augustus. He thus removed what the Romans felt to be a source of pollution and disease (cf. Varro, *De Ling. Lat.* 5.25) and replaced it with a healthful addition to the urban environment (Horace, *Sat.* 1.8.7, 14-16 ; Porphyrion, *Ad Hor. Sat.* 1.8.7, 14 ; cf. Lugli, 1952, vol. 4, pp. 24-26, Nos. 38-45). There is no indication that Maecenas viewed this as part of any overall plan for urban improvement, but he must have been aware that he was extending the ring of gardens that already existed to the north and northeast in the Campus Martius (Suetonius, *Aug.* 100.4) and on the Pincian, Viminal, and other parts of the Esquiline. In imperial times there was a conscious effort to establish garden areas in the Transtiber area. Julius Caesar, Augustus, the elder Agrippina, Nero, and Septimius Severus all promoted these (cf. Statius, *Silv.* 4.4.4-7 ; Lanciani, 1897, 544-60 ; Lugli, 1930, vol. 3, pp. 638-43, 680-88, 690-92).

There were other sporadic examples of planning, as we shall see. But there is no evidence to suggest that they were part of any master plan.

The Urban Problems

In the situation that has just been described, it was perhaps inevitable that urban problems should arise. Whether *crime and violence* were prevalent enough to be considered one of these is not yet clear. But we do hear of attacks by roving toughs, burglary, and crime in the streets (Juvenal, 3, 278-314 ; 10, 19-22), and a person apparently had to be on guard in a crowd against possible knife attacks (Martial, 7, 61, 7). Crime was certainly common enough to be included with fire and the other perils that Romans had to endure (Martial, 5, 42 ; cf. Catullus, 23, 8-11), and Augustus went out of his way to prevent it (Suetonius, *Aug.*, 32, 1) by *ad hoc* measures such as stationing guards throughout the city on holidays when citizens were away from home (Suetonius, *Aug.*, 43, 1). This was part of his use of the army, in particular the Praetorian Cohorts, as Rome's police force, a practice that continued under his successors (cf. Passerini, 1939, pp. 44-67).

There are strong indications that Rome had a serious *traffic problem*. While the majority of the traffic was made up of pedestrians, there were also a fair number of sedan chairs and wagons contributing to the congestion. As we have seen, the narrow, twisting streets and the hills added to the difficulties of getting around the city. The center of Rome must have been particularly congested with large numbers of wheeled vehicles, processions of all kinds, and milling crowds of people all coming together in the vicinity of the Forum (Horace, *Sat.*, 1, 6, 42-44). The problem was aggravated by shops gradually pushing their displays out into the street (Martial, 7, 61).

The condition of the streets was another complicating factor. Though the Romans had begun paving the urban thoroughfares as early as 174 B.C. (Livy, 41, 27.5), there is no reason to believe that nearly all the streets were improved in this way. We have already noted complaints about muddy and dusty streets. Part of the reason was surely a lack of paving, but it is also possible that laws like Julius Caesar's so-called *Lex Iulia Municipalis* that provided for each citizen keeping the street in front of his place of residence swept and in good repair (*CIL*, 1, 2^2, 593; cf. *Twelve Tables*, 7, 7) were not observed and enforced. Apparently the mud and dirt accumulated even on roads as much traveled as the Sacra Via (Martial, 12, 2, 2), in spite of the fact that these seem to have been flushed fairly regularly (Frontinus, *De Aqu.*, 2, 111).

Mention has also been made of the slipperiness of the streets. Martial shows how this would be an aggravation as he describes going from the Subura to the Esquiline (Map 1) over a paved thoroughfare that is never dry (5, 22, 6). The slipperiness combined with his having to go uphill to make progress difficult. It is entirely possible that flushing the streets added to the problem.

But it seems to have been wheeled vehicles that caused most of the difficulties (cf. Matthews, 1960; Mumford, 1961, pp. 218-19). To a large extent, the trouble that Martial had getting from the Subura to the Esquiline stemmed from the long lines of marble-filled wagons pulled by mules that were toiling up the hill (5, 22, 7-8). Not only did such vehicles block the road, but they were also a menace to pedestrian traffic because they were often overloaded (Juvenal, 3, 254-61). Actually, they could shake the buildings as they passed by (Pliny, *Pan.*, 51, 1) or cause worry about the damage to the sewers and drains under the streets (Pliny, *Nat. Hist.*, 36, 6). Apparently there were no load limits in the city, but under the so-called *Lex Iulia Municipalis* some attempt was made to alleviate the noise, danger, and congestion. With a few exceptions no wheeled traffic was allowed within the city limits or outside the city where there was continuous housing during daylight hours. If this kind of law was enforced, it meant, of course, that there would be a great deal of wagon traffic at night. The unlit streets would make these vehicles 11 the more dangerous, and in places the noise level would be so high that sleep would be impossible (Juvenal, 3, 232-38). Traffic may have been a problem in Rome, but, as happens so often, attempts to remedy this one difficulty caused others.

In this climate accidents were inevitable, though we do not hear about them often. A person might fall in the street and sprain an ankle (Martial, 8, 75) or break a leg in an open sewer, as Crates of Mallos did (Suetonius, *De Gramm.,* 2). Apparently overloaded wagons that threatened to lose their loads were a danger to the life and limb of pedestrians making their way through the narrow streets (Juvenal, 3, 254-59). But what seems to have bothered the Romans most was fighting the congestion whenever they wanted to go anywhere in the city.

The crowds, the traffic, and the many activities concentrated in the city produced a *noise pollution* that must have reached levels at least as high as those in some of our noisier cities today. The Romans called it a « din » (*strepitus* : Horace, *Ep.,* 2, 2, 79 ; *Odes,* 3, 29, 12 ; Pliny, *Ep.,* 1, 9, 7) and a « roar » (*fremitus* : Pliny, *Ep.,* 3, 5, 14), and it must have been greatest in the inner city areas such as the Subura (Map 1 : F ; Martial, 12, 18, 2 ; Juvenal, 11,141).

The noise must have come to a large extent from the traffic that has just been mentioned (e.g., Horace, *Ep.,* 1, 17,7-8 ; *Sat.,* 1, 6, 42-44 ; Seneca, *Ep.,* 56, 4), but there were many other sources : people plying their trades, noisy professionals, the constant building, both public and private, that was going on in the city, and the many indefinable noises that a crowded situation produces to disturb the peace and quiet (Seneca, *Ep.,* 56, 1-2, 4 ; Martial, 12, 57 ; *Spect.,* 4 ; Statius, *Silv.,* 1, 1, 63-65).

Certainly much of the din that has come along with the industrial age was missing from the streets of Rome. But this was compensated for to a large extent by the fact that open doors and windows let more sounds out and the narrow streets lined by high buildings tended to concentrate the noise and thus exaggerate it. We should also not forget that most of the apartment houses and other buildings in which the mass of the population lived provided little insulation against noise, whether it came from the outside or the inside. Seneca provides us with a vivid picture of what must have been the situation in many apartments in Rome. He lives over a bath and is beleaguered by the sounds of people exercising, being massaged, playing ball, singing in their bath, and swimming. From outside comes a whole array of noises that augment these (Seneca, *Ep.,* 56, 1-4).

For many the noise of the city was so distracting that they could not follow their intellectual pursuits (e.g., Horace, *Ep.*, 2, 2, 79-80, 84-86; Seneca, *Ep.*, 56). Many urbanites, especially the poorer ones who could not afford country retreats or lodgings in the quieter parts of town, could not sleep amid the noise and hecticity that accompanied life in the big city (Martial, 10, 74; 12, 57, 3-4; 12, 68). Evidently sleeplessness presented serious health problems for the city-dweller (Pliny, *Nat. Hist.*, 26, 111), and in some cases it was even fatal (Juvenal, 3, 232).

This was part of a *general unhealthiness* which threatened those living in Rome. More study is needed to determine whether this was a serious urban problem, but it does appear that late summer and autumn were particularly dangerous to many people's health (Horace, *Ep.*, 1, 7, 5-9; *Odes,* 2, 14, 15-16; *Sat.*, 2, 6, 18-19). As has already been suggested, this unhealthiness was caused, at least in part, by the location of the city in an area that had a history of malaria. No doubt open sewers and sewage trenches contributed to the general unhealthiness, as did the fact that the Tiber, which was lower in the summer months, did not carry off the sewage emptied into it as quickly as it did at other times of year. This helps account for the frequent mention of fever in the Roman writers (e.g., Martial, 2, 40; 10, 77; 12, 90; Pliny, *Nat. Hist.*, 26, 115-17; Juvenal, 4, 56-59; 9, 16-17) and for the existence of temples to Febris in the city (Cicero, *De Leg.*, 2, 28; Valerius Maximum, 2, 5, 6). Plague must also have swept through Rome regularly (e.g., Livy, 40, 19, 3; 40, 36, 14; 41, 21, 5; Suetonius, *Nero,* 39, 1; *Titus,* 8, 3, 4), and other communicable diseases must have spread quickly and easily in this overcrowded situation (Bourne, 1969, p. 206).

Also contributing to the Romans' ills was an *air pollution* made up of the dust from the streets and the smoke from the thousands of woodburning fires throughout the city (cf. Horace, *Odes,* 3, 29, 11-12). The general conflagrations that were constantly breaking out no doubt aggravated the situation. But there was another more serious kind of air pollution that came from the open sewers and open sewer trenches.

Moreover, the Cloaca Maxima, great achievement though it was, emptied into the Tiber in the heart of the city just below the Aemilian Bridge, and there can be no doubt that the river was thoroughly polluted from this point for some distance downstream. It is perhaps significant that there is only one mention of the Romans drinking from their river (Frontinus, *De Aqu.,* 1, 4). This is balanced by Tacitus' account of the misfortunes of the Gallic and German contingents of Vitellius in A.D. 69 who, being unfamiliar with urban ways, not only encamped in the unhealthy parts of Transtiber, but also drank from the Tiber and so put themselves in double jeopardy (*Hist.,* 2, 93). Swimming in the Tiber and other similar activities that we hear about must have taken place further upstream away from the sewage, probably off the Campus Martius (Le Gall, 1953, pp. 270-71). This whole situation was aggravated by the periodic flooding of the Tiber which backed up the sewers (Pliny, *Nat. Hist.,* 36, 105) and spread contamination over the lowlying areas of the city.

The result was what the Romans called a rather oppressive atmosphere and bad air (*gravioris caeli, infamis aer* : Frontinus, *De Aqu.,* 2, 88 ; cf. Tacitus, *Hist.,* 2, 94 : *intemperiem caeli*) which they attempted to combat in a number of ways. In the time of Nerva lapsed water was used to flush the streets and the sewers (Frontinus, *De Aqu.,* 2, 88, 111) with the result that Frontinus, at any rate, felt that an old problem had been solved and that the air was purer and the city cleaner.

Preserving and improving the ring of parks was a means of ensuring large amounts of fresh air within the city (Homo, 1971, pp. 68-69). Not only would this green belt bring about some dilution of the tainted atmosphere of the inner city, but it would provide a refuge from the pollution and noise as the parks in cities like Paris, London, Rome, and Madrid do today.

Flooding of the Tiber presented another threat to the well-being of a city-dweller. The inundations seem to have come with a certain frequency (Pliny, *Nat. Hist.,* 3, 55), so that at least some Romans viewed the city as being subject to floods (Suetonius, *Aug.,* 28, 3). Between 415 B.C. and A.D. 398 there were thirty years in which floods were recorded (conveniently listed in Le Gall, 1953, p. 29; cf. Lugli, 1952, vol. 2, pp. 62-66, Nos. 5-41). In 215 B.C. the Tiber flooded twice (Livy, 24, 9, 6), while in 189 B.C. it seems to have overflowed its banks no fewer than twelve times (Livy, 38, 28, 4). But if we simply take the total as thirty, this gives a frequency of one inundation every twenty-seven years or so. This is only part of the story, of course, since the record is far from complete. In modern times, between 1870 and 1930, the Tiber reached a flood level of thirteen meters or higher some 47 times (Le Gall, 1953, p. 15), which gives a frequency of one inundation every year and a quarter. The situation in ancient Rome may have been similar to this.

When the Tiber went over its banks a substantial part of the city was inundated, simply because so much of it was low-lying. The Campus Martius, the various fora along the river, and the Emporium were probably the first to be flooded (Map 1 : B, C, D, G). But the water also made its way through the Velabrum into the Roman Forum and past the Circus Maximum to the southeast (Map 1; A, E; Map 4; No. 16). We should not forget that the Transtiber area on the right bank was also flooded, though no mention is made of this in the ancient sources (The references for this and for what follows are conveniently gathered together in Lugli, 1952, vol. 2, pp. 62-66, Nos. 5-41).

Since these are the areas of the city in which the population and everyday activities were concentrated, the effect must have been disastrous. We hear of bridges being swept away and of shops, tenements, and other buildings collapsing after being undermined by the water. Loss of life was extensive, especially when the flood came unexpectedly. We are told that some floods lasted as long as a week, so that we have to imagine urban life as being generally disrupted for this period of time. Pestilence from stagnating sewage must have been an ever present danger, while the displacement of the massive population combined with the disruption of dock facilities to produce a threat of famine.

Geography and climate together caused the flooding. The Tiber is a long river (403 km.) draining a basin of some 17 156 sq. km. made up of fairly mountainous country (Le Gall, 1953, pp. 4-6). By the time it reaches Rome it has collected its full supply of water. Three other characteristics combined with these to make the river a potential threat to the city : (1) it flowed in a fairly shallow bed some 3 m. deep (Lanciani, 1897, p. 9) ; (2) it wound (and still winds) through Rome in three sharp curves which makes a large part of the city a potential flood plain ; (3) its level was always close to that of the parts of the city through which it passed. In this connection we should remember that the level of Augustan Rome was some 6 m. lower than that of modern Rome in the area of the Campus Martius.

The climatic factors could be expected to vary from year to year. A large part of the river's volume came from melting snows, and there is no reason to believe that the rate of melting was constant over any period of time. Again, rainstorms are reported to have caused flooding (Orosius, *Adv. Pag.* 4.11.6 (24) B.C.) ; Tacitus, *Ann.,* 1, 76, 1 (A.D. 15) ; Ammianus Marcellinus, 29, 6, 17 (A.D. 374), and this would be natural in this Mediterranean climate. The clustering of the floods in the ancient sources may be fortuitous, but it may also hint at unusual weather patterns. Floods are recorded, for example, for 193, 192, and 189 B.C., and the latter year is the one for which Livy reports twelve floods. It may be that a freak weather pattern is at work. There are similar clusterings in 203, 202 B.C. ; 23, 22 B-C. ; A.D. 12, 15 ; and perhaps in the undated floods under Nerva and Trajan.

The human factor may have played a part in the floods from time to time. The Romans seem to have been in the habit of dumping things in the Tiber. They regularly used it as a place to dispose of bodies that were denied burial (cf. Lugli, 1952, vol. 2, pp. 46-51, Nos. 254-96), and we hear of Nero throwing stale grain into the Tiber, presumably in quantity (Tacitus, *Ann.,* 15, 18). Whether such dumping was common enough to affect the flow of the river it is hard to say. Suetonius, at any rate, suggests that by Augustus' time both the debris thrown into the Tiber and buildings encroaching on it were contributing to the flooding (*Aug.,* 30, 1). Augustus cleaned out the riverbed and in A.D. 271 Aurelian seems to have « dug out the bed of the teeming river » again (*Script. Hist. Aug., Aurel.,* 27, 3). Aurelian's project may be an indication that such dumping did not stop and that periodic dredging of the Tiber was necessary because of it. In view of the lack of any provision for the disposal of garbage and other refuse, the Tiber must have presented an easy and perfectly natural way to the many people living near it of taking care of this need.

The fact that Augustus, Tiberius, Claudius, and Trajan all tried to remedy the flooding during the first century and a half of the Empire suggests that it was a serious problem. Actually, there are twelve inundations recorded for the years 27 B.C. to A.D. 138, of which six fell within forty years in the reign of Augustus (B.C. 27, 23, 22, 13 ; A.D. 5, 12, 15, 36, 69, Nerva (undated), Trajan (undated), Hadrian (undated). Julius Caesar may have been the first to attack the problem. He seems to have promulgated a law in 45 B.C. to increase the size of the city (Cicero, *Ad Att.,* 13, 20, 1 ; 13, 33a, 1 ; 13, 35, 1) by which the Tiber was to be diverted at the Mulvian Bridge and taken by the Vatican Hills *(secundum montes Vaticanos)*. There is nothing about flood control in Cicero's description, and Caesar may indeed have been simply proposing a rerouting of the river to make the Campus Martius available for general building with the Campus Vaticanus replacing it as the city's monumental area. But there is also the possibility that he felt that by changing the course of the river in this way he would be removing the meanders that contributed to the flooding. He could also have been planning a deeper channel. Unfortunately, he did not live to carry out his project.

Augustus « widened the bed of the Tiber and cleaned it out, filled as it had been for some time with rubbish and narrowed by projecting buildings » (Suetonius, *Aug.* 30.1). He did this, Suetonius says, to control floods, but the fact that the flooding went on as before shows clearly that Augustus did not solve the problem. He may also have built an embankment (*Hist. Pseudois.* in Lugli, 1952, vol. 2, p. 67, No. 45 ; Pliny, *Nat. Hist.,* 3, 55), though this is unlikely (Le Gall, 1953, p. 119).

After the flood of A.D. 15 Tiberius appointed a planning

commission of two to present proposals for solving the problem permanently (Tacitus, *Ann.*, 1, 76, 1). They reported back to the Senate with a plan to divert tributaries upstream — in particular, the Clanis and the Nar (Tacitus, *Ann.*, 1, 79). But no action was taken either because of the opposition of the farmers and villagers who would be affected by the changes, because of the difficulties of carrying it through, or because of religious taboos.

An inscription of A.D. 46 (*CIL,* 14, 85) describes Claudius as freeing the city from the danger of flooding through channels *(fossis)* running from the Tiber to the sea and dug in connection with the harbor works of Ostia. An undated inscription from Trajan's time, though in poor condition, seems to attribute a similar project with the same success to Trajan (*CIL,* 14, 88). That neither was successful is clear from the fact that the floods continued. In fact, the younger Pliny specifically tells us that Trajan's *fossa* did not work (*Ep.,* 8, 17, 2). This is not surprising, since it is difficult to see how channelling the river below the city would help reduce flooding higher up (Le Gall, 1953, p. 133). The only other work on the Tiber that is reported is Aurelian's dredging of the river bed and rebuilding of the river banks (*Script. Hist. Aug.*, *Aurel.,* 47, 3).

Before leaving the Tiber and its flooding some mention must be made of the magistrates established by Augustus (Suetonius, *Aug.,* 37) or by Tiberius (Cassius Dio, 57, 14, 8) to look after the river — the « supervisors of the river bed and banks of the Tiber », as they were called *(curatores alvei et riparum Tiberis)*. In Trajan's reign the sewers were added to their jurisdiction. They seem to have been concerned primarily with keeping the extensive river traffic moving and the harbor facilities functioning smoothly. They controlled both banks, and the area back from the river that was under their control was carefully delineated. One of their duties was no doubt to keep the riverbed free of debris and other obstructions. This would probably help prevent flooding in a minor way, but there is no indication that this was one of their major concerns (cf. Lugli, 1952, vol. 2, pp. 69-97, Nos. 1-169 ; Le Gall, 1953, pp. 175-83 ; Dudley, 1967, p. 46).

The most serious problem faced by the person living in Rome was that of *fire*. It was a « disaster only too frequent in the city » (Martial, 3, 52, 2). Conflagrations were so common that they were taken for granted (Tacitus, *Ann.*, 4, 64 : *ultra solitum*), and they were included at one time or another with money losses, runaway slaves, thieves, poisoning, falling buildings, crop failure, false mistresses, and sinking ships as a typical source of concern for everyone (Catullus, 23, 8-11 ; Horace, *Ep.*, 2, 1, 121 ; *Sat.*, 1, 1, 76-78 ; Propertius, 2, 27, 5-13 ; Martial 5.42 ; Juvenal 3.7-9). They are the chief reason for the dramatic rise in the level of the ancient city (Frontinus, *De Aqu.*, 1, 18). And there are hundreds of references in the ancient sources to conflagrations of all kinds in all periods. All of this suggests that fire was simply part of the urban way of life.

Much has been written about fires in ancient Rome (e.g., Werner, 1906 ; Canter, 1932 ; van Ooteghem, 1960), although a modern, comprehensive study would be most welcome. Rather than begin a long historical narrative here, then, it will perhaps be better to limit ourselves to a few topics that show the effect that fires had on the city and the people living there : the kinds of fires, their distribution, the reasons for their being so common, attempts at combatting them, and their economic effect on the city.

When we think of fires in Rome, we usually think of the great conflagrations such as those of Nero in A.D. 64 or Titus in A.D. 80. But we have to remember that the urbanite was threatened by thousands of lesser fires each year as he went about his business. These might involve a single public building such as Pompey's theater, a gymnasium, the Pantheon, or the Colosseum (Tacitus, *Ann.*, 3, 72 ; 15, 22 ; Orosius, *Adv. Pag.*, 7, 12, 5 ; *Script. Hist. Aug.*, *Elag.*, 17, 8). A garden might burn (Pliny, *Nat. Hist.*, 35, 51) or even ships in the Tiber (Tacitus, *Ann.*, 15, 18). Private houses burned down regularly also (Martial, 3, 52 ; 11, 93), and so did the large apartment buildings or *insulae* that housed most of Rome's population. Juvenal shows what could happen to an apartment dweller living on the top floor of a burning *insula* (3, 198-202). And these buildings could burn in great numbers (*Script. Hist. Aug.*, *Ant. Pius*, 9, 1).

Map 3. *The Fourteen Regions of Augustus. The regions are designated by roman numberals. The figures in parentheses represent the number of devasting fires that burned through each region between 31 B.C. and A.D. 412.*

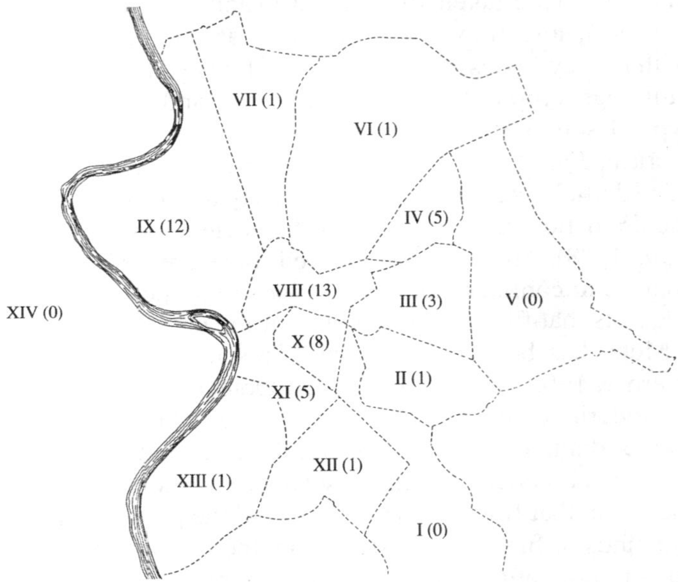

Aulus Gellius provides a vivid description of an *insula* on fire as he and some friends approach the Cispian Hill (Map 1 : 5) : « We catch sight of a certain apartment house, many stories in height, enveloped in flames and the whole neighborhood burning in a huge conflagration » (15, 1, 2). He does not tell us whether the inhabitants escaped.

If we plot the major conflagrations occurring between 31 B.C. and A.D. 412 on a map of Rome, we get a significant distribution (Map 3). The outlying regions seem not to have suffered a great deal, but as we move toward the center of the city destructive fires become more frequent. Region VIII, which included the Roman Forum and the densely populated inner city, burned no fewer than thirteen times. The only other region coming close to this is IX, and it covers a much greater area.

At least one of the reasons for the many fires is evident in the distribution. The conflagrations were most frequent and devastating where the crowding was densest. Vast numbers of people using open fires for cooking and heating made such disasters inevitable. Once a fire had started the narrow streets, high buildings, and party walls enabled it to spread quickly. Serious problems were caused by the combustibility of building materials used in shops, homes, and *insulae*. Large quantities of wood and perhaps even wattlework were used and some of the stone was subject to burning under the right circumstances. The seriousness of the problem is made apparent by the fact that a writer like Vitruvius chose to spend some time discussing the combustibility of various woods and stones (2, 7, 2 ; 2, 9, 6 ; 2, 9, 14 ; 2, 9, 16 ; cf. Pliny, *Nat. Hist.*, 36, 168, 169), and Nero put strict limitations on the use of wood as he rebuilt Rome after the fire of 64, stressing rather the use of hard, non-combustible stone like peperino (Tacitus, *Ann.*, 15, 43). Vitruvius becomes eloquent in rejecting wattlework, in spite of its providing added space quickly and easily : « I only wish wattlework walls had not been invented... since they are like torches ready to go up in flames » (2, 8, 20). And just as the buildings themselves were tinder boxes, so many of the shops and warehouses scattered throughout the city were full of combustible goods just waiting to burn (cf. Tacitus, *Ann.*, 15, 38).

There were no doubt as many immediate causes of fire then as there are now. Simple negligence must have been a problem and was probably a factor in the « accidental » (*fortuitus*) fires which we hear about (Tacitus, *Ann.*, 3, 72 ; 15, 18). The seriousness of the situation is underlined by the fact that the law provided a sound beating for a person convicted of causing a fire by negligence, if the magistrate so chose (*Dig.*, 1, 15, 3, 1).

Arson carried out by hired arsonists, freedmen, slaves, or other individuals or groups also seems to have been prevalent (Cassius Dio, 50, 10, 3-6 ; Juvenal, 9, 97-99 ; 13, 144-49 ; cf. Pliny, *Nat. Hist.*, 36, 115). This was the cause of the great fire of A.O. 64, whether at the instigation of Nero, Christians, or others (Tacitus, *Ann.*, 15, 38, 44). Arson went hand-in-hand with the rioting and civil war which regularly brought wide-spread devastation to the city. We hear of soldiers, civilians, and foreigners setting fires both in the Republic and the Empire (e.g., Plutarch, *Brut.,* 20, 4 ; Cassius Dio, 58, 12, 2 ; 80, 2, 3 ; Tacitus, *Hist.,* 1, 2, 2 ; *Script. Hist. Aug., Maxim. et Balb.*, 9, 2 ; *Maximin.,* 20, 6).

Among the natural causes, lightning seems to have played its part (Pliny, *Nat. Hist.,* 35, 51 ; Tacitus, *Ann.,* 15, 22 ; Orosius, *Adv. Pag.,* 7, 12, 5 ; 7, 16, 3). And we should imagine spontaneous combustion as a threat, especially where commodities such as grain were stored for any length of time.

Attempts to combat fires were made from an early time. As early as the *Twelve Tables* there were laws against cremating in the city (*Twelve Tables,* 10, 1), presumably because of the dangers involved (Cicero, *De Leg.,* 2, 58). The provision that a funeral pyre not be within 60 feet of another's building without the owner's permission (*Twelve Tables,* 10, 10 ; Cicero, *De Leg.,* 2, 61) reminds us of the Charter of Urso of 44 B.C. where it was forbidden that a crematorium be set up within a half mile of the city (Johnson, 1961, p. 99). There were also provisions against arson, as we have seen (*Twelve Tables,* 8, 10 ; *Dig.,* 47, 9, 9).

In the early Empire Augustus seems to have attacked the problem from a number of different angles. Reference to at least one piece of his legislation has survived by which the height of buildings was limited to 70 feet (Strabo, 5, 3, 7). This probably was aimed as much at preventing falling buildings as it was at increasing the effectiveness of the firefighters. Presumably, however, there would be fewer stories than in a taller building and this would mean fewer people to vacate. But a seventy foot building is still a tall structure, and it makes one wonder how tall buildings had become if this was set as a limit.

Augustus apparently was also interested in an informed public, for he drew their attention to Rutilius' speech *On the Height of Buildings* (Suetonius, *Aug.,* 89, 2). Again, by reading between the lines of Vitruvius' preface, we can imagine Augustus as encouraging the publication of the *De Architectura* which had as part of its purpose to promote safe building practices.

On a more practical level the Emperor sealed off his forum from the Subura behind with a high wall of peperino, a non-combustible stone. We may infer from a comment of Tacitus that such walls served as fire breaks (Tacitus, *Ann.,* 15, 38 ; cf. Werner, 1906, p. 49), and the usefulness of this wall may be inferred from the fact that Nerva and Trajan did the same thing in their fora.

Augustus also gave Rome its first fire brigade. There is not the time or space here to go into any detail on the subject, and, besides, others have provided full accounts of its organization and equipment (e.g., Werner, 1906, pp. 51-80 ; Baillie Reynolds, 1926 ; Homo, 1971, pp. 163-86). It is perhaps worth pointing out, however, that it was made up of night-watchmen and guards (Suetonius, *Aug.,* 30, 1 : *excubias nocturnas vigilesque*), which suggests that both firefighting and fire prevention were part of the brigade's duties. How effective the system was we cannot tell, but the fires did not stop.

No other Emperor seems to have been as systematic about attacking the problem as Augustus was. It took the crisis of the fire in 64 to produce Nero's remedies, but he and his planners seem to have learned their lessons well. Just about every complicating factor was eliminated (Tacitus, *Ann.,* 15, 43). The narrow, winding streets were replaced by wide straight ones ; the height of the buildings was limited ; party walls were forbidden ; wood was to be avoided as a building material for the most part with hard, non-combustible peperinos replacing it. In addition, porticuses were to be built along the front of *insulae* and houses, either to help with fighting fires (cf. Suetonius, *Nero,* 16, 1) or, as seems more likely, to help people escape from falling debris in the event of a fire (Hermansen, 1975, esp. pp. 170-71). People were also to keep firefighting equipment at hand.

Nero's limitations on the height of buildings and Trajan's setting a height of 60 feet (Aurelius Victor, *Epit. de Caes.,* 13, 13) are, of course, direct descendants of the Augustan legislation already mentioned. They suggest that the Romans were serious about limiting the height of their buildings, but also that legislation was not enforced and so had to be renewed (cf.

Werner, 1906, pp. 47-51). Similarly, there is no indication that Nero's planning had any lasting effect, except perhaps in an improved pattern of streets. Fires continued to break out, and writers like Martial and Juvenal give us a picture of city that was pretty much the same as before (cf. Packer, 1971, p. 77). It may not be too farfetched to suggest that Nero's urban planning suffered the same fate as his Golden House and that a conscious effort was made to undo it. This becomes more likely when we remember that there was an element of the populace in Rome that did not approve of Nero's efforts at planning when he undertook them (Tacitus, *Ann.,* 15, 43). It is equally possible that the pressures produced by overcrowding simply led to the reuse of the space that had been left open and to the building of less substantial and so less expensive structures.

Our sources do not allow us to see clearly the economic effects of these fires on urban life, although it perhaps goes without saying that they must have been a constant drain on the economy. Nero's fire was an extreme case, but the ancient sources are more explicit about the financial burden caused by this fire than about any other (cf. Newbold, 1974). Expenses were incurred for the emergency measures taken at the time of the fire — mainly for the extra grain provided at less than market price and for temporary shelter of the homeless (Tacitus, *Ann.,* 15, 39). The facilities for distribution that were part of the extensive urban welfare system probably made this phase of the operation lest costly to administrate. At the same time, it may have been possible to charge at least some of the grain against the welfare budget. But there were other expenses for which new money had to be found : the removal of debris (Tacitus, *Ann.,* 15, 43) and the elaborate building program. Money had to be found to repair and rebuild the public buildings. Incentives had to be paid to individuals to ensure that houses and apartment buildings were completed by established deadlines (Tacitus, *Ann.,* 15, 43). And both Augustus and Tiberius had set precedents for such subsidies by assisting burned-out homeowners and landlords earlier (Velleius Paterculus, 2, 130, 2 ; Suetonius, *Tib.,* 48, 1 ; Tacitus,

Ann. 4, 64 ; 6, 45). Two complicating factors here must have been the less efficient use of expensive land under Nero's new plan and the use of more expensive building materials in the new structures. All of this evidently combined not only to strap Rome and Italy financially, but also to make inroads into the provincial treasuries (Suetonius, *Nero,* 38, 3 ; Tacitus, *Ann.,* 15, 45).

Nero's fire was one of a kind, but from its economic effects we can project the problems that accompanied the other conflagrations, especially the major ones. That the difficulties were there is hinted at in the attempts on the part of the various Emperors to enlist the help of private individuals in rebuilding operations (Suetonius, *Vesp.,* 8, 5 ; Tacitus, *Ann.,* 3, 72 ; cf. Suetonius, *Aug.,* 29, 4 ; *Titus,* 8, 4).

The fires combined with overcrowding to keep the housing and rental markets constantly inflated. Building and owning an apartment/tenement house in Rome was a high-risk venture, especially in the absence of any system of insurance. Thus the landlord had to keep his profits up (cf. Martial, 4, 37 ; Aulus Gellius, 15, 1, 3). To do this he had to charge substantial rents (Yavetz, 1958, pp. 507, 514 ; 1969, p. 33 ; Frier, 1977, pp. 34, 36 ; cf. Newbold, 1974, pp. 859, 866, 868), and no doubt the constant demand for housing made this feasible. He also had to control overhead. This he did by building quickly and cheaply (Vitruvius, 2, 8, 7 ; 2, 8, 20) and by limiting expenditures on upkeep (Juvenal, 3, 194-96).

Collapsing buildings may not have been as common as fires in Rome, but they constituted a serious problem for the city in all periods. In the late Republic Crassus had made his fortune by buying up buildings that had burned down or had simply fallen (Plutarch, *Crass.,* 2, 2-4). Juvenal suggests that such collapses were of common occurrence in his time when he includes them among the thousand perils of the city (3, 7-8). They were so frequent that the word *ruina* (« ruin ») was routinely used without qualification to refer to fallen buildings and to the idea of their collapsing (e.g., Catullus, 23, 9 ; Velleius Paterculus, 2, 35, 4 ; Seneca, *Contr.,* 2, 1, 11 ; Seneca, *Oct.,* 831-32 ; *De Clem.,* 1, 26, 5 ; *De Tranqu. An.,* 11, 6 ; Pliny,

Nat. Hist., 36, 106, 176 ; Juvenal, 3, 196 ; Suetonius, *Aug.*, 43, 5 ; *Vesp.*, 8, 5).

The causes are not difficult to find. Buildings fell because of fire and because of their own weight (Pliny, *Nat. Hist.*, 36, 103) ; flooding also played its part. Collapses are mentioned a number of times as a companion danger to fire (Catullus, 23, 8-11 ; Propertius, 2, 27, 9 ; Velleius Paterculus, 2, 35, 4 ; Seneca, *Controv.*, 2, 1, 11 ; Seneca, *De Clem.*, 1, 26, 5 ; *De Tranqu. An.*, 11, 6 ; cf. Yavetz, 1958, p. 510), and both Augustus and Vespasian are described by Suetonius as cleaning up the city cluttered with buildings that had burned down and collapsed (*Aug.*, 30, 2 ; *Vesp.*, 8, 5). We can easily imagine that the *insulae*, shops, and similar structures which were made largely of flammable material would collapse when wooden supports had been burned away.

Flooding must also have caused serious problems for all but the substantial public buildings (Livy, 35, 21, 5 ; *Script. Hist. Aug.*, *Marc. Ant.*, 8, 4-5). Structures like the *insulae* had their foundations undermined, and if they did not disintegrate at the initial onslaught of the water, they could be expected to collapse when the river subsided and the water around them went down (Tacitus, *Hist.*, 1, 86).

Buildings also just fell by themselves. Cicero, for example, tells us that two of the buildings he owns have collapsed and others are about to fall (*Ad Att.*, 14, 9, 1). Martial describes a certain Regulus as just making it through a porticus at Tiber before it fell to the ground (1, 82). Perhaps the worst tragedy of the times occurred in A.D. 27 at Fidenae about five miles from Rome when a jerry-built amphitheater collapsed killing some 20 000 people and leaving as many as 30 000 others injured (Suetonius, *Tib.*, 40 ; Tacitus, *Ann.*, 4, 62-63). When such things happened during their lifetimes, it is no wonder that writers inveighed against undertakings like Curio's temporary wooden theatres with caveas that were moved with the people still in their seats (Pliny, *Nat. Hist.*, 36, 116-19). Nor is it surprising that spectators at the games in at least one instance needed assurance that the stands were not going to fall (Suetonius, *Aug.*, 43, 5).

The reason for permanent structures collapsing lay for the most part in improper building methods and materials and in poor upkeep. We have already noticed that financial considerations had to be uppermost in the minds of shop and apartment owners and that as a result they built cheaply and cut corners on upkeep. Vitruvius and Pliny suggest how this was done. The former, when talking about building materials in Book 2 spends some time describing how to avoid weak bricks (2, 3, 1-2), what sand not to use (2, 4, 2), and why some lime is inferior (2, 5, 2). All of these are factors contributing to structural weakness. Though he does not make an issue of it here, Vitruvius a little later shows the importance that he attaches to stability in structures by devoting a chapter to the subject (6, 8). Pliny articulates the problem that lies behind Vitruvius' discussion and adds another element : « The main reason for the collapse of buildings in the city is the fact that stones *(caementa)* are laid without a suitable mortar (*ferumine*) because of the pilfering of lime *(furto calcis)* » (*Nat. Hist.*, 36, 176). Here is a hint that dishonest builders and contractors were at work then as now (cf. Yavetz, 1958, p. 509). Pliny goes on to say that he has found an old law to the effect that a contractor was not to use a slurry less than three years old and that this is the reason why older buildings do not show cracked plaster (*Nat. Hist.*, 36,176). The implication here is that the law is no longer in effect; people build more quickly and so modern walls show cracks.

Indeed, cracking walls seem to have been a serious problem. Wattlework, which was quick, easy, and inexpensive to use, tended to cause plaster to crack and *opus reticulatum* routinely showed cracking (Vitruvius, 2, 8, 1 ; 2, 8, 20). Thus it was that as a person went around Rome he could see *insula* walls that were « eaten away, covered with cracks, and out of plumb » (Seneca, *De Ira,* 3, 35, 5 : *Parietes insulae exesos, rimosos, inaequales*). Earlier Cicero had admitted that the tenements of his that had not fallen down were showing cracks (*Ad Att.*, 14, 9, 1).

The philosophy of shortcutting seems to have extended to the upkeep of private buildings. In some cases there was no interest in a structure, since priorities lay elsewhere (Juvenal, 11, 12-13). This may have been the case with Cicero who does not seem worried that his buildings have fallen or are about to fall and that the tenants and even the mice have abandoned them. In fact, he plans to turn it all to a profit (*Ad Att.*, 14, 9, 1). Juvenal's landlord, however, who « covers a gaping crack that has been there for a long time and bids (his tenants) sleep tight, though a collapse is ever threatening » (3, 194-96), was one of a breed that was unwilling to have a proper job done, in spite of the danger to his tenants. And apparently the cost of such repairs was not exorbitant, since we hear that the job of propping up an *insula* which shows cracks in its lowest level could be done for a reasonable price (Seneca, *De Ben.*, 6, 15, 7). Frier makes the point that « no source ever complains... about the landlords of Rome as a class » (1977, p. 36), but this does not mean that they did not deserve criticism. At least part of the explanation for the lack of complaints lies in the fact that the owners of the tenement/apartment houses came largely from the upper classes (Frier, 1977, p. 36), while most of their tenants were of lower station and so were not in a position to criticize. Eviction meant having to search for another place to live in a market where the demand was high and substandard accomodations predominated.

The Romans seem not to have found any lasting remedies for falling buildings. Rutilius' book on the height of buildings probably had little effect, and there is nothing to indicate that the legislation of Augustus, Nero, and Trajan limiting the height of buildings was successful in combatting collapses (cf. *Dig.*, 32, 1, 11, 4). Vitruvius' strictures on building stability may have had their influence on Nero, but there is no evidence that they had any lasting influence. Economic considerations overrode those of safety.

Psychological Effects

The Romans are quick to tell us about the negative effect that these less than ideal living conditions had on them. But as we turn to consider these complaints, we should accept what writers like Horace, Martial, Juvenal, and the younger Pliny say with some reservations. Not only were there others like Ovid who found city life very attractive and so had little negative to say about it (Ramage, 1973, pp. 87-100; cf. Tacitus, *Dial.*, 9), but the writers who criticize and complain were thoroughly committed to the city and the sophistication that it represented (Ramage, 1973, pp. 77-86, 132-43). The feelings of fear, frustration, disillusionment, and harassment that they give voice to were just a part of urban living. Moreover, it seems that in those days it was fashionable to complain about urban life just as it is now. In fact, in a writer like the younger Pliny who is so much a product of Roman urbanity, such complaints seem almost to have become commonplaces, so predictable are they within the rhetorical framework of his letters. But no matter how calculated such observations may be, they do stem from real pressures and real feelings.

It should also be kept in mind that most of the information that we have comes from writers who are spokesmen for the upper and upper middle classes, although some like Martial, Tacitus, and Juvenal provide some impression of the feelings of the educated poor. But the majority of the populace, those living in extreme poverty which left them completely dependent on the dole, have no spokesman. We can only imagine them as living a drab existence and as being subject to psychological problems of their own arising from trying to cope on their own level with various urban problems outlined above.

When we turn to consider what the urban dweller has to say about the effect of these urban problems we find that he is remarkably silent. From the few comments that do exist, however, it can be inferred that a constant apprehension nagged at some urbanites. They were naturally afraid of the unhealthy season and the threat of sickness and death that it presented for individuals and families (Horace, *Ep.*, 1, 7, 2-9; *Od.*, 2, 14, 15-16). Crime in the streets must have kept most city-dwellers at home after dark, while those who did venture out did so under heavy guard or else with some trepidation (Tibullus, 1, 2, 25-26; Juvenal, 3, 278-314; 10, 19-22). Flooding, when it occurred caused widespread panic, as might be expected (Tacitus, *Hist.*, 1, 86 ; cf. Livy, 7, 3, 1-4).

But fires and falling buildings seem to have been the most frequent cause of anxiety for the urbanite (Catullus, 23, 8-11 ; Juvenal, 3, 6-9, 190, 197-98 ; Tacitus, *Ann.*, 15, 38), and given the frequency of these two disasters, the worry was probably constant. Vitruvius' emotional outburst against the use of wattlework walls may be taken as reflecting a genuine, continuing concern about fires and collapsing buildings (2, 8, 20). The elder Pliny's tirade against Curio's theater suggests almost a phobia about collapses (*Nat. Hist.*, 36, 118-19). That this feeling was widespread is clear from the story of the crowd in Augustus' time that was so concerned about the stability of the stands on which they were sitting that the Emperor had to go and sit with them to reassure them (Suetonius, *Aug.*, 43, 5). The same kind of apprehension seems to lie behind Seneca's observation that in Rome with its narrow streets and tall buildings « there is no defense *(praesidium)* against fire or any escape *(effugium)* in any direction from collapsing buildings » (*Controv.*, 2, 1, 11).

But sickness, crime, flooding, fires, and collapses together represent just one aspect of the pressures felt by the educated Roman. They are only part of the general hecticity of life that took its toll on the person trying to follow his profession, keep his niche in society, or simply stay alive. This is not the place for a detailed account of a day in the life of a Roman (For this see, e.g., Friedlander, 1908 ; Carcopino, 1941 ; Paoli, 1963.). It is perhaps enough to say that what with appearing in court, making duty calls on people in various parts of the city, attending literary functions, and attempting to deal with frequent petitions of various kinds from friends and acquaintances, the Roman found his day very full (cf. Horace, *Ep.*, 2, 2, 65-86 ; Martial, 4, 8 ; 10, 70). These activities were often carried out under trying circumstances. The narrow, winding streets made it difficult to get from place to place in the city, as we have seen (Horace, *Ep.*, 2, 2, 72-75 ; Martial, 5, 22, 5) ; there was always the crowd to fight (Horace, *Sat.*, 2, 6, 28-31) ; one might be distracted by a change encounter with an undesirable character (Horace, *Sat.*, 1, 9 ; Martial, 3, 44) ; duties pressed in any kind of weather (Juvenal, 5, 76-69); and the constant din did not help matters (Horace, *Ep.*, 2, 2, 79-80; Pliny, *Ep.*, 3, 5, 14). It is no wonder that the Romans viewed these activities not only as duties (Horace, *Ep.*, 1, 7, 8; *Sat.*, 2, 6, 24; Pliny, *Nat. Hist.*, 36, 27; Martial, 1, 55, 14) and business (*negotia* : Horace, *Ep.*, 1, 14, 17; *Epod.*, 2, 1; *Sat.*, 2, 6, 33; Pliny, *Ep.*, 8, 9, 1), but also as work (*labores* : Horace, *Ep.*, 2, 2, 66; Martial, 4, 8, 3; 5, 22, 9; 10, 58, 8; 10, 82, 7; Pliny, *Ep.*, 1, 9, 7; 3, 5, 14) and « city employments » (Martial, 12 *praef.*; cf. Cicero, *De Or.*, 1, 21; Pliny, *Ep.*, 2, 8, 3). Some people were so overwhelmed that they felt caught « amid the waves of affairs in the storms of the city » (Horace, *Ep.*, 2, 2, 84-85) or « tossed on the high seas of the city » (Martial, 10, 58, 7-8). We see such a person in Martial's Juvenal who rushes harassed (*inquietus*) through the noisy *(clamosa)* Subura and becomes dog-tired *(fatigant)* as he runs up and down the hills of Rome to wait on the wealthy (Martial, 12, 18, 1-6).

Many Romans express a feeling that they are trapped and enslaved by this pressure-filled life. Rome imposes its burdens and keeps the city-dweller from doing what he really wants to do (Martial, 10, 12, 6; 10, 30, 25-27; 10, 51, 5-6). He cannot escape the trap in any way at all; the activities just keep piling up and the chains draw tighter every day (Pliny, *Ep.*, 2, 8, 2-3). There are a hundred things to do, and even when the urbanite manages to escape to the country, they hound him and drag him back to Rome (Horace, *Ep.*, 1, 14, 17; Pliny, *Ep.*, 7, 30, 2). He asks a universal question that is really a plea : « When is a day here ever mine ? » (Martial, 10, 58, 7; cf. Cicero, *Ad Qu. Fr.*, 3, 1, 7). A frustration that is very modern comes through, and it must have been intensified by the conscientious Roman's feeling that he had to do all the things that were asked of him (Horace, *Sat.*, 2, 6, 26; Pliny, *Ep.*, 5, 6, 45; 8, 9). It is this that makes Pliny's friend Verginius Rufus worry about being chosen for an important state committee (Pliny, *Ep.*, 2, 1, 9). He has been ill and does not feel up to this kind of work, but if the appointment comes, he cannot refuse it.

Besides feeling frustrated, the Roman living in the city viewed much of his life as having little purpose : « On the day when you do these things they seem important and necessary, but these same things appear pointless (*inania*) when you realize that you've been doing them every day. (You feel this) even more when you've gone to the country » (Pliny, *Ep.*, 1, 9, 3). Life is a meaningless rush (Pliny, *Ep.*, 1, 9, 7 : *inanem discursum*) consisting of useless tasks (Martial, 10, 82, 7 : *vanos... labores*; 3, 4, 6 : *vanae taedia... togae*; 5, 22, 11 : *operis vani*; Pliny, *Ep.*, 1, 9, 7 : *ineptos labores*) and insignificant, even mean worries (Pliny, *Ep.*, 1, 3, 3). It is no wonder that many Romans found urban activities distasteful (Horace, *Ep.*, 1, 14, 17 ; Pliny, *Ep.*, 7, 3, 3) and thought that their lives were being wasted in these pursuits (Horace, *Sat.*, 2, 6, 59 ; Martial, 10, 58, 8 ; 10, 70, 4).

They felt, too, that this hecticity was debilitating and destructive. They were « ground down » by mighty Rome (Martial, 4, 8, 1 ; 10, 58, 6 ; Pliny, *Ep.*, 7, 3, 3) and distracted from tasks like writing and study by the hecticity and noise (e.g., Horace, *Ep.*, 2, 2, 65-66 ; Pliny, *Nat. Hist.*, 36, 27 ; Seneca, *Ep.*, 56, 1-5). It was a tiring life both physically and mentally (Martial, 3, 36, 4-7 ; 5, 22, 9-10 ; 10, 51, 15 ; 10, 70, 13 ; 10, 74, 1-2 ; Juvenal, 1, 132) and one in which a person could not count on being able to find relief, especially if he were poor (Horace, *Ep.*, 1, 10, 18 ; Pliny, *Nat. Hist.*, 26, 111 ; Martial, 10, 82, 7 ; 12, 57, 3-4 ; Juvenal, 3, 232-38). For those who could afford it the answer was to escape from the city and its pressures, as we shall see. Those who did not have the means to do this simply stayed and suffered.

Solutions

As we have seen already, the Romans were constantly trying to find solutions to the various problems presented by urban living. But to find lasting answers was as difficult then as it is today — and for many of the same reasons. There was little possibility of organizing, controlling, or even compensating for the massive, unwieldy population crowded together in an unplanned environment. The great majority were poor and unemployed people who had neither the means of improving urban living conditions nor any real interest in doing so. History, too, was against any overall success, since centuries of growth without any planning made significant changes almost impossible. This is at least one of the reasons why Roman, like Vitruvius speak of urban planning with reference to new cities and do not apply it to established centers (1, 4-7).

Another factor with which reformers had to deal was that of public opinion. Caesar was not only laughed at by Cicero for his plans to enlarge the city, but he was also criticized for the way in which he went about clearing the area where he intended to build his theater (Cassius Dio, 43, 49, 3). Again, as we have seen, lobbyists were probably a factor in defeating flood control legislation in A.D. 15. There were even people who felt that Nero's new, open plan of 64 let too much debilitating sunlight into Rome and that the old city with its narrow streets and tall buildings had been healthier (Tacitus, *Ann.*, 15, 43). Politics, tradition, personal interests, and jealousy motivated this opposition, just as they do today.

Religious superstition was another obstacle to reasonable solution. When an educated, thinking man like the elder Pliny calls the fires that plagued Rome a punishment for extravagance (*Nat. Hist.*, 36, 110), we can see how deeply such feelings went. Fires, floods, and sickness are frequently taken as acts of the gods (e.g., Cassius Dio, 39, 61, 1-2 ; 41, 14, 2-3 ; 50, 10, 6 ; 53, 20, 1 ; cf. Pliny, *Nat. Hist.*, 3, 55). Procedures such as consulting the Sibylline Books in a time of flood (Tacitus, *Ann.*, 1, 76) and building temples to Febris to ward off sickness (Valerius Maximus, 2, 5, 6 ; criticized by Cicero, *De Leg.*, 2, 11, 28) surely came from an inability to cope with these situations in a rational way, but they also played their part in forestalling lasting solutions. Such attitudes were based in tradition and were for this reason difficult to combat.

It is significant that most of the institutions and structures that improved the urban environment were connected with individuals. One of the kings, whether he was named Tarquin or not, built the sewer system in Rome. The gardens which were so important to the health of the city had originally been in private hands and had gradually accrued to Rome. In the Empire urban improvements, as a rule, were initiated by the Emperor ; the amount done depended on how interested he was in improving the situation. Augustus was the only ruler who attacked urban problems on a broad front, although most of his institutions and improvements, such as his administrative division of the city (Map 3), the curators of the Tiber, and the Vigiles became a permanent part of city life. It seems, however, that there had to be a disaster or at least a crisis before subsequent Emperors did anything significant about urban problems. Tiberius was spurred to action by the great flood in A.D. 15; Nero's improvements resulted from Rome's greatest fire; Vespasian had to clean up the city after a civil war; Titus and Domitian followed in the wake of another great fire.

Finally, we should not forget that many of the solutions produced further difficulties. Not the least of these was that of enforcement, a problem that plagues us today. As has already been pointed out, the fact that Augustus, Nero, and Trajan all instituted legislation limiting the height of buildings suggests that enforcement was not or could not be carried out. The difficulties of enforcing the law in Rome are reflected in Frontinus' discussion of Rome's aqueducts, where the author makes much of the abuses of the system and of the fact that he has successfully combatted these by insisting on strict observance of the rules and regulations (e.g., 2.67-115 *passim*; 2, 130).

Specific projects produced specific problems. The law keeping wheeled traffic out of the city in the daylight hours, for example, resulted in a noise pollution at night. Nero's replanning of large parts of the city must have resulted in less intensive use of land with an accompanying displacement of large numbers of people and a rise in rents and in urban land prices (cf. Newbold, 1974). The welfare system, while solving the problem of mass poverty and unemployment at a minimum level, produced a large, lethargic, and dangerous element in the city.

But in spite of these drawbacks, the Romans persisted. Many of those who could afford it acted on their own and chose some form of *retreat from the city* as their solution. Some people abandoned Rome completely (Martial, 12, 68; Juvenal, 3, 1-4, 315-22), though this seems not to have been common.

It was more usual for Romans with money or willing patrons to look toward homes in the suburbs to escape the pressures of everyday urban life (e.g., Martial, 8, 61 ; 9, 18, 1-2 ; 9, 97, 7-8). The coinage of *secessus* (« retreat ») without qualification to refer to this kind of life (Pliny, *Ep.*, 1, 3, 3 ; 1, 13, 6 ; 2, 13, 5 ; 2, 17, 29 ; 3, 5, 14 ; 3, 15, 1 ; 4, 23, 4 ; 6, 10, 1 ; 6, 31, 2 ; 7, 9, 1 ; 8, 1, 3 ; 9, 10, 2) and the fact that by the younger Pliny's time land prices outside the city were very high (Pliny, *Ep.*, 6, 19, 1) show clearly that it was common for urban dwellers to have such suburban retreats. This is also evident from the frequent comments the urbanites make about escaping to the country from the hectic, problem-filled life of Rome (e.g., Horace, *Ep.*, 1, 14 ; *Epod.* 2 ; *Sat.* 2, 6 ; Pliny, *Ep.*, 1, 24 ; 8, 1 ; Tacitus, *Dial.*, 21). These suburbs are easily defined in a general way. They extended well beyond the city to include towns as many as twenty miles away (Homo, 1971, pp. 74-75, 120-23). Pliny's Laurentine estate, for example, was seventeen miles from the city (Pliny, *Ep.*, 2, 17, 2) and Martial's farm at Nomentum lay some fourteen miles to the northeast (Martial, 6, 43; 12, 57, 1-2; cf. Catullus 44). The urbanite who was anticipating moving out to « the country », as he called it (Martial, 3, 58, 51 ; 6, 43, 3 ; 8, 61, 6 ; 9, 18, 2), wanted something near the city with good connections. It had to have a limited amount of land and a modest house. In this way it was not a burden and distraction for its owner whose main interests and activities lay in Rome. It was there to provide rest, relaxation, peace, and quiet in a healthful atmosphere (Pliny, *Ep.*, 1, 24 ; cf. 2, 17 ; 5, 6 ; 7, 3 ; 8, 1) The fact that these establishments were notoriously unproductive (Martial, 1, 85 ; 3, 47 ; 3, 58, 45-51 ; 7, 31, 8 ; Pliny, *Ep.*, 4, 6) and were even dependent on the city (Martial, 3, 58 ; 7, 31 ; 10, 94) reinforces the idea that they were simply meant to be extensions of urban living which solved some of its problems (cf. Varro, *Res Rust.*, 3, 2, 6).

Many Romans did not go this far out, however, to escape the hectic city life, but chose to live in the outskirts (*continentia* ; cf. Homo, 1971, pp. 75-77, 115-20), which are not as easy to identify as the suburbs. Augustine makes reference to a house just outside the old Porta Collina which was called *Quies*

(« Peace and Quiet ») for obvious reasons (*De Civ. Dei,* 4, 16). Martial twice mentions the « few acres » of Julius Martialis on the Janiculum, where there is a pleasant country atmosphere conducive to study and where the proximity to the city enables one to see urban activities without experiencing the noise (Martial, 4, 64 ; 7, 17). This estate seems to have a place in the long urban tradition already mentioned that saw private families establishing and living on the estates that were later to be preserved as the public gardens of the city. The remains of the apartment house built into the wall at the Porta Tiburtina (cf. Packer, 1971, p. 75) suggests that people had moved in numbers to the fringes of the city. Indeed, comments by Dionysius Halicarnassus (*Rom. Ant.,* 4, 13, 4), the elder Pliny (*Nat. Hist.,* 3, 67), and Tacitus (*Hist.,* 3, 79) suggest that greater Rome included extensive outskirts where all kinds of buildings, winding streets, and gardens were to be found.

Another general solution that developed gradually over a long period of time was the *decentralization* of services and activities which then as now served to alleviate some of the problems caused by overcrowding. The process must have begun early, for it seems to have been nothing out of the ordinary for Julius Caesar to hold games in all the neighborhoods (*vici*) of Rome (Suetonius, *Jul. Caes.,* 39, 1). Augustus and Vitellius followed his example (Suetonius, *Aug.,* 43, 1 ; Tacitus, *Hist.,* 2, 95). It is likely that Caesar's proposed legislation for enlarging the city was meant to promote decentralization of the activities of business and government, though there is no way of knowing this for certain.

Augustus' careful division of the city into fourteen regions (Map 3) was a powerful impetus to decentralization. It made it possible to distribute facilities such as police and fire protection systematically throughout the city as well as to monitor and administrate all parts of Rome at the local level through the minor officials who were elected to run the wards into which the regions were divided. Augustus'partitioning of Rome was the beginning of thinking of the city in terms of a series of separate components each with its own needs.

If we turn to the major urban facilities and begin by plotting

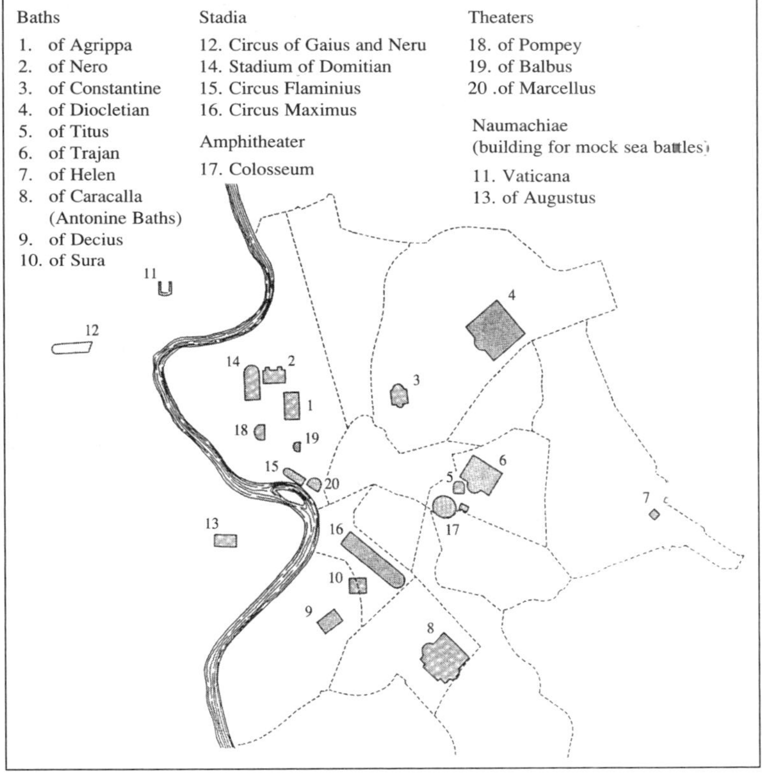

Map 4. *Baths and Other Places of Entertainment in Rome*

the large public paths on a map of Rome (Map 4 : Nos. 1-10), a significant pattern emerges. These establishments are fairly evenly spaced throughout the city. It must be remembered that they were built over a span of 300 years, but the distribution is important as showing a continuing decentralization designed to bring facilities to the populace. It is tempting to imagine the Baths of Constantine and Caracalla as attempts to serve the population living in and near the outskirts of the city as well as those in their immediate vicinity. And they not only performed the obvious hygienic function, but also offered facilities for recreation, leisure pursuits, and social intercourse of all kinds, in some cases even providing pleasant shopping facilities.

Places of entertainment like the theaters and stadia tend to cluster closer to the center of the city (Map 4 : Nos. 15-20). But even here there is clearly a movement in the Empire toward building the new stadia and naumachiae in the Campus Martius (Map 4 : No. 14) and in the less congested parts of the Transtiber area (Map 4 : Nos. 11-13).

As far as facilities like markets and warehouses are concerned, much more work must be done by way of identifying and plotting these for which the fragmentary *Forma Urbis* and archaeological remains will be indispensable. There can be little doubt, however, that these were scattered throughout the city (cf. Loane, 1938, 116-21, 127; *Script. Hist. Aug.*, *Sev. Alex.*, 39, 3-5). The late itineraries, especially the *Curiosum* and *Notitia* of the fourth century after Christ, are of help here. We should remind ourselves that they are late and their figures may not be as reliable as we would like, but at the very least they can be taken to show an urban decentralization that had been growing over the centuries. If we take the figures for the number of warehouses, semi-private baths, and bakeries for each region we see a clear and fairly logical distribution :

Regions (map 3)	I	II	III	IV	V	VI	VII	VIII	IX	X	XI	XII	XIII	XIV
Warehouses	16	27	18	18	22	18	25	18	25	48	16	27	35	22
Baths	86	85	80	65	75	75	76	86	63	44	15	63	44	86
Bakeries	20	15	16	15	15	16	16	20	20	20	16	25	20	24

These three types of establishments served the everyday needs of the populace, and so the distribution we find here should not be surprising. It is confirmed to some extent by collateral evidence showing that Severus Alexander established public warehouses and baths in all the regions of the city (*Script. Hist. Aug.*, *Sev. Alex.*, 39, 3-5). Moreover, when we add to this the fact that Septimius Severus built baths in the Transtiber area (*Script. Hist. Aug.*, *Sev.*, 19, 5), we may at least tentatively posit a continuing decentralization of activities for the late second and third centuries.

While there was never any general *urban planning* in Rome, there were scattered attempts to replan parts of the city.

Mention has already been made of Maecenas' work with the Esquiline and Nero's replanning and rebuilding after the fire of A.D. 64. It is also possible that Caesar's law for expanding Rome provided for replanning at least part of the inner city. The baths in a sense represent isolated attempts at urban renewal by which many acres of unplanned area were turned into large, carefully planned complexes.

But perhaps the most important attempts at urban planning and renewal are represented by the Imperial Fora and the Temple of Peace. These seem not to have been part of any published master plan, but were separate elements built over a century and a half between 46 B.C. and A.D. 113. Together, however, they constituted a gradually expanding, well-planned monumental center for Rome.

There were a number of reasons for their being built, but for the practical Romans need had to be the overriding consideration. Indeed, we are told that Augustus established his forum to take pressure off the Roman Forum and that of Julius Caesar (Suetonius, *Aug.*, 29, 1). Trajan's forum was probably motivated by the same need for space, and in its components it is strikingly similar to the Roman Forum : A plaza, basilica, archives, a religious sanctuary, as well as monuments of various kinds. This is just the combination that is found in the Roman Forum, though there the separate elements are repeated (cf. Dudley, 1967, p. 135).

There can be no doubt that another important purpose of the various forum builders was to provide a suitably elegant center for this important city. Perhaps the most obvious evidence of this is the Forum of Nerva which was in essence a monumentalizing of the Argiletum that ran between the Subura and the Roman Forum.

It would also appear that there was another important consideration in the building of the Imperial Fora. Both individually and collectively they were designed as monumental oases of peace and quiet in one of the noisiest and most hectic parts of the city. Each forum is completely enclosed by its own walls with passageways and thoroughfares running between and around them (Boethius, 1970, p. 189, fig. 84 ; Paoli, 1963, p. 9, fig. 5). The high back wall of the Forum of Augustus still remains to suggest the care that this Emperor took to shut out the sounds and smells of the Subura and to provide a fire break. The absence of wheeled traffic from these fora (cf. Suetonius, *Cal.*, 44, 2) prevented the noisy traffic jams that were experienced in other parts of the city. This is not to say that they did not have their share of noisy activities [cf. Lugli, 1952, vol. 6, pp. 13 (No. 74), 23 (No. 144), 33 (No. 191)], but even when there was a hubub in one of the fora, the others would still offer relative peace and quiet to the person desiring it. There are analogous situations in the Mediterranean countries today where piazzas and plazas, even when they are crowded, offer respite from the noisy, crowded, traffic-filled streets surrounding them.

In this connection it is significant that Vespasian established his Temple of Peace in close proximity to these fora. With its extensive gardens and careful isolation from the surrounding city it served as a natural complement to the Julian and Augustan fora that had been preceded it. It is a matter of speculation, but there may be some significance in the fact that the elder Pliny speaks of the need for « great silence » if one is to appreciate art and in the next breath mentions the Temple of Peace (*Nat. Hist.*, 36, 27).

Though the Imperial fora are a prime example of successful urban planning, we should not overlook the fact that then, as now, such rebuilding, at least in the short run, must have caused almost as many problems as it solved. There is little information on the subject, but the fact that many acres of land in the heart of the city were swallowed up for these projects must have complicated an already confused situation. Large numbers of people were surely displaced, so that the overcrowding became even worse. The over-intensive use of land in the inner city had already inflated land values, and removing so many acres from the market probably aggravated the situation (cf. Duncan-Jones, 1965, p. 225). Rents that were remarkably high to begin with must have gone even higher and so must have other prices — at least those in the immediate area.

There is just a hint from time to time in the sources that

problems such as these are present. Augustus did not make his forum as large as he wished because he did not dare « to pry the nearby homes out of their owners » (Suetonius, *Aug.*, 56, 2), and indeed the back wall of his forum angles away to the southeast to show how the Emperor was forced to adapt his plans. The sensitivity of the situation helps to explain why Caesar and the Emperors were careful to buy the land for their projects and to use their own money for it. They took care to advertize this fact. It was no secret that Julius had paid 100 000 000 sesterces for the land on which his forum was built (Pliny, *Nat. Hist.*, 36, 103), while Augustus carefully pointed out to the world at large that his forum was built on his own property (*in privato solo*) and that financing came from booty (*Res Gestae*, 21). The money for Trajan's forum came from his successful campaigns in Dacia (Boethius, 1970, p. 237), and the sculpture on his column and in other parts of the forum would be a constant reminder of this.

Such procedures seem to have been part of a general policy of an Emperor's providing fair compensation from funds at his disposal to cover the expenses of a project that he had instigated. The Theater of Marcellus, for example, was built « on land in large part purchased from individuals » (*Res Gestae*, 21). The builders of the Baths of Diocletian are careful to point out that the buildings of the area had been bought in order to make way for that great structure (*CIL*, 6, 1130). In the same vein are Ceasar's concern not to dispossess landowners while providing land for his veterans (Suetonius, *Jul. Caes.*, 38, 1) and the Roman policy of paying a fair price for the right of way for aqueducts (Frontinus, 2, 128).

Some form of expropriation must have been used, though there is no reference to such procedures in the sources. The Romans probably had many reasons for criticizing Nero and his building of the Golden House (cf. Newbold, 1974). But it is at least possible that when he was taken to task for stealing dwellings from the unfortunate populace (Martial, *Spect.*, 2, 8) and for plundering the citizens (Tacitus, *Ann.*, 15, 52) he was being criticized for not following accepted procedures such as those just outlined.

It is clear, then, from what we have seen that the Romans were attempting to find solutions to at least some of their urban problems in the early Empire. They had both successes and failures, though the latter seem to predominate. And this is not surprising, since then, as now, apathy, prejudice, self-interest, public opinion, politics, financial problems, and inadequate technology made progress difficult.

E.S. Ramage, *Aspects of Graeco-Roman Urbanism*, B.A.R. Publications, 1984, pp. 61-92.

Bibliography

A. Boethius, and I. B. Ward-Perkins, *Etruscan and Roman Architecture*, Harmondsworth, 1970.

F. C. Bourne, « Reflections on Rome's Urban Problems », *Classical World*, 62, 1969, pp. 205-209.

P. Brunt, « The Roman Mob », *Past and Present*, No. 35, 1966, pp. 3-27 (repr. in M. I. Finley, ed., London, 1974, pp. 74-102).

G. Calza, « La preminenza dell'*insula* nella edilizia romana », *Monumenti Antichi*, 23, 1914, pp. 541-608.

H. V. Canter, « Conflagrations in Ancient Rome », *Classical Journal*, 7, 1932, pp. 270-88.

J. Carcopino, *Daily Life in Ancient Rome*, London, 1941.

D. R. Dudley, *Urbs Roma*, Aberdeen, 1967.

R. Duncan-Jones, « An Epigraphic Survey of Costs in Roman Italy », *Papers of the British School at Rome*, 33, 1965, pp. 189-306.

L. Friedlander, *Roman Life and Manners under the Early Empire*, London, 1908.

B. W. Frier, « The Rental Market in Early Imperial Rome », *Journal of Roman Studies*, 67, 1977, pp. 27-37.

M. Hammond, *The City in the Ancient World*, Cambridge, 1972.

G. Hermansen, « Nero's Porticus », *Grazer Beitrage*, 3, 1975, pp. 159-76.

L. Homo, *Rome impériale et l'urbanisme dans l'antiquité*, Paris, 1971.

A. C. Johnson, *Ancient Roman Statutes*, Austin, 1961.

R. A. Lanciani, *The Ruins and Excavations of Ancient Rome*, 1896, Boston.

I. Le Gall, *Le Tibre, fleuve de Rome dans l'antiquité*, Paris, 1953.

H. J. Loane, *Industry and Commerce in the City of Rome (50 B.C.-200 A.D.)*, Baltimore, 1938.

G. Lugli, *I monumenti antichi di Roma e suburbio*, Rome, 1930.

G. Lugli, *Fontes ad topographiam veteris urbis Romae pertinentes*, Rome, 1952.

F. G. Maier, « Römische Bevölkerungsgeschichte und Inschriften-statistik », *Historia*, 2, 1953, pp. 318-51.

K. D. Matthews, « The Embattled Driver in Ancient Rome », *Expedition, Bulletin of the University Museum of the University of Pennsylvania*, 2.3, 1960, pp. 22-27.

R. Meiggs, *Roman Ostia* [2], Oxford, 1973.

L. Mumford, *The City in History*, New York, 1961.

R. F. Newbold, « Some Social and Economic Consequences of the A. D. 64 Fire at Rome », *Latomus*, 33, 1974, pp. 858-69.

W. J. Oates, « The Population of Rome », *Classical Philology*, 29, 1934, pp. 101-16.

J. E. Packer, *The* Insula*e of Imperial Ostia*, Rome, 1971.

U. E. Paoli, *Rome : Its People Life and Customs*, New York, 1963.

A. Passerini, *Le coorti pretorie*, Rome, 1939.

E. S. Ramage, *Urbanitas : Ancient Sophistication and Refinement*, Norman, 1973.

P. K. Reynolds, *The Vigiles of Imperial Rome*, Oxford, 1926.

A. Van Gerkan, « Weiteres zur Einwohnerzahl Roms in der Kaiserzeit », *Mitteilungen des deutschen archaologischen Instituts, Römische Abteilung*, 58, 1943, pp. 213-43.

J. Van Ooteghem, « Les incendiés à Rome », *Les Études Classiques*, 28, 1960, pp. 305-12.

P. Werner, *De incendiis urbis Romae aetate imperatorum*, Leipzig, 1906.

Z. Yavetz, « The Living Conditions of the Urban Plebs in Republican Rome », *Latomus*, 17, 1958, pp. 500-17.

Z. Yavetz, *Plebs and Princeps*, Oxford, 1969.

II

Rome et son image

La réalité de la pierre, mise en évidence par les fouilles archéologiques et les études historiques, ne doit pas être séparée des projets qui ont été à l'origine des constructions. En effet, aussi bien à l'époque républicaine, davantage encore sous les Princes, toute construction publique entreprise dans la cité répond à un double besoin : une utilité « fonctionnelle » — en schématisant un peu : le temple pour les dieux, le portique pour les promenades, la basilique pour la vie judiciaire —, mais aussi une aspiration idéologique. En effet, les généraux vainqueurs du IIIe et IIe siècles, utilisent le butin ramené pour orner le Forum, à titre privé, suivant l'exemple des rois évergètes hellénistiques, et les bâtiments nouveaux portent leur nom — la *basilica Aemilia* par exemple. Ils laissent ainsi dans l'espace public une trace tangible de leur « intérêt » pour la cité, d'autant plus importante que l'on se trouve dans un contexte de rivalité politique, voire de guerre civile. C'est ainsi que la zone du Champ de Mars est l'objet de toutes les attentions de la part de Pompée et de César. L'espace urbain est ainsi de plus en plus encombré, et l'on peut comprendre que dans le cadre d'une réflexion sur le pouvoir, l'image de Rome soit prise en compte. Aussi, si César, Auguste et leurs successeurs veulent bâtir, il ne s'agit plus de construire n'importe comment, comme lors des siècles précédents : la Ville doit en plus être belle, et les perspectives, les éléments architectoniques, les places doivent contribuer à faire de Rome la plus somptueuse ville au monde. Pour cela, les modèles urbains rencontrés au cours des campagnes militaires, les expériences italiennes — des cités de la Péninsule ont en effet élaboré des planimétries urbaines répondant à leurs nouveaux besoins [1], mais aussi les réflexions théoriques vont permettre aux dirigeants de se forger l'image de la Ville idéale, en dépit de conditions géographiques difficiles — présence de collines et de zones marécageuses, crues du Tibre... Pierre Gros [2] évoque ici le projet césarien, dont une partie seulement est réalisée, et qui n'a pas été repris par Auguste.

Objet de toutes les attentions et ainsi embellie, Rome séduit les contemporains qui admirent les bâtiments recouverts de marbre, la splendeur des colonnes des portiques, l'ampleur des monuments officiels. Cet enthousiasme aurait dû nous permettre de disposer de témoignages précis quant aux dimensions des temples, forums ou arcs, aux couleurs de marbres employés pour décorer telle ou telle façade, aux types de couverture employés pour couronner une basilique ou les salles de réception du *Palatium*. En effet, Rome aurait pu devenir le sujet de nombreuses descriptions flatteuses, tant dans les sources littéraires qu'artistiques [3]. Or il n'en est rien ; nous disposons uniquement pour restituer le plan de certains monuments de la *Forma Vrbis*, gravée sous Septime Sévère. Cette documentation réduite, la concision des descriptions n'aident guère l'historien et l'archéologue qui doivent trop souvent imaginer l'élévation des murs, le décor mural ou l'encombrement dû aux nombreuses statues ; les études consacrées à tel poète ou à tel géographe montrent combien les chercheurs sont attentifs au choix des termes employés décrivant un aspect particulier de la Ville. Aussi, le travail de Catharine Edwards [4] qui a dressé la liste des quelques témoignages dont nous pouvons disposer, en expliquant les raisons de leur rareté, complète utilement notre connaissance de l'image de Rome.

---

1. P. Gros, *L'architecture romaine du début du IIIe siècle av. J.-C. à la fin du Haut-Empire, 1. Les monuments publics*, Paris, 1996.
2. Aurea templa. *Recherches sur l'architecture religieuse de Rome à l'époque d'Auguste*, thèse, Rome, (BEFAR 231), 1976.
3. pour les monnaies, cf. P. V. Hill *The Monuments of Ancient Rome as Coin Types*, Londres, 1989 ; pour lire quelques extraits des sources littéraires, cf. M.-J. Kardos, *Topographie de Rome. Les sources littéraires latines*. Paris, 2000.
4. *Writing Rome : Textual Approaches to the City*, Cambridge, C.U.P., 1996.

Même si elle n'est pas réellement décrite dans les sources, la beauté, la majesté architecturale de Rome existe, principalement à partir d'Auguste, qui va faire de l'*Vrbs*, une ville de marbre. Tous les éléments décoratifs, colonnes, statues, chapiteaux... de couleur variée, en fonction de l'origine des marbres choisis, vont être l'objet de tous les soins ; les monuments doivent être restaurés régulièrement — les causes de destructions sont nombreuses, entres les crues du Tibre et les incendies fréquents qui éclatent dans le cœur de la Ville —, et le Sénat, suivi par les princes, veilleront à ce que ce décor de la Ville soit scrupuleusement conservé, aussi bien dans le cadre des bâtiments publics que des demeures privées. Le législateur a donc réglementé l'usage que l'on devait faire des *ornamenta* ; on pourrait penser que son premier souci est de maintenir la beauté de Rome, mais la loi va bien plus loin. Yann Thomas reprend ici la documentation juridique et littéraire afin de préciser la définition de l'*ornatus*, partie intégrante du patrimoine privé et public.

Ce renouveau de la physionomie de l'*Urbs* à l'époque augustéenne, mais aussi les travaux antérieurs dus à César, et les modifications postérieures des Flaviens et des Antonins, explique l'importance des ouvriers du bâtiment à Rome. Il s'agit de disposer d'une main d'œuvre nombreuse mais également qualifiée pour les travaux les plus délicats. Certaines réalisations ont demandé, on le sait, beaucoup de soin, comme la salle à manger de la *Domus Aurea* par exemple.

Mais rares sont les artisans identifiés — on peut mentionner Vitruve, théoricien de l'époque augustéenne, Rabirius, architecte de Domitien pour le Palatin... Janet DeLaine [5] a réuni la documentation concernant ces corps de métier et leurs activités, nous brossant un tableau de la construction publique et privée à Rome.

---

5. « "*De Aquis suis*" ? : *The "commentarius*" of Frontinus », dans *Les littératures techniques dans l'Antiquité romaine*, Genève, Fondation Hardt (Entretiens sur l'Antiquité classique, XLII), 1996, pp. 117-145.

Pierre Gros

LA VILLE IDÉALE À L'ÉPOQUE DE CÉSAR : MYTHE ET RÉALITÉ DU « BEAU PAYSAGE » URBAIN

Lorsqu'on évoque la Rome antique, on songe toujours à la cité impériale, parvenue au terme de son développement, sans s'aviser que cette ville, qui fut la matrice de l'urbanisme occidental, a été fort longue à élaborer pour elle-même des réponses architecturales à la fois imaginatives et rationnelles aux problèmes que lui posaient son accroissement démographique et la multiplicité de ses fonctions.

Il faut attendre la fin de la République et le début du Principat pour que des responsables se donnent les moyens de remodeler le vieux centre historique, afin de lui conférer la solennité qui jusqu'alors lui avait fait cruellement défaut. Auparavant des îlots de monumentalité, à caractère d'ailleurs essentiellement religieux, s'étaient élevés dans la Rome républicaine ; mais c'est surtout la zone occidentale de la cité, et particulièrement la frange méridionale du Champ de Mars, et le quartier dit du *Circus Flaminius* qui, promus au rang d'aire expérimentale, les avaient accueillis ; les quadriportiques construits à partir du milieu du IIe siècle avant J.-C. par les généraux vainqueurs de l'Orient grec, isolaient de façon hautaine des sanctuaires en rupture ostensible avec la pratique italique courante : le temple de Jupiter Stator, d'ordre ionique, en marbre, conçu par l'architecte Hermodoros, de Salamine de Chypre, pour le compte de Metellus le Macédonique, reste l'exemple le plus caractéristique de ces fondations ponctuelles, prestigieuses assurément, mais refermées sur elles-mêmes et sans incidence réelle sur l'organisation du centre vivant de la cité.

Ce centre historique, pendant le même temps, s'encombrait de façon souvent anarchique, sans le moindre souci de rigueur ni de monumentalité. Le forum, par exemple, envisagé du point de vue de son ordonnance architecturale, ne soutenait pas la comparaison avec les agoras des villes hellénistiques de la côte orientale de l'Égée ; quant au Capitole, son aire sacrée s'était progressivement surchargée de temples, de chapelles, de monuments commémoratifs ou honorifiques, au point qu'il faudra, au début de l'Empire, des mesures draconiennes, pour lui rendre un minimum de viabilité. Les *augustiae*, c'est-à-dire l'encombrement, sont une des plaies contre lesquelles luttent périodiquement les magistrats chargés de la maintenance des voies de circulation, y compris à travers les places publiques les plus centrales et les plus vénérables.

À vrai dire les raisons ne manquent pas, qui permettent d'expliquer ce curieux état de fait, trop souvent méconnu. Les premières sont d'ordre institutionnel : la rotation très rapide des responsables au plus haut niveau, préteurs, consuls, censeurs, nuit au développement d'une politique urbanistique sur le long terme, en même temps qu'elle encourage chacun d'eux à laisser sa marque personnelle sur le sol de Rome, sans trop se soucier de continuité ou de cohérence, malgré le rôle régulateur du Sénat ; il faut savoir en outre que les généraux triomphateurs, soucieux d'utiliser l'argent tiré de leur butin à des constructions publiques, ne peuvent en principe concevoir autre chose que des sanctuaires votifs. Mais les motifs idéologiques, camouflés en règles austères de moralité collective, les interdits religieux et les superstitions populaires jouent aussi leur rôle : par peur des foules trop confortablement installées, les censeurs ont empêché, jusqu'à une date basse — 55 av. J.-C. — la mise en place d'édifices de spectacle à caractère non temporaire ; la population romaine, attachée aux plus anciens lieux de culte, n'hésitait pas à se soulever — elle le fit encore contre César, pourtant adulé par les masses urbaines — lorsqu'on détruisait telle chapelle pour dégager l'espace nécessaire à une construction plus ambitieuse. À quoi s'ajoutent, naturellement, les phénomènes de surpopulation dans certains quartiers, la spéculation immobilière qui tendit très vite à entasser n'importe comment des habitations de rapport, et les nécessités économiques qui privilégièrent longtemps les structures commerciales et portuaires aux dépens d'aménagements moins immédiatement utilitaires.

Rien d'étonnant, dès lors, à ce que l'équipement de Rome, et l'organisation de son espace soient demeurés jusque vers le milieu du Ier siècle avant J.-C. dans une situation de relative humilité et de réel inconfort, que les contemporains vivaient de façon assez négative, pour peu qu'ils aient eu l'occasion de connaître les cités précocement hellénisées d'Italie du Sud. Plusieurs textes nous aident à mesurer cette conscience d'un retard, qui peut prendre l'aspect d'un sentiment de frustration. Tite-Live et Diodore de Sicile, par exemple, ont souligné, chacun à leur façon, combien la *forma urbis*, l'aspect général de la ville républicaine, traduisait l'anarchie qui avait présidé à la répartition du sol : c'est en vain qu'on chercherait ici un plan régulateur. Plus caractéristique encore, ce passage célèbre du *De Lege agraria*, prononcé en 63 avant J.-C., où, comparant la Rome de son temps aux villes campaniennes de Capoue et de Calès, dont l'assiette et la majestueuse ordonnance entretiennent chez leurs habitants un légitime orgueil, Cicéron évoque avec une amertume teintée d'ironie : « Rome, placée dans un site de montagnes et de vallées, et comme suspendue dans les airs avec ses maisons à plusieurs étages, percée de rues médiocres et très étroites ; Rome, en comparaison de leur Capoue, qui s'étale au milieu d'une vaste plaine, dans une situation admirable, sera l'objet de leurs moqueries (*De lege agraria*, II, 96) ».

Plus tard, au début de notre ère, Strabon rappellera, en une phrase qui définit remarquablement les données idéologiques et chronologiques du problème, comment s'est enfin modifiée la situation : « On pourrait dire que les premiers romains ont accordé peu d'importance à la beauté de Rome, pour se vouer à des objets plus graves et plus nécessaires, tandis que leurs successeurs, surtout dans les temps modernes et de nos jours, pour ne pas demeurer en arrière sur cet autre point, l'ont remplie d'une multitude de magnifiques monuments. Pompée, le dieu César, Auguste, ses enfants, ses amis, sa femme et sa sœur ont déployé plus de zèle et dépensé plus d'argent que quiconque en travaux d'embellissement » (*Géographie*, V, 3, 8).

Il est exact que la rivalité entre Pompée et César, dans la phase finale de la course au pouvoir absolu, servie par les ressources énormes tirées des campagnes orientales et de la conquête des Gaules, entretint, dès le début des années 50, un climat de surenchère ; dans une Rome dont les institutions se désagrégeaient, la politique de prestige de chacun des *imperatores* conduisit à l'implantation de complexes architecturaux sans précédent : le théâtre et le quadriportique de Pompée sur le Champ de Mars, le forum julien, premier de la série des *fora* impériaux, et les *Saepta Julia*, immense enclos de marbre pour la réunion des assemblées électorales.

Mais notre propos n'est pas d'examiner ici, en un survol forcément trop rapide, le nouveau visage dont se dote l'*Urbs* au cours de cette période de mutation, mais d'essayer de saisir les modèles auxquels, plus ou moins explicitement, ont voulu se référer les puissants commanditaires ainsi que leurs architectes. Il est en effet impossible que la genèse de telles séquences monumentales, les plus vastes jamais encore mises en place dans une cité d'Occident, n'ait pas été précédée d'une réflexion globale ; à l'origine de ces réalisations, et plus encore peut-être des projets non aboutis qui devaient en compléter la portée et en préciser le sens, se trouve sans nul doute une certaine image de la ville idéale, dont nous pouvons retrouver au moins quelques composantes.

Il ne subsiste malheureusement aucune trace, dans la tradition textuelle, des spéculations auxquelles se livrèrent théoriciens et architectes. Et c'est dommage, car les décennies que nous envisageons furent de celles, très rares dans l'histoire d'une grande cité, ou tout paraissait possible, et où l'espace même, traditionnellement occupé par l'*Urbs*, fut soumis à une réévaluation radicale. De ce point de vue, nous sommes évidemment dans une situation bien moins favorable que l'historien de la Renaissance italienne ; on sait en effet que la « belle architecture » du Cinquecento fut pensée et décrite par les théoriciens, représentée par les peintres, avant d'être effectivement construite. Les brefs passages de sa *Correspondance* où Ciceron, témoin d'abord actif, puis très vite inquiet, des grands travaux césariens (lettres à Atticus réparties entre 54 et 45 avant J.-C.), apporte des indications, au reste précieuses, sur le déroulement des phases préliminaires — expropriations, puis promulgation de la « loi sur l'extension de la ville » et choix de l'architecte en chef — ne permettent pas d'avoir une vue claire des schémas directeurs, ni de l'itinéraire intellectuel de ceux qui les ont mis au point. Beaucoup plus tard, quand Suétone récapitule, en une sèche énumération, les projets du dictateur, pour beaucoup du reste sans lendemain, il ajoute au dossier cicéronien des informations ponctuelles, sans expliquer la finalité des opérations.

Un théoricien se préoccupa, quelque quinze ans après la mort de César, de rassembler en une somme les expériences architecturales de son temps. C'est Vitruve, dont les dix livres du *De architectura*, rédigés dans les années 30-25 avant J.-C., accordent une place aux questions d'urbanisme. Mais les chapitres de son premier livre, qui en traitent, constituent, pourrait-on dire, le degré zéro de la pensée théorique : ses préceptes relatifs au choix de l'emplacement de la ville, à l'implantation et au circuit des fortifications, à la direction et à la répartition des rues en fonction des vents dominants, à la réservation des îlots destinés au forum et aux temples, se contentent de transformer en normes plus ou moins rationalisées tous les aspects d'une pratique courante, mais beaucoup plus diversifiée qu'il ne le suggère. Le niveau de généralisation auquel il se place lui interdit de prendre en considération les tentatives les plus novatrices, dont certaines avaient vu le jour lors des fondations communales consécutives à la « Guerre sociale » ; et en même temps, par souci de rigueur, il opère des « passages à la limite » dans un contexte totalement abstrait : ainsi lorsqu'il prône des fortifications de plan circulaire, en vertu de considérations qui n'ont jamais été appliquées. Ce double décalage par rapport à la réalité ne l'empêche pas, certes, de faire sien l'héritage « hippodamien » de l'urbanisme géométrique ; mais celui-ci appartient au langage commun de tous les architectes méditerranéens depuis plusieurs siècles, et ne correspond à aucune réflexion originale.

Pourtant c'est le même Vitruve qui nous aide à recomposer une partie de cet « imaginaire de la ville », qui hante, à son époque, les responsables politiques. Ce n'est pas dans la partie de son traité qui se veut rigidement normative qu'on cherchera ces échappées vers un au-delà de l'urbanisme quotidien, mais dans les pauses qu'il se ménage pour conter des anecdotes, choisies pour leur exemplarité. Le texte le plus riche à cet égard est sa description de la cité d'Halicarnasse, telle que la voulut Mausole, le fameux satrape de Carie, au IVe siècle avant J.-C. ; il présente l'activité créatrice de ce monarque comme le signe d'une rare acuité intellectuelle et d'une remarquable habileté à disposer les édifices d'une ville : « Or le site est semblable à la courbe concave d'un théâtre. Aussi, dans la partie basse, le long du port, a-t-il installé l'agora ; à mi-hauteur, vers le milieu de la courbure et de la rue qui en marque le palier *(praecinctio)*, il aménagea une esplanade de vastes dimensions au centre de laquelle fut mis en place le Mausolée, d'un travail si exceptionnel qu'on le compte au nombre des sept merveilles. Au sommet de la citadelle, sur l'axe de la

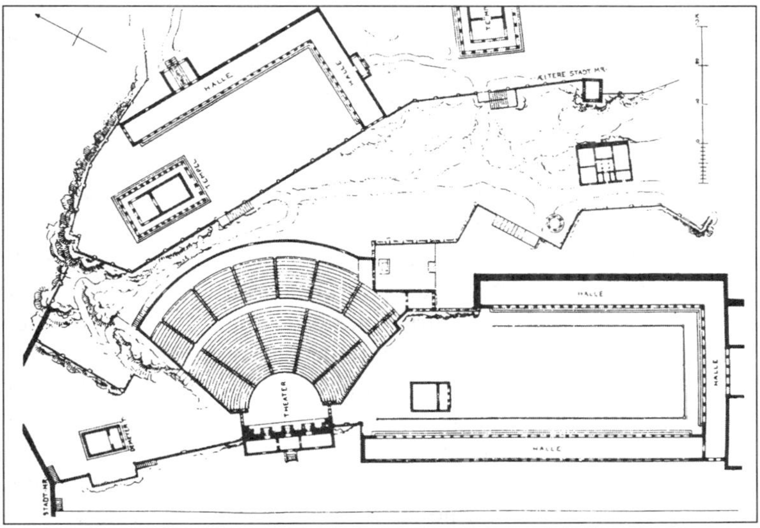

Fig. 1. *Plan de la Ville d'Aegae*

courbe, était le sanctuaire d'Arès, qui possédait une statue colossale, monolithe, de la main de Léocharès selon certains, de celle de Thimothée selon d'autres. Sur la pointe de droite s'élève le sanctuaire de Vénus et de Mercure, près de la fontaine même de Salmakis (...). De même que sur la droite se trouve le sanctuaire de Vénus et la fontaine ci-dessus mentionnée, on rencontre à gauche le palais royal, que le roi Mausole a fait établir suivant sa propre idée (*De architectura*, II, 8, 11-13).

L'espace vécu et apprécié comme urbain par excellence, c'est donc d'abord un paysage étagé, dont la double fonction d'accueil (courbure concave) et de hiérarchisation (terrasses superposées) répond à une volonté d'organisation scénographique de la ville. Cette image du théâtre et de sa conque, servant de noyau organisateur à une architecture harmonieusement déployée, sur plusieurs niveaux, les Attalides l'ont, aux deux siècles suivants, admirablement réalisée sur l'acropole de leur capitale et dans les cités qu'ils ont reconstruites ; la vertigineuse *cavea* du théâtre de Pergame, qui s'ouvre en éventail au-dessus des lignes horizontales du vaste portique inférieur et conduit à la terrasse des temples, constitue l'exemple le plus accompli d'adaptation d'un schéma monumental à un relief naturel ; le même parti fut appliqué, avec un bonheur égal, à la petite cité d'Aegae, adossée au Sud du massif montagneux qui sépare la vallée du Caïque de celle de l'Hermos (fig. 1).

La beauté de ces ensembles ne tient pas seulement à leur mélange unique de rationalité et de grandeur ; elle s'explique aussi par le fait qu'en dépit des travaux de soutènement et de nivellement souvent gigantesques qui ont été nécessaires pour rendre utilisables les paliers de la colline, ils laissent l'impression que les choix de l'urbaniste, si arbitraires qu'ils soient, n'expriment en réalité que les virtualités contenues dans le paysage. Cet accord apparent entre la volonté des hommes et le cadre naturel où ils choisissent de s'établir est le secret de la séduction durable qu'exerça sur les Anciens ce type d'organisation urbaine. L'axiologie qui sous-tend implicitement de nombreux partis architecturaux comporte en effet souvent, en ces temps où morale et esthétique ne se distinguent guère, la notion de

Fig. 2. *Plan actuel du quartier où s'élevait le théâtre de Pompée : le tracé des structures antiques est encore lisible, non seulement au sol, mais également aux niveaux supérieurs.*

légitimité; Vitruve en donne dans son traité plusieurs exemples, dans des registres différents, et il ne fait en cela que traduire un sentiment largement répandu : un décor, un type de construction, une ordonnance monumentale ne valent que dans la mesure où ils ne sont pas gratuits, où ils sont justifiés par une sorte de nécessité originelle. Dans le cas présent, c'est évidemment la coïncidence entre la conformation initiale d'un site qui s'ouvre comme une conque, et l'édifice qui symbolise le mieux le rassemblement organique d'une communauté, le théâtre, qui définit une manière de finalité naturelle, particulièrement satisfaisante pour les observateurs comme pour les théoriciens.

Ce n'est pas un effet du hasard si l'on retrouve fréquemment, dans les descriptions à valeur laudative des villes méditerranéennes, le poncif du schéma théâtral ; jusqu'à la fin de l'époque hellénistique, géographes et historiens emploient volontiers des expressions qui l'évoquent plus ou moins directement, lorsqu'ils ont à dire d'un site urbain qu'il est beau : Diodore de Sicile, par exemple, définit Rhodes comme semblable à un théâtre ; et pour montrer la majesté de la Rome d'Auguste, Strabon déclare que le Champ de Mars et les collines qui le dominent, au-delà du fleuve, offrent l'aspect d'un décor scénique.

Nous aurons à nous souvenir de ce dernier texte, en parlant du grand projet césarien de détournement du Tibre. Mais auparavant il nous faut apprécier, à la lumière des remarques précédentes, le programme pompéien du théâtre et du quadriportique, ainsi que la riposte que voulut lui opposer César, sans avoir le temps de mener son projet à terme.

L'un des drames de Rome est que son relief trop chaotique se prêtait mal à des mises en scène du type pergaménien. L'occupation de la partie centrale du site, trop précoce et trop dense, rendait au reste difficile l'exploitation du versant des collines à des fins « scénographiques ». Lorsqu'une modeste cité du Latium — Palestrina, l'antique *Praeneste* — se dotait, dès la fin du IIe siècle avant J.-C., d'une immense séquence processionnelle ascendante, où se succédaient rampes obliques, escaliers en *cavea*, portiques en exèdres, pour conduire depuis son forum jusqu'au sanctuaire de la *Fortuna Primigenia*, les pentes vertes du Palatin ou les parois rocheuses du Capitole n'offraient encore à l'œil que leur parure naturelle. Pourtant l'idée s'était assez tôt manifestée d'utiliser les dénivellations pour y implanter des architectures. C'est ainsi que, dès 154 avant J.-C., un censeur, C. Cassius Longinus, entreprit la construction d'un théâtre sur la face du Palatin qui descendait vers la dépression du *Circus Maximus* ; bien qu'elle fût immédiatement bloquée par les sénateurs traditionalistes, qui invoquèrent l'ordre moral, l'initiative procédait évidemment, dans cette Rome du second siècle, si réceptive aux innovations hellénistiques, du souci de créer dans la ville un ensemble prestigieux, comparable à celui des cités attalides. Lorsque Pompée cherche, près d'un siècle plus tard, à transposer à

Rome l'une des merveilles qu'il a observées en Orient, de Lesbos à Antioche, il songe tout naturellement à reprendre un schéma de ce genre. Un texte précieux de Plutarque nous révèle qu'à Mytilène, capitale de Lesbos, île longtemps soumise aux Ptolémées, mais toute proche du royaume attalide, et ouverte aux influences pergaméniennes, il admira tellement le théâtre qu'il en fit lever le plan, afin, nous dit le Biographe, d'en construire un semblable mais plus grand sur les bords du Tibre. Comme les fouilles ont révélé que le théâtre en question était adossé à la colline qui domine, à l'Ouest, l'ensemble de la cité égéenne, on en a généralement conclu que la notice était dépourvue de sens ; on sait en effet que le *theatrum lapideum* du Champ de Mars, bâti sur terrain plat, reposait tout entier sur des substructions artificielles. Mais c'est mal comprendre le dessein de Pompée que de rejeter, au nom d'une distinction typologique assez artificielle entre « théâtre grec » et « théâtre romain », l'indication, tirée sans doute d'une source sûre, transmise par Plutarque : ce qui, en réalité, a séduit l'*imperator*, c'est la position et l'environnement extraordinaires de l'édifice lesbien, et le rôle prépondérant qu'il assumait au sein d'un vaste paysage urbain. Et ce qu'il a voulu faire à Rome, sans toucher aux vénérables collines du Capitole ou du Palatin, c'est créer un complexe cohérent du même type, une sorte de ville dans la ville, entièrement architecturée, avec son immense quadriportique au premier niveau, puis l'imposante *cavea* d'un théâtre et, dominant le tout, un temple, celui de sa divinité protectrice, la Vénus de la Victoire, serti dans un écrin de portiques comme s'il s'élevait sur une terrasse (fig. 2). Il n'est pas indifférent de noter, à ce propos, que le faîte de cet édifice culminait à environ 45 m au-dessus de la plaine avoisinante ; c'est la hauteur du point le plus élevé de l'*Arx*, l'un des sommets du Capitole. En somme Pompée avait implanté *a solo* une sorte de colline sacrée qui faisait concurrence aux collines naturelles ; sa composition architecturale répondait à la définition que Vitruve propose pour le site d'Halicarnasse tout entier, *locus theatri curvaturae similis*. Et l'on comprend peut-être mieux, dans cette optique, la façon dont il tourna l'interdiction censoriale de construire un théâtre « en dur » : l'immense cratère de la *cavea* n'était rien d'autre, affirma-t-il pour établir l'innocence de ses intentions, que l'escalier conduisant au sanctuaire de Vénus. Il est certain que la désinvolture du potentat qui se sait au-dessus des lois et de la tradition éclate dans cette réplique, qui amusait Aulu-Gelle et peinait Tertullien. Mais on aurait tort d'y voir seulement une parade plaisante ; elle nous livre aussi, sous une forme assez claire, l'une des clés de cette création prodigieuse, dont tout un quartier de la Rome actuelle conserve la trace, dans la disposition de ses rues et de ses immeubles (fig. 3) : le théâtre jouait ici, comme à Pergame, à Aegae ou à Mytilène, le rôle d'une aire de transition, d'une zone de convergence et de dispersion, dans un « paysage » à vocation essentiellement ascendante. La confirmation de cette hypothèse, nous la trouvons dans le contre-projet césarien ; celui-ci ne doit pas être cherché, comme on le dit trop souvent, dans les *Saepta Julia*, mais dans cet édifice dont nous parle Suétone, et qui n'a, malheureusement, jamais vu le jour : un théâtre immense, adossé à la roche Tarpéienne. Il est clair que César, plus audacieux encore que Pompée, ou plus conscient de sa toute puissance, qui lui permettait de bouleverser impunément l'ordonnance traditionnelle du centre historique de Rome, voulait, au prix de terribles destructions préalables, transformer le versant Sud-Est du Capitole en une *cavea* qui aurait assuré la continuité monumentale depuis le bas de la colline jusqu'aux grands temples du sommet. On ne saurait mieux attester la persistante rémanence du « modèle pergaménien » dans la pensée des créateurs de la fin de la République.

César, du reste, ne devait pas s'en tenir là. Son intention, qui inquiète si fort Cicéron, de détourner le cours du Tibre pour lui faire suivre le pied des collines vaticanes, et de bâtir tout l'espace ainsi intégré à la ville, est révélatrice de la volonté de remodeler dans le même esprit non plus seulement un secteur choisi de l'*Urbs*, mais toute sa partie Nord-Ouest. Reprenons le texte déjà mentionné de Strabon ; parlant du Champ de Mars, il s'exprime en ces termes : « ... le sol recouvert toute l'année de gazon vert et, au-delà du fleuve, la couronne de collines qui s'avancent au bord de l'eau et font l'effet d'un

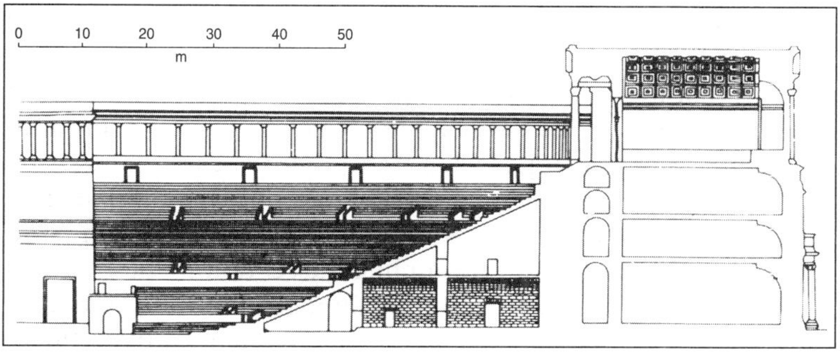

Fig. 3. *Coupe restituée du théâtre de Pompée et du temple de Venus Victrix.*

décor de théâtre, tout cela offre un tableau dont l'œil a peine à se détacher ». Au moment où le Géographe écrit, le projet césarien, trop ambitieux, a été depuis longtemps abandonné par Auguste. Mais la façon dont il ordonne le paysage nous aide à comprendre quel parti voulait en tirer le dictateur : il s'agissait d'urbaniser, selon un plan sans doute très concerté, toute la bande de terrain qui, gagnée sur le *Campus Vatinacus* viendrait s'ajouter au Champ de Mars et permettrait d'avancer, sans solution de continuité, jusqu'au pied des *Montes Vaticani*, longés désormais par le Tibre. Ces collines, dans le même programme, auraient accueilli, sur leurs versants tournés vers la ville, des monuments assurant une continuité visuelle avec ceux de la plaine. Là encore, ce qui domine, c'est l'idée « théâtrale », étendue cette fois à un espace immense, par l'esprit le plus audacieux de son temps. Là encore il s'agit d'exprimer, au prix certes de travaux exceptionnels, mais sans faire vraiment violence aux données naturelles, les virtualités d'un site.

Si, en fin de compte, le « beau paysage urbain », hérité de l'esthétique hellénistique, et plus précisément inspiré de l'urbanisme monumental de tradition pergaménienne, s'est peu matérialisé à Rome, c'est parce que les projets césariens, brutalement interrompus par le meurtre du dictateur, n'ont pas été repris par Auguste. Il y aurait beaucoup à dire sur cette rupture, qui n'affecte pas seulement le domaine architectural ; la raison en tout cas ne doit pas en être cherchée seulement dans les obstacles techniques, et le coût très élevé d'opérations qui, en toute hypothèse, eussent été difficiles à conduire jusqu'au bout. Il faut aussi comprendre que l'idéologie inscrite dans le schéma « théâtral » ne convenait pas à l'image que le premier Empereur, une fois déposé son masque implacable de chef de parti, entendait donner de lui-même et de sa politique. Les connotations « royales » ou « tyranniques », selon qu'on parle grec ou latin, de la colline architecturée dominant l'espace environnant, et elle-même couronnée par un ou plusieurs édifices cultuels à vocation plus ou moins ouvertement dynastique, ne pouvaient s'accorder à la volonté augustéenne de « restauration » ostensible de la légalité républicaine : si Auguste fit achever la vaste enceinte originellement destinée à la réunion des comices centuriates, les *Saepta Julia*, dont la dédicace fut confiée à Agrippa, il se garda bien de donner la moindre réalité au projet de théâtre adossé à la roche Tarpéienne. On s'orienta, en fait, à partir des années 30 avant J.-C., vers une activité multiforme, où la remise en état systématique des sanctuaires anciens n'excluait pas des programmes plus novateurs, où le conservatisme affiché des choix religieux et idéologiques n'empêcha point le recours fréquent au marbre ; mais les citations plastiques renvoient désormais à la Grèce tardo-classique plutôt qu'à l'Orient des Diadoques.

Sans hâte ni système, avec une efficacité d'autant plus remarquable qu'elle se déploie sans interruption sur plus de quarante années, les équipes augustéennes procéderont dans un esprit de pragmatisme très ouvert, recherchant dans chaque cas les solutions les plus appropriées, répugnant aux bouleversements excessifs ou aux destructions massives. Plus attentives, sans doute, aux besoins réels des hommes, elles laisseront sur la Ville une empreinte durable. Elles ne sauraient toutefois faire oublier les brillantes initiatives césariennes, dont on se prend à regretter que le temps ne leur ait pas toujours été laissé de se réaliser.

Urbi, Liège, P. Mardaga éditeur, VIII, Liège, 1983, pp. 119-124.

Orientation bibliographique

R. Martin, *L'urbanisme dans la Grèce antique*, 2e édit., Paris, 1974.

P. Gros, *Architecture et Société aux deux derniers siècles de la République*, Bruxelles, 1978.

P. Gros, *Aurea Templa. Recherches sur l'architecture religieuse de Rome à l'époque d'Auguste*, Rome, 1976.

P. Gros, « Vitruve : l'architecture et sa théorie, à la lumière des recherches récentes », dans *Aufstieg und Niedergang der römischen Welt*, Berlin, New York, 1982, II, 30, 1, pp. 659-695.

F. Coarelli, *Roma*, dans la série *Guide archeologiche Laterza*, Bari, 1980.

P. Zanker, *Forum Romanum. Die Neugestaltung durch Augustus*, Rome, 1972.

Catharine Edwards

IMAGINAIRES DE L'IMAGE DE ROME OU COMMENT (SE) REPRÉSENTER ROME ?

Résumé — Cet article est consacré à la répugnance avec laquelle les Romains de l'antiquité représentaient leur propre cité dans les images et dans les textes littéraires. Leurs tentatives de représentation étaient considérées comme insatisfaisantes parce qu'elles se concentraient sur l'apparence de la cité à un moment historique particulier. Cependant, Rome était perçue comme essentiellement définie par sa complexité chronologique[1].

Pline l'Ancien, dans son *Histoire naturelle*, consacre un certain nombre de chapitres à la cité de Rome et à ses monuments. Pourtant, il est étonnamment bref quand il traite de l'apparence physique de Rome. L'essentiel de son discours porte plutôt sur l'immoralité de certains monuments bien spécifiques, tels que la *Domus Aurea* (Maison Dorée) de Néron ou le théâtre temporaire érigé à la fin de la République par Aemilius Scaurus. Cependant, il fait référence aux monuments qu'il admire, qu'il nomme les « Merveilles » de la cité. Il en décrit trois, le Forum d'Auguste, le temple de la Paix et la Basilique de Paulus, comme les plus beaux monuments du monde (36.102). Mais il ne dit rien de plus sur eux. De fait, presque aucun détail sur leur apparence ne nous est transmis.

---

1. Je remercie les participants à la table ronde pour leurs commentaires précieux, Catherine Baroin pour sa lecture et surtout Valérie Huet pour sa traduction.

Quelques passages essaient de nous offrir une vue plus générale de la cité. Dans le Livre 36, Pline se débat pour nous fournir une description adéquate. Rome, écrit-il en invoquant le traditionnel jeu de mots entre *urbs* et *orbis*, équivaut au monde entier : « Comme l'univers s'y est accumulé et resserré pour former une sorte d'amoncellement, sa taille l'opprime tout comme si un autre monde était raconté en un seul endroit »[2]. Décrire Rome est une tâche aussi grande que celle qui consiste à décrire le monde entier. En fait, cela représente un défi encore plus grand. Rome représente le monde. La cité est elle-même un signe surchargé de sens. Rome fait donc échouer toute tentative de narration.

Dans ces conditions, comment les Romains de l'Antiquité se représentaient-ils leur propre cité ? Pourquoi et en quoi était-ce si difficile de se représenter Rome ? L'est-ce toujours ? Ce sujet très vaste ne sera pas, bien sûr, traité en son entier. Il sera abordé par l'étude parallèle des images littéraires et des images visuelles.

Écrivant quelques siècles après Pline l'Ancien, Ammien Marcellin, un grec écrivant en latin, nous fournit considérablement plus de détails sur l'apparence de la cité, dans son récit de la première visite de Rome par l'empereur Constance II en 357 de n. è. Ammien souligne l'étonnement de l'empereur à la vue de la cité : se tenant debout sur les Rostres, il fut frappé par le forum (*obstipuit*) : « De quelque côté qu'il portât les yeux, il était ébloui par les merveilles accumulées » (« *miraculorum densitate praestrictus* », 16.10.13)[3]. Le forum de Trajan fit la plus grande impression sur l'empereur (*haerebat attonitus*), nous dit-il. Ammien le décrit comme étant « admirable au sentiment même des dieux » (« *etiam numinum assessione mirabilem* », 16.10.15)[4]. Bien que beaucoup d'autres villes et cités du monde romain fussent conçues jusqu'à un certain point sur le modèle de Rome, avec leurs basiliques, leur curies, leurs

2. *Histoire naturelle*, 36, 101. Traduction de R. Bloch, *C.U.F.*, 1981.
3. Traduction d'E. Galletier, Paris, édition Budé, 1968.
4. Sur ce passage et son contexte, voir Matthews (1986 & 1989 : pp. 231-235).

forums et leurs Capitoles, le degré de supériorité de Rome était en quelque sorte au-delà de toute conception.

Transmettre l'échelle de Rome et de ses monuments est donc un véritable défi pour tout écrivain. Ammien compare le Panthéon au quartier d'une cité pour faire comprendre son échelle : *velut regionem*. Les Thermes, eux, sont construits comme le sont des provinces entières (« *lavacra in modum provinciarum exstructa* »). Le Colisée s'élève si haut que la vue d'un homme peut à peine en deviner son sommet. Le Forum de Trajan, quant à lui, est carrément au-delà de toute description ou imitation (« *nec relatu effabiles, nec rursus mortalibus appetendos* », 16, 10, 16). L'impossibilité de décrire Rome dans son ensemble est résumée dans la plainte finale de l'empereur : *Fama*, la Renommée, est soit incapable, soit malicieuse, car, bien qu'elle exagère toute autre chose, elle n'a pas trouvé de mots pour décrire Rome (16, 10, 17).

C'est peut-être que l'importance du défi posé qui explique qu'étonnamment peu de descriptions antiques de Rome nous soient parvenues. Le géographe grec Strabon nous offre un compte rendu détaillé du *Campus Martius* (5, 3, 7 sq.) mais se dérobe quant à la description du reste de la cité. Parfois, des poètes font l'éloge d'un monument spécifique (par exemple, Properce, 4, 6, à propos du temple d'Apollon sur le Palatin ; Martial, *Spectacles,* 2 pour le Colisée). En dehors de ces cas-là, les références à l'apparence physique de la cité dans la littérature tendent à être fortuites (quelques exceptions seront examinées plus loin). Les raisons de cette rareté sont complexes. Elle s'explique en partie par des questions d'échelle. Mais d'autres problèmes sont aussi en cause, problèmes sur lesquels nous reviendrons ultérieurement.

Qu'en est-il des images visuelles ? La manière d'esquiver Rome dans les textes littéraires peut être mise en parallèle avec ce qui peut être perçu comme l'absence relative des représentations imagées (visuelles) de la cité. Aelius Aristide, l'orateur grec du second siècle, observe, dans son *Éloge de Rome* :

« Si un artiste fait un massacre en peignant un corps de toute beauté, tout le monde dirait probablement qu'il aurait mieux valu ne pas portraiturer ce corps, leur laisser voir le corps même et non leur montrer une caricature. Et c'est ce que je pense de votre cité. Leurs discours lui ôtent la plupart de ses merveilles »[5].

Aelius Aristide hésite donc à décrire Rome : son discours, bien que prodigue dans sa louange de la cité comme centre du pouvoir, est pauvre quant aux mots concernant son apparence physique. Sa comparaison consiste à établir un parallèle entre le processus de représentation en peinture et celui de la représentation en mots. Quand l'objet à représenter est d'une telle splendeur, il vaut mieux éviter sa transcription en peinture plutôt que de produire une image inadéquate.

Aussi, comment les artistes pouvaient-ils répondre à ce défi posé par la représentation de Rome ? La personnification est une des stratégies utilisées. On trouve des images de Rome représentée comme une figure féminine pour la première fois dans l'Orient grec et, plus tard, partout dans le monde romain, un grand nombre d'entre elles étant liées au culte impérial[6]. Il est difficile d'être sûr de la manière dont elles étaient perçues : représentaient-elles la cité elle-même ou une notion plus générale du pouvoir du peuple romain ?[7]

Pour ce qui est des images non allégoriques de Rome, on s'aperçoit que certains monuments romains sont souvent représentés individuellement. Très tôt déjà, les magistrats romains, puis les empereurs firent frapper des monnaies célébrant des monuments particuliers de Rome[8]. À partir du premier siècle de n. è., les reliefs sculptés présentent aussi des monuments romains reconnaissables. En général, ceux-ci constituent une partie du fond d'un événement précis, tel qu'un sacrifice, un *adventus* ou une procession triomphale : par exemple, le Temple de *Mars Ultor* est montré en fond

5. À Rome, 4-5.
6. Sur les personnifications de Rome, voir Mellor (1981).
7. Cf. Mellor (1981 : 1017), bien que l'utilisation du terme *Templum Urbis* dans l'Antiquité tardive pour le temple de Vénus et de Rome de l'époque d'Hadrien suggère que le culte de la déesse Roma était alors perçu comme spécifiquement lié à la cité. Cf. Gagé (1936).
8. Voir Hill (1989), pour une discussion fournie de plusieurs exemples.

d'une scène sacrificielle sur le relief daté de l'époque claudienne et désigné sous le nom d'*Ara Pietatis* ; des monuments du Forum romain (dont l'identification exacte a engendré une grande controverse parmi les chercheurs) tels que le *ficus* et la statue de Marsyas apparaissent sur les *Anaglypha Traiani* ; le temple du Capitole et un des portiques entourant l'aire du Capitole forment le décor du sacrifice de Marc Aurèle, sur le panneau inséré dans l'arc de Constantin [9].

Ces monnaies et reliefs sont bien sûr extrêmement importants, à la fois pour savoir à quoi ressemblaient ces monuments et pour comprendre comment les Romains les voyaient. Mais, autant que je le sache, il ne nous est parvenu aucun relief officiel qui tente de représenter la cité de Rome en son entier, bien que d'autres cités et villes apparaissent occasionnellement sur des monuments, comme sur le relief d'Avezzano dans les Abruzzes [10] et comme les cités des Daces sur la colonne Trajane. Indubitablement, cela est dû en partie à un problème technique, en particulier la difficulté de la perspective. Mais ce n'était pas, je suppose, la seule raison ; en effet, les artistes du Moyen Âge montrèrent régulièrement Rome en son entier sans se soucier des problèmes de perspective.

Il existe une exception évidente, qui contredit l'hypothèse selon laquelle les Romains trouvaient trop décourageante la tâche de représenter leur cité : la *Forma Urbis* sévérienne. C'est un vaste plan de la cité incisé dans le marbre ayant, semble-t-il, été exposé aux yeux du public dans un coin du Forum de la Paix [11].

La première carte à être ainsi conçue dut offrir aux Romains une nouvelle perception de leur cité. Il semble possible qu'une carte semblable ait été exposée à l'époque d'Auguste, et plus certainement à partir de l'achèvement du *Templum Pacis* par Vespasien. Pourtant nous ne savons pratiquement rien de la

---

9. Cf. Ryberg (1967, pp. 21 sq.).

10. Cf Bianchi Bandinelli (1969, p. 174) qui discute de ce relief p. 175 ; il date du tout début du second siècle de n. è.

11. Quelques chercheurs pensent que cette carte ne fut jamais publiquement exposée, mais qu'elle était utilisée comme ouvrage de référence par les assistants du Préfet Urbain. Voir Gatti, dans Carettoni et al. (1960, pp. 214-215).

réception de telles cartes, car il n'existe pas de références directes aux cartes de la cité dans la littérature classique. Claude Nicolet étudie ces cartes dans sa préface à *Rome : L'espace urbain et ses représentations* :

« Toute entreprise "cartographique", depuis l'itinéraire ou le guide descriptif sommaire, jusqu'au plan-relief le plus monumental, est toujours ambiguë, ou plutôt polyvalente ; tout à la fois prise de possession, et simplification nécessaire du réel, elle est aussi tout ensemble exacte et symbolique, pratique et ostentatoire… Les cartes antiques de Rome ont eu certainement ce double caractère. Elles offraient à la fois l'image exacte, quoique réduite et schématisée, de la Ville première et unique, et l'éclat de l'œuvre d'art, digne d'Auguste... » [12].

L'insistance de Nicolet sur la polyvalence des cartes de la cité est sûrement justifiée mais il est bon de s'interroger sur la signification précise d'une représentation de Rome, telle que la *Forma Urbis*.

Comme un certain nombre de chercheurs l'ont observé, il faut replacer la *Forma Urbis* dans le contexte de la tradition romaine des cartes cadastrales (les meilleurs exemples de ces dernières qui nous soient parvenues sont les fragments d'Orange et de la *Via Anicia* à Rome) [13]. Néanmoins, la *Forma Urbis* n'est pas un plan cadastral, ce qui n'empêche pas qu'elle ait pu être fondée sur des plans de la ville utilisés à des fins cadastrales et qui étaient, eux, peut-être conservés à l'intérieur du bâtiment adjacent, dans le complexe architectural du Forum de la Paix. Les cadastres, comme Nicolet l'a montré, ont leur poids de signification symbolique mais ils ont aussi un but franchement et clairement utilitaire [14]. Cela ne semble pas être le cas de la *Forma Urbis* [15].

---

12. Nicolet in Hinard & Royo (1991, p. 16).
13. Sur la *Forma Urbis*, voir Carettoni, Colini, Cozza & Gatti (1960) & Rodriguez Almeida (1981) ; sur les fragments de la Via Anicia, voir Conticello de'Spagnolis (1984), Coarelli (1991) ; sur ceux d'Orange, Piganiol (1962).
14. Nicolet (1988, pp. 173-179).
15. Sur le débat concernant la fonction de la salle où se trouvait la *Forma Urbis*, voir Gatti in Carrettoni et al. (1960, pp. 215 sq.). Castagnoli, dans son

Alors quelle lecture de la cité nous offre la *Forma Urbis* ? Dans la cité en marbre, il y a quelques traces de la fin de la République, telles que le théâtre de Pompée. Cependant, presque tous les noms propres inscrits sur la carte sont ceux des empereurs et de leurs familles (une des deux exceptions concerne un bien donné par Septime Sévère à A. Fabius Cilo, préfet urbain à l'époque où le plan fut réalisé) [16]. Aussi s'agit-il d'une version de Rome fermement localisée dans le présent sévérien [17].

Pourtant, il y a peut-être un aspect où la *Forma Urbis* a certainement échoué dans sa représentation de Rome, aspect qui ne devait donc pas satisfaire son public, au même titre que les maquettes de la cité réalisées au vingtième siècle fascinent tout en désappointant (par exemple, la maquette de Paul Bigot, conservée maintenant à Caen, ou celle d'Italo Gismondi construite pour la Mostra Augustea exposée actuellement dans le Museo della Civiltà Romana à Rome). En effet, ces cartes et maquettes sont des réalisations dues à l'érudition et donc des instruments utiles pour les étudiants et les chercheurs. Pourtant, ils nous présentent inévitablement un cliché figé de la cité à un moment particulier, généralement au début du IVe siècle, sous Constantin. Ils cherchent, pour reprendre les mots de Nicolet, à « nous restituer physiquement la Rome de nos études » [18]. Mais la Rome que nous étudions n'est pas fixée à un seul moment. C'est bien sûr vrai de toute cité. Comme l'observe Plutarque :

« Une cité en effet est douée d'unité et de continuité, comme un être vivant qui reste le même en dépit des transformations apportées par l'âge et ne devient pas autre avec le temps, mais

---

compte rendu de la publication de la *Forma Urbis*, datée de 1960, se prononce pour une fonction purement décorative de la *Forma Urbis* (1961).

16. Gatti in Carrettoni et al (1960, pp. 215-216). Sur les inscriptions en général, voir Colini dans le même volume, pp. 165 sq.

17. Bien qu'en fait quelques éléments de la *Forma Urbis* semblent dériver de relevés passés et présentent par conséquent des phases un peu plus anciennes du développement urbain [voir Gatti in Carettoni et al (1960, pp. 213-214), et Cressedi (1949-50)].

18. Nicolet in Hinard & Royo (1991, p. 9).

garde sa conscience et son individualité… Faire d'une cité, par des distinctions chronologiques, un grand nombre ou plutôt un nombre infini de cités, c'est vouloir distinguer plusieurs hommes en un seul, sous prétexte que, vieillard aujourd'hui, il a été auparavant un homme jeune et, plus anciennement encore, un adolescent »[19].

Mais Rome est et était, peut-être plus que toute autre cité, particulièrement définie par sa complexité chronologique. L. Duret et J.-P. Néraudau, développant une image de Rome donnée par Martial dans une de ses épigrammes (5, 7), décrivent la cité comme la « ville-Phénix » qui leur « est apparue comme la capitale des métamorphoses » (1983, p. 16).

L'écrivain anglais du XVIIIe siècle, Horace Walpole, lors de sa visite de la cité, observa que Rome est un lieu où la mémoire voit plus que l'œil. Nous ne sommes pas surpris qu'un homme élevé, comme pratiquement tous ses pairs de l'ensemble de l'Europe occidentale, dans la littérature de la Rome classique — Cicéron, Tite-Live et Virgile tout spécialement —, qu'un tel homme ait considéré la Rome de son propre temps comme un vrai stimulant de la mémoire, comme suscitant des pensées sur le passé de la cité. À son époque, Rome ployait sous des milliers d'années d'histoire événementielle et était devenue un symbole de la splendeur des ruines. Mais dans l'antiquité aussi, j'aimerais le prouver, existait la sensation que l'œil seul manquait de moyens pour appréhender la cité de Rome (même si les écrivains grecs et romains décrivent la vue comme le plus important des sens)[20]. La mémoire en était l'accompagnement obligatoire, essentiel.

Les monuments, les rues et les édifices publics de la Rome ancienne étaient lourdement chargés de sens. Un des interlocuteurs dans le traité de Cicéron *De legibus* note que, contrairement aux autres formes littéraires fleurissant à l'époque de Cicéron, « l'histoire... n'existe pas dans notre littérature » (« *dest...historia litteris nostris* », 1, 2, 5). Comme Florence

19. *Mor.*, 559a. Traduction de R. Klaerr et Y. Vernière, édition Budé, Paris, 1974, t. VII-2).
20. Cf. Cic., *De orat.*, 2, 87, 357.

Dupont le souligne, pendant la République au moins, la cité elle-même était le texte historique majeur de Rome : la topographie fonctionnait comme un substitut de la narration littéraire [21]. Elle suggère (1989, p. 92) :

« Sa mémoire, faute d'être ancrée dans les œuvres inspirées des vieux poètes, s'enracine dans le sol sacrée de la Ville. Se promener dans Rome, c'est parcourir sa mémoire, voir la cabane de Romulus, le rocher de Cacus, le bois d'Égérie ».

La cité fonctionnait comme un entrepôt des mémoires romaines et continua de fonctionner ainsi même après que Rome eut acquis des écrits de son histoire. Et le système de mémoires fonctionnait comme un plan de rues de la cité. Était-il possible de regarder la cité sans penser à son passé ? L'habitude de percevoir Rome comme une incarnation de sa propre histoire a dû, selon moi, rendre difficile la concentration des lecteurs sur l'aspect purement visuel du tissu urbain de la cité.

Précédemment, nous avons remarqué la rareté surprenante des descriptions de Rome dans la littérature latine. Cependant, plusieurs poètes de l'époque augustéenne — quand la cité elle-même subissait une transformation drastique — s'engagèrent parfois dans l'aspect visuel de la cité mais d'une manière particulière, qui invoquait spécifiquement la mémoire [22]. Virgile, dans le livre 8 de l'Énéide, décrit la visite d'Énée sur le futur site de Rome, guidé par l'Arcadien Évandre. Le Palatin est déjà marqué des traces d'un âge ancien : Énée voit « *virum monumenta priorum* » (8, 312). La promenade culmine au Capitole :

« De là, il les conduit vers la demeure tarpéienne et vers le Capitole, tout d'or maintenant, jadis hérissé de broussailles sauvages » [23].

Ici l'utilisation des noms — *Tarpeiam* et *Capitolia* —, noms que l'aire ne recevra que plus tard, contribue à construire

21. Bien que les narrations possibles que les lecteurs pouvaient construire de ces monuments n'eussent pas besoin d'être cohérentes. Cf. Favro (1993, p. 234).

22. Pour une exploration plus détaillée de ce phénomène, voir Edwards (1996).

23. *Aen.*, 8, 347-8. Traduction de J. Perret, Paris, édition Budé, 1982.

plusieurs strates de sens sur la signification du lieu. Ce qui est remarquable, c'est le contraste entre l'aspect rustique du lieu au temps d'Évandre et le Capitole doré du futur (tout particulièrement à l'époque d'Auguste). Ainsi, Rome *est* décrite mais sa splendeur présente est seulement suggérée. Properce, Tibulle et Ovide (dans les *Fastes*), offrent aussi des clichés de Rome qui ont beaucoup de points communs avec ce passage de Virgile — décrivant le bétail sur le Forum, les berges du Tibre recouvertes d'herbes, les vallées marécageuses et les collines grasses, avec beaucoup plus de détails que la cité scintillante de leur propre temps. Ces traitements de la cité révèlent un sens tout-puissant du passé de Rome. Jean-Marie André décrit cela comme « une sorte de vertige diachronique, qui saisit la Rome rustique sous la Rome brillante de l'urbanisme augustéen » (1991, pp. 88-89). La métropole éblouissante du présent et l'idylle Arcadienne du passé sont toutes deux à la fois le même lieu et pas le même lieu.

De tels textes impliquent, selon moi, l'impossibilité virtuelle de contempler Rome sans la dimension du temps. Il s'en dégage un sens fort : Rome, dans le présent, ne se ressemble pas, ne peut pas se ressembler. La Rome réelle peut seulement être évoquée par l'imagination — car c'est la Rome des premiers temps.

Rome peut être appelée la « cité éternelle », mais Rome a aussi été la cité où, dans des siècles plus récents, les travaux destructeurs du temps ont été le plus fréquemment déplorés [24]. Ces textes anciens qui déployaient une dialectique entre le passé rustique de Rome et le présent métropolitain témoignaient, quand Rome était au sommet de son pouvoir, de la capacité de la ville à se transformer — pour s'étendre, et aussi, implicitement pour décliner. Des visiteurs plus tardifs de Rome, Hildebert de Lavardin au XIIe siècle, Poggio Bracciolini au XVe, Joachim Du Bellay au XVIe, Edward Gibbon au XVIIIe, explorèrent ce thème dans leurs écrits et s'inspirèrent essentiellement de la littérature romaine antique (Virgile, tout particulièrement le livre 8 de l'*Énéide*). Pour ces écrivains

24. Cf. Martindale (1996), Edwards (1996), et sur Du Bellay, Tucker (1990).

suivant leurs prédécesseurs de l'Antiquité, l'essence de Rome repose précisément dans cette tension entre le passé et le présent.

Cette préoccupation pourrait, je pense, être vue comme problématisant la notion de la représentation visuelle de la cité en deux dimensions. Il ne s'agit pas simplement d'une question de la troisième dimension spatiale — l'achèvement d'une perspective « correcte » — mais plutôt de la quatrième dimension, le temps. Je me demande alors ce qu'auraient fait Virgile ou Properce d'une version augustéenne de la *Forma Urbis*.

La complexité de Rome par rapport au temps a déjà été explorée au XVIIIe siècle par le graveur vénitien Giovanni Battista Piranesi qui s'impliqua dans la production d'une édition des fragments de la *Forma Urbis* (publiée en 1756). Auparavant, laissant aller librement sa puissante imagination, Piranesi utilisa ces fragments pour articuler sa propre vision de Rome qui était fort complexe. Ainsi, la carte d'ensemble de la cité de Piranèse (tirée de son travail *Antichità Romane* de 1748)[25] offre une image de la topographie sous-jacente des collines et vallées de la cité, entourée par des fragments du plan Sévérien[26]. La gravure témoigne d'une prise de conscience du fait que la cité antique n'est pas (et n'était pas) représentée de manière adéquate par la *Forma Urbis*. La cité de Piranèse n'est pas un puzzle qui peut être reconstitué pour rendre une image de Rome à un moment particulier. Elle présente plutôt au spectateur un puzzle qui ne peut être résolu. Bien qu'ils représentent la même cité dans l'espace, les fragments ne peuvent être replacés sur le plan car ils représentent des cités différentes dans le temps. Alors que le plan montre les contours des thermes de Dioclétien, il n'y a bien sûr aucun signe de cette vaste structure sur la *Forma Urbis*, produite des décades avant que les thermes ne soient édifiés. Par conséquent

25. G. B. Piranesi, *Antichità Romane de' Tempi della Repubblica e de' Primi Imperatori*, 1748. Voir p. 243 (by courtesy of the University Library, Cambridge).
26. Wilton-Ely (1978, pp. 48-51).

la carte fragmentaire de Piranèse, sa vision de Rome met en avant, plutôt qu'elle n'efface, l'extraordinaire complexité chronologique de Rome.

Images romaines, Actes de la table ronde organisée à l'École normale supérieure (24-26 octobre 1996) par Florence Dupont et Clara Auvray-Assayas, édités par Clara Auvray-Assayas, *Études de littérature ancienne*, tome 9, Paris, Presses de l'école normale supérieure, 1998, pp. 235-245.

Bibliographie

J.-M. André, « L'espace urbain dans l'expression poétique », in Hinard & Royo (eds.), 1991, pp. 83-95.

R. Bianchi Bandinelli, *Rome, le centre du pouvoir*, Paris, Gallimard, 1969.

G. Carettoni, A. M. Colini, L. Cozza & G. Gatti, *La Pianta Marmorea di Roma Antica*, Rome, Comune di Roma, 1960.

F. Castagnoli, Compte rendu de Carettoni et *al.* (1960), *Gnomon,* 33, 1961, pp. 604-610.

F. Coarelli, « Le plan de *via Anicia* », in F. Hinard & M. Royo (eds.), 1991.

M. Conticello de' Spagnolis, *Il tempio dei Dioscuri nel Circo Flaminio*, Rome, Soprintendenza Archeologica di Roma, 1984.

G. Cressedi, « Contributo per la datazione della F. U. », *Bullettino della Commissione Archeologica del Comune di Roma,* 73, 1949-50, p. 91.

F. Dupont, *La Vie quotidienne du citoyen romain sous la république*, Paris, Hachette, 1989.

L. Duret, & J.-P. Néraudau, *Urbanisme et métamorphoses de la Rome antique*, Paris, Les Belles Lettres, 1983.

C. Edwards, *Writing Rome : textual approaches to the city*, Cambridge, Cambridge University Press, 1996.

D. Favro, « Reading the Augustan city », in P. J. Holliday (ed.), *Narrative and Event in Ancient Art*, Cambridge, Cambridge University Press, 1993, pp. 230-257.

J. Gage, « Le "Templum Urbis" et les origines de l'idée de

renovatio », in *Mélanges Franz Cumont = Annuaire de l'institut de Philologie et d'Histoire orientales et slaves*, 4, Bruxelles, 1936, pp. 151-187.

P. V. Hill, *The Monuments of ancient Rome as coin types,* London, Seaby, 1989.

F. Hinard, & M. Royo (eds.), *Rome : l'espace urbain et ses représentations*, Paris Presses de l'Université de Paris-Sorbonne,1991.

C. Martindale, « Ruins of Rome : T. S. Eliot and the presence of the past », *Arion*, 3, 2 & 3, 1996, pp. 102-140.

J.-M. Matthews, « Ammianus and the eternity of Rome », in C. Holdsworth & T. P. Wiseman (eds.), *The inheritance of historiography 350-900*, Exeter, Exeter University Press,1986.

– *The Roman empire of Ammianus*, London, Duckworth, 1989.

R. Mellor, « The goddess Roma », *ANRW,* II, 17.2, 1981, pp. 950-1030.

C. Nicolet, *L'Inventaire du monde : géographie et politique aux origines de l'Empire romain*, Paris, Fayard,1988.

– « Préface », in Hinard & Royo (eds.), 1991.

A. Piganiol, « Les documents cadastraux de la colonie latine d'Orange », *Gallia* suppl. 16, 1962.

A. Rodriguez Almeida, *Forma Urbis Marmorea : aggiornamento generale 1980*, Rome, 1981.

I. S. Ryberg, *Panel Reliefs of Marcus Aurelias*, New York, Archaeological Institute of America, 1967.

G. H. Tucker, *The poet's Odyssey : Joachim Du Bellay and the Antiquitez de Rome*, Oxford, Clarendon,1990.

John Wilton-Ely, *The Mind and Art of Giovanni Battista Piranesi*, London, Thames and Hudson, 1978.

Yan Thomas

LES ORNEMENTS, LA CITÉ, LE PATRIMOINE

Résumé — La législation, abondante particulièrement au Bas-Empire, interdisant de séparer les « ornements » (principalement, les colonnes et les marbres) des édifices qui les portaient, n'avait pas un objectif d'urbanisme ou d'esthétique : l'étude de la casuistique juridique née de ces règles démontre qu'elles visaient à maintenir les ornements dans chaque patrimoine privé, conçu comme une *uniuersitas*. La catégorie juridique de l'*uniuersitas*, repérable chez Pline l'Ancien, vaut aussi pour les ornements des cités, relevant d'un patrimoine public, mobile, fongible et disponible pour l'empereur seul, mais à somme constante ou croissante.

– I –

Les « ornements » de la Ville sont parfois entendus, sur les inscriptions monumentales de la Rome antique, comme une totalité à laquelle vient s'ajouter l'éclat d'un édifice nouveau. La dédicace qui se lit au fronton des portiques, à la base des statues et des colonnes, ne souligne pas seulement alors la beauté singulière du monument qui vient augmenter d'antiques splendeurs. Elle renvoie en même temps à une chose de genre, considérée dans son ensemble : « les ornements ». Les inscriptions confrontent les ornements en général et leur dernier

---

Abréviations des textes juridiques : *C. J.* : *Code* de Iustinien — *C. Th.* : *Code Théodosien* — *D.* : *Digeste* — *FIRA*, 1 : Riccobono, *Fontes iuris Romani antejustiniani. Pars prima. Leges*, Florence, 1941 (repr. 1968) — *Inst.* : *Institutiones* de Justinien — *Nov. Maj.* : *Novelles* de Majorien.

augment en particulier : « augmentant l'état et l'*ornatus* des cités... » ; « pour augmenter l'*ornatus*, ils ajoutèrent... » ; « à l'*ornatus*, il adjoignit... »[1]. *Ornatus* peut certes désigner, parfois, tel monument que l'empereur fait élever : c'est alors d'un ornement particulier qu'il s'agit, tel l'obélisque que Constance II rapporta de ses victoires en Égypte, « ornement glorieux — *decus ornatum* — arraché à la roche de Thèbes », comme on lit sur la dédicace[2]. Mais le mot désigne plus encore la totalité de ceux, antérieurs, auxquels ce monument s'adjoint. La beauté singulière du dernier parement que célèbre chaque inscription n'a pas son seul siège en tel ou tel édifice particulier. Elle vient en accroissement d'une quantité ornementale qui lui préexiste et dans laquelle chacun d'eux vient se fondre ; les *ornamenta*, l'*ornatus*, pris en masse. Les formulations des lois urbanistiques tardives renvoient aux ornements comme à une universalité homogène d'éléments et de matériaux considérés d'une manière indivise, dans leur ensemble. Ces éléments et ces matériaux sont d'une certaine manière fongibles, puisqu'ils sont considérés sous un angle quantitatif et qu'ils s'évaluent en masse constante, croissante ou décroissante. Les Princes auteurs de l'amplification de l'Empire de Rome majorent la somme de ses ornements. La pluralité des *ornamenta*, terme fréquemment employé dans les lois, équivaut ainsi à la masse homogène de l'*ornatus*, de même que la multiplicité des *decora Vrbis* composent dans leur ensemble la « glorieuse beauté de la Ville », son *decus*[3]. Après avoir « établi la chose

1. *CIL*, VIII, 1179 (Constantin) ; VI, 1179 (Valens et Gratien) ; 1659 (Honorius et Théodose). *Ornatus* : *C. Th.*, 15, 1, 22 ; 25 ; 37 ; 43 ; *Nov. Maj.* 4. Théodoric, ap. Cassiodore, *Variae*, 3, 9 ; 3, 49 ; 4, 24 ; 7, 44. *Ornamenta* : *C. Th.* 15, 1, 1 ; 16 ; 41 ; Ammien, 16, 10, 17. S'agissant des maisons, de même, on emploie indifféremment *Ornamentum* (*D.*, 33, 7, 12, 16) ou *ornatus* (*D.*, 33, 7, 12, 36 ; 50, 16, 245 pr.). Sur les sens d'*ornamentum* et d'*ornatus*, où sont associés l'équipement et la parure, voir Moussy (1996).
2. *CIL*, 6, 1163 (cf. Ammien, 16, 10, 17 : *Urbis addere statuit ornamentis ut in maximo circo erigeret obeliscum*). Récit du transport et de l'érection de cet obélisque dans Ammien, 17, 4.
3. *Decora Vrbis* : Ammien, 16, 10, 14 : *haec decora Vrbis aeternae* ; *C. Th.* 15, 1, 50 (a. 412) ; *Nov. Maj.*, 4, praef : *ad decorandam Vrbis uenerabilis faciem* ; Théodoric, *ap.* Cassiod., *Variae*, 2, 7, à propos du remploi des blocs

publique », écrit Tacite, et « donné comme frontières à l'Empire l'Océan et les fleuves les plus lointains », Auguste « embellit la Ville elle-même de magnifiques ornements », *urbem ipsam magnifico ornatu* ; ou bien encore, sous les auspices de ce prince, « les dépouilles ennemies furent amassées pour l'*ornatus* de la Ville », *ad ornatum urbis* [4].

Les édifices publics sont les « glorieux témoignages de la majesté de l'Empire », lit-on dans la préface du traité d'architecture que Vitruve adressa à Auguste [5]. Ces témoignages et ces garanties sont faits de marbre. C'est par le marbre que le premier empereur embellit la Ville et qu'il la « revêtit d'ornements à la mesure de la majesté de l'Empire » [6]. Et c'est

---

de marbre : *ad decorem crescere ciuitatis* ; 7, 13, à propos du pillage des marbres et des métaux précieux : *decorem ueterum foedare*. L'association de *decus* (ou decor) et d'*ornatus* est formulaire dans l'Antiquité tardive : *C. Th.*, 15, 1, 1, *propriis ornamentis esse priuandas... a ueteribus decus perdere* (a. 357) ; 15, 1, 16, *ornamenta urbium ac decora marmorum* (a. 365) ; 15, 1, 22, a. 383 : *contra ornatum et commodum ac decorem faciem ciuitatis* ; 15, 1, 25, a. 389 : *publici splendoris ornatum... quae conspicuae Vrbis decori... creuerunt* ; *Nov. Maj.*, 4, *praef.* : *propter usum uel amoenitatem publicam* ; Théodoric, ap. Cassiod., *Variae*, 3, 49 : *quicquid ornatus expedit ad decorem*. Plus ancienne est l'association *honor ornatusque ciuitatis* : César, *Orat. frg.*, 23, ap. Aulu-Gelle, 4, 16, 8 ; Papinien, *D.*, 30, 122 pr. En matière de bâtiments publics, le beau s'oppose à l'utile : par exemple, l'opposition *decora/commoda*, *C. Th.*, 15, 1, 41 ; 43, ou *usus/ornatus* : *C. Th.*, 15, 1, 37.

4. Tacite, *Annales* 1, 9, 5 ; 3, 72, 1. C'est depuis le pillage de Syracuse que les victoires militaires sur les Grecs devinrent la source régulière de l'*ornatus Vrbis* : Liv., 25, 40, 1-2 : *ornamenta Vrbis......... hostium quidem illa spolia et parta belli iure* ; Cic, 2 *Verr.*, 4, 120 (*in ornatu Vrbis habuit uictoriae rationem*) 121 ; Plut. *Marcellus*, 21. De même, après la destruction de Corinthe, *Per. Liv.*, 53 : *Signa statua tabulas Corinthias L. Mummius distribuit circa oppida et Romam ornauit*. Sur les œuvres d'art et les objets précieux de la Grèce dans les triomphes et les butins, Liv. 34, 52 ; nombreux exemples dans Pline, *N. H.*, 34, 17 à 19 (statues) ; 35, 8 (tableaux). Pour d'autres cités que Rome, Cic., 2 *Verr.*, 4, 93 ; 97 ; Plut. *Marcellus*, 21, 3.

5. Vitruve, *De architectura*, *praef.* 2. L'association des ornements publics à la Majesté est constante jusque dans l'Antiquité tardive. Voir déjà Cic., 2 *Verr.*, 4, 88, à propos du vol d'une statue conquise sur l'ennemi, propriété du peuple romain : *est maiestatis, quod imperi nostri, gloriae, rerum gestarum monumenta euertere atque asportare ausus est*. Liv., 25, 40, 1 : *maiestatem populi Romani, ornamenta Vrbis*. Elle se manifeste notamment dans

à propos du marbre aussi que Pline l'Ancien dresse le catalogue des « merveilles » de Rome [7]. Dans les lois d'époque tardive sur les interdictions de démolir les bâtiments privés et sur l'obligation de restaurer les monuments anciens, les « marbres » sont souvent le nom métonymique des ornements. Sous cette matière dure, brillante et colorée, sont désignés le revêtement plus les décors architecturaux des édifices qui donnent leur éclat à l'Italie et à la Ville : « les marbres », dit simplement un édit de Vespasien ; « les ornements des villes et la gloire des marbres », dit trois siècles plus tard une constitution de Valentinien ; ou bien encore, dans une loi de Constantin : « les ornements, c'est-à-dire les marbres et les colonnes » — *ornatus, hoc est marmora uel columnas* [8]. Ainsi doivent se comprendre, dans des sénatus-consultes du Iᵉʳ siècle, les interdictions de démolir des maisons pour en revendre les matériaux : comme un peu plus tard dans l'édit de Vespasien, il s'agit de préserver l'*ornatus*. Nous avons un indice de cela dans le fait d'abord que le sénatus-consulte Volusien de 56 associe à la nécessité d'élever de nouveaux bâtiments celle de les orner ; dans le fait ensuite que les commentaires juridiques de toute cette législation évoquent précisément les marbres et les colonnes [9]. Colonnes et chapiteaux, mais aussi statues, bronzes, revêtements précieux, voilà ce que recouvrent les « marbres », c'est-à-dire les ornements, selon l'énumération à

l'interdiction pour quiconque, sous peine de lèse-majesté, d'inscrire son nom sur les monuments publics, à la place du prince dont c'est le monopole : *C. Th.,* 15, 1, 31, a. 394. Le premier exemple d'un attentat de ce genre appartient à l'époque d'Auguste : Dion, 53, 23, 5 (nom de C. Cornelius Gallus gravé sur les pyramides d'Égypte, avec une liste de ses exploits ; cf l'inscription de Philae, *ILS,* 8995). Dans un passage de Tertullien, qui joue de l'équivalence entre *kosmos*, à la fois monde et parure, et *mundus*, le monde apparaît comme un *ornamentum maiestatis* de Dieu (*Apol.,* 17, 1).

6. Suétone, *Auguste,* 29, 1.

7. Pline, *N. H.,* 36, 24.

8. Respectivement, *C. J.,* 8, 10, 2 ; *C. Th.,* 15, 1, 16 ; *C. J.,* 8, 10, 6 (cf *D.,* 30, 41, 2).

9. Respectivement, *CIL,* 1401, 11 43 ; *D.,* 38, 2, 48. Sur les marbres et colonnes dans la législation, autres références n. 1, p. 267 ; n. 2, p. 269 ; n. 5, p. 270.

peu près constante qu'en donnent les lois romaines tardives [10]. Ainsi les matériaux et les éléments ornementaux auxquels la cité doit d'exceller par son « aspect vénérable », son « éclat » ou sa « gloire » sont-ils pensés sous l'unité d'une chose de genre, propre à les fondre en un même corps et en un même statut. Toute parure nouvelle accroît en quelque sorte la parure ancienne par incorporation et par accession. « Orner » revient à incorporer certains matériaux et certaines formes — marbres, colonnes, statues — à la somme de matériaux et de formes qui constituent un patrimoine ornemental déjà constitué. Certes le monument qui vient d'être érigé se distingue de ceux qui l'entourent et le précèdent ; il a son lieu propre et possède, outre son inconfondable figure, la marque écrite de son identité. Mais, en vertu de sa dédicace, il se fond en même temps, malgré sa visible singularité, dans l'ensemble indistinct des ornements présents et passés. L'augment d'*ornatus*, selon une expression qu'autorisent les formules épigraphiques, suppose que l'on ait pu se représenter les ornements comme un ensemble homogène de choses fongibles.

– II –

Cet ensemble indifférencié, auquel de nouveaux ornements sont consacrés, n'est-il circonscrit que par l'espace qui le contient physiquement, de sorte que, même non perceptible comme ensemble, on doive toujours se le figurer dans les limites concrètes à l'intérieur desquelles il est compris (comme les contours d'un complexe monumental, l'enceinte d'une ville, etc...) ? Ou bien ne relève-t-il pas aussi d'une circonscription morale ou politique, de telle sorte que son unité tiendrait plutôt à son appartenance même et qu'il ne s'inscrirait plus tant dans les limites d'un lieu que dans celles, abstraites, d'une mouvance morale et d'un ressort institutionnel ? Ainsi, dans tel sénatus-consulte de 44, dans quel sens faut-il entendre

10. Ainsi, *C. Th.*, 15, 1, 14 ; 15, 1, 37 ; Cassiod., *Variae*, 2, 7 ; 3, 9 ; 7, 13 ; 7, 44 ; Sur l'*ornatus* (*kosmos*) de Constantinople, voir Sozomène, *Histoire Ecclésiastique*, 2, 5, 3.

que la défense de vendre les matériaux des maisons (c'est-à-dire, selon l'exégèse, leurs marbres et leurs colonnes) est édictée pour préserver « l'Éternité de l'Italie » ? Et, dans tel autre sénatus-consulte de 56, que signifie encore la formule selon laquelle le respect de ces mêmes ornements assure la survie de Rome, puisque leurs ruines feraient voir la vieillesse et la mort de l'État romain (*res Romana*)[11] ? Sur quel ordre de substrat matériel ou juridique, territorial ou politique, les « ornements » sont-ils plaqués, lorsque les constitutions impériales interdisent de dépouiller les maisons, les cités, les provinces, Rome ou Constantinople de leurs marbres, de leurs statues et de leurs colonnes[12] ? Cette législation répond-elle à des préoccupations d'esthétique, de sorte que, en ordonnant que l'*ornatus* soit maintenu sur place, elle viserait à protéger des sites, comme l'administration le fait aujourd'hui[13] ? Ou bien ce à quoi le décor se rattache, ce à quoi il appartient, ce dont il est en dernier lieu l'ornement, n'est-ce pas plutôt, au-delà des bâtiments qui le portent et des multiples établissements qui l'affichent, quelque autre unité moins apparente, dont il marquerait l'intégrité ? Par exemple, le patrimoine derrière la maison, la communauté politique derrière la Ville et, derrière la masse monumentale de Rome, l'institution romaine en personne, l'unité politique où la Ville et le monde sont associés, bref, la Majesté de l'Empire — c'est-à-dire quelque chose que n'embrasse pas le regard ? Quelle est en d'autres termes la

11. Sénatus-consultes Hosidien et Volusien : *CIL,* 10, 1401 et *FIRA*, 1, n° 45, 288-289, complétés par des édits de vespasien et d'Alexandre sévère, *C. J.*, 8, 10, 2, et commentés dans *D.*, 18, 1, 52 et 39, 2, 48.

12. Maisons : *D.*, 30, 41, 1, a. 122, et casuistique dans les fragments suivants. Cités *C. J.*, 10, 6, a. 321 ; *C. Th.*, 15, 1, 1, a. 357 ; 15, 1, 14, janvier 365 ; *ibid.* 16, mars 365 ; *C. J.* 8, 10, 8, a. 377 ; *C. Th.*, 15, 1, 22 (= *C. J.*, 8, 11, 6), a. 382 ; *ibid.* 37, décembre 398 ; *ibid* 43, septembre 405. Provinces : *C. J.*, 8, 10, 7, a. 362 et *C. Th.*, 8, 5, 15, a. 363. Rome : *C. Th.*, 14, 6, 3, a. 365 ; 15, 1, 19, a. 376 ; *ibid.* 48, novembre 411 ; *Nov. Maj.*, 4, juillet 458. Constantinople, *C. Th.*, 1 5, 1, 25, juillet 389 ; *ibid.* 50, octobre 412.

13. Sur le marché des éléments décoratifs et sur la protection de l'environnement urbain, voir Garnsey (1976). La problématique — à mon sens anachronique — d'un droit de l'environnement est celle également de Phillips (1973) et Sargenti (1982).

nature, corporelle ou incorporelle, tangible ou intangible, du support auquel les ornements donnent de l'apparence et de l'éclat ? Dans une perspective d'archéologie ou d'histoire de l'art, une telle question peut paraître oiseuse. Mais elle ne l'est pas du point de vue du droit. Elle est même la seule qui, de ce point de vue, ait un sens. Je vais tenter de montrer en quoi le droit romain impose de la formuler et en quoi surtout on y trouve d'utiles indications pour réfléchir au rapport des ornements à l'invisible, pour peu que l'on ne prenne pas l'invisible seulement du point de vue de la perception, mais qu'on le considère sous l'angle de la construction institutionnelle des entités. Il s'agit de déplacer la question du terrain du signe et du message — terrain tout naturellement emprunté en histoire de l'art — sur celui de l'appartenance patrimoniale, auquel seul, voudrais-je montrer, les juristes et les législateurs de Rome se sont intéressés. Pour simplifier mon enquête, je vais commencer par envisager le régime des ornements du patrimoine privé — ornements non de telle ou telle chose, de tel ou tel édifice, mais bien de tel ou tel patrimoine. Munis de quelques solides notions, nous pourrons plus facilement revenir à notre point de départ, c'est-à-dire aux ornements de ces entités que sont les cités et les États.

Voici un dispositif qui devrait laisser perplexe si l'on imaginait que l'ornemental n'adhère qu'à un complexe visuel et si l'on refusait d'envisager l'hypothèse selon laquelle les lois protègent autre chose aussi qu'une organisation de formes perceptibles. Il s'agit du sénatus-consulte de 44, évoqué plus haut. Ce règlement assure à première vue la belle apparence des édifices en Italie, en prohibant le commerce de matériaux de construction, lorsque ces matériaux proviennent d'édifices que l'on a dégradés ou démolis pour cette fin. Interdits donc le commerce et le remploi de dépouilles arrachées aux bâtiments — tuiles, métaux, boiseries, pierres de taille, mais surtout éléments de l'*ornatus*, colonnes et marbres [14] — parce que ce commerce provoque ruines et spectacle de désolation.

14. Le s. c. Hosidien vise l'opération de *diruere* (*CIL,* 10, 1401, 1.11 et 25 = *FIRA*, 1, n° 45, 1, 289), le s. c. Volusien, celle de *destruere tollereque*

Pourtant, cette lecture obvie des textes est insuffisante. Dans le sénatus-consulte de 44, par exemple, elle est gravement mise en échec par l'exception qui suit : « le Sénat ne décrète rien contre ceux qui, devant rester propriétaires de leurs biens, transportent des éléments (i.e. d'un bâtiment à l'autre), s'ils ne le font pas pour le commerce » — autrement dit, si les *spolia* ne sont pas aliénés à un tiers et si leur remploi est affecté à un autre édifice à l'intérieur du même patrimoine [15]. Même précision dans un édit analogue de Vespasien : dépouiller une maison de ses marbres et de ses colonnes n'est pas interdit, si ce déplacement sert à orner une autre maison appartenant au même maître [16]. De même encore, dans une loi de Constantin : il faut punir le transport des marbres et des colonnes des villes aux campagnes : les possessions rustiques ornées des dépouilles urbaines doivent être confisquées ; mais rien n'em-

---

(*CIL,* 10, 1401, 1.40=*FIRA*, 1, n°45, 2, 290). Cf. *D.*, 18, 1, 52 : *ne quis domum uillamue dirueret*. Que retire-t-on et que vend-on précisément ? Le sénatus-consulte ne détaille pas les *spolia*, mais emploie la notion générique de *pars* ou *partes* (1, 18 et 43), cf *D.*, 38, 2, 48, *pars domus*. L'aliénation d'une *pars domus* désigne dans ce contexte non pas la partie d'un seul tenant d'un édifice laissé intact, mais les matériaux que l'on en détache. On appelle en droit *pars* ou *portio domus*, ou encore *aedibus iuncta*, les matériaux rapportés et joints au principal de l'édifice — marbres, colonnes, tuiles, charpentes —, plus les éléments physiquement attachés à l'immeuble et qui se distinguent ainsi du mobilier d'exploitation (*instrumentum*) ou d'habitation (*supellex*) : portes, statues cimentées dans le mur, frises, fresques (*D.*, 30, 41, 2 et 9 à 13 ; *D.*, 33, 7, 12, 23 à 25). Un édit de Vespasien fait porter l'interdiction, plus précisément, sur les marbres et les colonnes, c'est-à-dire sur l'*ornatus* (*C. J.*, 8, 10, 2) : on peut supposer que c'est aussi ce que suppose le s. c. Hosidien. Dans la législation plus tardive, c'est toujours sur ces mêmes éléments et matériaux de l'*ornatus*, à savoir les colonnes, les statues et les marbres, que porte l'interdiction de dépouiller maisons et cités pour la vente ou le remploi : ainsi, Constantin (*C. J.*, 8, 10, 6, a. 321) Julien (*C. J.*, 8, 10, 7 ; 8, 5, 15), Valentinien et Valens (*C. Th.*, 15, 1, 14). À cette liste constante s'ajoutent ensuite les pierres de taille (*CIL,* 10, 1199, a. 333 ; Valens et Gratien, *C. Th.*, 15, 1, 19, a. 376 ; *Nov. Maj.*, 4, a. 458 ; Cassiod., *Variae* 3, 39, a. 507-511), le bronze et autres métaux (*C. Th.*, 15, 1, 37, a. 398 ; Cassiod., *Variae,* 7, 13).

15. *CIL,* 10, 1401, 1. 18 sq.

16. *C.J.*, 8,10, 2 ; *D.*, 39, 2, 48.

pêche de déposer ces mêmes marbres et ces mêmes colonnes pour en revêtir les façades d'autres maisons pourvu que, transportés d'un lieu à l'autre et même d'une ville à l'autre, ces ornements ne sortent pas de la propriété[17]. L'esprit d'une telle législation ne peut donc être considéré sous un rapport purement esthétique. La déposition de matériaux, de ceux en particulier qui servent à l'*ornatus*, peut bien altérer l'ordonnance des édifices, si la somme des biens dont ils font partie n'en est pas diminuée — s'ils continuent d'être utilisés à l'intérieur du même patrimoine, unité qui ne recouvre aucun lieu, cercle qui ne découpe aucun champ de perception. Le discours de la loi semble bien viser l'harmonie des bâtiments et de ce qui les entoure : mais son dispositif garantit l'intégrité d'ensembles d'objets librement déplaçables et substituables à l'intérieur d'une même entité. Au-delà du souci affiché pour le bel aspect des édifices ou des cités et pour la valeur esthétique, morale et politique qui s'attache aux ornements, ce sont des universalités, à l'intérieur desquelles tous les signes se confondent en biens fongibles, dont l'intégrité est garantie. Les marbres sont attachés au droit plutôt qu'aux murs. Au champ de la perception se substitue — et quoiqu'il s'agisse de la surface brillante des choses, des marbres éclatants dont resplendissent les bâtiments et les villes — l'aire que découpe la maîtrise juridique d'un sujet de droit.

Mais alors, quel peut bien être le sens de cette attache, compte tenu qu'il n'est pas défendu, par ailleurs, de vendre et d'acheter des maisons pourvues de leurs ornements ? À quelle logique répond un régime de la circulation des marbres qui, tout à la fois, interdit de les arracher de leur support si cette opération les fait sortir du patrimoine d'où ils proviennent, et permet de défaire ce lien par une aliénation qui les transfère, eux et leur support, dans la propriété d'autrui ? Quel sens y a-t-il à frapper d'interdit la mobilisation des ornements en dehors des patrimoines et à assurer par là l'intégrité ornementale de chacun

17. *C. J.*, 8, 10, 6, a. 321 (même solution déjà dans des constitutions antérieures : *D.*, 30, 41, 5). Le passage de la *uita Hadriani* 18, 4, *Constituit... ut in nulla ciuitate domus aliqua transferendae ad aliam urbem ullius materiae causa diruetur*, est manifestement inspiré de la législation constantinienne.

d'entre eux, tout en maintenant un système d'échange qui ne garantit pas l'inaliénabilité des maisons qui portent ces mêmes ornements ? Comment comprendre cette juxtaposition de deux circuits de l'*ornatus* : le premier fermé, contenu dans l'aire que découpe son appartenance à un même sujet, cercle invisible à l'intérieur duquel les marbres peuvent être remployés et déplacés d'un lieu à l'autre (de maison à maison, de ville à campagne et de ville à ville), physiquement et visiblement ; le second ouvert, espace libre où les ornements s'échangent en même temps que leurs supports et passent d'une aire juridique à l'autre, mais sans être pour autant déplacés, sans être nécessairement détachés de l'immeuble avec lequel ils restent fixés dans un même lieu ?

La question trouve peut-être un commencement de réponse dans la manière que les juristes ont de distinguer, à propos des legs de colonnes et de marbres, un certain nombre de cas-limites grâce auxquels est mis en lumière, précisément, l'arrimage de l'*ornatus* au patrimoine dont il provient, au-delà de ses attaches tangibles. Par la complexité quasiment expérimentale de ses figures, la casuistique isole et découvre la nature du lien qui continue de retenir les ornements dans leur droit d'origine, malgré les multiples supports qu'ils peuvent revêtir successivement. Il s'agit d'interpréter l'interdiction faite en 122 de léguer séparément du corps même de la maison tout ce qui se distingue d'elle mais y tient par adhérence, comme les marbres, les colonnes, les statues, les fresques [18]. Ces *aedibus iuncta*, selon l'expression du sénatus-consulte de 122, s'ajoutent aux bâtiments mais leur appartiennent par attenance physique : ainsi les statues fixées par maçonnerie, ou les tableaux attachés aux murs par des chaînes ou *a fortiori* les fresques, dont Pline note qu'elles n'ornent pas les murs des seuls propriétaires qui les ont bâtis à l'origine [19]. *Iuncta* et *adfixa*, ces éléments ne sont pas plus détachables que les murs eux-mêmes, et c'est

18. *D.*, 30, 41.
19. Marbres colonnes, couverture des toits, statues : *D.,* 30, 41, 9-11 ; chaînes tenant les tableaux : 50, 16, 245 pr. ; fresques : *D.,* 30, 41, 13 et Pline, *N. H.,* 35, 27, 6.

pourquoi on leur donne encore le nom de « partie » ou « portion » de la maison[20]. Pour autant, ils ne se confondent pas avec la maison elle-même, mais constituent son *ornatus*[21]. Ils ne peuvent être vendus ni légués indépendamment d'elle, à l'inverse de ces accessoires qui la complètent ou servent à l'exploitation rurale *(instrumentum)*, ou à la différence encore de ces meubles et ustensiles propres à l'usage personnel d'un chef de famille, sièges, tables, trépieds, lits, tapis, miroirs non fixés, tableaux simplement accrochés, vases, candélabres, lampes, statuettes, figurines, sceaux, vaisselles, verreries, cristaux, qui forment sous l'appellation de *supellex* un tout autonome et comme tel aliénable en son ensemble[22]. *Supellex* et composantes de l'*ornatus* constituent des listes d'objets complémentaires mais distinctes. Complémentaires, parce qu'elles servent autant l'ornement qu'à l'usage ; distinctes, parce la *supellex* est meuble, tandis que l'*ornatus* appartient à l'immeuble : statues scellées dans la maçonnerie, fresques à même le mur, tableaux retenus par des chaînes, et surtout colonnes et marbres. Cette distinction est particulière au droit. En rhétorique, par comparaison, la fonction ornementale de l'éloquence confond *ornatus* et *supellex* parmi les accessoires déplaçables du discours si bien que les orateurs, pour définir l'éloquence sobre, se figurent une maison privée de ses ornements[23]. Derrière les marbres et les autres composants de l'*ornatus*, au contraire, les juristes entendent un ensemble d'éléments de décor frappé d'immobilité par le droit : ils ne peuvent être vendus ou légués, en principe, qu'ensemble avec la maison elle-même. Distincts et cependant non isolables, colonnes, marbres, statues, fresques constituent une partie indisponible de la maison[24]. Ils en constituaient d'ailleurs l'essentiel de la valeur, dans les demeures aristocratiques.

20. *Supra*, n. 14.
21. Pomponius, *D.*, 50, 16, 245.
22. *D.*, 33, 10, de *supellectile legata.*
23. Cic., *Orator* 79-80 ; *de oratore* 1, 162. Sur l'*ornatus* rhétorique, voir Michel (1960, 328 sq.) et Moussy (1996, 102).
24. *D.*, 18, 1, 52 ; 30, 41, 1 ; 39, 2, 48. De même, les colonnes et les marbres ajoutés à une maison déjà léguée font partie du legs : *Inst.*, 2, 20, 19.

Lorsqu'il veut estimer la valeur de la maison de M. Lepidus à Rome, Pline évoque génériquement « les masses de marbre et les travaux des peintres », c'est-à-dire une universalité dans laquelle, au demeurant, la matière est privilégiée sur la forme, si l'on se rappelle que, en droit romain, les travaux des peintres accroissent au support qu'ils recouvrent et au maître duquel ils reviennent par accession, sans se voir reconnaître aucune valeur propre de par eux-mêmes [25].

Il se trouve que certains cas d'espèce nous permettent de découvrir la raison juridique de cette relative immobilisation, au-delà de ce qu'apparaissent imposer les contraintes matérielles. Exemple : un particulier possède deux maisons ; il lègue à quelqu'un l'une d'elles, et ajoute à ce legs les marbres attenants *(junctum)* à l'autre maison. Le legs n'est pas valable. Pourquoi ? On voit bien quelle dissociation physique, d'abord, suppose l'opération : la maison léguée est augmentée des dépouilles de celle qui ne l'est pas. Ce déplacement, cependant, n'a pas pour seul effet de briser l'adhérence des marbres à leur support d'origine. En même temps, le patrimoine où ils choient — le patrimoine du légataire — est distinct de celui d'où ils proviennent et dans lequel l'édifice porteur est resté — le patrimoine du testateur, qui se fondra dans ceux des héritiers. Support bâti et ornements sont dès lors dissociés, non seulement matériellement, mais surtout patrimonialement. L'opération s'analyse non pas en une, mais en deux scissions juridiques. Dans un premier sens, les ornements passent d'un patrimoine à l'autre. Rien que de normal à cela, qui n'est que la conséquence de l'opération de transfert. En outre, leur support d'origine reste compris dans cette première mouvance, de sorte qu'est scindée, non seulement l'unité physique des marbres et du corps de l'édifice, mais aussi l'unité d'appartenance où l'*ornatus* et son support se trouvaient compris au départ. Du fait qu'ils ne sont pas aliénés ensemble, ils se

25. Pline, *N. H.*, 36, 24, 7 ; sur la propriété de l'œuvre peint au titre du droit d'accession et sur le travail du peintre comme valeur ajoutée à un support qui reste le principal, voir Paul, *D.*, 6, 1, 23, 3-4 ; Gaius, *D.*, 41, 1, 9, 1-2 ; *Inst.*, 2, 1, 33-34.

retrouvent dissociés physiquement mais surtout juridiquement. Cette liaison des murs et du décor, leur inclusion dans un même droit, dans un même contenant patrimonial, voilà ce qui est rompu. Tel est bien l'unique critère de l'opération interdite. Supposons en effet, hypothèse impliquée *a contrario* par la précédente, que le testateur ait légué non pas l'une seulement de ses maisons mais les deux, tout en ordonnant, comme ici, que les marbres de la première seraient transportés dans la seconde. Il y aurait bien eu alors transport d'ornements d'une maison à l'autre. Mais, à la différence du précédent legs, cet *ornatus* serait tombé, en même temps que les murs d'où il aurait été détaché, sous une seule et même maîtrise. Issus d'une même aire de droit, le bâtiment et son décor se seraient à nouveau retrouvés réunis dans une même unité incorporelle et invisible, le patrimoine du légataire, quoique dans l'ordre des choses tangibles et visibles, ils eussent été séparés. Cette opération, contrairement à la précédente, est valide. Ce qui est spécifiquement interdit, c'est bien la disjonction de l'*ornatus* et de l'ensemble patrimonial où se trouve son ancien substrat[26].

Ce qui est requis, dans l'enchaînement des aliénations successives, c'est que, même désunis matériellement, l'*ornatus* et son substrat continuent d'appartenir à des aires juridiques communes, qu'ils doivent rejoindre ou quitter ensemble. La casuistique ne se laisse déchiffrer qu'à la lumière de cette induction. Qu'il suffise d'évoquer ici un cas de figure difficile où ce critère est mis à l'épreuve, permettant aux juristes de mieux l'isoler. Le testateur lègue à deux personnes, conjointement, une maison A dépouillée de ses marbres ; à l'une des deux, en outre, il laisse ces mêmes marbres pour en garnir une seconde maison B qu'il lui destine séparément. D'un certain point de vue, l'opération aboutit à disjoindre les patrimoines dans lesquels tombent respectivement les marbres et leur ancien support : le patrimoine auquel échoit la maison A, qui appartient indivisément aux deux légataires, et le patrimoine auquel échoit la maison B, qui appartient à l'un d'entre eux.

26. Raisonnement à partir de *D.*, 30, 1, 41, 3.

Mais d'un autre point de vue, on peut dire aussi que cette disjonction est évitée. Les marbres détachés de l'édifice A pour orner l'édifice B continuent en effet d'être inclus dans le patrimoine où le premier édifice se trouve : le propriétaire de la maison qu'ils viennent orner est en même temps copropriétaire de celle d'où ils ont été détachés. Si bien que ces choses séparées en fait, maison d'un côté et *ornatus* de l'autre, ne le sont pas en droit : un même contenant continue de les réunir invisiblement [27].

Les unités auxquelles les marbres adhèrent ne sont pas seulement celles que l'œil perçoit. D'autres associations, invisibles, s'imposent, qui n'ont pas moins de réalité. Ce sont celles qu'assurent des règles de circulation accordées sur des normes d'appartenance. On ne pouvait douter, au départ, que l'interdiction de déposer les marbres et les colonnes n'aient eu pour fin la belle ordonnance des édifices, la conservation de leur apparente beauté. On comprend maintenant qu'elle trouve sa raison, plutôt, dans l'unité de patrimoine à laquelle les murs et leurs premiers ornements demeurent soumis. À l'intérieur du patrimoine, les ornements peuvent être transportés d'un lieu à l'autre. S'ils en sortent, c'est à condition de continuer d'être inscrits avec leurs premiers supports dans une même entité juridique, de continuer de relever avec eux d'une même appartenance. Les biens privés se cèdent et s'aliènent en entier ou en partie, maisons et ornements unis ou séparés. Mais ne faut pas que cette circulation défasse l'universalité dans laquelle l'*ornatus* et son substrat sont compris depuis l'origine. Est reconduite l'union juridique des marbres et des murs auxquels ils ont été arrachés. La casuistique découvre des attenances secrètes et des affiliations inaperçues, qui échappent au regard. L'unité que forment les bâtiments avec leurs « marbres » n'est pas nécessairement de lieu. Une telle unité

27. *D.*, 30, 41, 4. Ces opérations, et l'idée patrimoniale qui s'en dégage, ne sont pas envisagées par Astolfi (1969, 192 sq). Trop souvent, les romanistes se contentent de reproduire et de commenter les catégories explicites du droit, inattentifs aux catégories implicitement forgées par la casuistique elle-même.

peut n'être que provisoire, alors qu'est indisponible l'unité de droit dans laquelle ils doivent rester associés.

Cela n'empêche d'ailleurs pas que l'on puisse imaginer un autre type d'attache où le droit assurerait la cohésion, non pas seulement patrimoniale mais également matérielle de ce qui avait été primordialement uni. Peut-on se représenter un temps où les ornements auraient été soumis à la règle d'un permanente attache à leur premier support ? L'indice d'une telle organisation est fourni par Pline, à propos des maisons des triomphateurs. Les dépouilles de la victoire étaient fichées à l'entrée des maisons des généraux auxquels avait été accordé le triomphe [28]. Or, primitivement, ces insignes étaient inamovibles. De sorte que les acheteurs successifs d'un immeuble paraissaient entrer « dans le triomphe d'un autre » [29]. Aucun transfert juridique, aucune aliénation (ventes et successions) n'avaient encore eu pour effet de séparer les murs et leurs ornements. Le commerce n'avait pas encore défait ce qu'un premier événement — une victoire — avait joint : la maison du vainqueur et les dépouilles du vaincu. Cette organisation archaïque supposée par Pline est précisément à l'opposé de celle qu'atteste le droit romain. Les universalités patrimoniales, à l'intérieur desquelles circulent des biens entre eux subrogeables et donc fongibles, ne réservent aucun lieu fixe aux insignes d'un événement unique, aucun lieu propre aux ornements qui en sont le témoignage particulier. Dans les entités patrimoniales tend à s'effacer la singularité de chaque chose et celle des événements qui les ont introduites. Tel est bien d'ailleurs l'usage fonctionnel des universalités en droit. Ne

---

28. Pline, *N. H.*, 35, 2, 4 : *Aliae foris et circa limina animorum ingentium imagines erant, affixis hostium spoliis, quae nec emptori refigere liceret...* Sur la maison du triomphateur comme lieu destiné aux *ornamenta* arrachés aux cités, Cic., 2 *Verr.*, 4, 121 ; cf. *Res gestae diui Augusti*, 24, 1 : *ornamenta reposui quae spoliatis templis is...... priuatim possederat.*

29. Pline, *loc. cit.* : *triumphabantque etiam dominis mutatis ipsae domus : et erat haec stimulatio ingens, exprobrantibus tectis quotidie imbellem dominum intrare in alienum triumphum.* Cicéron rapporte une coutume selon laquelle les monuments attachés au nom d'une *gens* ne pouvaient être ornés par une autre : 2 *Verr.*, 4, 79.

subsiste en elles qu'un rapport d'appartenance où se perd toute trace de la toute première acquisition.

Bien sûr, les dépouilles dont parle Pline n'ont rigoureusement aucun rapport avec les ornements qu'envisage le droit, et il serait proprement abusif de postuler une évolution historique qui aurait pu conduire des uns aux autres, même s'il est bien attesté, à l'époque républicaine, que les *spolia* servaient aux ornements et si c'est une représentation assez commune à Rome, sous l'Empire, que de mettre des *spolia* à l'origine de l'*ornatus*[30]. Mais il n'y aurait pour autant rien de stérile à imaginer, non plus sur le terrain des faits historiques, mais sur celui des idées qui ont rendu possible l'organisation d'universalités de choses corporelles, quelque passage de l'un à l'autre de ces deux modes d'attache des ornements : depuis leur attache visible — la maison, la porte — qui porte la marque d'un objet (les dépouilles) et d'un événement (le triomphe), jusqu'à leur attache invisible — le patrimoine — qui ne maintient plus qu'un lien de droit entre des choses comprises dans une même aire de circulation. Il faudrait, pour engager une telle réflexion, entreprendre de décrire les opérations de pensée qui ont permis, en droit, de transformer les collections de choses en entités incorporelles, les associations d'individus en personnes morales, et les pluralités concrètes en totalités. Une telle histoire ne serait au mieux qu'une intrigue imaginée pour comprendre, sous une forme narrative, les montages nécessaires au traitement juridique de l'*ornatus*.

---

30. *Spolia* et ornements publics : par ex. Cic., 2 *Verr.*, 4, 75 ; 93 ; 97 ; 120 ; 121 ; 123 ; Tite-Liv, 10, 50, 14 ; 25, 40, 2 ; *Per. Liv.*, 53 ; Pline, *N. H.*, 34, 17 ; Dion, 51, 22, 2 ; Tac. *Ann.*, 3, 72, 1. Au développement de Pline sur les *miracula Vrbis* et à l'inscription de l'obélisque de Constance II, qui associe clairement triomphe, dépouilles et ornements, il convient d'ajouter la désignation de *spolia* donnée aux ornements arrachés d'une cité ou d'une contrée pour en embellir une autre, dans la législation tardo-antique sur les constructions publiques.

- III -

Revenons aux cités, d'où nous sommes partis, mais en nous aidant de la notion d'un *ornatus* attaché au patrimoine, telle qu'on vient de la dégager à partir du droit privé. Envisagée sur ce terrain, la question, on le voit bien, n'est pas principalement d'ordre esthétique. Elle n'est pas non plus principalement d'ordre sémiologique. N'entre pas dans son champ la signification ou la symbolisation par le décor architectural, dont s'occupent les historiens de l'art et les archéologues. C'est une chose d'interpréter les formes et les figures du décor urbain et de lire comme à livre ouvert un programme ornemental, à supposer même qu'un tel programme soit donné à voir. C'en est une autre d'établir les affiliations juridiques de la somme des biens compris sous l'appellation d'*ornatus*, de définir les unités dont ils relèvent et d'analyser le lien qui les subordonne à ces unités. Il ne s'agit plus alors de significations perceptibles et de messages déchiffrables au regard, mais d'affectations fictionnelles, de dépendances abstraites et d'appartenances instituées : il s'agit de repérer les ensembles à l'intérieur desquels les éléments de l'*ornatus* peuvent être déplacés et mobilisés sans que l'intégrité de celui-ci, garantie par la loi, soit brisée. Ce qui distingue une universalité ornementale d'une autre ne se confond alors pas avec l'espace perceptible dans lequel ses diverses composantes s'inscrivent : il ne se confond pas avec un espace visuel concret. Son domaine, au contraire, est idéel. Il est découpé par des normes d'appartenance, par des interdits de circulation. Il n'a d'autre critère que l'unité d'une maîtrise assurant son indivisibilité.

On pourrait bien sûr considérer les cités en tant que personnes morales, et rapporter à cette instance abstraite la quantité d'*ornatus* qui, en principe, ne doit pas être diminuée. Cette transposition, cependant, change entièrement la nature du problème, parce que la cité — c'est-à-dire, s'agissant de patrimoine ornemental, essentiellement la ville — suppose un territoire d'un seul tenant, circonscrit légalement par des murs ou par toute autre limite (à Rome, par le premier mille autour du *pomerium*, zone dans laquelle le sol prend la qualification de ville). L'appartenance de l'*ornatus* à la personne politique est recouverte ici, et en quelque sorte cachée, par sa localisation même. L'unité juridique se projetant dans une unité de lieu, il devient pratiquement impossible de dissocier, dans la splendeur que la loi protège, celle qui appartient à une entité et celle qui se manifeste dans un espace. D'ailleurs, il ne fait aucun doute qu'un souci constant, sous l'Empire, a été de remédier à la *deformitas* entraînée par les négligences et les dépradations qui altéraient la belle apparence des édifices publics et privés. Parmi les fonctions assignées aux gouverneurs de province, il y avait celle de lutter contre l'enlaidissement des cités, en contraignant les propriétaires à restaurer leurs maisons[31]. Impossible d'ignorer l'insistance que met toute la législation, du Ier au IVe siècle, sur l'aspect, sur la forme, sur l'apparence des édifices et à travers eux sur le spectacle de villes que menacent les démantèlements, les démolitions et les ruines[32]. Ces dégradations étaient moins combattues d'ailleurs pour leur laideur même qu'à cause des signes qu'elles donnaient à

31. *D.* 1, 18, 7 : *praeses prouinciae inspectis aedificiis dominos eorum causa cognila reficere ea compellat et aduersus detractantem competenti remedio deformitati auxilium ferat.* Sur le rôle du gouverneur en matière de permis de démolir, de reconstruire ou de transformer un édifice privé, voir encore l'édit d'Hadrien aux citoyens d'Hadrianopolis, *FIRA*, 1, n° 80, 431 (restauration d'une maison en ruines) ; Alexandre Sévère, *C. J.*, 8, 10, 3, a. 224 (transformation d'une maison en ruines en jardins).

32. À propos des détériorations et des restaurations, la législation de l'empire sur les constructions publiques et privées, du Ier au IVe siècle, insiste communément sur l'aspect (*species*, *aspectus*), la forme (*forma*), la parure (*decus*), la magnificence (*dignitas*), la splendeur (*splendor*) de Rome ou des cités, beauté garantie par les constructions ou menacée par les ruines. Sénatus-consulte Hosidien, a. 44 (*FIRA*, 1, n° 45, I, 289, 1. 10) : *inimicissimam pace faciem inducere ruinis* ; sénatus-consulte Volusien, a. 56 (*FIRA*, 1, n° 45, 2, 290, I. 42-43) *ruinis... (Italiam)... deformare* ; Alexandre Sévère, *C. J.*, 8, 10, 2, a. 222 : *ut... publicus deformetur adspectus* ; *id.*, *C. J.*, 8, 10, 3, a. 224 : *ex ruina domus... eandem faciem in ciuitate restituere* ; *C. Th.*, 15, 1, 1, a. 357 : *a ueteribus decus perdere* ; *C. J.*, 8, 11, 3, a. 362 (en grec) ; *C. Th.*, 15, 1, 14, a. 365 : *uetera reformare* ; 16, a. 365 : *ad speciem pristinam* ; 14, 6, 3, a. ? : *prouidere... dignitati* ; 15, 1, 19 : *aedium deformatione* ; 15, 1, 22, a. 383 : *contra... decoram faciem ciuitatis* ; 15, 1, 25, a. 389 ; *publicus splendor... conspicuae Vrbis decus... publicis nitoribus faciem aspectus deterioris indu-*

voir de l'incurie du pouvoir, des désastres des guerres civiles et de l'impuissance à assurer l'éternité des temps : les négligences ou les violences faites aux édifices assuraient le triomphe d'une *uetustas* directement contraire à l'éternité de Rome, de l'Italie et de l'Empire. L'interdit de démanteler les constructions privées était une manière d'assurer la pérennité de l'institution politique romaine, dont le gage visible était dans le bâti [33]. Nul doute, par conséquent, que des préoccupations esthétiques en même temps que politiques se manifestent à travers une réglementation qui manie volontiers l'emphase. Mais il n'empêche que défendre, comme le font les lois romaines, l'intégrité des ornements urbains, cela revient pratiquement aussi à assurer le maintien d'un patrimoine constant à l'intérieur d'un certain périmètre. C'est vers cette piste de réflexion qu'il convient de nous orienter.

C'est habituellement sous une condition quantitative que la parure de la Ville est évoquée, notamment dans l'abondante législation urbanistique des quatrième et cinquième siècles, en

cere; 15, 1, 50, a. 412 : *cuius decus tantum est*; *Nov. Maj.*, 4 : *ad decolorandam Vrbis uenerabilis faciem... ad splendorem urbium pertinent.* Le retour à l'ancienne beauté des cités en ruines est une préoccupation constante de la chancellerie de Théodoric, à travers les formules de concessions de matériaux à remployer et d'édifices à restaurer : Cassiod., *Variae*, 2, 7 : *ut redeat in decorem publicum*; 3, 9 : *ut... oblitterata facies reddahur... antiqui nitoris recipere qualitatem*; 3, 29 : *ne inter tot decora moenium deformis appareat ruina saxorum*; 3, 49 : *quicquid... expedit ad decorem*; 4, 24 : *splendor reparationis*; 4, 30 : *aut utilitati publica... aut decori*. 7, 13 : *Romanam pulchritudinem... custodire*; 7, 44 : *Age itaque ut per te decorem sumat quod neglectum... iacuerat.*

33. s. c. Hosidien, *FIRA*, 1, n° 45, 1, 288 « apparence ennemie de la paix » ; s. c. Volusien, *FIRA*, 1, n° 45, 2, 289 : « enlaidir par des ruines aucune partie de l'Italie et conserver l'incurie des temps passés qui a affecté tous les bâtiments, au point que l'on a pu dire de l'État romain qu'il mourait de vieillesse et était déjà au tombeau » ; lettre d'Hadrien aux citoyens d'Hadrianopolis, *FIRA*, 1, n° 80, 432 : « afin que la ville ne tombe pas en ruines par vétusté et incurie » ; loi de Constance II, *C. Th.*, 15, 1, 1 : « perdre la parure qui vient des ancêtres » ; loi de Valentinien Ier, a. 365, *C. Th.*, 15, 1, 16 : « éprouver la décrépitude de l'âge » ; Valentinien II, Théodose, a. 389, *C. Th.*, 15, 1, 25 : « altérer... ce qui a été construit tant à notre époque que dans les siècles antérieurs pour ajouter à l'éclat de la ville ». À l'inverse, les

des temps de destructions et de restaurations, ou bien plus tard encore dans la réglementation théodoricienne inspirée de ce modèle, au commencement du VIe siècle. Les textes considèrent les ornements en masse, comme une quantité croissante et décroissante. Ce qu'amplifient les embellissements dus aux empereurs, la négligence des hommes et le malheur des temps paraissent au contraire le diminuer [34]. Derrière ces progressions et ces atteintes, derrière ces variations que les lois apprécient en grandeur et qualifient selon le critère du plus et du moins, il est postulé que les ornements constituent une seule et même chose dont la durée, dont la permanence est maintenue par une régulation de sa quantité. C'est une masse, c'est une entité dont les textes postulent et régissent l'existence lorsqu'ils mettent au premier plan, non pas les transformations de l'aspect de la Ville, mais la croissance et la décroissance de son *ornatus*, l'augmentation et la réduction de ses marbres. Un texte de Pline l'Ancien peut être utilement confronté à cette analyse. À l'intérieur du long développement qu'il consacre aux marbres, Pline envisage très clairement comme entité les « merveilles de la Ville », les *miracula Vrbis*. Les merveilles accumulées dans Rome grâce à la conquête du monde ne sont d'abord pas considérées dans leur irréductible singularité, mais dans leur amoncellement indivis (*in unum cumulum coniecta*), bref dans l'ensemble où elles paraissent être indissolublement confondues. À cette unité d'un tout multiple, Pline donne précisément le nom d'*uniuersitas* [35]. La somme

---

restaurations rendent les villes à leur aspect primitif et effacent les dégâts de la *uetustas* : *C. Th.*, 15, 1, 14 ; 15, 1, 16 ; 14, 6, 3 ; Cassiod., *Variae*, 4, 24. Pour le Haut-Empire, voir Murga Gerner (1976) ; pour le Bas-Empire, janvier (1969).

34. *Vrbis decori crescere* : Valentinien II, Théodose, Arcadius, *C. Th.*, 15, 1, 25 (a. 389) ; Théodoric, *ap.* Cassiod., *Variae*, 2, 7 : l'acquisition de marbres peut *ad decorem crescere ciuitatis* ; 4, 24 : concessio d'un portique à restaurer à Spolète, pour que *ornatus crescat ciuitati*. Sur l'amputation et la diminution des marbres et des ornements, nombreuses interdictions législatives, à partir du *C. Th.*, 15, 1, 25, a. 389 ; 15, 1, 43, a.405 ; *Nov. Maj.*, 4, a.458.

35. *N. H*, 36, 24, 20 : *uniuersitate uero aceruata, et in quemdam unum cumulum coniecta*. Cf. Ammien Marcellin, 16, 10, 13, *miraculorum densitas*.

que composent les ornements et derrière eux les monuments qu'ils parent, constitue bien pour lui une totalité prise comme unité. Ce qui brille et se voit constitue un ensemble qui, en tant que tel, ne peut être seulement pensé selon le régime des choses visibles. Bien sûr, les marbres et leurs variétés les plus remarquables sont énumérés et spécifiés pour leurs qualités esthétiques — le lacédémonien vert et l'ophite blanc, cendré ou noir, aux tâches disséminées ou en boucles, le porphyrite rouge, l'onyx, l'albâtre, la coralitique blanc ivoire et l'alabandique noire, la pierre thébaïque parsemée de gouttes d'or, la pyrrhopoecile qui donne l'éclat du soleil aux obélisques. Mais tous ces matériaux de l'*ornatus* et tous les types de monuments qu'ils ornent, dès lors qu'ils convergent vers Rome et s'y entassent comme « merveilles de la Ville », aboutissent à un tout pris en masse. Sous la rubrique ornementale des marbres, une quantité croissante est placée sous un signe quasi patrimonial. D'ailleurs, cette idée d'une masse à conserver et à renouveler indéfiniment, patente dans la législation, Pline la suggère à sa façon lorsqu'il note que les « merveilles de l'Italie », qui dans son exposé viennent en prolongement de celles de la Ville, tiennent pour l'essentiel au fait étrange, signalé par Papirius Fabianus, que les marbres croissent spontanément dans les carrières, qui se comblent naturellement à mesure qu'on les en extrait. Le remplacement constant des marbres assure l'accroissement continu d'une matière inépuisable[36]. La quantité des monuments et des marbres de Rome et de l'Italie semble bien constituer ainsi une *uniuersitas* en ce sens également qu'elle est sans cesse renouvelée et accrue du fait que de nouveaux matériaux remplacent les anciens ou leur sont ajoutés.

Sous la rubrique ornementale des marbres, Pline concevait les *miracula* de la Ville à la manière dont les juristes définissaient des ensembles dotés d'une existence juridique propre, indépendante de celle de leurs premiers éléments. Ainsi en

36. *N. H.*, 36, 24, 20 : *Et inter plurima alia Italiae miracula, ipsa marmora in lapicidinis crescere auctor Papirius Fabianus, naturae rerum peritissimus : exemptores quoque affirmant compleri sponte illa montium hulcera.*

est-il des « corps composés d'éléments jointifs » — *ex cohaerentibus* : par exemple, l'ensemble des parties d'un bâtiment et des matériaux entrés dans sa construction est qualifié d'*uniuersitas aedium* parce que la propriété sur tout ne s'analyse pas comme une addition des propriétés sur ses différentes parties ; ou bien encore, le sol et son bâti sont une *uniuersitas* parce que la propriété du sol entraîne fusion de la propriété des choses ayant servi à bâtir en surface [37]. Ainsi en est-il également des « corps composés d'éléments séparés » — *corpora ex distantibus* — comme les troupeaux, les légions, les collèges ou les cités qui sont eux aussi des *uniuersitates* [38]. Les juristes qualifiaient ainsi, notamment, des totalités patrimoniales composées de choses et de droits, totalités qu'ils concevaient comme constantes, parce que les biens compris en elles, fongibles du point de vue de la valeur, étaient toujours substituables entre eux et indéfiniment remplaçables par d'autres. Leur hétérogène collection composait des entités qui, malgré l'augmentation ou la diminution de leur substance, conservaient leur identité : un patrimoine, un pécule, une hérédité restent la même chose — *eadem res* — si d'autres objets en sont détachés ou s'y agrègent [39]. Le tout perdure d'ailleurs non pas en raison d'une communauté de genre ou par quelque idée abstraite du tout, mais à cause du mouvement constant

37. Théorie des corps *ex cohaerentibus* : Pomponius, *D.*, 41, 3, 30 pr. ; Paul, *D.*, 6, 1, 23, 5-6. *Vniuersitates aedium* : *D.*, 41, 1, 7, 11 ; 41, 3, 23 pr. Ensemble jointif du sol et des constructions qu'il porte : *D.*, 41, 3, 23 pr.

38. Théorie des corps collectifs, collections d'objets singuliers ou de personnes singulières : Sénèque, *Epist.*, 102, 6 ; Pomponius, *D.*, 41, 3, 30 pr. ; Paul, *D.*, 6, 1, 23, 5 ; *Inst.*, 2, 20, 18. *Vniuersitas* de choses : troupeaux, haras : *D.*, 7, 1, 68, 32-70, 3 ; 41, 3, 30, 2 ; fidéicommis portant sur une *uniuersitas* d'objets et de valeurs : *C. J.*, 6, 42, 32 pr ; 6, 43, 3 ; patrimoine, succession, pécule : *D.*, 43, 1, pr. (*uniuersitates* opposées aux *singulaeres*) ; *D.*, 50, 16, 208 ; *D.*, 5, 3, 20, 10 ; dot : *D.*, 33, 4, 1, 4.

39. La théorie de l'invariabilité de l'ensemble comme tout est formulée notamment à propos de la casuistique du troupeau (*Inst.*, 2, 20, 18 ; *D.*, 6, 1, 1, 3 ; 6, 1, 23, 5 ; 7, 1, 68, 2-70, 3 ; 18, 1, 35, 6 ; 20, 1, Ipr. ; 41, 3, 30, 2) ; de l'*hereditas* (*D.*, 50, 16, 178, 1) ; du pécule (*D.*, 15, 1, 30 pr. ; 15, 1, 40 ; 33, 8, 11 ; 44, 2, 21, 1) ; des universalités de personnes : légions, tribunaux, cités : *D.*, 5, 1, 76.

par lequel de nouvelles agrégations viennent suppléer à ce qui a disparu, à cause du mécanisme successif qui assure la durée permanente de l'ensemble comme tel. Ce qui s'adjoint à l'*uniuersitas* tient lieu de ce qui en est séparé, ce qui disparaît est aussitôt remplacé par ce qui se met spontanément « à sa place » (*loco eius*) : tel est en droit romain des ensembles patrimoniaux ou des collectivités de personnes le jeu de la « substitution », dit encore « subrogation » par les juristes de la première scolastique médiévale [40]. Par un dispositif qui ne se confond en rien, on le voit, avec celui qui consisterait à unifier une pluralité d'objets sous le signe de la valeur (opération réalisée lorsqu'on qualifie de *pecunia* la totalité des biens composant le patrimoine d'un citoyen), les objets dont l'ensemble est construit comme pérenne prennent la qualité de choses fongibles, et l'*uniuersitas* dans laquelle tous ces corps sont compris peut être séparée d'eux jusqu'à revêtir — c'est le cas en particulier d'un pécule ou d'une hérédité — le statut de chose incorporelle [41].

L'universalité d'*ornatus* envisagée par Pline, de même que celle que postulent les lois urbanistiques, n'est pas sensible. Les monuments et les marbres, certes, apparaissent comme autant d'ostentations de victoires remportées sur le monde — autant de victoires, autant de merveilles [42]. Cependant, elle ne doit pas son unité au fait d'être contenue dans un même champ visuel. Non seulement parce que, les marbres s'agrégeant aux

40. Alfenus Varus, *D.*, 5, 1, 76 : *quorum in locum alii subiecti essent*. Voir sur ce passage la glose d'Accurse (XIIIe siècle) ; également, Jacques de Révigny (fin XIIIe siècle) sur *D.*, 3, 4, 7, 1 (*Lectura super prima et secunda parte Digesti ueteris*, Bibl. Univ. Leiden, d'Ablaing 2 f° 80-81) et Odofredus sur 8, 2, 23, gl. *s.u. aeternus*, de même que Balde (XIVe siècle), gl. *eod loc. s.u. in perpetuum*.

41. Hérédité comme *nomen iuris* : *D.*, 5, 3, 50 pr. ; 50, 16, 1 19 ; 50, 16, 178, 1 ; pécule : *D.*, 15, 1, 30 pr. ; 33, 8, 11 ; cité et autres *uniuersitates* de personnes traitées comme *nomen*, c'est-à-dire comme contenant abstrait : *D.*, 3,4, 7, 1.

42. *N. H.*, XXVI, 11 à 23 ; 24 : *Verum et ad Vrbis nostrae miracula transire conueniat... et sic quoque terrarum orbem uictum ostendere : quod accidisse toties paene, quot referentur miracula, apparebit.* Topos analogue dans Aelius Aristide, *Éloge de Rome*, 13.

marbres et les ornements aux ornements, le dernier ajout ne s'incorpore pas à une chose certaine, mais, comme on l'a suggéré plus haut, à une chose de genre, déterminée par sa quantité ; mais également parce que le processus même de ce cumul fait que tout ce qui se joint à l'*ornatus* paraît lui être destiné, comme s'il était attributaire de cet apport — comme si tout nouvel *ornatus* était destiné à l'*ornatus* (un peu de la même manière que, à travers la dédicace au mort, l'universalité des morts est adressataire, les mânes dans leur ensemble au-delà du mort qui les rejoint). Lorsque les particuliers inscrivaient dans leur testament un legs à leur cité « pour sa gloire et son ornement », ou lorsque les empereurs dédiaient des édifices « à l'*ornatus* public », c'est presque une entité morale qu'établissent cette référence et cette affectation [43]. Si bien que, par un redoublement d'abstraction, la beauté des monuments et des marbres semble être destinée non pas à la Ville, à l'espace urbain directement perceptible, mais, comme on peut le lire dans les textes des lois, à la beauté elle-même, les ornements étant « ornements de la publique splendeur ». Derrière le sens matériel se profile un sens institutionnel, et c'est bien sur ce double registre qu'il faut entendre, par exemple, telle inscription où l'empereur Constantin proclame avoir « augmenté », par ses constructions, « l'état et l'ornement des cités », *status atque ornatus* [44]. Si l'attache des marbres à la cité est visible à cause de leur nécessaire présence à l'intérieur d'un espace fini, le rapport qui les unit à elle n'est pas nécessairement compris, une fois de plus, en termes esthétiques.

Il faut tenir compte au surplus des normes qui gouvernent la circulation et les remplois d'*ornatus*. La signification de ces normes ne se confond pas nécessairement avec leur effet immédiatement perceptible. Marbres, colonnes, chapiteaux, statues et reliefs sont réutilisés d'un édifice à l'autre et déplacés.

43. Legs : *D.*, 30, 122, pr. ; cf. 30, 32, 2 ; *ornatui publico* : *CIL,* VI, 1170 ; *publici splendoris ornatus* : *C. Th.*, 15, 1, 25.
44. *CIL,* VIII, 1179 ; cf. *C. Th.*, 14, 6, 3, a. 365, « restaurer l'état de la Ville éternelle et pourvoir à la splendeur » ; 15, 1, 20, a. 380 : « ajouter à l'état ancien de la magnificence ».

À Rome, on sait que la pratique des remplois devient de plus en plus fréquente à partir de la fin du IIIe siècle, même si elle n'était bien sûr pas inconnue auparavant[45]. Il s'agit d'une réappropriation, non pas imitative ou métaphorique — à la manière par exemple du Forum d'Auguste — mais proprement corporelle, physique, du passé. De sorte qu'ici la matière compte au moins autant que la forme. L'exemple le plus connu est celui du remploi, sur l'arc de Constantin, de médaillons, panneaux ou statues provenant de monuments érigés sous Trajan, Hadrien et Commode. Mais il n'est pas le premier : on peut citer auparavant l'Arcus Nouus de Dioclétien sur la Via Lata, où étaient probablement incorporés des bas-reliefs antérieurs, datant peut-être du règne de Gallien. Ces pratiques sont bien attestées surtout par l'archéologie de l'époque plus tardive, par celle de la Rome chrétienne en particulier[46]. Leur étude proprement dite relève de l'archéologie et de l'histoire de l'art et ne s'inscrit pas dans la perspective adoptée ici. Du point de vue du présent travail, importent uniquement les conditions légales de possibilité des « rénovations ». La question est uniquement de savoir quelles associations, quelles unités autres qu'ostensiblement programmatiques laissent inférer les normes juridiques qui gouvernent la circulation des matériaux et des éléments de l'*ornatus*. Or, si l'on considère l'organisation que le droit leur impose, les ornements de Rome — et ceux des cités de l'Empire romain — forment unité non avec tel monument mais avec la Ville, tout comme l'*ornatus* indivis des patrimoines forment unité non avec tels murs mais avec tel patrimoine.

D'abord, ne peut être transgressée la sphère dans laquelle la loi contient ces déplacements : c'est à l'intérieur de Rome ou à l'intérieur d'une même cité que les marbres sont déplacés.

45. Pour le remploi de matériaux et pour la différence de travail que comporte la fabrication ou le remploi d'une colonne, voir par ex. Cic., 1 *Verr.*, 147-148.

46. Sur la pratique des *spolia* pour marquer le triomphe du Christianisme, voir Krautheimer et Corbett (1937-1977, II, 308 sq.) (églises de Rome) ; (1937-1977, III, 232 sq.) (églises péninsulaires) ; Deichmann (1975 et 1939) ; Ward-Perkins, (1984 : chap. 10) ; Settis (1986).

Les lois tardives où l'*ornatus* est protégé comme tel interdisent le remploi de *spolia* lorsque l'opération aboutit à entamer le patrimoine ornemental d'une cité au profit d'une autre [47], voire d'une province au profit d'une autre [48]. L'*ornatus* des villes est inentamable et les marbres ne doivent pas sortir des cités (sauf, on s'en souvient, si un même patrimoine comprend des domaines sis dans plusieurs d'entre elles et qu'un unique circuit traverse alors des appartenances politiques distinctes). À l'intérieur de l'espace urbain, les *ornamenta* se redistribuent, servent de matériaux pour des constructions nouvelles sans subir pour autant, au sens où les lois l'entendent, d'altération ni d'amputation : leur intégrité n'exige rien que la conservation de leur somme. Ensuite, ces transferts de marbres et de fragments ornementaux d'un monument à l'autre et d'un lieu à l'autre, à l'intérieur de la Ville, obéissent à des critères de catégories. C'est exclusivement au bénéfice des édifices publics que les ornements peuvent être remployés. Sans qu'il soit encore question d'*ornatus* des villes, la loi du municipe de Tarente affectait partiellement déjà à la construction de monuments publics les amendes auxquelles étaient condamnés ceux qui avaient démantelé leurs maisons dans l'*oppidum* ou les avaient démolies. C'est une manière de remploi interne que mettait en œuvre cette charte municipale. L'amende correspondant aux frais de reconstruction servait à enrichir en édifices publics une cité endommagée dans ses constructions privées [49]. Sous l'Empire, au premier et au deuxième siècles, l'interdiction faite aux propriétaires de déposer les marbres et les colonnes de leurs maisons était suspendue lorsque les remplois servaient à orner un édifice public [50]. Et ce que les lois du IVe siècle

47. Constance II, *C. Th.*, 15, I, 1, a. 357 ; Valentinien, *C. Th.*, 15, 1, 14, a. 365 ; *Nov. Maj.*, 4, a. 458. Cette législation tardive juridifie une très ancienne conception patrimoniale des *ornamenta urbis*, dont aucune cité ne consentait à se dépouiller volontairement ; par ex., cf. Cic., 4 *Verr.*, 133.

48. Julien, *C. J.*, 8, 10, 7, a. 362.

49. *FIRA*, 1, n° 18, 168, 1. 32 sq. voir le commentaire de Crawford (1996 : 310). Cf. *lex coloniae Genetiuae*. cap. 75 (Crawford, 1996 404), et loi municipale flavienne, cap. 62 (*FIRA*, 1, n° 24, 214-215).

50. Édit de Vespasien, *C. J.*, 8, 10, 2, interprétation du s. c. Hosidien de 44 :

dénoncent le plus emphatiquement et punissent le plus sévèrement, ce sont les remplois de pierres et de marbres publics pour des usages privés[51]. À l'intérieur même du genre des bâtiments publics, d'ailleurs, les lois d'époque tardive interdisent de prélever des matériaux et ornements sur un monument ancien pour construire ou orner un édifice nouveau[52]. De cette manière, l'*ornatus* public ne peut jamais être qu'accru : pas d'embellissement sans une augmentation de son volume. Même dans les villes assiégées du Vᵉ siècle et dans l'Italie barbarisée du VIᵉ siècle, ce principe fut formellement maintenu et réitéré. C'est pourquoi, par exemple, les concessionnaires privés de bâtiments publics qui menaçaient ruine devaient commencer par en déposer les marbres et les métaux pour les rendre à la cité, avant de restaurer ces bâtiments pour leur usage propre[53]. En ces circonstances défavorables et malgré la dégradation des cités, le principe de conservation des ornements continua d'être affirmé, comme s'il avait été nécessaire au maintien de la structure politique.

Restaurations, remplois, transports des marbres du privé au public ou du public au public dans l'ordre d'une amplification croissante, toute cette organisation confère à la masse des matériaux une homogénéité qui, de ce point de vue, n'a rien de sensible (à ceci près qu'elle est contenue dans un espace fini). Les normes qui régissent ces remplois servent certes aussi une politique esthétique répondant à des critères de forme. Les attendus des lois urbanistiques tardives justifient fréquemment leur dispositif en référant à l'« aspect » *(facies)*, au « prestige »,

---

D., 39, 2, 48 ; interprétation du sénatus-consulte de 122, qui interdit les legs d'*aedibus iuncta* : *D.*, 30, 41, 5.

51. Par exemple, Julien, *C. J.*, 8, 5, 15, a. 363 ; *Nov. Maj.*, 4. Également, les interdictions de construire dans les lieux et sur les emplacements d'édifices publics : *C. Th.*, 15, 1, 22, a. 383 ; 15, 1, 25, a. 389.

52. Par exemple, *CIL*, 10, 1199, a. 333 ; *C. Th.*, 15, 1, 19 ; 15, 1, 37, a.398 ; 15, 1, 48, a. 411 ; *Nov. Maj.*, 4. Dans le même esprit, les préfets de la Ville et du prétoire reçoivent l'ordre de restaurer avant de construire à neuf : *C. Th.*, 15, 1, 4, a 365 ; *C. Th.*, 15, 1, 16, a. 365.

53. *C. Th.*, 15, 1, 41, a. 401 ; 43, a. 405 ; formulaire de concession dans Cassiod., *Variae*, 7, 44.

(dignitas) à l'« illustration » *(decus)* des villes en général et de Rome en particulier. Cependant, dans leur dispositif même, ces normes assurent plus exactement le maintien de ces ornements sous un même régime d'appartenance et d'origine. Les marbres remployés des édifices publics continuent à s'agréger à l'*ornatus* de la Ville, à l'intérieur des limites que celle-ci découpe sur le sol. Par analogie avec la localisation patrimoniale des ornements privés, on peut dire que les marbres de Rome, lorsqu'ils sont transportés d'une place à l'autre, continuent d'appartenir au même patrimoine urbain que leurs anciens supports ; leurs emplacements successifs sont confondus dans une même l'unité — unité institutionnelle, dont le territoire n'est finalement qu'une projection. De cette unité, le vocabulaire des inscriptions et des lois porte témoignage, avec des expressions comme « ajouter à l'*ornatus* », « l'*ornatus* s'accroît » ou « l'*ornatus* diminue ». La normalisation même de ces remplois, les règles à la condition desquelles les matériaux se réaménagent et les éléments décoratifs se réagencent, supposent l'institution d'ensembles homogènes, la constitution de véritables universalités politiques où ces objets circulent. La fusion qui s'opère entre eux est politique, au sens où c'est une idéalité qui leur sert de contenant.

Mais cette fusion est politique encore en un autre sens. La substance du nouvel *ornatus* est faite des dépouilles de l'ancien. Le très ancien lien entre victoire, dépouilles et ornements reste à ce point prégnant, jusqu'à une époque très tardive, que les marbres, colonnes, chapiteaux, colonnes, bas-reliefs, gemmes, et bientôt inscriptions, arrachés à certains monuments ou à certaines cités pour en orner d'autres sont appelés précisément *spolia*, terme où voisinent les idées de dépouilles, de trophées de victoire et d'éléments destinés à être remployés — *rediviva*. L'idée de « dépouilles » est prise alors au second degré, puisqu'il s'agit de fragments d'un *ornatus* lui-même déjà constitué comme tel à partir de précédents trophées. C'est ainsi que le remploi de monuments païens pour orner les édifices chrétiens marque le triomphe de la religion nouvelle, qui fiche dans ses constructions, comme autant de trophées, les dépouilles arrachées aux temples[54]. Mais ces mobilisations et ces déplacements sont en même temps purement internes, parce qu'ils relèvent d'une même sphère de compétence administrative et politique. De même que les constructions nouvelles portaient le nom de l'empereur, de même les réparations des constructions anciennes, et de même encore l'autorisation de leur remploi. Utiliser des *spolia*, redonner vie aux marbres, était un attribut de la majesté du prince. Pour Rome et l'Italie ou pour Constantinople, l'empereur en décidait lui-même ou par son délégué, le préfet de la Ville ; pour les autres cités, les gouverneurs, sous le contrôle hiérarchique des préfets du prétoire[55]. Dans l'Italie ostrogothique, Théodoric continuait de se comporter, de ce point de vue, comme un empereur romain : sa chancellerie expédiait dans toute l'Italie des formules d'octroi pour le remploi des blocs de marbre, des colonnes, des bronzes et autres matériaux précieux[56]. À Rome même, les mutilations ou vols d'ornements justifiaient une enquête d'office du préfet de la Ville et le châtiment capital, comme s'il se fût agi d'un sacrilège ou d'un crime de lèse-majesté[57]. La circulation des ornements suppose ainsi un ressort de souveraineté à l'intérieur duquel elle trouve ses limites, de sorte que, au-delà des ruptures apparentes, c'est toujours une même entité que renouvellent ces redistributions et ces recollages de pièces jointives sinon fongibles. Marbres et métaux précieux, colonnes, statues, pierres de taille, étaient comme une incorporation de la Grandeur de Rome, le corps même de sa Majesté : dépouilles arrachées au monde et accumulées dans le périmètre sacré de la Ville. Ces objets en étaient des signes visibles, certes, mais ils composaient surtout une somme indistincte appréhendée à travers son régime de totalité. En elle se rejoignaient la chose romaine

54. Les études disponibles portent surtout sur les pratiques médiévales des *spolia* (Esch 1969). Il manque une étude de fond sur l'idée même de *spolia* dans l'Antiquité tardive.

55. *C. Th.*, 15, 1, 14 ; 16 ; 25 ; 37 ; 43 ; 48 ; 50.

56. Formules de concessions dans Cassiod., *Variae*, 2, 7 ; 3, 29 ; 3, 49 ; 4, 24 ; 4, 30 ; 7, 44.

57. *Nov. Maj.*, 4 ; Cassiod., *Variae*, 7, 13.

et l'Empereur qui la gouvernait. La diminuer revenait à porter une criminelle atteinte à une quantité prise comme absolu — à une grandeur aussi inentamable et aussi inviolable que la Majesté elle-même.

Après la chute de l'Empire d'Occident, les empereurs d'Orient conservèrent quelque temps la juridiction sur les marbres de Rome, pourtant gouvernée par son évêque. Boniface IV convertit le Panthéon en église consacrée à la Vierge, avec l'autorisation de Phocas [58]; Honorius I recouvre Saint Pierre de tuiles et de bronzes arrachés aux temples, par concession d'Heraclius [59]. Monopole qui se manifeste encore avec éclat au moment de la visite de Constance II à Rome en 666 : il pilla systématiquement les bronzes et les expédia dans la « Ville royale » c'est-à-dire dans l'autre vraie Rome, Constantinople [60]. Plus tard, après le VIIe siècle, les papes assurent à leur tour ce contrôle et cette fonction régalienne par laquelle est assurée l'unité politique des marbres. Mais les ornements de la Ville et de l'Italie se dispersent progressivement alors dans le monde chrétien. Sous la tutelle pontificale, la matière de Rome se dissémine. Charlemagne obtient par exemple du pape Hadrien, pour Aix-la-Chapelle, les mosaïques et les ornements précieux qui ornaient les palais impériaux de Ravenne et de Rome [61]. Commence alors une tout autre histoire des dépouilles et des remplois : non plus de ce qui, arraché au monde, s'agglomère dans la Ville en une universalité corporelle, mais de ce qui, arraché d'elle, au contraire, constitue désormais la substance romaine de monde chrétien. À nouveau, nous n'avons pas affaire à une fonction proprement ornementale et esthétique, mais à une fonction d'affiliation, d'origine et d'appartenance. L'adhérence des marbres n'est pas tant à leur support matériel que, au-delà, à une Rome devenue formelle, abstraite, répandue hors de ses

---

58. *Liber Pantificalis,* 1, 313.
59. *Liber Pontificalis,* 1, 323.
60. *Liber Pontificalis,* 1, 343
61. *M.G.H., Epistolae,* II, 614.

limites propres : adhérence à une structure politique universelle, offerte à de nouveaux emplois.

Études de littérature ancienne, tome 9, Images romaines, Actes de la table ronde organisée à l'École normale supérieure (24-26 octobre 1996) par Florence Dupont et Clara Auvray-Assayas, Paris, Presses de l'École Normale Supérieure, 1998, pp. 263-284.

Bibliographie

R. Astolfi, *Studi sull'oggetto dei legati in diritto romano*, Padoue, 2, 1969.

Michael H. Crawford (ed.), *Roman Statutes, 1*, Londres : Institute of Classical Studies, 1996.

F. W. Deichmann, *Die Spolien in der Spätantiken Architektur*, Münich, 1975.

– « Saüle und Ordnung in der frühchristlichen Architektur », *Mitteil. der deutsch. arch. Inst., R.A.*, 54, 1939, pp. 98 sq.

A. Esch, « Zur Wiederverwendung antiker Baustücke und Skulpturen im mittelalterichen Italien », in *Archiv für Kulturgeschichte*, 51 Band, Heft 1, Vienne, 1969, pp. 1-64.

Moses Finley, *Studies in Roman Property*, Cambridge Univ. Press, 1976.

Peter Garnsey, « Urban Property Investment : Appendix. Demolition of Houses and the Law », in M. Finley (ed.) 1976, pp. 119-133.

W. S. Heckscher, « Relics of pagan Antiquity in mediaeval Settings », *JWC*, 1, 1937, pp. 204-220.

Y. Janvier, *La législation du Bas-Empire romain sur les édifices publics*, Aix-en-Provence, 1969.

R. Krautheimer, S. Corbett et al., *Corpus basilicarum Christianarum Romae*, Rome, 1937-1977.

Alain Michel, *Les rapports de la rhétorique et de la philosophie dans l'œuvre de Cicéron*, Paris, 1960.

Claude Moussy, « *Ornamentum* et *ornatus* : de Plaute à la Vulgate », *REL*, 74, 1996, pp. 92-107.

J. L. Murga Gerner, *Protección de la estética en la legisla-*

ción urbanística del alto impero, Séville, 1976.

E. J. Phillips, « The Roman Law on the demolition of buildings », *Latomus*, 32, 1973, pp. 86-95.

M. Sargenti, « La disciplina urbanistica a Roma nella normatività di età tardo-republicana e imperiale », dans *Plinio il Vecchio sotto il profilo storico letterario, Atti Conv. Como*, Como, 1982, pp. 265 sq.

S. Settis, « Continuità, distanza, conoscenza. Tre usi dell' antico », *Memoria dell' antico nell' arte italiana, III. Dalla tradizione all' archeologia*, Turin, 1986, pp. 375-486.

B. Ward-Perkins, *From Classical Antiquity to the Midde ages. Urban Public Building in northern and central Italy*, Oxford, Oxford Univ. Press, 1984.

Janet DeLaine

BUILDING THE ETERNAL CITY : THE CONSTRUCTION INDUSTRY OF IMPERIAL ROME

The city of Rome has never failed to impress visitors by its great public monuments. Even the emperor Constantius II, visiting Rome for the first and last time in AD 357, was amazed :

> « ... whatever he saw first, it seemed to stand out from all the rest : the shrines of Tarpeian Jove (how far the things of the gods surpass those of the earth !) ; the baths built like provinces ; the great solid mass of the amphitheatre, built of travertine and so tall that human sight can scarcely reach the top ; the Pantheon like a city district, well-rounded and beautiful in its lofty vault ; the elevated spirals which can be climbed to a platform and support statues of former emperors ; the Temple of Roma and the Forum of Peace, the Theatre of Pompey, the Odeon and the Stadium, and among these other ornaments of the Eternal City. But when he came to the Forum of Trajan, unparalleled anywhere on earth, I believe, and which even the gods agree is a marvel, he stopped, thunderstruck, looking attentively around the gigantic complex, beyond description and beyond the power of mortal men to do again. » (Ammianus Marcellinus, 16, 10, 14-5)

Such reactions strike a chord with many of us, so that we also subscribe to this natural and instinctive connection between Rome the eternal city, the symbol of enduring civilization, and the permanence of its great public monuments. But there is another city, the densely inhabited city of the Subura with its teeming tenements, or the crowded warehouses and narrow streets of the Emporium, preserved only in fragments such as the Markets of Trajan or as a pale reflection in the marble plan of Rome, but familiar from the writing of Horace, Martial and Juvenal[1]. This too is an eternal city, eternal in its problems of supplying even the basic needs of food and shelter for its unprecedentedly large population, the largest city in the western world before late 18th century London and Paris.

Both of these impressions see the city in terms of constants, whether of the finished buildings or the continual problems. The city is a given; even if the tenements are crumbling and collapsing, the attention focuses on the underlying permanent problem of shelter. What we often forget is that even an eternal city is the result of a continuing process. The permanent monuments have to be built and maintained, if not repaired or rebuilt after fire or flood, while the collapsing tenements must be replaced, and these can only be achieved by human activity and by a very large amount of it at that. It is this construction process which is the focus of this paper. Other studies have been made about the buildings as architecture, and about Roman construction methods in general[2], but here my interest is in the individuals concerned and the overall structure of the building industry, together with the mechanics of small-scale and large-scale construction projects and the supply of building materials[3]. In order to understand the role of building within the city more fully, we also need some estimate of the number of people involved. Altogether, this will allow us to look finally at the broader social and economic implications of building the eternal city.

---

1. *Lexicon* V, *s. v.* « Subura », pp. 379-85.

2. The standard basic accounts of Roman architecture in English are Brown 1961 : Ward-Perkins 1981, pp. 21-140, pp. 415-39; Macdonald 1982; Sear 1982, pp. 49-102, pp. 134-84. For Roman construction, see Blake 1947 and 1959; Lugli 1957; Blake and Bishop 1973; Giuliani 1990; Adam 1994.

3. For an overview of the building industry at Rome which summarizes much of the previous literature, see Anderson 1997. Although Ling 1985 is written in the context of Roman Britain, much of this very useful study

Architects, contractors and builders

It should be made clear at the outset that our written evidence — literary and epigraphic — for the building industry is limited. The best-represented group are not in fact the builders but the architects, and even here the evidence would be scanty were it not for the treatise on architecture written during the reign of the emperor Augustus by Vitruvius, himself a practising engineer and architect. Vitruvius gives us a valuable insight into the training and practices of architects of his period and earlier, while other literary and epigraphic sources reveal the names of some individuals who worked at Rome plus indications of their legal and social status. These named individuals are, however, relatively few, and only a tiny handful can be associated with known buildings within the city; Rabirius, who designed the imperial palace on the Palatine for the emperor Domitian and was known to Martial, and Trajan's architect Apollodorus of Damascus, are the only ones who are more than just a name [4]. These men, clearly of outstanding ability, who worked directly for the emperors themselves and who may have changed the face of Roman architecture, were exceptions. The remaining individuals appear to be mainly freed slaves, or free citizens of moderate social status such as Vitruvius himself. This raises the question of the training of architects. Vitruvius outlines an ideal education covering both practical and theoretical aspects of building, expecting the architect :

> « to be literate, a skilled draughtsman, and good at geometry ; to be well-versed in history, a diligent student of philosophy, with a knowledge of music, and not ignorant of medicine ; to know law and have experience in astronomy and astronomical calculations. » (*On Architecture,* 1, 3)

---

relates to Italy, especially Rome and Pompeii.

4. See Pearse 1975a, pp. 100-20 and Appendix I for architects at Rome, and Macdonald 1982, pp. 122-37 for a discussion of the major practitioners in the imperial period, with further references. Anderson 1997, pp. 15-67 collects the evidence for named architects.

Economically this would seem feasible only for the relatively well-to-do free citizen, while a good education could also be supplied to a promising slave by a wealthy owner or patron. At the same time, anecdotal evidence from literary sources suggests that well-trained architects were not unusual and had sufficient standing to argue the toss with their clients. The criticisms of Hadrian's architectural efforts by Apollodorus are well-known (Dio, 69, 4), but Cicero too had to endure a lecture on optics in Greek from the architect Cyrus when he dared to criticize the size of some windows (*Letters to Atticus,* 2, 3, 2).

For domestic construction in particular, it was always possible that the builder, or even the client, could be his own architect. Vitruvius (*On Architecture,* 6 praef, 6) is in favour of property owners who build for themselves in order to spend their money as they would wish rather than handing it over to untrained speculators posing as architects. This may well be the situation underlying Cicero's letter to his brother Quintus concerning his Manilius estate (*Letters to Quintus,* 3, 1, 1-2). The builder here is the unfortunate Diphilus, who Cicero castigates for being both slow and incompetent, failing to set some columns up either straight or on the right alignment. Cicero was closely involved in deciding many of the architectural details, ordering changes to be made and criticizing some of Quintus' suggestions. Either Cicero had drawn up the original plans, and Diphilus is only the builder, or Diphilus as architect was very much at the command of his client; it has been suggested that Diphilus was Cicero's slave or freedman, but there is no clear proof. The difficulty of distinguishing between architects who supervised their own building and master-builders is met again on some funerary monuments, where the profession of the deceased is only indicated by plumb-bob and square, compasses, level and measuring rules. As on the relief of the Aebutii [5], there is no way of telling whether these were architects or builders — the tools could belong to either.

In many cases, particularly for public works, the control and organisation of the construction process might be in other

5. Stuart Jones 1912, 75, no. 6 and pl. 15; *CIL,* 6, 10588 for the inscription.

hands than those of the architect or individual builder; these are the *redemptores* or contractors[6]. Under the Roman Republic, for which our literary evidence is best, public building works were normally let out to contract by the state, and it is probable that this continued to be the case for the emperors' building projects although the direct evidence is lacking[7]. Certainly Frontinus (*On Aqueducts,* 2, 119), writing about AD 100 from his position as water commissioner (*curator aquatum*), assumes that while routine repair work to the aqueducts was carried out by a permanent body of public slaves, new constructions were let out to contract. Under the Antonines, a *curator operum publicorum* — the imperial official in charge of public buildings equivalent to the *curator aquarum* — is noted as being in charge of paying the *redemptores*[8]. The legal sources show the contract system also operative in late Republican and early imperial Rome for small private building projects such as houses and villas[9]. Some of these *redemptores* are known to us by name. One possibly associated with imperial projects is Quintus Haterius Tychicus, who Coarelli has argued is to be associated with the very elaborate funerary monument to the freed family of the Haterii, from which come the well-known set of reliefs featuring a large crane and several public buildings of Flavian date, including

6. For redemptor as the technical term for contractors in public works, see Festus, p. 370M.

7. Anderson 1997, pp. 68-94. The best preserved example of a public contract from the Republic is the *lex parieti faciundo Puteolana* (*CIL,* 1, 577 = ILS, 5317 = *ILLRP,* 518; Wiegand, 1894) which details the dimensions, materials, structure and decoration of a wall of a precinct near the Temple of Serapis in Puteoli. For a discussion of contracts under the empire, see Brunt 1980, p. 848.

8. This is the obvious implication of *Digest*, 50, 8, 11 and 50, 10, 2, 1. This post seems, like the *curator aquarum*, to be more concerned with maintenance than with overseeing new building works (Robinson 1992, p. 54), with special officers or boards being established to take care of major new projects or rebuilding; for example, the equestrian officer appointed by Vespasian to see to the repair of the Capitoline Temple, damaged during the Civil War of AD 69 (Tacitus, *Histories,* 4, 53).

9. For these private contracts, see Martin 1989.

the Colosseum[10]. The number and quality of the reliefs from this tomb suggest a fairly elevated degree of wealth and status, a point it will be worth bearing in mind. Another contractor known from inscriptions is Tiberius Claudius Onesimus, a freed slave of the emperor, who was not only *redemptor operum caesaris* — a contractor for the emperor's building projects — but also the chief official of that other group known from inscriptions which we can associate with the building industry : the *collegium* of the *fabri tignarii*, the association of builders[11].

This is the largest known *collegium* in Rome, with some 1330 members in the late 2nd century AD divided into 60 *decuriae* (sub-sections), and there was another large one at Ostia with perhaps 350 members[12]. The function of the association is much debated, but it is clear from the lists of members that have survived that these were all freedmen or free born, not slaves. Since they also needed an entrance fee to join, the members appear to be of moderately good socio-economic status, perhaps the heads of small building « firms », for want of a better word. The chief magistrates even at Ostia must have been of some considerable wealth and standing, to judge by the fine sarcophagus of Iunius Evhodus now in the Vatican, or by the public statue set up in honour of Iulius Tyrannus, both men at one time *magistri quinquennales* (chief five-yearly

10. Coarelli 1979, pp. 266-69. However appealing, the identification is not proved as the cognomen is missing from the funerary inscription (*CIL,* 19148) ; *CIL,* 6.607 supplies the *redemptor* Q. Haterius Tychicus. For another possible member of the same *familia* engaged in the building industry, see *CIL,* 6, 9408 (Quintus Haterius Evagogus). Anderson 1997, pp. 103-12 provides a descriptive list of *redemptores* whose names are known.

11. *CIL,* 6.9034, late 1st to early 2nd century AD.

12. For the *fabri tign(u)arii* of Rome and Ostia, see Waltzing 1896, II, pp. 115-21 ; 1900, IV, pp. 21-2 ; Wilson 1935, pp. 52-65 (Ostia) ; More 1969 (with a summary in *Harvard Studies in Classical Philology*, Rome, 1971, pp. 202-5) ; Pearse 1975a, pp. 123-35 ; Anderson 1997, pp. 115-16 (Rome). The size of the *collegium* at Rome is deduced from *CIL,* 6, 1060 and 10300 which list the officers of *decuriae* 24-60, and 9405 which lists all 22 members of the tenth *decuria* ; at Ostia, the minimum size is given by *CIL,* 14, 4569 which lists the 22 members of 16 *decuriae* (AD 198).

magistrates) of the guild[13]. Much harder to find is epigraphic evidence for the ordinary skilled builder or *faber*, and literary mentions are also relatively rare. Most of what we have suggests that some at least of the basic building workers were slaves; for example, Crassus is said to have owned 500 slave architects and builders whom he employed to redevelop buildings bought up at very low cost (Plutarch, *Crassus*, 2, 4-5).

A group of dedications to slave building workers, including a marble worker, and a freed *faber structor parietarius*, perhaps the Roman equivalent to a master builder, are known from great household *columbarium* of the Statilii Tauri (the family which produced the consuls of 26 BC, AD 11, 16, 44 and 45)[14]. The family interest in construction is shown by the very realistic depiction of builders at work on the city of Lavinium from the same tomb[15]. This suggests the training of skilled builders through the aristocratic household, or at second remove through slaves of builders who were themselves freed slaves, as a type of apprenticeship: one of the cases discussed in the legal codes concerns a *faber* who bought and trained a slave acting on the express instructions of

13. Evhodus — *CIL*, 14, 37; he was *magister quinquennalis* in 158-162. Tyrannus — *CIL*, 14, 370, *Notizie degli Scavi di antichità*, 1880, 474 (found reused in the theatre); he was *magister quinquennalis* in AD 163-175. Marcus Licinius Privatus, *magister quinquennalis* in AD 203-207, had a public statue set up to him by the members of the *collegium*, and was later given the *decurionatus ornamenta*, the nearest a freedman could come to being made a member of the town council; his son became both an *eques romanus* and a member of the Ostian *ordo*, as did his grandson (*CIL*, 14, 374).

14. *CIL*, 6, 6283-85 *(faber)*; 6318 *(marmoraius)*; 6321 *(mensor)*; 6354 (a freedman *faber, structor, parietarius*); 6363-5 *(faber tignarius)*. Uncertain is the *structor* of 6353 as this can also indicate a waiter or carver. *CIL*, 6, 6365a concerns Titus Statilius Tauri l. Antiochi, a *faber tignarius*, and either he or a namesake had his own separate burial plot near the Lateran from which came several boundary *cippi* (*CIL*, 6, 9412-15). Note that there is nothing to indicate that the three slave *fabri tignarii* were members of the guild. It may not be coincidence that the consul of 26 BC was also the builder of Rome's first permanent amphitheatre in the Campus Martius and *praefectus urbi* (urban prefect) in 16 BC.

15. Cat. fot. Parker n. 3304.

a friend (*Digest*, 17, 1, 26.8). Indeed, several probable freed slaves with the name Titus Statilius are recorded in the *fabri tignarii* of Rome for the later 1st century AD, one of whom rose to be a magistrate of the *collegium* around the middle of the century[16]. The relationship with this family of Titus Statilius Aper, a *mensor aedificarum* or building surveyor, who died at the age of 22 and was given a fine tombstone by his parents, is uncertain, but the clan name *(nomen)* is sufficiently unusual to include him in this group[17].

Not surprisingly, the ordinary free poor working as casual day labourers on building sites are missing from the epigraphic picture entirely. One legal text, however, gives evidence, if in a rather negative way, of the common use of unskilled day-labourers on building sites :

> « ... if someone has contracted to build an insula, he should certainly not rush the work by gathering fabri from all over the place and bringing in a large number of day labourers, nor should he be content with one or two, but should conduct himself like a careful builder, taking proper account of the weather and the location. » (Digest, 45, 1, 137, 3)

Brunt has argued that free labour was used extensively on public works as well in Rome, where the need for unskilled labour would have been great (see below), although as we

---

16. The builders possibly belonging to this family are : Titus Statilius Isochrysus, Titus Statilius Onesimus, and Titus Statilius Hieroni f., all in the tenth *decuria* of the *collegium* at the same time, presumably in the mid-1st century AD to judge by the number of *Tiberii lulii* and *Caii Iulii* in the list (*CIL,* 6, 9105) ; and Titus Statilius L. l. Chrestus (Pietrangeli 1939, pp. 101-7), magistrate in the ninth *lustrum* which can be dated somewhere in the period AD 38-56 (see Pearse 1975b, pp. 116-23 for the problems with dating). Several slaves of a Titus Statilius Chrestus are commemorated in the Monumentum Statilii (*CIL,* 6, 6390, 6402, 6406), but there is no clear link to the *faber tignarius*.

17. See Stuart Jones 1912, 76, no. 8. The sides of the tombstone are decorated with a Roman foot measure and other instruments ; it dates to the 3rd quarter 1st century AD, possibly from the Janiculum (*CIL,* 6, 1975 = 3233 = *ILS,* 7737).

have seen this could also cover those with more skills[18]. The anecdote related by Suetonius about Vespasian, who, when an engineer offered him a way of moving large columns to the Capitol at little expense, dismissed him with a suitable reward saying that he should be allowed to feed the people (*Vespasian,* 18, 13-7), hints at the not insignificant numbers which might be involved in public building works.

Roles and responsibilities

At the professional level of architects and building surveyors, the written sources and the epigraphic record allow us to build up a picture of the individual protagonists in the Roman building trade, as they do also for some of the skilled builders trained in aristocratic households and the heads of building « firms » training their own slaves in turn. Less clear is the evidence for the organization of labour, and the roles and responsibilities of the different individuals in the building industry, but some basic observations can be made. In general, Roman architects had responsibility for design, costing, and overall supervision of a building project, including liaison with the client. It is likely that they were engaged by a form of contract called a mandate, in which they were paid an honorarium rather than a wage and had their expenses reimbursed; the distinction was based on their higher level of expertise and the fact that the employer was paying for technical skill and/or advice rather than manual labour. An early stage in the architect-client relationship is portrayed by Aulus Gellius when describing a visit to Cornelius Fronto :

> « Several builders were present, summoned to construct some new baths, and they were showing him different plans of baths drawn on pieces of parchment. When he had selected one plan and type of work from them, he asked what the cost would be of finishing the whole project. The architect replied... » (*Attic Nights,* 19, 10, 2-4)

18. Brunt 1980. For further discussion, see Skydsgaard 1983 and Steinby 1983.

Here it is obvious that in some cases architects competed for commissions, producing preliminary plans and proposals, while Vitruvius (*On Architecture,* 1, 2) makes it clear that some kind of elevations and three dimensional views were also used, as were models [19]. No architects' drawings on papyrus or canvas survive from Italy, but representations of plans in marble and mosaic are known, some of which show dimensions even if these do not seem to correspond to the plan as shown [20].

That plans could be and were drawn to scale is however demonstrated by the great Marble Plan of Rome, dating to the reign of Septimius Severus, parts of which can be checked against surviving buildings. The scale is 1 : 240, which may have been conceived of as 1 foot representing 2 *actus* (240 Roman feet) or 1 *uncia* (1/12 Roman foot) representing 20 feet, with a general acuracy of 99 % — a remarkable feat considering both the difficulties of surveying over the hilly terrain of Rome and the technical limitations of transcribing the plan onto marble [21].

The degree to which plans and elevations were also used as a means of instructing the builders (as opposed to the clients) is unclear, but there is growing evidence to suggest that they were. Several examples have come to light of full-scale drawings of masonry and architectural ornament incised into pavements which must have served as templates for masons ; the most complex example from Rome is still to be seen on the travertine forecourt of the Mausoleum of Augustus and has recently been identified as relating to the Hadrianic

19. Literary references to architect's plans and models : Cicero, *Letters to Quintus,* 2, 2, 1 and 2, 5, 4, *Letters to Atticus*, 2, 3, 2 and 12, 18.1 ; Plutarch, *Moralia* 498E.3, *Pompey* 42, 4 ; Pliny, *Letters,* 9, 39, 5-6 ; Aulus Gellius, *Attic Nights,* 19, 10, 2-4.

20. See Haselberger 1997 for a detailed discussion. The plans are collected conveniently in Von Hesberg 1984, and the models in Azara 1997. The function of the marble model of the inner shrine of Temple A at Nisa, which has been claimed to be an architect's model by Will 1985, is not clear ; it is hard to imagine the practicalities of working out design changes on marble.

21. Carettoni 1960, pp. 206-7, 221-31 ; Rodriguez-Almeida 1981.

Pantheon[22]. Other evidence is less direct. In the Baths of Caracalla, a mistake was made in setting out the foundations for the area of the *natatio* (swimming pool), which was corrected as far as possible when construction reached the level of the *natatio* floor[23]. The error is relatively minor, a simple matter of making the diameter of one semi-circular apse 3 Roman feet (c. 1 m) too small. Even today this is hard to detect without taking measurements, suggesting that the structure was checked against a dimensioned plan rather than one which just gave the general impression of what it looked like. The correction also indicates that the architect had overall supervision of the construction process, and could order changes to be made if he or his client felt it necessary.

If the architect or client was supervising the work directly, the simplest way of ensuring that the work was done was for the client to hire the labourers individually for a daily wage, a system of direct labour which was used in ancient Greece even for large public building contracts, for example at Athens for the 5th century Erechtheum[24]. While there is no direct evidence that this system was used in the Roman period, it perhaps can be inferred from the passage in Vitruvius cited above (*On Architecture,* 6. praef, 6) in which landowners are commended for building for themselves in order to have control over how their money is spent, a simple process in the direct labour system. An alternative approach was for the client to pay an agreed fee for a set amount of work or for a given task, which could range from a single element, such as digging foundations or carving a marble capital, to the whole building. More commonly, the work was entrusted to a contractor or to a master-builder. Under these conditions a building contract was advisable if not essential, its purpose being first and foremost to ensure that the builder fulfilled the expectations of the client

22. See most recently Rockwell 1989 and Haselberger 1994, and note Kalayan 1971 for material from Syria, and Krause 1985 for the profile of an arch incised in the plaster covering a wall of *opus reticulatum*.

23. DeLaine 1997, pp. 64-5; *Lexicon* V, *s.v.* « Thermae Antoninianae », pp. 42-8.

24. Burford 1969, pp. 110-13.

in completing the work as required. The complexity of drawing up building contracts was appreciated by Vitruvius, who recommended that architects be trained in law to help their clients in these matters and avoid unnecessary disputes (*On Architecture,* 1, 1, 10).

The Roman legal codes relating to building, which deal mainly with private contracts between client and builder, provide much fascinating information about the working of this system and the duties of the individuals within it [25]. The codes deal with two types of building contract : a simple verbal promise by a builder to a client to do the specified work, and a more complex written contract *(locatio-conductio)* in which the client and the builder entered into a mutual agreement concerning the work to be done, the remuneration for it, and any conditions which had to be met, frequently including a fixed time limit for completion. In the second case it is clear that the client furnished the land and hired the builder as a skilled craftsman with control over construction, and that the builder produced the building for pay. Sometimes the client provided the materials, but if they were supplied by the builder they then became the property of the client in the finished building. In order to avoid problems if any dispute arose, the contract had also to state the location of the work, the nature of the building, and a time limit for completion, although this could be simply stated as « a reasonable time ». When the work was finished, it had to be approved for the contract to be fulfilled and the builder paid ; while the generally accepted standard where the matter was in dispute appears to have been the opinion of « a good man », it was often the task of the building surveyor (*mensor aedificarum*) to make the assessment.

The three areas which obviously caused most dispute between client and builder and are dealt with most frequently in the legal codes are time, cost, and the quality of the work. Clients, naturally enough, usually wanted the work done in the minimum time to the highest standard but at the lowest cost. While

25. This material is collected and discussed in Martin 1989, with a summary in Anderson 1997, pp. 68-75.

most of the bargaining presumably went on before the contract was entered into, it is interesting to see what kind of problems arose where conditions were not met and the clients contemplated or took legal action against the builders. Many of the cases appear surprisingly familiar to modern ears. If the contract had a fixed time clause, and the builders were being dilatory, could the client bring a case against them before the expiry of the contract time ? The answer was no (*Digest,* 45, 1, 124). Interestingly, the same principle is extended to cases where there was no set time limit, and clients were expected to wait for a reasonable time in which the project might have been completed before taking action. The exception, or perhaps the limiting case, is the propping-up of a collapsing *insula* (itself a useful reminder of the realities of life in Rome), where no delay could be accepted since its result would be the destruction of the client's property (*Digest,* 45, 1, 72.2 and 98, 1). Another area of dispute was over damage or delay caused by events which were not the fault of either party but were liable to cause added expense. While the normal practice was for builders to be responsible for the care of the structure until approval, provided this followed close on completion, the client had to bear the cost if the damage was caused by natural forces such as earthquake, landslide or storm, provided that the work was of satisfactory standard in the first place [26]. Such accidents were not the only reason that costs might rise, and it seems that architects and builders were no better in antiquity at completing work within the original contract price than they are today. The passage from Aulus Gellius cited above concludes with the architect quoting 300 000 sesterces for the bath building, to which one of Fronto's friends interjects « And another fifty thousand ! » (*Attic Nights,* 19, 10, 2-4). Once a contract had been red into, the client may have been willing to cover a small rise in cost, but the builder could not assume this and sometimes one side or the other opted to withdraw from the contract before incurring too great a loss [27].

26. Martin 1989, pp. 90-101.

27. In *Digest*, 19, 2, 60, 4 the estimated overrun was 50 % of the contract

Private building in practice

Informative as the legal codes are, the cases they deal with are either hypothetical or not fixed in time or place, just as the epigraphic evidence for builders tells us nothing about who worked on specific projects or under what conditions; nor, as has already been mentioned, can we identify the architects of more than a handful of buildings. In order to go beyond the limitations in the written sources, we need to look at the products of the construction industry — the building themselves — which have on the whole fared rather better than the written accounts of their builders. In Rome the survival is mainly of large-scale public buildings like the Pantheon whereas for domestic and commercial architecture we need to look to Rome's port of Ostia. Here the overall scale is smaller than at Rome, but even so the vast rebuilding of the town in the first half of the 2nd century AD gives us some idea of the periods of extensive and intensive rebuilding of the basic fabric of Rome which inevitably followed the numerous fires and floods which plagued the city. In Ostia, perhaps two thirds of the town was rebuilt in a little over thirty years, most of it residential apartment blocks and warehouses [28]. These buildings generally had between three and five storeys, and were built of Roman concrete, a material comprising rubble bonded with a very strong mortar of lime and pozzolana and faced with brick or brick and reticulate, with vaulted ceilings at the first floor level, and probably timber floors above and a tiled roof, and often with wooden mezzanines dividing the first floor into two.

---

price; the builder had stopped work after spending the first half of the contract price, and the client took this as an opportunity of nullifying the agreement but without claiming the money already spent. With Cicero's brother Quintus, it was Nicephorus the contractor who withdrew when Quintus added work not covered by the contract price (Cicero, *Letters to Quintus*, 3, 2, 5).

28. For apartment housing at Ostia, see Packer 1971; Meiggs 19732, pp. 235-52; Hermansen 1982, pp. 17-53; Pavolini 1986, pp. 167-89.

All the available evidence suggests that this type of structure could be and often was built in as little as two to four years. The legal codes make two years the construction time in hypothetical cases of building an *insula*, while the dates stamped on many of the bricks used at Ostia during this period bunch together, as with the shrine of Serapis, dedicated in January AD 127, and its associated apartment block, both containing stamps of the years AD 123-126[29]. It might be just this type of building project which is shown on one of the very few surviving scenes of Roman builders at work — the 4th century AD wall painting from the Tomb of Trebius Iustus from Rome[30]. Notice the size and organization of the workforce (all wearing the short tunic of the slave or labourer) : two men laying bricks stand on scaffolding on either side of the wall, while two other men bring up a load of mortar, carried in a half *amphora*, and a load of bricks or rubble for the wall in a basket, while a third is shown mixing the mortar or slaking lime, using a long-handled hoe. This basic organization of labour can still be observed today where brick walls are under construction, although, usually the baskets are replaced by wheelbarrows and hods and the hoe by a concrete mixer ; even so, on small jobs mortar is still mixed by hand.

We can put this general knowledge about the nature and length of these small-scale, construction projects into a much clearer context by conducting a detailed quantitative analysis of a specific example. Since any building is the result of the application of a particular number and type of human actions to a particular quantity of materials, it should be possible to perform a type of quantity survey in reverse, that is to work back from a complete building to the quantities of materials and manpower required. In any society which uses non-mechanized modes of construction — and that means almost any western society before the start of this century — the construction of any building can be expressed as a specific

29. Two years is the hypothetical time limit in *Digest,* 45, 1, 124. For the Insula of Serapis, see Bloch 1959, pp. 231-34.
30. For the tomb and its paintings, see Marucchi 1911.

number of man-days of different types of labour. By using labour constants which tell us how long it takes a man to do a given task, taken from societies which used similar building materials and methods of construction to the Romans, including Renaissance, Baroque and mid-19th century Italy, and 19th century England, we can thus begin to get some idea of the size and nature of the workforce required for these projects [31].

Let us take the specific example of the *Insula* of the Paintings at Ostia (Fig. 1), divided into two virtually identical apartments (the House of the Paintings and the House of the Infant Bacchus) flanking a garden and a larger residence (the House of Jove and Ganymede) with two shops on its main street facade [32]. The tall ground floor had mezzanines installed in many rooms, and there were at least two floors above. Building joins visible in the garden facade tell us that the block was built in three parts, starting with the larger more imposing House of Jove and Ganymede on the main street and finishing with the House of the Paintings. In keeping with the *Digest* figures for the building of an *insula*, we might allow two years to build the first section, and one year each for the other two (giving four years in all). If we accept that at the most the builders worked a twelve-hour day and for 300 days of the year, then we can calculate the size of the workforce involved. On average it would have needed a team of 16 or 17 men, of whom five must have been masons and another six or seven their labourers, to which we can add a carpenter, a roof tiler, a plasterer and a floorer, with their assistants, and the master-builder acting as general overseer.

As a rough rule of thumb, the *insula* required just over 30 mandays/m^2, if we add the extra labour needed for bringing building materials to the site but omit that required for their production. This is a convenient way to think about the cost of

31. The main sources used here are Scavizzi 1983; Pegoretti 1869; Hurst 1865.

32. The following figures are based on DeLaine 1996, with more detailed justification for the assumptions used here. For a detailed description of the Insula of the Paintings and its building history, see DeLaine 1995a.

Fig. 1. *Ostia : Insula of the Paintings, restored plan of the original structure (Drawing : author).*

building ; the same principle was used by Cato (*On Agriculture,* 14, 45) in calculating the cost of building a villa according to a fixed price per roof tile, clearly a measure of area, while the minimum value of the urban residence for members of the town council of Tarentum was also expressed as a number of roof-tiles [33]. If this figure of 30 mandays/m^2 is extrapolated to the rest of the Hadrianic building programme at Ostia, a rough idea of the total workforce involved can be calculated. The distribution of the dates on the bricks suggest that the building went on at a relatively uniform pace over twenty to thirty years, throughout which at the very least a thousand men must have been at work on building sites

33. *CIL,* 1 ²-.590, 2, 26-31.

somewhere in the town at any time. This is of course a rough approximation, but the actual figures are likely to have been higher, not lower.

Public building in practice

Let us leave Ostia for a while and return to Rome, and to projects on quite a different scale [34]. The Baths of Caracalla in Rome are one of the three great imperial *thermae* which form the largest single building projects the Romans ever undertook in the city [35]. As far as we can tell from our written sources this remarkable building was erected in just six years, and the shortness of the construction period is confirmed by the five years it took to build the slightly smaller Baths of Trajan, and the seven or eight years required for the Baths of Diocletian despite the troubled times of the late 3rd century AD [36]. This clearly demanded a more structured building industry than the small individual teams working on the apartment blocks and warehouses of Ostia. In fact, it would have taken the team working on the Insula of the Paintings roughly a thousand years to build the Baths of Caracalla!

The Baths are composed of two major elements, a central bathing block roughly 218 x 112 m set in an artificially terraced precinct over 300 m square. At the front of the complex towards the Via Appia, the ancient road lies some 10 m below the level of the precinct, while at the rear it is only just above

34. Thornton and Thornton 1989 attempt to put some values on the size and cost of public building projects in Rome, but their attempt is flawed by being based on an arbitrary set of relative values of dubious validity.
35. For the Baths of Caracalla in general, see DeLaine 1997, especially chapter 1 ; *Lexicon* V, s. v. « Thermac Antoninianae », pp. 42-8.
36. The Baths of Trajan were dedicated in 109 (Bargagli and Grosso 1997, pp. 37, *s.v.* 109 AD), but are unlikely to have been begun before the fire of 104 which destroyed part of Nero's Golden House (Hieron., *Chron. a. Abr.*, 2120) ; the dedicatory inscription for the Baths of Diocletian (*CIL*, 6, 1130 = 31242) can be dated between May 305 and July 306, and places the commencement of building after Maximian's return to Rome in late 298. See also *Lexicon* V, *s.v.* « Thermae Traiani », pp. 67-9 ; « Thermae Diocletiani », pp. 53-8.

the natural ground level. Geological cores put down through the precinct have allowed us to reconstruct the nature of the terracing of the natural surface which was carried out as the first step in preparing the site for construction [37]. A schematic section with an exaggerated vertical scale shows how the ground was cut into a series of steps (Fig. 2). Into the resultant terraces were cut the foundations proper — some 6.5 m deep under the central block. Altogether half a million cubic metres of clay had to be removed [38], and all of that, as far as we know without the aid of any machines. The soldiers who appear on Trajan's column building their earthworks show how this was done, using picks, shovels and the inevitable basket for removing the spoil — there is to my knowledge no evidence that the Romans ever used the wheelbarrow [39].

Once the foundations had been laid, construction continued above ground, for 10 m in the case of the retaining structures facing the Via Appia, and for 8 m under the central block. Part of these can still be seen in the side of an excavation which uncovered an earlier building on the site, systematically demolished to just below the final level of the precinct at the time of Construction of the Baths. Above the foundations were solid brick-faced concrete walls which supported the superstructure, pierced through and connected by maintenance passages and drains, while in the area of the open precinct service galleries wide enough to take two carts side by side were built — some six or seven kilometres of tunnels and passages altogether [40]. All of this had to be built up by hand and all the voids filled with inert materials, so that only in the third year after construction started and the expenditure of over two million man-days of labour, work could commence on the baths proper, which had all to rise to a height of 22 m at least,

37. Preliminary details are in Petrassi 1985, and cf. Lombardi and Corazza 1995, p. 445.
38. DeLaine 1997, p. 175.
39. For the use of baskets on Trajan's Column, see Lepper and Frere 1988, pls.11-2, pp. 15, 37, 42, and cf. the scene from the Tomb of Trebius Justus, Fig. 6.6. On the lack of wheelbarrows, see White 1984, p. 127.
40. DeLaine 1997, p. 228.

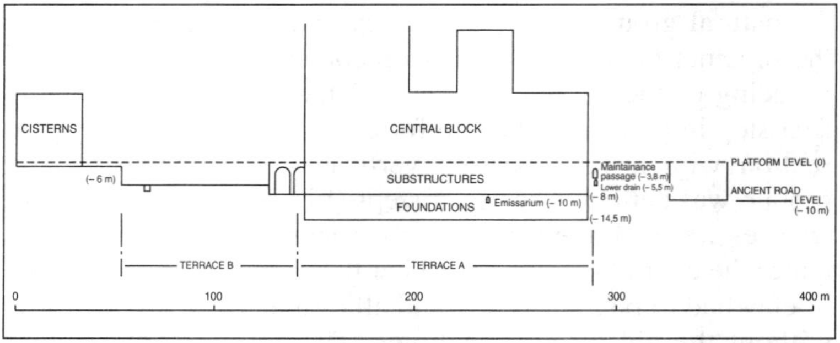

Fig. 2. Rome : *Baths of Caracalla, section through site, exaggerated vertical scale (Drawing : author).*

the main cold *frigidarium* and the hot *caldarium* reaching nearer 40 m [41]. Clearly, although the basic techniques of construction were the same as those used in building the apartment blocks of Ostia, the scale of the building presented very different problems of organization. In order for the building to be finished in the six years suggested by the literary sources, the whole of this central block had to go up together. Simply co-ordinating the large numbers of builders working side by side must have been difficult. In his treatise on the building of the mythical city Sforzinda, the Renaissance architect Filarete recommended that masons were placed no closer than two arms lengths to stop fights — the builders at the baths could have worked more comfortably a little further apart than that [42] !

A few points might illustrate some of the other problems in working on a building project of this size. The first is access to the superstructure. The simple free-standing scaffold from which the builders in the tomb of Trebius Iustus work is impractical and potentially dangerous if extended vertically over 20 m or more. Instead more sophisticated pole scaffolding was used, tied to the wall with horizontal putlogs which have left sufficient of their tell-tale holes in the fabric for the pattern to be reconstructed. Altogether

41. DeLaine 1997, pp. 127 and 176, tables 12 and 15.
42. Spencer 1965, IV, 23v.

some 100 000 poles were needed, just one of the many hidden materials which went into making the Baths of Caracalla [43].

Also difficult are those aspects of construction where the physical limitations of the human frame make it impossible to divide construction tasks into individual action, the most important one for our arguments being the lifting of large weights. One example is the large formwork on which the great concrete vaults of the central main hall were laid, which can be reconstructed from later parallels such as the formwork used in the construction of the nave of the new St Peter's in Rome [44]. The other example is the columnar orders which formed such an essential decorative role in the finished building. Column shafts, capitals and architrave blocks are usually monolithic and even small ones are beyond the carrying or lifting capacity of a single man, requiring co-operative effort with crowbars and simple lifting devices. The great columns of the *frigidarium* in the baths, over 40 feet tall, weighed more in the order of 100 tons; yet the limit of a five-man treadmill as shown on the relief from the tomb of the Haterii was 10 to 12 tons [45].

The problems of moving objects of this size and weight in the days before steam, diesel or electricity are not to be treated lightly. When the last intact column from the Baths of Caracalla was removed in 1561 and sent as a gift by Pope Pius IV to Cosimo de Medici in Florence (where it stands to this day in the Piazza della Iustitia), it took three months to complete the journey; the Romans had used 250 columns for the central

43. DeLaine 1997, pp. 145-49.

44. DeLaine 1997, pp. 166-69. A list of the timbers required for the nave vault of St Peter s is given in Scavizzi, 1983, pp. 107-8.

45. Cotterell and Kaminga 1990, p. 41 give the power output per man on a treadmill as 70 Watt over a 12-hour day, based on 19th century records from Australia where treadmills were used in prisons. For the type of treadmill shown on the Haterii relief, this should give a rate of 26 tons/m/hour, assuming 100% efficiency. In reality, the pulleys alone lose 20%, and the total may only have been 50%. Landels 1978, pp. 87-9 suggests a rate of 12 tons/m/hour, about half the maximum possible rate.

block of the Baths, all of which came from distant parts of the empire such as Greece, North Africa, Asia Minor and of course Egypt, the source of the largest monoliths [46]. The Vatican obelisk, weighing perhaps 500 tons, brought over from Egypt originally to adorn the circus of the emperor Caligula, took four months using 800 men and 120 horses to move a few hundred metres in the 16th century [47]. In Roman terms, simply using such giant monolithic columns was pushing technology to its limits and at the same time making a spectacle out of construction which carried an unmistakable message about the power of imperial Rome.

Altogether, excluding the elaborate decoration, the Baths of Caracalla required on average about 6 000 men working on site for 12 hours each day for 300 days over four years, with almost 10 000 at peak periods of construction [48]. The largest number — as many as half — were unskilled or partly skilled (builders' assistants and the like). The single largest group of workers were the skilled builders, as many as 4 600 of whom were needed at peak periods, when almost as many unskilled labourers were also employed. The project would also have given work to about 700 marble workers over four years, and a further 500 decorators in the final stages. But if we want to extend this picture, as we did for Ostia, from the single building to the totality of construction, we need to take into account other major imperial projects, such as the large baths at Albano, built of the same materials and by workmen trained in the same traditions as the Baths of Caracalla [49]. Obviously we do not have the same detailed record for Rome as we have for Ostia, but the presence of imperial brickstamps dating to

46. For a short general account of the imperial marble trade and the sources of stone with detailed bibliography, see Dodge 1991 ; see also Fant 1993 for some idea of the ideological importance attached to these stones. Peña 1989 discusses problems experienced in transporting large columns from the quarries in Egypt.
47. See Dibner 1970 for this and other examples of moving large obelisks.
48. For the detailed figures, see DeLaine 1997, pp. 175-94.
49. The details of these other Caracallan projects are given in DeLaine 1997, p. 198.

the time of Caracalla in a number of poorly documented structures suggests that we would not be far wrong if we doubled the numbers employed on the Baths alone, so that in round numbers some 12 000 to 20 000 men might have been employed at Rome directly in construction — an order of magnitude greater than the workforce of 1 000 calculated for Ostia.

So how do these figures relate to the size of the association of builders with which we began — the 1 300 members of the *fabri tignarii* in Rome or the 350 in Ostia ? If we consider just the actual builders and carpenters and their assistants, then each member of the guilds represents from three to no more than five or six workers, reinforcing the idea put forward at the beginning that these members are the heads of small building firms similar to that represented on the painting from the tomb of Trebius Iustus. This is of course an average figure, and allowance must be made for both larger and smaller groups. It does, however, fit in very well with the picture of a building industry composed of many small units, each unit contracting alone, or with one or two others, for small scale projects like the building of an *insula*. The Insula of the Paintings at Ostia would have needed two or at the most three such groups if built in the time suggested.

Projects the size of the Baths of Caracalla, however, required more large-scale organization. Ancient historians have concentrated on the social and burial function of the *collegia* tending to deny them any real role in the working lives of their members, but it is difficult to imagine a better ready-made if informal structure to encourage co-operation beyond the capabilities of any single member in this particular case. The *collegium* of the *fabri tignarii* at Rome is notable for its almost military organization, divided into 60 *decuriae*, each with its own officials which form the general administrative body under the control of six magistrates, the *magistri quinquennales*, each elected for a five-year term of office [50]. The original foundation of the

50. For a discussion of this material, see Waltzing 1896, II, pp 117-22, and cf. Pearse 1975a, pp. 68-71.

collegium was thought to go back to Numa (Plutarch, *Numa,* 17), and according to Asconius (*Corn.,* p. 67) the *fabri* were one of the very few *collegia* not to be banned by the senate in the difficult circumstances of 64 BC, specifically because of their value to the state. At the time of Septimius Severus, the *collegium* was thought to exist for the benefit of public building works (*Digest,* 50, 6, 6, 5, 12) and this was still true in 364 (*Codex Theodosianus*, 12, 1, 1, 62). By the 3rd century, in exchange for certain immunities the poorer members at least owed days of labour to the state.

The evidence is, however, very tenuous and there is no information on how the system operated in detail. What is clear is that both at the level of public building requiring the co-operation of many builders and their teams and with private contracts involving only a few groups of builders, the existence of the *collegium* would have facilitated the gathering together of workers to fulfil a contract [51]. It would certainly have simplified the procuring of a large skilled workforce for one-off imperial projects, many of whom were already used to working together and thus presumably to a similar standard — one way at least of explaining the remarkable uniformity of building techniques in the city of Rome. The benefits of such an informal system would have been mutual — both to the emperor who wanted the building and to the members of the guild who wanted to participate in the no doubt lucrative state contracts. This makes the presence of an imperial contractor like the Tiberius Claudius Onesimus mentioned earlier as the chief magistrate of the guild perfectly understandable. The contractor Quintus Haterius Tychicus may also be important in this respect. If as Coarelli suggests he is the freedman of the consul of AD 53 [52] then there is a clear role for the otherwise absent elite in extending patronage to builders through the intermediary of contractors who were once their slaves.

The underlying role of the elite as facilitators in the building

51. See Lancaster 1998 for a recent attempt to identify different building teams in the Markets of Trajan.
52. Coarelli 1979, p. 266.

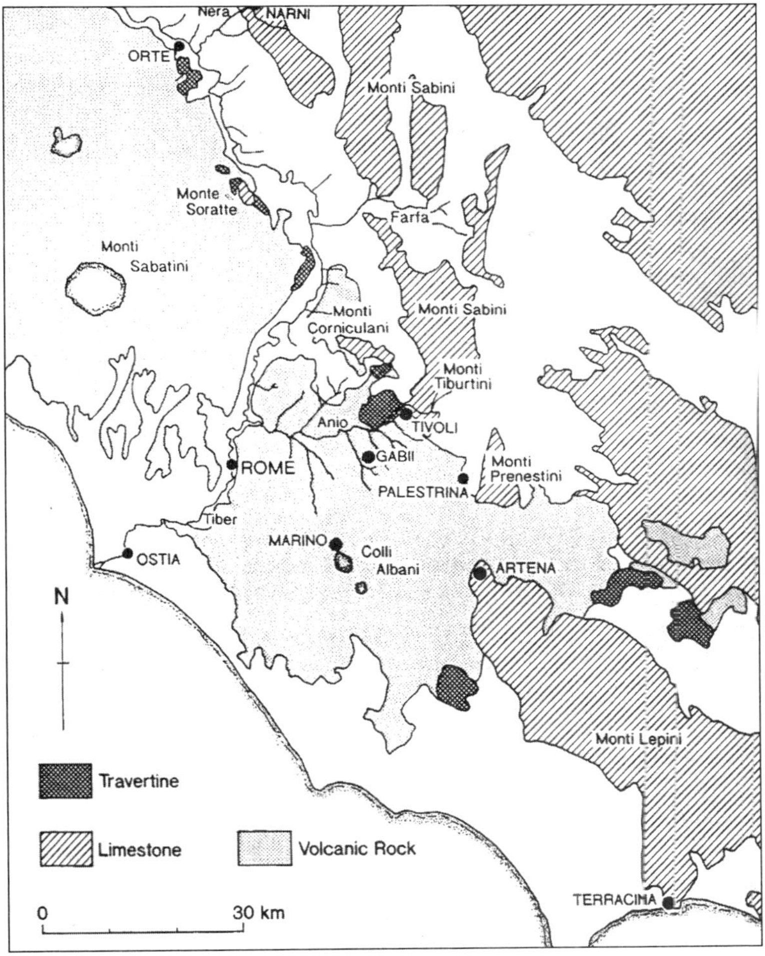

Fig. 3. *Geological map of Rome and surrounding districts (Drawing : S. Allen).*

industry becomes even clearer if we now turn to look briefly at the production of building materials. Most of the basic building materials of Rome could be supplied reasonably locally (Fig. 3)[53]. The Latial and Sabatini volcanoes provided the

53. See DeLaine 1995b and bibliography for more details ; the major source is Ventriglia 1973, Anderson 1997, pp. 127-65 gives a summary account.

various volcanic tuffs which formed the bulk of the cut stone construction of the Republic and the rubble for the concrete, as well as the all-important pozzolana which gave the mortar its great strength. The heavy basaltic lava used as rubble in large foundations (more familiar as paving for the great road system) and the aerated lava used for lightening vaults and domes were also products of the same volcanic systems, while sulphurous springs in the region of Tivoli deposited a porous limestone, the famous travertine. Brick was produced all along the Tiber valley especially north of Rome as far as Orte, while lime for the mortar was produced from the limestone of the Apennine chain, possibly north in the Sabina, east near Tivoli, or around Terracina where ready access to the sea made transport easier [54].

The literary and epigraphic sources tell us little about the organization of the supply of these basic building materials, with the exception of what can be gleaned from the enigmatic texts of the brickstamps. Steinby's interpretation of these stamps as documentation of a legal contract between the landowner as owner of the raw materials and the brickmakers as producers working under contract does however give us a potential model for the other types of materials [55]. There is no reason why the quarrying of tufa or the production of lime could not have been contracted out in the same way as brick production, just as the contract system also operated at the level of construction. as we have seen. Our only ancient description of lime production is in Cato's treatise on agriculture (*On Agriculture*, 38), emphasising the link between the production of building materials and agriculture. The density of villas of the imperial period in the areas notable as sources of building materials, such as Collatia near the Anio tufa quarries [56], reminds us how important land ownership in Italy was for the senatorial order, and it is difficult to imagine them not

---

54. For a general discussion of Roman lime production, see Dix 1982; see Fontana 1995 for a possible commercial limekiln near Rome.
55. Steinby 1993.
56. See Quilici 1974, pp. 73-7, Fig. 18, for the details of imperial Roman finds in the vicinity of the Anio tufa quarries.

being involved also in the exploitation of its resources. Varro is quite specific on this point (*On Farming*, 1, 2, 22-3) : while he excludes stone quarries and clay pits from agriculture proper, he adds « which is not to say that they are not to be worked on land where it is suitable and profitable ». This involvement went to the highest levels of society including the emperor himself, who by the time of Caracalla had all the urban brick-fields in his private possession [57].

Given the quantities of materials required for construction, the exploitation was likely to have been highly profitable. The most straightforward illustration of this is the production of travertine. The great Italian archaeologist Rodolfo Lanciani studied the quarries as the modern exploitation of them was beginning in the late 19th century, and estimated that the Romans had quarried 5, 5 million cubic metres over some four centuries [58]; one hundred thousand cubic metres of that were needed for the Colosseum alone [59]. We have no way of estimating how much tufa or pozzolana or brick or lime was needed altogether to build Rome, but the basic materials for the Baths of Caracalla required an additional workforce of roughly a thousand men for their production, including 200 brickmakers and about the same number of lime producers.

In addition, and in economic terms perhaps more importantly, all the building materials had to be transported to the city, and for that matter also within it. If all the travertine from the Tivoli quarries went by road to Rome — as has often been suggested — then a heavily laden cart would have left the quarry every few minutes of every day for 400 years, causing no doubt enormous traffic jams on the busy Via Tiburtina along which the elite travelled to their summer retreats. The more obvious solution was to go by water, as in fact happened in the Renaissance when the quarries further along the Anio

57. For the organisation of the brick industry, see Helen 1975 ; Setala 1977 ; Steinby 1978 ; 1982 ; 1983 ; 1993. Anderson 1997, pp. 160-64 gives a brief summary.
58. Lanciani 1897, pp. 35-6.
59. *Lexicon* V, *s.v.* « Via Tiburtina », pp. 146-47 ; Cozzo pp. 198, 212.

were exploited for the building of St Peter's in Rome [60]. Still, there were no suitable waterways serving the southern tufa and basalt quarries, and nose to tail ox-carts were probably a common sight, as they were again when Rome was expanding rapidly after the Risorgimento to fill her role as capital of a united Italy. If we include the carts needed within the city moving materials which had come by water from the Tiber to the building site, as many as 2 500 to 3 500 ox-carts were needed on average to keep the builders of the Baths of Caracalla at work [61]. Builders' carts supplying public works were one of the very few categories of wheeled vehicles allowed in the city of Rome during daylight hours, and the references in Tibullus, Horace and Juvenal to the threats imposed by these carts suggest that they were a normal occurrence. Juvenal's account, as usual, is especially graphic :

> « ... up comes a huge fir swaying on a wagon, and then another cart carrying a pine, towering on high and threatening the people. And if that axle with its load of Cararra marble breaks and dumps its load onto the crowd, what is left of their bodies ? » (*Satires,* 3, 254-59)

All these animals (two to a cart, and more for large loads) had to be fed, watered, and stabled, and each cart needed its driver. The numbers involved make it unlikely that we are talking here just of ploughing oxen used on an *ad hoc* basis. Both animals and carts were relatively expensive items, as was their maintenance ; according to the *Price Edict* of Diocletian, a single two-wheeled cart without its iron fittings (whatever that means) and a pair of oxen would cost the equivalent of the basic ration of corn for a man for nearly three years [62]. Once again we can suspect elite involvement.

---

60. Cascioli 1923, p. 12.
61. Becchetti and Pietrangeli 1982, p. 54. no. 48. Burford 1960 has long argued convincingly that the ox-cart was the normal means of heavy-duty transport in antiquity.
62. *Price Edict,* 15, 44 and 30, 14.

Intensive building programmes can therefore, I believe, be seen to benefit the elite financially, and through their power to exercise patronage it also advantaged those of their freed slaves who had gone into the construction industry. But it also perhaps benefited the « little » people, the ordinary free-born builder working with a couple of slaves and scraping a living as a jobbing builder, or the casual unskilled day labourer for whom large-scale building projects perhaps presented one of the few alternatives to work on the docks — a position recognisable to us from our own relatively recent past. It can be argued that here too a kind of mutual benefit society was operating between elites, and in particular the emperors and the People. The percentage of the population involved in the building industry was, on my very rough calculations, some 3-6% of the total population at both Rome and Ostia, perhaps 15% of the adult males, similar to that in Renaissance Rome during the building of new St Peter's ; this is historically large for pre-industrial societies. In absolute terms, if we include the producers of building materials around Rome and the transport drivers, at the time of Caracalla as many as 20 000 men may have been supported by the building industry at any one time, most of them presumably able-bodied ; there is reason to think that the numbers may have been even higher in earlier periods, for example during periods of intensive building under Trajan.

The builders would therefore have normally formed the largest common interest group outside of the imperial household and the troops stationed in and around the city. The emperor and senate would have had good reason to fear concerted action on their part, although there is no record of any disturbance of this kind. The benefits accruing to the individual members of the builders' guild and their dependants through access to large public building contracts would have been more than enough to keep the ordinary builder sweet, adding a bonus to what must have been his normal income from small-scale private building projects ; all of this would have had a « knock-on » effect reaching also to the anonymous free urban poor employed on very large projects like the Baths of Caracalla on a daily basis, that part of the population for whom the daily wage for their labours might have made the difference between life and death.

The building and rebuilding of Rome, in terms of both great public monuments and the endless apartment blocks and warehouses, was a continuous process still showing signs of vitality into the 4th century; the great baths of Diocletian and of Constantine, and the major Constantinian churches, are evidence enough of this [63]. It is perhaps fitting that the latest epigraphic evidence we have for the *fabri tignarii* at Rome is a dedication to Lucius Aelius Helvius Dionysius, once commissioner for public works under Diocletian and Maximian and urban prefect in 301/2, for his many acts of patronage towards them [64].

Ancient Rome : The Archaelogy of the Eternal City, in Jon Coulston and Hazel Dodge (eds), Centre for Mediterranean and Near Eastern Studies, Trinity College, Dublin, Oxford University School of Archaeology, Monograph 54, 2000, pp. 119-141.

Bibliography

J.-P. Adam, *Roman Building. Materials and Techniques*, London, 1994.

J.C. Anderson, *Roman Architecture and Society*, Baltimore and London, 1997.

P. Azara, *Las casas del alma - Maquetas arquitectónicas de la antigüedad (5500AC/300 DC)*, Barcelona, 1997.

B. Bargagli, and C. Grosso, *I Fasti Ostienses. Documento della storia di Ostia*, Itinerari Ostiensi VIII, Roma, 1997.

63. *Lexicon* V, *s.v.* « Thermae Diocletiani », pp. 53-8 ; « Thermae Constantinianae », pp. 49-51.

64. *CIL,* 6, 1673 : To L. Aelius Helvius Dionysius, judge in charge of hearing imperial appeals for all the east, Governor of Syria Coele, governor of the two Italies, commissioner of the water board and of the corn supply, Commissioner for public works, priest of the sun god. The *collegium* of the builders [set this up] for his many acts of patronage to it.

P. Becchetti, and C. Pietrangeli (ed.), *Tevere e Agro Romano dalle fotografie di Giuseppe Primoli*, Roma, 1982.
M. E. Blake, *Ancient Roman Construction in Italy from the Prehistoric Period to Augustus*, Washington, 1947.
M. E. Blake, *Roman Construction in Italy from Tiberius through the Flavians*, Washington, 1959.
M. E. Blake and D.T. Bishop, *Roman Construction in Italy from Nerva through the Antonines*, Philadelphia, 1973.
H. Bloch, « The Serapeum at Ostia and the brick-stamps of 123 AD », *AJA*, 63,1959, pp. 225-40.
F. E. Brown, *Roman Architecture*, New York, 1961.
P. Brunt, « Free labour and public works at Rome », *JRS*, 70, 1980, pp. 81-100.
A. Burford, « Heavy transport in classical antiquity », *Economic History Review*, 13, 1960, pp. 1-18.
A. Burford, *The Greek Temple Builders at Epidauros*, Liverpool, 1969.
G. Carettoni, A. M. Colini, L. Cozza, and G. Gatti (ed.), *La Pianta Marmorea di Roma Antica*, Roma, 1960.
G. Cascioli, *Bibliografia di Tivoli. Studi e Fonti per la Storia della Regione Tiburtina*, Tivoli, 1923.
F. Coarelli, « La riscoperta del sepolcro degli Haterii : una base con dedica a Silvano », in *Studies in Classical Art and Archaeology. A Tribute to P. H. Von Blanckenhagen*, New York, 1979, pp. 255-69.
B. Cotterell and J. Kamminga, *Mechanics of pre-industrial technology*, Cambridge, 1990.
G. Cozzo, *Ingegneria romana*, Roma, 1928.
J. DeLaine, « The Insula of the Paintings at Ostia (I.iv.2-4). Paradigm for a city in flux », in T. Cornell and K. Lomas (ed.), *Urban Life in Roman Italy*, London, 1995a, pp. 79-106.
J. DeLaine, « The supply of building materials to the city of Rome. Some economic implications », in N. Christie (ed.), *Settlement and Economy in Italy 1500 BC to AD 1500. Papers of the Fifth Conference of Italian Archaeology*, Oxbow Monograph 41, Oxford, 1995b, pp. 555-62.
J. DeLaine, « The Insula of the Paintings. A model for the economics of construction in Hadrianic Ostia », in A. Gallina

Zevi and A. Claridge (ed.), *« Roman Ostia » Revisited. Archaeological and Historical Papers in Memory of Russell Meiggs*, London, 1996, pp. 165-84.

J. DeLaine, *The Baths of Caracalla. A study in the design, construction and economics of large-scale building projects in imperial Rome*, JRA Supplementary Series 25, Portsmouth R. I., 1997.

B. Dibner, *Moving the Obelisks*, Cambridge Mass., 1970.

B. Dix, « The manufacture of lime and its uses in the western Roman provinces », *Oxford Journal of Archaeology*, 1, 1982, pp. 331-45.

H. Dodge, « Ancient Marble Sudies : Recent Research », *JRA*, 4,1991, pp. 28-50.

R. Duncan-Jones, *The Economy of the Roman Empire*, (ed. 2), Cambridge, 1982.

J. C. Fant, « Ideology, gift, trade : a distribution model for the Roman imperial marbles », in W. V. Harris (ed.), *The Inscribed Economy. Production and distribution in the Roman empire in the light of instrumentum domesticum*, *JRA*, Supplementary Series 6, Ann Arbor, 1993, pp. 145-70.

S. Fontana, « Un impianto per la produzione della calce presso Lucus Feroniae (Roma) », in N. Christie (ed.), *Settlement and Economy in Italy 1500 BC to AD 1500. Papers of the Fifth Conference of Italian Archaeology*, Oxbow Monograph 41, Oxford, 1995, pp. 563-70.

C. F. Giuliani, *L'edilizia nell'antichità*, Studi Superiori NIS, Architettura 81, Roma, 1990.

R. A. Goldthwaite, *The Building of Renaissance Florence*, Baltimore, 1980.

L. Haselberger, « Ein Giebelriss der Vorhalle des Pantheon : die Werkrisse vor dem Augustmausoleum », *RAI*, 101, 1994, pp. 279-308.

L. Haselberger, « Architectural likenesses : models and plans of architecture in classical antiquity », *JRA*, 10, 1997, pp. 77-94.

T. Helen, *The Organisation of Roman Brick Production in the First and Second Centuries AD : an Interpretation of Roman Brickstamps*, Helsinki, 1975.

G. Hermansen, *Ostia. Aspects of Roman City Life*, Edmonton, 1982.

J. T. Hurst, *A Handbook of Formulae, Tables and Memoranda for Architectural surveyors and others engaged in Building*, London. 1865.

A. H. M. Jones, J. R. Martindale, and J. Morris, *The Prosopography of the Later Roman Empire vol. 1 AD 260-395*, Cambridge, 1971.

H. Kalayan, « Notes on assembly marks, drawings and models concerning the Roman period monuments in Lebanon », *Annales Archeologiques Arabes Syriennes*, 21, 1971, pp. 269-74.

C. Krause, « Das graffito in Terracina », in C. Krause (ed.), *La prospettiva pittorica*, Biblioteca Helvetica Romana 22, 1985, pp. 131-33.

L. Lancaster, « Building Trajan's Markets », *AJA*, 102, 1998, pp. 283-308.

R. Lanciani, *The Ruins and Excavations of Ancient Rome*, Boston and New York, 1897.

J. G. Landels, *Engineering in the Ancient World*, Berkeley and Los Angeles, 1978.

F. A. Lepper and S.S. Frere, *Trajan's Column*, Gloucester, 1988.

R. Ling, « The mechanics of the building trade », in F. Grew and B. Hobley (ed.), *Roman Urban Topography in Britain and the Western Provinces, Council for British Archaeology Research Report 59*, London, 1985, pp. 14-26.

L. Lombardi and A. Corazza, *Le terme di Caracalla*, Roma, 1995.

G. Lugli, *La tecnica edilizia romana con particolare riguardo a Roma e Lazio*, Roma, 1957.

W. L. Macdonald, *The Architecture of the Roman Empire* 1 : *An Introductory Study revised edition*, New Haven, 1982.

O. Marucchi, « L'ipogeo sepolcrale di Trebio Giusto », *Nuovo Bulletino di Archeologia Cristiana*, 17, 1911, pp. 209-35.

S. D. Martin, *The Roman Jurists and the Organization of Private Building in the Late Republic and Early Empire*, Collection Latomus 204, Bruxelles, 1989.

R. Meiggs, *Roman Ostia*, (ed. 2), Oxford, 1973.

J. H. More, *The Fabrii Tignarii of Rome*, PhD thesis. Harvard. 1969.

J. E. Packer, « The Insulae of Imperial Ostia », *MAAR* 31, 1971.

C. Pavolini, *La vita quotidiana a Ostia*, Roma and Bari, 1986.

J. D. L. Pearse, *The Organisation of Roman Building during the Late Republic and Early Empire*, unpublished DPhil. thesis, Cambridge, 1975a.

J. D. L. Pearse, « A forgotten altar of the *collegium fabrum tignariorum* of Rome », *Epigraphica,* 37, 1975b, pp. 100-23.

J. D. L. Pearse, « Three alba of the *collegium fabrum tignariorum* of Rome, *Bull. Com.*, 1976-77, pp. 163-76.

G. Pegoretti, *Manuale pratico per l'estimazione dei lavori architettonici stradale, idraulici, e di fortificazione, per uso degli ingegneri ed architetti*, (ed. 2, revised by A. Cantalupi), Milan, 1869.

J. T. Pena, « P.Giss 69 : evidence for the supplying of stone transport operations in Roman Egypt and the production of 50 foot monolithic column shafts », *JRA,* 2, 1989, pp. 126-32.

P. Pensabene, « Committenza pubblica e committenza privata a Ostia », in A. Gallina Zevi and A. Claridge (ed.), *« Roman Ostia » Revisited, Archaeological and Historical Papers in Memory of Russell Meiggs*, London, 1996, pp. 185-222.

L. Petrassi, *Terme di Caracalla, Indagini geotecniche, Lavori e Studi di Archeologia*, 6.2, Roma 1985, pp. 601-4.

C. Pietrangeli, « Frammento dei Fasti del Collegio romano dei fabri tignarii », *Bull. Com.,* 67, 1939, pp. 101-7.

L. Quilici, *Forma Italia 1.10. Collatia*, Roma, 1974.

O. Robinson, *Ancient Rome. City Planning and Administration*, London, 1992.

P. Rockwell, « Carying instructions on the Temple of Vespasian ». *RendPontAcc*, 60, 1959, pp. 53-70.

E. Rodriguez-Almeida, *Forma Urbis Marmorea : Aggioniamento generale*, Roma, 1981.

C. P. Scavizzi, *Edilizia nei secoli* XVII *e* XVIII *a Roma* (*Quaderni* 6), Roma, 1983.

F. Sear, *Roman Architecture,* London, 1982.

P. Setala, *Private Domini in Roman Brickstamps of the Empire* (*Acta Instititum Romamun Finlandia*e 9.2), Helsinki, 1977.

J. E. Skydsgaard, « Public building and society », in K. de Fine Licht, *Città e Architettura nella Roma Imperiale*, Analecta Romana Instituti Danici Supplementi 10, 1983, pp. 223-27.

J. R. Spencer, *Filarete's Treatise on Architecture,* New Haven, 1965.

M. Steinby, « Ziegelstempel von Rom und Umgebung », *Reale Encyclopaedia,* Supplement 15, cols. 1489-1531.

M. Steinby, « I senatori e l'industria laterizia urbana », *Tituli 4, Epigrafia e Ordine Senatorio* 1, 1982, pp. 227-37.

M. Steinby, « L'edilizia come industria pubblica e privata », in K. de Fine Licht, *Città e Architettura nella Roma Imperiale*, Analecta Romana Instituti Danici Supplementi, 10, 1983, pp. 219-21.

M. Steinby, « L'organizzazione produttiva dei laterizi : un modello interpretativo per l'instrumentum in genere ? », in W. V. Harris (ed.), *The Inscribed Economy. Production and distribution in the Roman empire in the light of instrumentum domesticum, JRA,* Supplementary Series 6, Ann Arbor, 1993, pp. 139-44.

H. Stuart Jones (ed.), *A Catalogue of the Ancient Sculptures preserved in the Municipal Collections of Rome. The Sculptures of the Museo Capitolino*, Oxford, 1912.

M. K. and J. L. Thornton, *Julio-Claudian Building Programs : a Quantitative Study in Political Management*, Wauconda III, 1989.

U. Ventriglia, *La Geologia della città di Roma*, Roma, 1971.

H. Von Hesberg, « Römische Grundrissplane auf Marmor », *Bauplanung und Bautheorie der Antike*, Diskussionen zur archaologischen Bauforschung 4, Berlin, 1984, pp. 120-33.

J.-P. Waltzing, *Étude Historique sur les Corporations Professionnelles chez les Romains,* 4 Vols., Louvain, 1895-1900.

J. B. Ward-Perkins, *Roman Imperial Architecture*, Harmondsworth, 1981.

T. Wibgand, « Die puteolanische Bauinschrift », *Jahrbüch für Klassische Philologie*, Suppl. 20, 1894, pp. 660-778.

E. Will, « La maquette de l'adyton du Temple A de Nisa (Beqa) », in *Le dessin d'architecture dans les sociétés antiques. Actes du Colloque de Strasbourg, 26-28 janvier l984*, Leiden, 1985, pp. 277-81.

F. Wilson, « Studies in the social and economic history of Ostia », *PBSR,* 13,1935, pp. 41-68.

III

Rome, capitale économique : « Nourrir la plèbe [1] »

Capitale politique, culturelle, religieuse de l'empire romain, Rome est aussi sa capitale économique. En effet, dès les premiers temps de la conquête, les richesses tant matérielles qu'artistiques des provinces et territoires annexés furent drainées vers les ports romains. De ce fait, Rome est au centre d'un vaste réseau routier, et surtout maritime, en grande partie organisé par l'État romain. Cela nécessita la mise en place de structures financières — fiscales en particulier —, destinées à assurer les moyens des échanges.

Les travaux de Jean Andreau ont depuis plusieurs années mis en évidence les divers aspects de l'économie romaine, aussi bien le rôle des « banquiers » privés [2] que la place de l'Italie, et donc de Rome, dans l'ensemble de l'Empire [3], ou enfin la localisation des espaces financiers dans Rome [4]. L'économie romaine, comme on le constate au travers de la variété des recherches de Jean Andreau, a été structurée par

---

1. Jean Andreau, *Nourrir la plèbe. Actes du colloque tenu à Genève les 28 et 29/9/1989, en hommage à D.Van Berchem*, Bâle / Kassel, F Reinhardt (*Schweizerische Beiträge zur Altertumswissenschaft*, 22), A. Giovannini éd. 1991.

2. Jean Andreau *Les affaires de monsieur Jucundus*, Rome, 1974 ; recueil d'articles *Patrimoines, échanges et prêts d'argent : l'économie romaine*, Rome, Saggi di Storia Antica, 10, 1996.

3. Jean Andreau « L'Italie impériale et les provinces. Déséquilibre des échanges et flux monétaires », *L'Italie d'Auguste à Dioclétien*, Actes du colloque de Rome mars 1992, Rome, 1994, p. 175-203.

4. Jean Andreau « L'espace de la vie financière à Rome », *L'Urbs. Espace urbain et histoire (1er s. av. J.-C. – 3e s. ap. J.-C.),* Actes du colloque international organisé par le CNRS et l'EFR (Rome 8-12 mai 1985), Rome, CEFR 98, 1987, pp.157-174

des interventions de l'État romain, dans de nombreux domaines comme la fiscalité, le contrôle et la progression des échanges entre l'Empire et la Ville. L'article ici présenté souligne ce rôle de l'État dans les échanges.

La principale raison pour laquelle le pouvoir central dut veiller à maintenir un commerce maritime actif est le souci causé par le ravitaillement de la population romaine. On sait que les provinces — Égypte, Afrique — produisaient une grande partie du blé consommé à Rome. Mais dans quelle quantité ? André Tchernia[5] en utilisant ses travaux sur la production et l'utilisation des amphores, et, en essayant de quantifier les arrivages de blé, huile et vin, et la masse de la population met en évidence l'importance de la régularité des liens commerciaux.

Cette régularité n'était possible que grâce à un fonctionnement parfait de tous les relais, assuré par les services de l'annone[6] depuis le lieu de production, le trajet vers le port d'embarquement provincial dans un des navires de la flotte annonaire, puis après un voyage effectué pendant les mois d'ouverture de la Méditer-ranée, le débarquement à Pouzzoles ou Ostie, qui devient le principal port de Rome, en particulier sous Claude avec la mise en place de structures portuaires d'importance, et l'acheminement vers les quais de Rome, en particulier le port du *Forum Boarium*, évoqué par A. M. Colini.

Le blé arrivé à Rome, il faut l'entreposer dans les *horrea* de la Ville, puis le distribuer aux ayants droit, dans le cadre des

---

5. André Tchernia, *Recherches sur les amphores romaines*, CEFR 10, Rome, 1972 ; *Le vin de l'Italie romaine. Essai d'histoire économique d'après les amphores*, BEFAR 261, Rome, 1986.

6. H. Pavis d'Escurac, *La préfecture de l'annone, service administratif impérial d'Auguste à* Constantin, BEFAR 226, Rome, 1976 ; Le *Ravitaillement en blé de Rome et des centres urbains des débuts de la République jusqu'au Haut Empire*. Actes du colloque de Naples, 14-16/2/1991, Rome/Naples, CEFR 196, 1994 ; C. Virlouvet, « L'approvvigionamento di Roma imperiale : una sfida quotidiana », pp.103-135, dans E. Lo Cascio éd., *Roma imperiale : una metropoli antica*, Rome, Carocci editore (Studi superiori, 391), 2000.

frumentationes. Ces derniers appartiennent au petit peuple de Rome, qui vit et exerce son activité dans les rues romaines. Ce cadre particulier, grouillant de vie est évoqué par Jean-Paul Morel [7] qui dresse ici un tableau vivant des rues de Rome, dont le petit peuple est le principal acteur quotidien, mais aussi lors des fêtes ou des crises économiques ou politiques.

La fragilité de la plèbe urbaine, risquant la disette, les altercations, les maladies, ainsi que les aléas de la vie politique a entraîné la mise en place d'un système officiel de relation entre un membre de la *nobilitas*, riche et susceptible de mener une carrière politique, et, un homme pauvre, ayant besoin de protection : il s'agit du patronat. Cependant ce système clientélaire va subir une évolution, en raison des modifications de la *res publica* évoquée par A. Wallace-Hadrill [8].

Enfin si tous n'appartiennent pas aux couches extrêmes de la société romaine, la majorité des habitants de la Ville sont des producteurs, comme l'a montré Joël Le Gall [9]. Ce dernier a envisagé les différents aspects de la vie quotidienne de Rome en particulier dans son ouvrage sur le Tibre (*Le Tibre, fleuve de Rome dans l'Antiquité*, Paris, thèse, 1953), ou dans des articles plus récents [10] ; mais c'est ici un ultime aspect de la vie économique qui retient notre attention, la fiscalité à laquelle les habitants de Rome sont soumis.

---

7. Jean-Paul Morel, « La topographie de l'artisanat et du commerce dans la Rome antique », *L'Urbs. Espace urbain et histoire (Ier s. av. J.-C. - 3e s. ap. J.-C.)*, Actes du colloque international organisé par le CNRS et l'EFR (Rome 8-12 mai 1985), Rome, CEFR 98, 1987, pp. 127-155 ; « L'artisan », dans A. Giardina éd., *L'homme romain*, Paris, 1989 (rééd. 1992), pp. 267-302.

8. A. Wallace-Hadrill éd., *Patronage in Ancient Society*, Londres/New York, 1989 ; *Augustan Rome*, Bristol, 1993.

9. Joël Le Gall, « Rome, ville de fainéants ? », *REL*, 49, 1971, pp. 266-277.

10. Joël Le Gall, « Sépulture des pauvres à Rome », *BSNAF*, 1980-81, pp.148-152.

Jean Andreau

LA CITÉ ROMAINE DANS SES RAPPORTS À L'ÉCHANGE ET AU MONDE DE L'ÉCHANGE

« Les échanges dans l'Antiquité : le rôle de l'État ». Le thème est évidemment à la fois étroit et très large. Étroit, parce qu'il ne concerne que les échanges, et non point l'ensemble de l'économie ; mais très large aussi, car il touche à tous les aspects de la cité et à ses fondements mêmes, ainsi qu'à l'idée que les Anciens se faisaient de la puissance publique et de ses attributions.

Si, pour ces premières « Journées sur l'économie antique », nous nous sommes limités aux échanges, c'est en partie afin d'éviter une excessive dispersion. Mais ce n'est pas seulement pour cela. Je vois au moins quatre autres raisons à ce choix.

Les trois premières tiennent aux termes des débats récents sur l'économie antique. D'une part, ces débats, qui concernent souvent les intérêts économiques des élites (sénateurs, chevaliers, etc.), confondent sauf exception les intérêts dans la production (notamment non agricole) et les intérêts commerciaux. Or, ce n'est pas du tout ce que font les historiens économistes de l'Europe moderne et de la Révolution industrielle. Certains d'entre eux soutiennent, par exemple, que la haute noblesse anglaise avait beaucoup plus d'intérêts dans le commerce outremer que dans les entreprises industrielles. Ne nous demandons pas ici s'ils ont tort ou raison, ni quelles conclusions il faut en tirer quant à la Révolution industrielle. Leur démarche montre en tout cas qu'il est nécessaire de distinguer le commerce de la production.

D'autre part, les préjugés défavorables paraissent toucher le commerce beaucoup plus que la production, même non agricole, ou, du moins, il ne s'agit pas exactement des mêmes préjugés. Or, ces préjugés jouent eux aussi un grand rôle dans le débat sur l'économie antique. J. Hasebroek pensait qu'en Grèce classique ils détournaient l'élite des activités ainsi décriées. Pour le monde romain, d'autres, par exemple J. H. D'Arms, doutent que ce soit le cas (Hasebroek 1928-1933 et D'Arms 1981). On sait en outre quelle place la notion de marché occupe dans les controverses sur la modernité de l'économie antique, surtout depuis la publication des œuvres de M. I. Finley. Pour mieux circonscrire et appréhender cette notion de marché, il est à mon avis souhaitable de se concentrer sur le secteur commercial.

Quatrième et dernière raison, qui tient aux attitudes des pouvoirs publics : leurs interventions ne sont ni de même nature ni de même ampleur selon qu'il s'agit d'agriculture, de fabrication, de commerce ou de finance et de banque. J'expliquerai plus loin qu'en matière de circulation monétaire et de vie financière l'esprit romain parvient en pratique à davantage de conceptualisation qu'en matière de production ou de commerce (sur cette idée, je renvoie aussi à Andreau 1985). Cette différence est en particulier sensible dans les interventions des pouvoirs publics. Quand on étudie leur action, il est donc indispensable de le faire secteur par secteur.

Cela étant dit, le thème retenu demeure encore très large, surtout que nous essayons d'affronter l'ensemble des situations antiques. L'une des démarches possibles, la plus conforme aux traditions et aux exigences de l'érudition, consiste à procéder par analyse, à sérier les questions et à diviser les difficultés. Elle consiste par exemple à distinguer soit les époques ou les régions, soit les divers types d'échanges, et à étudier secteur par secteur, région par région. Comme R. Descat à propos de la cité grecque, j'ai au contraire choisi, pour cette communication, un sujet particulièrement ample : comment caractériser l'ensemble des rapports entretenus par la puissance publique romaine avec les échanges et le monde des échanges, entre le IIIe siècle avant notre ère et le IIIe siècle de notre ère ?

Ce choix n'est pas l'effet du hasard. Je pense que, pour aller au-delà de l'opposition entre primitivisme et modernisme et pour renouveler les termes du débat, il faut chercher à définir les grandes orientations de la cité et de l'Empire romains face au commerce. Pour comprendre, il faut comparer, et pour comparer, il faut parvenir à qualifier les caractères principaux. L'attitude des pouvoirs publics face au commerce n'est sans doute pas la même en Grèce classique, à Rome, en Italie médiévale, en Inde ancienne, au Japon préindustriel, etc. Sans doute, mais en quoi ? Pour parvenir à le savoir, il faut éviter de se perdre dans les détails, et s'efforcer de définir les principales lignes de force qui caractérisent à ce sujet la culture romaine. Il faut saisir Rome dans sa singularité culturelle, sociale et économique, mais de façon à pouvoir ensuite comparer. L'histoire ne peut se réduire à la mise en évidence parallèle de singularités irréductibles. Dans cet effort, je m'inspire de certains aspects de la démarche de P. Veyne (1991, notamment pp. 131-162 et 163-215)[1].

Entre le milieu du IIIᵉ siècle et la fin du Iᵉʳ siècle avant notre ère, les formidables conquêtes réalisées par la cité romaine ont considérablement modifié les données des problèmes, en particulier en matière économique et sociale (voir Andreau 1987-1989). Les Latins avaient conscience, comme on sait, de l'ampleur des transformations causées par ces conquêtes. Mais, dès le début de la période que j'envisage ici, Rome était maîtresse de l'Italie ; elle ne constituait déjà plus une cité-État de type classique. Je ne pense donc pas qu'il soit utile, sur le thème qui nous concerne, de poser l'existence d'une coupure entre les derniers siècles de la République et le Haut-Empire.

Je ne me demanderai pas si l'emploi de la notion d'État se justifie pour l'Antiquité romaine. Malgré l'importance de cette délicate interrogation, je ne m'y attarderai pas. Dans la mesure du possible, je m'en tiendrai, pour la République comme pour l'Empire, à l'expression « pouvoirs publics », qui est la moins

---

1. Ces deux chapitres de Veyne 1991 ont été précédemment publiés, l'un dans *Revue des Études anciennes*, 81, 1979, pp. 161-180, l'autre dans *Annales Économies, Sociétés, Civilisations*, 34, 1979, pp. 211-244.

compromettante. Si j'emploie le mot « État », ce sera sans lui donner une valeur prégnante.

N'importe quel aspect de l'action des pouvoirs publics a, directement ou non, des conséquences sur les structures de la production et de l'échange. Même sans nourrir de préoccupation économique, la cité antique, comme d'ailleurs tout État, ne pouvait pas ne pas influer sur la vie économique, soit à la suite de décisions conscientes et bien définies (par exemple en matière militaire ou fiscale), soit par la logique même de sa politique (de la manière qu'elle a de se reproduire selon une certaine force acquise, indépendamment des conceptions conscientes de son élite politique). Ces effets involontaires des actions de la cité ne seront pas envisagés ici, car ils n'ont qu'un intérêt limité dans le cadre du thème choisi.

Je me consacrerai, à l'inverse, à deux autres types d'interventions de la cité et de l'Empire.

Le premier de ces types d'interventions regroupe celles dont l'objectif ne concernait pas les échanges et n'était pas même, la plupart du temps, économique, mais qui avaient des conséquences sur les échanges, et les avaient de façon tellement flagrante et directe que les Anciens ne pouvaient pas ne pas percevoir cette dimension commerciale des mesures prises. Dans certains cas, les textes antiques eux-mêmes précisent d'ailleurs que cette dimension n'avait nullement échappé aux pouvoirs publics.

Les deux premières parties de mon article vont porter sur ce premier type d'interventions. La première partie concernera celles qui touchent à l'action spécifique des pouvoirs publics pour fonctionner et survivre en tant que tels, c'est-à-dire à la fiscalité, à l'ordre public, à la souveraineté et à la politique de défense. La seconde, elle, portera sur les interventions à finalité sociale des pouvoirs publics.

L'autre type d'interventions se compose de celles qui, au moins partiellement, répondaient à des objectifs touchant aux échanges. Il en sera question dans la troisième partie. Enfin, dans la quatrième et dernière partie de mon article, qui constituera en même temps une longue conclusion, j'esquisserai les grandes lignes des conceptions romaines en matière de rapports entre les pouvoirs publics et l'échange. J'insisterai notamment sur le fait que les Latins avaient conscience de l'intérêt présenté par la vivacité des échanges ; ils se rendaient compte que l'ampleur des échanges était une des clés de la prospérité et de l'enrichissement. Mais ils en avaient conscience en relation avec les désirs et les besoins des consommateurs, et non point dans le cadre d'une transformation progressive de l'économie, et en particulier de la production. Et par ailleurs, ils n'ont jamais mené une politique visant consciemment à une augmentation du volume des échanges.

On s'interroge beaucoup, ces dernières années, sur les conséquences économiques, et tout particulièrement commerciales, de la fiscalité romaine (qui, à partir du IIe siècle avant notre ère, avantage fortement l'Italie aux dépens du reste des territoires contrôlés par Rome). On s'est notamment demandé si cette fiscalité n'exerçait pas une influence déterminante sur les relations commerciales entre l'Italie et les provinces (Hopkins 1980 et von Freyberg 1989). Mais, comme ces éventuels effets de la fiscalité n'étaient sûrement pas compris par les Latins eux-mêmes, je n'aborde pas ce débat, dont j'ai, du reste, déjà traité ailleurs (Andreau 1992).

Cl. Nicolet a insisté, à propos du règlement des douanes d'Asie récemment publié, sur le fait que l'État romain avait le choix entre plusieurs façons d'utiliser le montant des dîmes sur le blé (Nicolet 1991 et 1992). Ou bien, comme c'était le cas en Sicile à l'époque de Verrès, il demandait aux fermiers de l'impôt (les *decumani*, dans les *Verrines*) que ce montant soit versé en nature. Il adjugeait alors à d'autres publicains (les *mancipes*) son transport vers Rome, et l'employait aux distributions de blé destinées à la population de la Ville. Ou bien au contraire, comme en Asie, c'est en argent qu'il touchait le montant de la dîme, et le blé versé par les contribuables donnait lieu à un commerce privé. Dans le premier cas, l'État concluait des contrats de transport et stimulait donc l'activité de certains naviculaires. Dans le second, le rôle de l'État était plus réduit, et c'étaient les négociants en blé qui, au premier chef, tiraient parti des céréales ainsi lancées sur le marché. Le Sénat et les magistrats ne pouvaient pas ne pas en avoir conscience. En l'absence d'une documentation explicite sur les motifs de telles décisions, nous pouvons poser, sans grand risque d'erreur, qu'elles n'étaient pas prises en fonction d'une politique commerciale, mais en relation avec les besoins propres de l'État lui-même (ou, parfois peut-être, en fonction de facteurs clientélaires).

Le problème se pose dans les mêmes termes quand il s'agit de l'exploitation du patrimoine public, et en particulier des mines, comme le montre la contribution de Cl. Domergue.

Autres interventions de la même catégorie : celles qui touchent à la souveraineté de l'État, à l'ordre public et à la bonne organisation des rapports sociaux, à la politique de défense.

Une partie importante de la législation en matière de commerce et de commerçants s'explique par la nécessité d'affirmer l'autorité de l'État et de répondre aux nouveaux problèmes posés par les échanges, dans le cadre d'une domination politique romaine toujours plus étendue. C'est, au début de l'Empire, le cas de la législation sur les collèges, professionnels ou autres (législation qui les interdit, à moins qu'ils ne reçoivent une autorisation de l'Empereur ou du Sénat). Se demander si une telle législation révèle des tendances au corporatisme ou au dirigisme, comme on l'a souvent fait (voir par exemple Rougé 1966, pp. 459-474), n'est guère pertinent. Elle résultait à la fois de préoccupations sociales et du souci politique de ne pas laisser ces collèges créer des troubles, à l'instigation de quelque démagogue ou de quelque prétendant à l'Empire. C'était davantage une question de contrôle et d'encadrement que de dirigisme, car le dirigisme implique un désir positivement affirmé d'appliquer une politique économique et sociale, désir que je ne perçois pas dans la Rome antique [2]. Dans la plupart des cas, il n'y avait aucune volonté d'intervenir activement.

---

2. Ce que je dis ne vaut à mes yeux que pour la République et le Haut-Empire, jusqu'aux dernières décennies du IIIe siècle de notre ère. Quant aux IVe et Ve siècles de notre ère, je m'abstiens de les aborder ici et de me prononcer à leur sujet.

Les problèmes posés par l'approvisionnement en céréales, et surtout par celui de la ville de Rome, constituent une exception. Car dans ce domaine, l'État, au contraire, n'hésitait jamais à intervenir. Mais ces interventions n'étaient conçues ni comme l'expression d'une tendance au dirigisme ni comme une réaction contre le libéralisme.

Cette caractéristique de l'action de Rome et de la pensée économique romaine contribue sans doute à expliquer que le droit romain « ait discipliné les institutions commerciales, en s'adaptant, au fil des siècles, aux nouvelles pratiques commerciales (par exemple en développant le *ius gentium* duquel relevaient les non-citoyens), mais sans élaborer de droit proprement commercial, de « droit spécial du commerce ». C'est ce que souligne à juste titre L. Labruna, à la suite de C. Fadda et de beaucoup d'autres (Fadda 1903 et Labruna 1993). Il est significatif que Fadda ait appelé son cours *Istituti commerciali*, et non point *Diritto commerciale*. Nous y reviendrons dans la dernière partie. Quand Rome intervient dans le champ du commerce, c'est avant tout à deux titres : d'une part, sa souveraineté lui confère ce pouvoir et ce devoir de discipliner les affaires privées, économiques ou non ; d'autre part, elle l'amène à se préoccuper de ses ressortissants, ce qui explique que les « institutions commerciales », soient assez souvent liées à un métier ou à un groupe précis, par exemple en matière bancaire (Andreau 1987).

Prenons un autre exemple, emprunté au tout début de l'Empire. Considérant que certains exilés menaient un trop grand train de vie et profitaient de leur exil pour s'enrichir, Auguste, selon Dion Cassius (56, 27), leur interdit de posséder plus de vingt esclaves, plus de deux navires actuaires, plus d'un navire de charge de dix mille amphores, et il limita aussi le montant de l'argent liquide qui pouvait être en leur possession. C'était une façon de leur interdire le grand commerce, et de les limiter à de petits trafics. Mais il serait absurde de conclure qu'il y avait derrière une telle mesure un projet économique ou même social. Elle était avant tout un moyen de faire respecter la loi, selon laquelle l'exil était une peine, et non une occasion d'accroître sa fortune. Par ailleurs, cette mesure confirme ce qu'on soupçonne souvent à partir d'autres indices, à savoir que l'*homo politicus* antique, lorsque, pour une raison ou pour une autre, il était libéré des contraintes de son « métier » de citoyen ou surtout de notable, se trouvait davantage en mesure de se lancer dans des entreprises économiques.

Aux interventions liées à l'ordre public et à la souveraineté, il faut joindre celles qui touchent à l'approvisionnement de l'armée. Mal connu dans le détail, même sous le Haut-Empire, il se faisait très probablement, à cette époque, à partir de la région ou de la province, et non point de manière plus centralisée. On ignore jusqu'à quel point les commerçants privés qui collaboraient à cet approvisionnement étaient liés à l'État. Alors que C. R. Whittaker pense à des liens très étroits, A. Tchernia, au contraire, refuse une telle dépendance et parle clairement de commerce privé, sauf en ce qui concerne le blé (Whittaker 1993, XII, surtout pp. 55-57, et Tchernia 1986, pp. 27-28) ; pour le Haut-Empire, M. Reddé, lui aussi, insiste sur la liberté du commerce (Reddé 1986, pp. 370-412). Cet approvisionnement a, en tout cas, influé sur l'organisation agricole de vastes territoires, par exemple au nord de la Gaule, et a été à l'origine d'échanges, tant à l'intérieur de l'Empire qu'avec les peuples de l'extérieur. Il avait des conséquences économiques, et les pouvoirs publics romains ne pouvaient l'ignorer ; mais ils n'ont certainement pas cherché à poursuivre à travers lui une politique de développement des échanges (Bérard 1984 ; Whittaker 1989 ; Le Roux 1994).

Dans ce que j'ai appelé le premier type d'interventions en matière de commerce, d'autres ne relevaient pas des grandes fonctions de l'État, de son action spécifique pour fonctionner et survivre en tant que tel, mais d'objectifs sociaux. Par objectifs sociaux, je désigne la volonté consciente de tenir compte de personnes ou de groupes précis et de les satisfaire :

– soit pour des raisons clientélaires ou de faction politique, parce que, d'une manière ou d'une autre, ils étaient liés au pouvoir et à ceux qui l'occupaient ;

– soit pour éviter une crise sociale ;

– soit pour maintenir le rang et les caractéristiques d'une des parties du corps social, par exemple de l'aristocratie ;

– soit encore par une conception équilibrée de la gestion des affaires publiques, parce que le chef d'État doit prendre en compte l'ensemble de la société, ou du moins l'ensemble des citoyens.

Ces interventions à caractère social sont extrêmement nombreuses. L'un des objectifs de la fameuse *lex Claudia* de 218 avant notre ère, par exemple, était probablement de préserver une certaine conception du milieu sénatorial et du patrimoine des sénateurs ; ou, du moins, cet objectif social contribue à expliquer qu'elle soit restée en vigueur.

Par ailleurs, le problème posé par les dettes et les crises d'endettement (crises déjà attestées au Ve siècle avant notre ère, et dont on entend parler tout au long de l'histoire de Rome) ne se pose manifestement pas de la même façon selon qu'il y a ou non parmi les endettés beaucoup de sénateurs et de chevaliers. Si les endettés pauvres parviennent à faire entendre leur voix et à forcer l'attention des pouvoirs publics, c'est, en partie au moins, parce que leurs revendications sont relayées par celles des endettés de l'élite. Les textes relatifs à la conjuration de Catilina sont très clairs à cet égard, et tout l'embarras du consul Cicéron, ainsi que les attitudes de ses rivaux et adversaires, ne s'expliquent que par cette situation. Les crises d'endettement exerçaient des effets sur les transactions monétaires, et donc sur les échanges commerciaux ; mais les solutions apportées au problème, que ce soient celles de Cicéron en 63 avant notre ère, celles de César à partir de 49 ou celles de Tibère en 33 de notre ère, répondaient (au moins en partie, ou même avant tout) à des objectifs sociaux (au sens où j'ai ci-dessus défini le mot). Je pense qu'elles répondaient aussi à des objectifs monétaires et financiers, mais non point à des objectifs commerciaux (Andreau 1985).

Nous reparlerons de l'approvisionnement de Rome en blé : c'est un domaine sur lequel nous touchons à des objectifs plus économiques. Mais, évidemment, les considérations sociales y interviennent aussi. Quand Auguste a réorganisé les distributions de blé à Rome, Suétone remarque qu'il a voulu ménager les intérêts des agriculteurs et des commerçants (Suétone, *Auguste*, 42, 4-5 ; voir Nicolet 1988, pp. 191-192). Plusieurs textes de Cicéron insistent sur le fait que les dirigeants doivent tenir compte de tous les éléments du corps social (par exemple *Les devoirs*, 1, 85-86 et 2, 83).

Remarquons d'ailleurs que le commerce n'est pas le seul secteur économique où Rome ait été amenée à intervenir pour des motifs sociaux. Elle est bien davantage intervenue en matière agricole, par les distributions de terres et la colonisation. G. Bodei Giglioni a naguère publié un livre pour montrer que, sauf cas exceptionnels, les Anciens n'avaient pas mené une politique de travaux publics avec l'objectif de fournir du travail aux ouvriers (Bodei Giglioni 1974). Quoi qu'on pense de ses conclusions, auxquelles je me suis rallié (Andreau 1980a et 1980b), il est important de noter que, souvent, les Anciens ont sciemment pratiqué une politique agraire visant à favoriser l'emploi des citoyens les plus pauvres. Les lois agraires et la colonisation, tellement importantes dans l'histoire politique des derniers siècles de la République romaine, visaient notamment à fournir une propriété et du travail à des pauvres, puis, par la suite, à d'anciens soldats. Les mesures agraires de Caius Gracchus ou de César ont certainement concerné un plus grand nombre de travailleurs libres que leurs programmes de travaux publics, et elles ont eu des effets plus durables. Si elles étaient en partie dictées par des motivations sociales, elles ne poursuivaient pas, en première approximation, d'objectifs économiques.

Mais notons que, malgré cela, elles avaient aussi des effets économiques. Les effets économiques que la politique de la cité, puis de l'Empire produisait sur l'agriculture et l'occupation du sol rural étaient mille fois plus marqués que ceux qu'elle produisait sur les milieux urbains du commerce et de la fabrication. Dans quelle direction cette influence jouait-elle ? Dans un premier temps, en gros jusqu'à la fin du IIe siècle avant notre ère, en faveur de la reproduction du modèle traditionnel, qui juxtaposait une oligarchie riche mais sans excès, et qui occupait des terres publiques, et d'autre part des petits paysans propriétaires. Par la suite, la politique agraire eut davantage pour effet, me semble-t-il, de créer ou de maintenir une paysannerie moyenne de propriétaires qui étaient susceptibles, un jour ou l'autre, d'accéder à l'ordre des décurions de leur cité. À partir de César et d'Auguste, la politique agraire (et surtout les distributions de terres aux vétérans) est donc davantage allée dans le sens d'une agriculture de commercialisation qu'auparavant. Ses objectifs avant tout sociaux ne l'empêchèrent pas d'avoir des effets économiques, et même dans le domaine du commerce.

Dans la politique extérieure romaine, dont les objectifs ont fait l'objet de très vifs débats, les considérations sociales tiennent une grande place. Dans le discours sur les pouvoirs de Pompée, Cicéron lui-même écrit que, bien souvent dans le passé, Rome a fait la guerre à cause d'insultes infligées à des naviculaires ou à des marchands romains (*mercatoribus aut naviculariis nostris*, ce qui implique qu'il s'agisse de citoyens, ingénus ou affranchis) (Cicéron, *Des pouvoirs de Cn. Pompeius*, 5, 11).

Selon J. Hasebroek, les objectifs des impérialismes antiques n'étaient jamais économiques au sens où il se serait agi de chercher un avantage pour des citoyens marchands ou producteurs : « *im Sinne des Erstrebens von Vorteilen für eine nationale, von einem Staatsbürgertum getragene Produktion und für einen nationalen Produzenten- und Handelsstand* » (Hasebroek 1928, pp. 144-145 = 1933, pp. 135-136). Cette phrase ne vaut pas pour Rome, comme le confirme d'ailleurs le passage de Cicéron que je viens de citer. Plusieurs collègues ont beaucoup insisté là-dessus, et notamment D. Musti (Musti 1982) ; je partage pleinement leur point de vue, mais à mes yeux, de tels objectifs doivent être qualifiés de sociaux, et non point d'économiques. Les citoyens en question ont des intérêts économiques, et l'intervention de Rome vise à protéger ces intérêts. Mais Rome n'intervient pas avec des visées économiques. Elle intervient pour porter secours à ces citoyens, pour sauvegarder leurs intérêts (légitimes ou non, peu importe ; le problème n'est pas là). Les objectifs de l'intervention des pouvoirs publics sont donc sociaux et non économiques.

En admettant qu'Hasebroek ait raison pour la Grèce classique, comment expliquer que sa phrase ne puisse pas s'appliquer à Rome ? Je suggérerais au moins trois raisons (mais qui ne s'excluent pas les unes les autres et ne sont pas les seules possibles). Première de ces raisons : dès le IIe siècle avant notre ère, l'Italie centrale a acquis la citoyenneté romaine et le reste de la péninsule l'acquiert en 89 avant notre ère. Aussi est-il normal qu'on compte un bon nombre de citoyens romains ingénus parmi les hommes d'affaires italiens de la fin de la République et du Haut-Empire (et en particulier parmi les *negotiatores* fixés hors d'Italie). Ensuite, il faut songer au statut des affranchis : à Rome, l'affranchi du citoyen est lui-même considéré comme un citoyen. Enfin, les pérégrins, même s'ils avaient été conquis et étaient des sujets de Rome, étaient jugés dignes, dans une certaine mesure, de bénéficier de la protection assurée par les pouvoirs publics romains. Même si Cicéron parle pour les besoins de sa cause, même si l'enjeu du procès se trouve avant tout à Rome, et non point en Sicile, l'ensemble des discours contre Verrès montre assez bien que les alliés de Sicile, en tant que vivant sur le territoire politiquement et militairement contrôlé par les Romains, étaient considérés comme méritant une protection de leurs intérêts privés (ce qui, en pratique, ne les empêchait évidemment pas d'être victimes d'abus, surtout à l'époque de la propréture de Verrès !).

Pour l'apogée du Haut-Empire, à l'époque où il n'existe plus guère de sociétés de publicains, P. Orsted se demande si les pouvoirs publics romains ne se souciaient pas, en organisant l'adjudication des fermes publiques, d'accorder une place aux intérêts privés des hommes d'affaires pérégrins, en particulier dans les régions alpestres et danubiennes (Orsted 1985). Le système républicain des sociétés de publicains assurait sans aucun doute de substantiels bénéfices à l'aristocratie romaine (chevaliers, parents et alliés des sénateurs, peut-être certains sénateurs eux-mêmes, serait-ce par l'intermédiaire de prête-noms). Mais par la suite, sous l'Empire, quand les fermes avaient lieu dans les provinces, quand elles étaient divisées en un grand nombre de petites affaires et que les pérégrins y avaient accès, les pouvoirs publics garantissaient ainsi à ces pérégrins un prélèvement appréciable, qui contribuait au développement d'élites indigènes. P. Orsted a posé là une importante question et ses conclusions sont hautement vraisemblables, même si elles restent en partie hypothétiques, faute d'une documentation suffisamment abondante et explicite.

Le discours *Des pouvoirs de Cn. Pompeius* fournit une belle illustration de tout ce que je viens de dire, et aussi de certains des points qui vont être abordés dans la troisième partie. Plaidant pour que soit confié à Pompée le commandement suprême dans la guerre contre Mithridate, Cicéron évoque la situation présente en Asie Mineure, puis rappelle les succès remportés par Pompée l'année précédente contre les pirates. Mithridate et Tigrane menacent l'Asie. Les conséquences de cette menace concernent d'une part les revenus de l'État dans la province d'Asie (c'est-à-dire la fiscalité), et d'autre part plusieurs groupes sociaux intéressés par l'Asie : les publicains qui lèvent les revenus de l'État ; les hommes d'affaires italiens installés dans la province ; tous ceux qui, restés en Italie, y ont placé des intérêts. Cicéron n'oublie pas même les provinciaux, dont il évoque les craintes et les épreuves (*Des pouvoirs de Cn. Pompeius*, 11, 32). Le commerce et les échanges sont envisagés par le biais des commerçants et hommes d'affaires, et par le biais des prélèvements fiscaux tels que les droits de douane : si la menace se précise, « la navigation commerciale est suspendue », *mercatorum navigatio conquiescit*, et les droits de douane ne sont plus perçus (*ibidem*, 6, 15). Mais il n'y a aucune remarque sur la baisse des échanges en tant que telle, comme facteur de récession économique et d'appauvrissement.

Le commerce, de ce point de vue, est plus mal traité dans le discours que les affaires d'argent et de prêt. Car Cicéron remarque qu'un drame politique et militaire en Asie provoque une crise des paiements à Rome : « nous savons qu'alors, de nombreux citoyens ayant fait en Asie des pertes considérables, la suspension ruina le crédit à Rome ». Il souligne que les affaires d'argent se traitant sur le forum étaient étroitement solidaires des fonds circulant en Asie (*ibidem*, 7, 19). Mais il ne fait aucune remarque semblable pour les échanges de marchandises. C'est qu'en matière financière les Romains sont dans une certaine mesure parvenus à une pensée plus abstraite qu'en matière économique ou commerciale. Je me suis efforcé de montrer ailleurs que les Romains possédaient la notion non théorisée d'un système financier limité à l'ensemble des flux monétaires et fonctionnant en quelque sorte de manière autonome, sans référence à la production et au commerce, et qu'à l'inverse l'idée de système économique, même non théorisée, leur était complètement étrangère (Andreau 1985).

Par ailleurs, quand Cicéron rappelle la guerre des pirates, qui s'est déroulée l'année précédente, et les succès qu'y a remportés Pompée, il touche, en évoquant la circulation maritime en Méditerranée et les problèmes de ravitaillement, à des remarques potentiellement plus économiques (*Des pouvoirs de Cn. Pompeius*, 11, 31 à 12, 35 et 17, 53 à 19, 56). C'est en effet, comme nous allons le voir dans la troisième partie, par rapport à ces problèmes de ravitaillement (et, donc, de consommation) que les Latins prennent conscience de l'intérêt des échanges et de l'enrichissement qu'ils produisent.

Comme l'écrit A. Guéry, les États médiévaux et ceux des temps modernes avaient le choix, pour l'approvisionnement de leurs grandes villes, et tout particulièrement de leurs capitales, entre une politique de l'« annone » (c'est-à-dire une politique de prise en charge directe de l'approvisionnement des villes, par la constitution de stocks appartenant aux pouvoirs publics, par des distributions à prix fixé ou même gratuites) et une politique de « police des grains » (c'est-à-dire de strict contrôle des marchands et des particuliers), ou bien ils pouvaient combiner les deux. Aucune des deux politiques n'est en tout cas analysable en termes d'économie de marché. Ce n'est qu'au XVIIIe siècle que les économistes anglais et français cherchent à libérer l'approvisionnement urbain des contraintes et de la réglementation qui, partout en Europe, encadraient les marchés des villes, et prennent ainsi position pour la liberté du commerce des blés (Guéry 1984, surtout pp. 119-125).

Dans l'Antiquité, le problème se posait en gros de façon analogue. L'État romain, lui, accordait à la politique annonaire une place privilégiée ; mais il ne s'est jamais opposé à l'existence d'un commerce privé, même en matière de céréales et à destination de la ville de Rome elle-même. C'est donc d'abord par la politique annonaire, mais aussi par un contrôle des transactions privées, qu'il intervenait dans les échanges concernant l'approvisionnement en céréales.

A. Guéry écrit en outre : « La préoccupation majeure (...) tient au contrôle social. Les municipalités, les États craignent avant tout les émeutes populaires. Leur peur, leur obsession de l'explosion sociale répondent à la peur obsessionnelle de manquer des classes populaires. » Mais par ailleurs, « nourrir le peuple ou s'assurer qu'il est bien nourri est un des attributs de la royauté » (Guéry 1984, p. 121). À part le mot royauté, ces quelques lignes pourraient être transposées telles quelles dans la Rome de la fin de la République ou du Haut-Empire (sur les émeutes de la faim, voir Virlouvet 1985).

Une remarque des *Origines* de Caton, citée par Aulu-Gelle (*Les nuits attiques*, 2, 28, 6), implique qu'aient été notés, sur les tableaux du Grand Pontife, les moments où le prix du blé s'élevait (*quotiens annona cara*), comme on notait les éclipses et autres prodiges naturels. Un tel fait témoigne-t-il d'un souci de la documentation économique ? Probablement pas, mais il montre quelle importance concrète et psychologique avaient pour la cité, au IIIe siècle avant notre ère, les problèmes d'approvisionnement en blé. C'est encore le cas à l'extrême fin de la République et sous le Haut-Empire. D'où la hantise de la piraterie, à laquelle J. Rougé fait allusion en citant quelques textes (Rougé 1966, p. 465 et note 5). D'où le fait qu'un Sextus Pompée ait essayé de contrôler les mers et d'affamer Rome pour s'emparer du pouvoir (Dion Cassius, 48, 31, 5). D'où l'exceptionnel prestige d'Auguste, célébré comme celui qui dominait sur les terres et les mers (Philon, *Ambassade à Gaius*, 147-151). D'où le passage que Pline le Jeune, dans son *Panégyrique* de Trajan, consacra à la disette qui venait de sévir en Égypte (*Panégyrique*, 30-32).

À plusieurs reprises, les magistrats républicains, puis l'empereur, ont fait réaliser des bâtiments et travaux publics utiles à l'activité commerciale (ports, entrepôts, etc.) ; mais toutes ces réalisations touchaient à l'approvisionnement de la ville de Rome. Cl. Nicolet remarque que quand nous entendons parler de mesures favorables à l'investissement dans le transport maritime, c'est presque toujours en rapport avec l'approvisionnement de Rome (Nicolet 1988, pp. 203-204). Il insiste aussi sur l'importance et la variété des opérations effectuées par l'administration de l'annone, qui « avait aussi la responsabilité du marché libre, et devait faire en sorte que les arrivages soient toujours suffisants », même si ce marché libre demeurait privé et s'il fournissait la moitié de la consommation de la ville de Rome[3]. Bref, conclut Nicolet à propos de l'annone, « des secteurs essentiels de la vie économique finirent par être entièrement gérés ou contrôlés par l'État » (Nicolet 1988, p. 122). Plutôt que de reprendre dans le détail l'histoire des multiples interventions de l'État en matière d'approvisionnement en blé, je souhaite faire quelques remarques qui aident à comprendre comment les pouvoirs publics et les Latins en général pensaient ces interventions, et s'ils les pensaient en rapport avec l'ensemble de la sphère des échanges commerciaux.

Pour des denrées autres que les céréales, l'État romain, sous la République et le Haut-Empire, me semble n'avoir bloqué les prix que dans deux cas : d'une part, les situations de monopole ; d'autre part, les époques de crise. Affermant l'exploitation

---

3. Quelle était l'importance relative du commerce privé dans l'approvisionnement de Rome, en particulier en ce qui concerne les céréales ? Tout dépend évidemment de l'idée qu'on se fait des quantités consommées dans la ville, c'est-à-dire à la fois de la population de la ville et de la ration quotidienne moyenne.
Si l'on conclut, comme L. Casson (Casson 1980, pp. 21-22), à une consommation globale de 60 000 000 *modii* par an (c'est-à-dire 400 000 tonnes), le commerce privé doit fournir plus de la moitié de ce total.
Si l'on avance au contraire, avec R. Garnsey (Garnsey 1983), un chiffre de consommation de 150 000 à 200 000 tonnes, l'importance du commerce privé est nécessairement beaucoup plus réduite. Quant à G. Rickman, il aboutit au chiffre intermédiaire d'au moins 250 000 tonnes par an (Rickman 1980, p. 263).

du minium de Sisapon en Bétique à une seule société fermière, l'État romain a créé lui-même une situation de monopole ; pour éviter les phénomènes d'accaparement, il fixe donc un prix maximum de 70 sesterces par livre, ce qui, d'ailleurs, nous dit Pline, n'empêche pas la société d'accroître ses bénéfices en altérant la qualité du produit (*Histoire naturelle*, 33, 118-122). Le même processus se produisait pour la vente de certains objets de métal, par exemple à Vipasca, comme le rappelle Cl. Domergue dans sa communication aux présentes journées. Même chose aussi pour les céréales. L'exceptionnelle importance des céréales amène probablement l'État à lutter davantage, et de manière plus constante, contre l'accaparement à leur propos, mais il le fait en utilisant des armes tout à fait analogues. Ce qui fait l'originalité de la politique d'approvisionnement céréalier de Rome, ce n'est pas la « police des grains », très semblable à n'importe quelle autre « police », mais l'annone.

Comment est interprétée, comprise, cette intervention des pouvoirs publics pour le bon approvisionnement de Rome (intervention dont, d'ailleurs, la population de l'Empire dans son ensemble ne bénéficie jamais, dont les citoyens romains eux-mêmes ne bénéficient jamais dans leur ensemble) ? De plusieurs façons à la fois.

D'une part, comme l'effet de la conquête. Le blé vient de provinces, de territoires conquis, et une partie de ce blé résulte de prélèvements fiscaux. Comme l'écrit Pline le Jeune, il faut que l'Égypte demeure soumise au peuple romain (*Panégyrique*, 31) ; il faut que les Égyptiens « pensent qu'ils ont une dette à payer, et qu'ils rachètent leur mauvaise foi d'une année par toutes les années et tous les siècles à venir » (*ibidem*, 32). Remarquons qu'à partir du début des conquêtes en dehors de la péninsule italienne cette origine provinciale du blé détourne les Latins de comprendre concrètement et la nécessité des importations et celle des exportations, dont on ne peut faire l'économie si l'on veut s'approvisionner. La fiscalité et ces transferts de blé avaient certes des conséquences monétaires auxquelles ont récemment prêté attention K. Hopkins et H. U. von Freyberg (Hopkins 1980 et von Freyberg 1989), mais de telles conséquences ne pouvaient être comprises par les Anciens. Si Pline l'Ancien, quand il se plaint d'une fuite des richesses vers l'Inde, omet de faire la balance entre importations et exportations, comme le pense P. Veyne (Veyne 1991, pp. 163-215), c'est peut-être en partie pour cette raison. Quant aux produits dont il a absolument besoin (par exemple les céréales ou les métaux), l'État romain, après le début des conquêtes outre-mer, ne dépend plus des importations. C'est une énorme différence avec les cités de la Grèce classique. Il en coûte de devenir un « Empire-monde »...

Traditionnellement, l'annone était conçue comme l'une des fonctions de la cité Etat. Toute cité, même la plus petite et la plus faible, défend ses ports et ses côtes, écrit Cicéron (*Des pouvoirs de Cn. Pompeius*, 18, 54). C'est une question de souveraineté, de défense du territoire, mais c'est aussi une question d'approvisionnement ; les grandes cités maritimes, Athènes, Carthage, Rhodes, sont celles qui ont eu à la fois une marine de guerre et une flotte de commerce (*ibidem*, 18, 54). Avant 67 avant notre ère, les pirates faisaient à la fois obstacle aux déplacements des magistrats, qui risquaient d'être faits prisonniers, et aux transports, qu'ils fussent publics ou privés : *cum ex omnibus provinciis commeatu et privato et publico prohibebamur* (*ibidem*, 17, 53). *Commeatus* signifie à la fois déplacement et transport de marchandises ; mais, une page plus loin, le verbe *commeare* est employé sans aucun doute possible à propos de commerce : *omnes undique cum mercibus atque oneribus commeabant* (*ibidem*, 18, 55).

Sous l'Empire s'ajoute l'idée que l'approvisionnement en céréales est l'effet des libéralités de l'Empereur : Pline le Jeune écrit par exemple que l'abondance de l'annone est comme un congiaire perpétuel, *instar perpetui congiarii* (*Panégyrique*, 29). De ce point de vue, le régime impérial contribue, me semble-t-il, à obscurcir la conscience qu'auparavant l'on pouvait avoir des responsabilités de l'État, puisqu'il attribue aux qualités personnelles d'un homme des « bienfaits » qui, auparavant, étaient ressentis comme ceux de la cité.

Enfin, l'approvisionnement est tenu pour l'effet de la prospérité et de la vivacité des échanges. Le commerce fait que chacun dispose dans la ville de ce qu'il a besoin de consommer, et même y trouve des produits qu'il n'espérait pas y trouver. C'est dans le centre urbain, ou dans les ports, qu'on rencontre cette abondance.

Toutefois, à l'intérieur du centre urbain ou des ports, les Latins ne situent pas le lieu économique de cette consommation aussi précisément que R. Descat l'écrit pour les Grecs ; le forum n'a pas, à cet égard, la même importance que celle dont R. Descat fait état pour l'agora. Il est vrai que, dès le IIIe siècle avant notre ère, il y a à Rome un autre lieu pour le marché, le *macellum*. Mais ce second lieu n'acquiert lui non plus ni aucune sorte d'exclusivité de fait, ni une valeur mythique qui en fasse le « Marché » par excellence, le lieu privilégié des transactions. D'autre part, cette prééminence du centre urbain ne signifie pas, aux yeux des Anciens, que le territoire rural de la cité soit pour autant lésé : ils considèrent en effet, à tort ou à raison, que ces possibilités de consommation offertes par le commerce sont une chance pour l'ensemble des citoyens ou des habitants, et non point seulement pour ceux de la ville.

Ces possibilités de consommation constituent en outre un indicateur de la richesse des cités, de leur importance en matière d'activités privées, d'économie. Plus une ville est puissante et riche, plus elle attire de commerçants et de marchandises, que ces marchandises aient été apportées là de l'extérieur, par voie maritime, ou qu'elles viennent de l'arrière-pays et attendent d'être vendues, afin d'être consommées localement ou transportées ailleurs. La masse des produits que la cité accueille ainsi et la foule des marchands et trafiquants qui s'y réunissent sont deux critères de sa richesse (un autre critère réside dans les réserves de valeur, objets précieux ou œuvres d'art, par exemple). Prenons une fois de plus le *Des pouvoirs de Cn. Pompeius* (18, 55) : Cicéron y dit que Délos, au début du Ier siècle avant notre ère, était fréquentée par des navigateurs venus de toutes parts avec leurs marchandises et leurs cargaisons, et qu'elle était, quoique petite, remplie de richesses. Au siècle précédent, Polybe évoquait en des termes comparables la richesse de Byzance ou celle de Rhodes (4, 2, 38 et 43-45 ; 5, 3, 89). Même chose chez Hérodien, à la fin de notre période, par exemple pour Byzance (3, 1, 54) et pour Aquilée (8, 2, 3 à 5). Dans cette hiérarchie des prospérités commerciales, Rome se trouve évidemment toujours au sommet, puisqu'elle reçoit des marchandises de l'ensemble de l'Empire, et même de l'extérieur de l'Empire. C'est par exemple ce que dit Aelius Aristide dans son *Panégyrique*.

Les produits prélevés à titre d'impôts ou d'achats obligatoires ne sont pas toujours distingués par les auteurs latins des marchandises proprement dites. De façon différente, les uns et les autres témoignent en effet du rayonnement de la Ville. On peut néanmoins, dans le cas du commerce, avoir l'assurance que les provinces ont été consentantes, ce qui prouve qu'elles aussi trouvent leur compte à ces transactions. C'est ce qu'on observe bien dans le *Panégyrique* de Pline le Jeune. Il commence par faire l'éloge de la politique annonaire de Trajan sans distinguer le commerce des prélèvements (*Panégyrique*, 29). Mais très vite, il insiste sur le fait que les produits n'ont pas été arrachés aux alliés, et que les céréales achetées par le fisc ont elles-mêmes fait l'objet de contrats librement conclus, à des prix qui satisfaisaient les indigènes. On atteint là au mystère du commerce : Trajan a « relié les diverses nations par un tel commerce que les produits d'un lieu quelconque semblaient appartenir à tous les pays », et que si l'abondance règne à Rome, la famine ne sévit plus nulle part (*ibidem*).

Ce passage prouve que les Romains avaient conscience des avantages produits par une croissance des échanges commerciaux. Néanmoins, même si tel ou tel magistrat ou empereur a pu favoriser la prospérité commerciale, par exemple par une construction, on n'a jamais de témoignage de mesures groupées, consciemment prises avec l'objectif défini d'augmenter le volume des échanges. Il est significatif qu'une entreprise telle que le percement de l'isthme de Corinthe soit conçue par Suétone comme un moyen de défendre l'Empire et de lui donner de l'éclat, sans référence précise à l'accroissement des opérations commerciales (Suétone, *César*, 44, 5). Quant à Musonius, contraint de travailler au percement de l'isthme, il est censé dire, si l'on en croit Philostrate (*Vie d'Apollonius de Tyane*, 5, 19), qu'il le fait « pour la Grèce ».

Ces dernières remarques nous amènent aux spécificités romaines, à ce qui fait l'originalité des pouvoirs publics romains en matière de politique commerciale (ou plutôt d'absence de politique commerciale). Je vais essayer de le définir en quelques lignes dans cette dernière partie, qui joue davantage le rôle d'une conclusion. Il faut insister, je crois, sur six idées principales, auxquelles j'ai déjà touché dans les précédentes parties, et dont l'articulation me paraît rendre compte des textes disponibles.

Première idée : l'élite romaine a pleinement conscience que la progression des échanges assure à la communauté concernée une plus grande prospérité, elle a pleinement conscience des bienfaits du commerce. Mais, deuxièmement, il n'est pas question, malgré cela, de mesures globales visant à faire progresser les échanges.

Pourquoi cette absence d'une véritable démarche en faveur du commerce, d'une démarche menée avec des objectifs commerciaux (et non point politiques ou sociaux) ? Il faut faire intervenir la troisième idée : les Anciens considéraient l'activité économique (surtout non agricole) comme tellement privée que l'État ne pouvait s'en mêler directement. Il avait, certes, un rôle à jouer, mais il était hors de question qu'il posât le problème du commerce privé et des moyens de le développer. C'était aux privés de le développer.

En quoi consiste le rôle des pouvoirs publics ? Il est double. D'une part, face aux activités privées, économiques ou non, la tâche de l'État est disciplinaire. Il a le droit et le devoir d'exercer une régulation, de faire régner la légalité, et de faire régner l'ordre pour placer ses ressortissants dans la meilleure situation possible. C'est d'autre part aussi son devoir d'assurer à chaque groupe et à chacun les avantages compatibles avec les lois et les besoins de la cité et de ses pouvoirs publics, et par exemple de rendre leur dû aux commerçants et aux armateurs en tant que citoyens ou que pérégrins. Le commerce, comme les affaires financières, relève donc à la fois d'un droit applicable à tous et d'une ébauche de droit professionnel (s'appliquant au groupe plutôt qu'à l'activité).

Cinquième idée : pour assurer à l'ensemble des citoyens les

avantages auxquels ils ont droit, l'État doit veiller à ce qu'ils soient ravitaillés, et surtout en céréales. Cette préoccupation constante aboutit, à la fin de la République et sous l'Empire, à la politique annonaire d'approvisionnement de la ville de Rome, qui en constitue à la fois l'expression et la déformation. C'est donc par le biais de la consommation que les pouvoirs publics se préoccupaient de l'intérêt économique de l'ensemble de la population, ou du moins de l'ensemble des citoyens.

Dernière idée : comme nous l'avons vu, et en dépit de ces précédentes idées, la cité, puis l'Empire romains exerçaient en matière commerciale de nombreuses interventions, mais dont les objectifs étaient en général (quand on met à part les problèmes d'approvisionnement) soit politiques, soit sociaux. Il s'agissait d'interventions ayant des effets commerciaux, et des effets perçus comme tels, mais dont les intentions n'étaient nullement commerciales.

Pour progresser en matière de politique commerciale et de mentalités face au commerce, il faut prendre ensemble ces diverses idées, qui ne sont certes pas incompatibles entre elles, mais qui me semblent délimiter un cadre beaucoup plus compliqué et nuancé qu'on ne l'imagine parfois.

Les échanges dans l'Antiquité, le rôle de l'État, sous la direction de J. Andreau, P. Briant et R. Descat, Saint-Bertrand-de-Comminges, coll. « Entretiens d'archéologie et d'histoire », « Économie antique, », Musée archéologique départemental, 1994, pp. 83-98.

Bibliographie

J. Andreau (1980a), « Compte rendu de Bodei Giglioni 1974 », *REA*, 82, 1980, pp. 323-327.

J. Andreau (1980b), « Échanges antiques et modernes (du présent faisons table rase ?) », *Les Temps modernes*, 35, n° 410, septembre 1980, pp. 412-428.

J. Andreau, « L'État romain face au monde de la banque et du crédit », *États, fiscalités, économies* (Actes du Ve Congrès de l'Association française des historiens économistes, 16-18 juin 1983), Paris, Publ. de la Sorbonne, 1985, pp. 3-11.

J. Andreau, *Vie financière dans le monde romain. Les métiers de manieurs d'argent (IVe siècle av J.-C.-IIIe siècle ap. J.-C.)*, Rome, 1987 (BEFAR).

J. Andreau, « La cité antique et la vie économique », *Opus*, 6-8, 1987-1989, pp. 175-185.

J. Andreau, « Compte rendu de von Freyberg 1989 », *Gnomon*, 64, 1992, pp. 418-422.

Fr. Bérard, « La carrière de Plotius Grypus et le ravitaillement de l'armée impériale en campagne », *MEFRA*, 96, 1984, pp. 259-324.

C. Bodei Giglioni, « Lavori pubblici e occupazione nell'Antichità classica », Bologne, 1974 (*Il mondo antico*, 4).

L. Casson, « The Role of the State in Rome's Grain Trade », in J. H. d'Arms et E. C. Kopff, dir., *The Seaborne Commerce of Ancient Rome : Studies in Archaeology and History*, Rome, 1980, pp. 21-33 (*Memoirs of the American Academy in Rome*, 36).

C. Fadda, *Istituti commerciali del diritto romano, Introduzione*, Naples, 1903, réimprimé en 1987 à Naples, Jovene, avec une *Nota di lettura* de L. Bove (pp. IX-XIX).

H. U. von Freyberg, *Kapitalverkehr und Handel im römischen Kaiserreich (27 v. Chr.-235 n. Chr.)*, Fribourg en Brisgau, Rudolf Haufe, 1989.

P. Garnsey, « Grain for Rome », in *Trade in the Ancient Economy*, P. Garnsey, K. Hopkins and C. R. Whittaker (ed.), Londres, Chatto and Windus, 1983, pp. 118-130.

A. Guéry, « Échanges et marchés d'Ancien Régime », *Bulletin du MAUSS*, 9, 1er trimestre 1984, pp. 117-130.

K. Hopkins, « Taxes and Trade in the Roman Empire », *JRS*, 70, 1980, pp. 101-125.

J. Hasebroek, *Staat und Handel im alten Griechenland*, Tübingen, 1928 (réimpr. anast., Hildesheim, C. Olms, 1966).

J. Hasebroek, *Trade and Politics in Ancient Greece*, trad. angl. de Hasebroek 1928, Londres, 1933.

L. Labruna, *Il diritto mercantile e l'espansionismo* (texte de la communication prononcée le 6 septembre 1993 au *IIe*

Seminario di Studi del Centro Internazionale « Copanello », Università di Catanzaro, Calabre).

P. Le Roux, « Le ravitaillement des armées romaines sous l'Empire », in R. Étienne, dir., *Du latifundium au « latifondo »*, Bordeaux, 1994, pp. 395-416.

D. Musti, « Un aspetto della storia degli studi su Delo ellenistico-romana », *Opuscula Instituti Romani Finlandiae*, 2, 1982, pp. 5-17.

Cl. Nicolet, *Rendre à César. Économie et société dans la Rome antique*, Paris, 1988.

Cl. Nicolet, « Le *Monumentum Ephesenum* et les dîmes d'Asie », *BCH*, 115, 1991, pp. 465-480.

Cl. Nicolet, « Frumentum mancipale : en Sicile et ailleurs », in *Nourrir la plèbe*, A. Giovannini (éd.) (= Mélanges D. Van Berchem), 1992, pp. 119-141.

P. Orsted, *Roman Imperial Economy and Romanization*, Copenhague, Museum Tusculanum Press, 1985.

M. Reddé, Mare nostrum. *Les infrastructures, le dispositif et l'histoire de la marine militaire sous l'Empire romain*, Rome, 1986 (BEFAR, 260).

G. Rickman, « The Grain Trade under the Roman Empire », in *The Seaborne Commerce of Ancient Rome : Studies in Archaeology and History*, J. H. D'Arms et E. C. Kopff (ed.), Rome, American Academy in Rome, 1980, pp. 261-275.

J. Rougé, *Recherches sur l'organisation du commerce maritime en Méditerranée sous l'Empire romain*, Paris, SEVPEN, 1966.

A. Tchernia, *Le Vin de l'Italie romaine*, Rome, École française de Rome, BEFAR, 1986.

P. Veyne, *La société romaine*, Paris, Seuil, collection « Des Travaux », 1991.

C. Virlouvet, *Famines et émeutes à Rome des origines de la République à la mort de Néron*, Rome, Collection de l'École française de Rome, 1985.

C. R. Whittaker, *Les frontières de l'Empire romain*, Paris, Belles-Lettres, 1989.

C. R. Whittaker, *Land, City and Trade in the Roman Empire*, Aldershot, Grande-Bretagne, 1993.

André Tchernia

SUBSISTANCES À ROME : PROBLÈMES DE QUANTIFICATION

Le blé

La quantité des arrivées de blé à Rome est une donnée si nécessaire pour les historiens que tous ceux qui se sont intéressés à l'économie romaine ont dit leur mot sur ce sujet, en se fondant toujours sur les mêmes sources, fort peu nombreuses, et sur des raisonnements toujours du même ordre. Ou l'on part des quatre textes qui peuvent faire allusion à la consommation globale de Rome, et on discute de leur interprétation (c'est ce que j'appellerai l'approche A) ; ou l'on part du chiffre de la population de Rome et on le multiplie par celui de la consommation par individu, supposée au moyen des rares données sur les rations et de vraisemblances caloriques (c'est ce que j'appellerai l'approche B). Il faut prendre garde, dans ce cas, à ne pas invoquer un chiffre de population calculé auparavant en divisant un chiffre global de consommation par celui de rations supposées normales : c'est une des trois méthodes que retenait J. Beloch pour calculer la population de Rome. Le jeu de la démographie et de la consommation offre pour Rome les plus grands risques de circularité.

L'approche A

Les données sont si peu nombreuses que j'ai la place de les rappeler :

1) Flavius Josèphe, *Bell. Iud.*, II, 386 : l'Égypte fournit à

Rome quatre mois de son ravitaillement en blé, autrement dit un tiers.

2) *Epit.* ac *Caesaribus*, I, 6 : l'Égypte fournit à Rome 20 millions de *modii* de blé par an.

3) SHA, *Sev.*, 23, 2 : *moriens septem annorum canonem, ita ut cottidiana septuaginta quinque milia modium expendi possent, reliquit.*

4) Scholie de Lucain, *Pharsale*, I, 318 : consommation de 80 000 *modii* par jour à la fin de la République.

Sources 1 et 2

Le chiffre des fournitures de l'Égypte (source 2) multiplié par trois en se fondant sur la source 1 donne une arrivée de 60 millions de *modii* par an pour la capitale, soit 527 millions de litres ou environ 390 000/420 000 tonnes, selon la densité du blé[1].

Cette façon de faire a été critiquée par J. Beloch, avec toutes les apparences de la raison, d'une phrase si dévastatrice « Ein so unmethodisches Verfahren bedarf keiner Widerlegung » qu'elle n'a plus guère été avancée par les bons auteurs[2]. Elle s'appuie en effet sur une combinaison de textes dont l'un est peut-être fiable puisqu'il vient d'un auteur d'époque flavienne contemporain de ce qu'il avance, mais dont l'autre est l'œuvre d'un épitomateur qui écrivait plus de trois siècles plus tard. J. Beloch ajoutait que le chiffre auquel on aboutit, 60 millions de *modii*, correspond pour lui à une population invraisemblable de deux millions d'habitants. On pouvait encore ajouter à ces critiques un argument qui reposait sur Flavius Josèphe, *Bell. Iud.*, II, 383 : l'Afrique (sans l'Égypte) nourrit la plèbe de Rome pendant huit mois. Rapproché de la source 1, ce passage conduisait à exclure tout approvisionnement en blé qui ne viendrait pas de l'Égypte ou de l'Afrique, ce qui était peu vraisemblable. Il s'agit en fait, selon F. De Romanis[3] de 8 mois du blé gratuit distribué à la plèbe, et non de huit mois de

1. 1 *modius* = environ 8,8 l ou 6,5 à 7 kg de blé.
2. Voir une discussion dans G. Rickman, 1980, pp. 231-235.
3. 1996. Interprétation acceptée par C. Virlouvet, 1995b.

ravitaillement global, et ce texte n'est plus pertinent à notre problème.

Sources 3 et 4

J. Beloch accordait plus de confiance au texte des SHA, dans lequel il admettait que *canon* indiquait la consommation totale de Rome, ce qui n'est pas le sens habituel. Le chiffre de 75 000 *modii* par jour, équivalent à 27 375 000 *modii* par an a l'intérêt d'être proche de celui que donne la scholie de Lucain (source 4). Beloch s'en est servi pour évaluer la population de Rome : environ 760 000 habitants à raison d'une consommation moyenne par personne qu'il estimait à 36 *modii* par an. Mais stocker d'avance sept ans de la consommation de Rome est absurde et impossible : il faut renoncer à donner un sens sérieux à la première partie de la phrase.

F. De Romanis vient de proposer une lecture tout à fait différente du texte, qui aboutit à en sauver l'ensemble. Au lieu de l'interprétation traditionnelle du *ita ut* exprimée dans la paraphrase de Piganiol[4] « Sévère aurait laissé du blé pour sept ans à raison de 75 000 *modii* par jour », il comprend, à la suite de B. Sirks[5], chaque membre de phrase comme présentant un système de calcul différent dont le *ita ut* indique l'équivalence. Il faut alors admettre que la seconde phrase désigne une quantité quotidienne *sur un an :* ce qu'on aurait pu offrir pendant un an si on avait distribué dans cet espace de temps la quantité désignée dans le premier membre de phrase. Surgit une difficulté : le chiffre de 27 350 000 *modii* impliqué dans le second membre de phrase étant le résultat d'une division par sept du chiffre x implicite dans le premier devrait être divisible par sept, ce qui n'est pas le cas. F. De Romanis est donc amené à proposer de corriger LXXV en CLXXV, chiffre dont les multiples se trouvent justement être divisibles par sept et qui, par ailleurs, permet d'interpréter de façon plausible le premier membre de phrase comme désignant non la quantité des besoins totaux de Rome pendant sept ans, mais celle des

4. *L'Empire chrétien*, Paris, 1947, p. 7, n. 54.
5. B. Sirks, 1991.

distributions gratuites de blé aux ayants droit pendant ce temps-là.

L'auteur voit dans les 175 000 *modii* quotidiens du second membre de phrase une indication sur le chiffre de la consommation globale de Rome. Multipliés par 360, ils donnent un total annuel de 63 millions de *modii*, qu'il rapproche du chiffre obtenu par la combinaison des sources 1 et 2, pour réhabiliter cette approche. On serait alors obligé d'admettre soit une population, soit une consommation par tête bien supérieures à celles que supposait J. Beloch. Les bénéficiaires du blé gratuit recevaient mensuellement cinq *modii* : on admet en général qu'ils servaient aussi à leur famille. C'est également la quantité que dans une lettre de Sénèque [6] reçoit un esclave acteur de tragédies qui bénéficie aussi de quatre deniers par mois. Il s'agit selon moi d'un esclave à pécule très privilégié, ne fût-ce que par rapport au second exemple de Sénèque quelques lignes plus bas, un autre acteur-esclave qui lui ne reçoit qu'un *diurnum*. Rien en fait ne me paraît prouver que les cinq *modii* par mois du premier acteur représentent la somme de ses rations journalières ; c'est un complément en nature des quatre deniers. Une consommation de cinq *modii* = 35 kg par mois fournirait 3 900 cal./jour [7], ce qui est une consommation très élevée pour un adulte moderne, et ne peut être étendu, même si l'on tient compte, comme le fait à juste titre F. De Romanis, des privilèges alimentaires des habitants de la capitale, à l'ensemble d'une population y compris femmes et enfants. Ils ne mangeaient du reste pas que du blé et buvaient pas mal de vin.

En réalité, rien ne prouve, si l'on se laisse convaincre par la subtile démonstration de F. De Romanis, que le second membre de phrase indique plus qu'une pure possibilité dont le rapport avec la réalité n'a pas de raison d'être étroit, une virtualité de consommation, du reste ressentie comme particulièrement élevée, dont on n'a pas de raison de penser qu'elle

6. *Ad Luc.*, 80, 7.

7. Notons un calcul différent de R. Duncan-Jones, 1974, p. 147 qui, passant par la valeur calorique du pain, aboutit à 3 000/3 500 cal./jour, ce qu'il considère comme proche de « la valeur idéale moderne de 3 300 calories par jour pour les mâles adultes ».

ait été réellement dépensée. C'est bien ce que dit le latin *expendi possent*, qui indique qu'une possibilité a existé, sans s'engager sur sa réalisation. Rien n'interdit, par exemple, que du blé fiscal ait été mis en vente dans d'autres villes demanderesses, ou que des réserves aient été faites pour l'année suivante. Au total, l'interprétation de F. De Romanis me paraît aboutir à retirer le texte des SHA des sources utilisables sur la consommation globale de Rome, sinon de celles concernant les disponibilités impériales [8].

L'approche B

On lit ailleurs dans ce volume une étude sur les estimations de la population de Rome. Les chiffres se sont passablement rapprochés depuis quelque temps, et une fourchette de population comprise entre 800 000 et 1 200 000 habitants rencontrerait peu d'opposition. La marge — 50% du premier chiffre — reste grande. La donnée la meilleure semble bien être le nombre des bénéficiaires des distributions de blé, quand on peut penser qu'elles s'adressent à tous les mâles adultes : 320 000 avant que César ne révise les listes en 46. La question est de savoir si la population citoyenne de Rome n'était pas alors particulièrement élevée, précisément à cause des distributions de blé, si beaucoup de non-citoyens ne s'étaient pas alors glissés parmi les bénéficiaires et en bref si un chiffre identique peut être retrouvé sous Auguste. Ce dernier point dépend de savoir qui sont les 320 000 personnes destinataires d'un congiaire en 5 av. notre ère (seuls les mâles adultes, ou tous les mâles y compris les enfants) et symétriquement si les 200 000 bénéficiaires du blé public en 2 av. notre ère représentent toute la plèbe ou une part déjà limitée par Auguste [9]. La différence est importante. On doit ensuite imaginer la structure de la population de Rome, avec très probablement un

8. Quant à la *scholie* de Lucain, F. De Romanis pense qu'elle pourrait dériver des manuscrits des SHA.

9. E. Lo Cascio [1997b] favorise les interprétations aboutissant aux chiffres les plus bas, C. Virlouvet (1995a), celles aboutissant aux chiffres les plus élevés.

fort déséquilibre en faveur des hommes, dû au choix favorable aux mâles à la naissance, rendu possible par la normalité de l'exposition des nouveau-nés [10]. Il faut enfin trouver une ration de blé moyenne par habitant, qui fait elle aussi l'objet de divergences sérieuses : P. Garnsey [11] a fixé le minimum calorique de la population de Rome à 1 745 cal./jour, ce qui ne la nourrirait pas beaucoup ; L. Cracco Ruggini [12] lui accorde une consommation plus raisonnable de 2 500 cal./jour, et nous avons vu que F. De Romanis aurait voulu monter sensiblement plus haut [13].

Nous possédons des données sur la consommation de blé dans le monde romain, mais pas à Rome, si l'on admet que les cinq *modii* mensuels des rations de blé gratuit dépassent la consommation individuelle. Au IIe siècle av. notre ère, le soldat romain reçoit trois *modii* par mois [14]. Vers la même époque les esclaves de Caton sont nourris selon le travail qu'il font : quatre à quatre *modii* et demi pour les travailleurs ; trois pour les gestionnaires, les surveillants et les bergers [15]. En Égypte sous l'empire, la ration traditionnelle d'un travailleur est d'une artabe, soit 39,5 litres, environ quatre *modii* et demi [16]. Sert-elle uniquement à sa consommation personnelle ? Ces données relativement cohérentes montrent l'écart qu'il peut y avoir entre les rations. Il faut tenir compte non seulement du travail fourni, mais aussi des possibilités disparates d'une alimentation complémentaire. Une ration de quatre à quatre *modii* et demi par mois, équivalente à 3 100/3 500 cal./jour, paraît en tout cas possible pour le travailleur mâle adulte, qui est le plus gros consommateur de blé.

---

10. Voir là-dessus l'article important de W.V. Harris, 1994.
11. P. Garnsey, 1983 et 1988, p. 231.
12. L. Cracco Ruggini, 1985.
13. Sur ces difficultés, voir L. Foxhall et H. A. Forbes, 1982 ; Gallant, 1991, pp. 62-68.
14. Polybe, VI, 39, 12, qui dit plus exactement deux tiers de médimne par fantassin. Selon la capacité accordée au médimne, la conversion varie : d'autres disent 4 *modii*. Je me fie à F. W. Walbank, 1957, *A Historical Commentary on Polybius*, Oxford, I, p. 722.
15. Caton, *De agr.*, 56.
16. Cuvigny, 1996, p. 141.

On ne saurait évidemment étendre ce chiffre à l'ensemble d'une population. Le calcul du besoin moyen en calories supposerait lui aussi la connaissance de sa structure. Il faudrait aussi tenir compte, comme le fait E. Lo Cascio[17], des autres denrées consommées. En fait, les estimations des besoins du Romain en blé, données ces dernières années, reposent plus sur des impressions de vraisemblance, dont le souci de ne pas trop s'éloigner de l'estimation canonique de J. Beloch (36 *modii* par an) n'est pas absent, que sur des calculs menés à leur terme, qui ne feraient peut-être que masquer la même incertitude[18].

Je donne cependant ici, pour la curiosité du lecteur, deux estimations modernes de la consommation souhaitable, l'une venant d'un organisme français, l'autre d'un organisme indien :

	Fondation française pour la nutrition	Indian Council of Medical Research Research (1988)	
		très actif (lourd)	3 800
Homme adulte	2 700	modérément actif	2 875
		sédentaire	2 425
		très active	2 825
Femme adulte	2 000	modérément active	2 225
		sédentaire	1 875
Enfant 1-3 ans	1 360		
Enfant 4-6 ans	1 830		1 690
Enfant 7-9 ans	2 190		1 950
Enfant 10-12 ans	H. 2 600		2 190
	F. 2 350		1 970
		13-15 H.	2 450
		13-15 F.	2 060
Enfant 12-19 ans	H. 3 000	16-18 H.	2 640
	F. 2 400	16-18 F.	2 060

17. E. Lo Cascio, 1990.

18. Voir G. Rickman, 1980, p. 10; P. Garnsey, 1983, p. 118 et n. 3; L. Cracco Ruggini, 1985, p. 229.

On arriverait, en prenant une population déséquilibrée (comme je pense que c'était le cas) avec 45 % de femmes, 55 % d'hommes et environ 65 % d'adultes, et les chiffres indiens les plus élevés, à une consommation qui pourrait aller jusqu'à 2 800 cal./jour. Nous ne sommes pas loin du chiffre canonique souvent avancé d'un litre de blé par homme et par jour, qui fournit à peu près 2 700 calories. Mais cela fait 42 *modii* par an, sensiblement plus que les chiffres de J. Beloch, P. Garnsey et E. Lo Cascio, et un peu plus que ceux de G. Rickman et de L. Cracco Ruggini.

Dans un domaine qui met en jeu des variables si incertaines, et dont on a tort de penser qu'elles ont pu rester presque constantes pendant deux siècles et demi, je crois à l'utilité des fourchettes. On peut situer de façon presque sûre la consommation en blé de Rome entre deux seuils. Celui d'une consommation calculée bas par P. Garnsey et d'une population estimée prudemment par J. Beloch à 800 000 habitants. Au total environ 24 millions de *modii* par an (autour de 170 000 t). Celui d'un calcul qui s'appuierait sur les 42 *modii* annuels que je viens de considérer comme un maximum, et sur une population élevée, de l'ordre de 1 200 000 habitants : il aboutirait à environ 50 millions de *modii*, soit plus du double du chiffre précédent. Si important que soit l'écart, de telles données ne sont pas inutilisables.

Les sources 1 et 2 de l'approche A et les pertes durant le stockage

Nous pouvons toutefois tenter d'avancer un peu plus en revenant sur les sources citées en commençant. Certes, J. Beloch a raison de se méfier de l'épitomateur du *De Caesaribus*, et tout autant de condamner la méthode qui consisterait à combiner deux sources que plus de trois siècles séparent. Mais c'est justement parce que l'auteur du *De Caesaribus* est un épitomateur que le problème ne peut être tout à fait posé en ces termes. La question est de savoir quelle confiance on peut accorder à la source qu'il recopie peut-être correctement, et à quelle époque elle peut appartenir. G. Geraci a récemment apporté plusieurs arguments pour faire remonter la source de l'*Épitome* à l'époque augustéenne et défendre les 60 millions de *modii* critiqués par J. Beloch[19].

Il est vrai, peut-on dire en reprenant son raisonnement, que le chiffre de 60 millions de *modii* excède largement la fourchette que nous avons définie plus haut. Il faut toutefois prendre garde que ce chiffre ne serait pas celui de la consommation de la ville, mais, au mieux, celui des arrivées de blé à Rome. Or, le blé est un aliment fragile, et, si attentifs qu'aient été les architectes romains à construire des *horrea* adaptés à ce problème, si conscient qu'on soit des risques moindres encourus par les blés vêtus que par les blés tendres, un pourcentage de perte est inévitable pendant la période de stockage. Le dessèchement fait de toute façon perdre du poids aux grains ; les pertes dues aux petits mammifères et aux insectes, ainsi que les risques créés par les possibilités de fermentation, sont plus graves. L'humidité qu'il a pu contracter au cours d'un long transport maritime accroît encore la fragilité du blé. Au XVIIIe siècle, Duhamel de Monceau a consacré deux ouvrages à préconiser des techniques de conservation des grains, en particulier l'étuvage (qui n'a jamais véritablement reçu d'application pratique) et à persuader ses concitoyens que l'on devait et pouvait faire sans crainte des réserves de blé. Manifestement, cela n'allait pas sans peine : contre les exemples d'excellente conservation qu'il a rassemblés, il a reçu des lettres lui faisant part de dégâts importants. « Un particulier du pays de Caux », écrit-il dans son second traité[20], « ma mandé qu'au commencement de septembre 1764, il avait déjà perdu le quart du grain qu'il avait récolté en 1763, par la quantité prodigieuse des fausses teignes qui s'y étaient attachées ».

Pour l'Antiquité, Geraci a admis un taux de perte de près de 20 % ; Rickman[21] allait jusqu'au quart ou au tiers[22]. Il paraît

19. G. Geraci, 1994, pp. 282-285.

20. 1783, XIX-XX. Je remercie Jean-Yves Grenier des précieux renseignements qu'il m'a donnés sur ces questions.

21. G. Rickman, 1991, voir aussi P. Garnsey, 1991, p. 78.

22. T. Gallant, en s'appuyant sur des données ethnographiques, va jusqu'à 50 à 80 % de perte si les conditions de conservations ne sont pas particuliè-

en fait difficile de donner un taux moyen, car les résultats doivent être très inégaux selon les années, puisqu'ils dépendent non seulement des modes de conservation, mais aussi des conditions climatiques et de la qualité du blé engrangé. Il n'y a en tout cas aucune difficulté à admettre que s'il arrivait à Rome 60 millions de *modii* de blé par an, il n'en restait la plupart du temps pas plus de 50 millions propres à la consommation. D'autant que le souci de stockage était constant, et qu'on devait souvent consommer le blé de l'année précédente.

Nous retombons donc sans peine à l'intérieur de la fourchette définie. Il est également vrai que, si l'on admet que la source de l'*Épitome* est augustéenne, trois quarts de siècle la sépare de Flavius Josèphe : la part de l'Égypte dans le ravitaillement en blé de Rome a pu entre temps changer. Mais ce serait plutôt dans le cadre d'une augmentation globale des arrivées [23] qu'en raison d'une diminution des quantités prélevées en Égypte. L'on aurait tort de rejeter entièrement la combinaison des deux sources ; elle nous conduit, pour les entrées de blé, plutôt vers le haut de la fourchette [24].

L'HUILE

L'huile était utilisée, comme chacun sait, non seulement pour l'alimentation mais pour l'éclairage et les frictions des thermes et de la palestre : sa consommation ne peut être mesurée en calories, et nous n'avons aucun chiffre ancien utile. Aussi faut-il recourir là à l'archéologie et précisément au Monte Testaccio. Au sud de Rome, derrière les plus grands *horrea* de la ville, cette colline de tessons, haute de 35 m et de 700 m de tour, enferme les débris de plus de 50 millions d'amphores à huile, selon les calculs d'E. Rodriguez Almeida [25], ce

rement étudiées, ce qui bien évidemment n'est pas le cas pour Rome, où existaient des *horrea* spécialisés. Voir ses pages 94-98.

23. Voir Tacite, *Ann.*, VI, 13.

24. Je remercie F. De Romanis des observations qu'il a eu la gentillesse de faire sur cette partie du texte.

25. E. Rodriguez Almeida, 1984, pp. 116-119.

qui correspond à environ 37 millions d'hectolitres d'huile qui, quoiqu'on ne soit pas sûr de la date du début de cette décharge, semblent s'être amoncelées entre l'époque d'Auguste et 255 de notre ère, donc pendant environ deux siècles et demi. Cela porte à 150 000 hl/an les arrivées d'huile en amphore à Rome. Mais, si utile que fût une décharge traitée régulièrement à la chaux pour des amphores irrémédiablement imprégnées de corps gras, ces amphores n'y finissaient pas toutes leur vie : on en retrouve des morceaux dans les autres fouilles de Rome. L'équipe de Clementina Panella, par exemple, a compté qu'elles représentent entre 12 et 17 % du total des tessons d'amphores dans trois contextes de fouilles menées au pied du Colisée et au Forum, datables entre la moitié du Ier siècle et le début du second. Le chiffre d'arrivées d'huile en amphores de Bétique et d'Afrique fondé sur les données du Testaccio est donc fort inférieur à la réalité, sans qu'on puisse savoir de combien. Si l'on voulait passer à la consommation, il faudrait ajouter encore l'huile de Sabine, qui n'a cessé d'être produite et apportée à Rome, dans des conteneurs qui n'ont pas laissé de traces.

LE VIN

Je n'ai pas grand chose à changer aux estimations que j'ai faites il y a dix ans de la consommation de vin à Rome[26]. Partant, là encore, des rations données par Caton à ses esclaves, et surtout de quelques rares textes ou inscriptions qui semblent montrer qu'on est sobre en ne buvant qu'un setier (0,54 l) et qu'on pouvait en boire trois un jour de fête, j'ai estimé la consommation moyenne du mâle adulte autour d'un setier et demi ou de deux setiers. Ces chiffres restent très inférieurs, trop peut-être, à ceux de la consommation des villes italiennes entre le XIVe et le XVIIIe siècle. Je me contente ici de les adapter aux chiffres de la population romaine que j'ai passés en revue à propos du blé entre 1 170 000 et 1 460 000 hl pour 800 000 habitants ; entre 1 700 000 et 2 200 000 hl pour 1 200 000

26. A. Tchernia, 1986, pp. 21-27.

habitants ; rappelons mon chiffre de référence : 730 000 hl de vin consommés à Paris à l'époque de la Révolution.

En calculant de la sorte, on se trouve devant une difficulté inverse de celle de l'huile : une fois estimée la consommation, comment faire la part des vins arrivant en amphores, par mer ou par le Tibre, dont on parvient à déterminer l'origine et parfois la qualité, et celle du vin de la région, des alentours immédiats de Rome, des Monts Albains, de Sabine et de Tibur en particulier ? Rien ne permet de donner une réponse chiffrée à la question. Mais il faut cependant souligner ce qui constitue à mon sens une exception absolue : aux Ier et IIe siècles de notre ère, des vins arrivant par mer, de Léétanie en Tarraconaise, de Sagonte ou de Crète faisaient partie des vins les plus communs et les meilleurs marchés de Rome. Qu'on soit allé si loin quérir la boisson de base de la plèbe montre assez l'étonnante extension de la zone de subsistance de Rome, sur laquelle j'ai insisté à propos des ports et des réseaux [27], et le développement des transports en faveur de son ravitaillement.

CONCLUSION

C'est par ce dernier point que je voudrais conclure. En allant encore un peu plus loin dans les devinettes numériques, on peut tenter de se faire une idée de la flotte nécessaire au ravitaillement de Rome. Prenons des valeurs moyennes parmi celles que nous avons évoquées : 50 millions de *modii*, ou 350000 tonnes de blé ont pu arriver en un an à Rome à l'apogée de l'empire ; pour l'huile, nous ajouterons arbitrairement 30 % au chiffre des amphores du Monte Testaccio : 260 000 amphores de Bétique, principalement, ou d'Afrique, par an. Enfin, pour le vin, je supposerai qu'au moins la moitié d'une consommation de 1 600 000 hl arrivait par mer, ce qui représente 3 200 000 amphores. Les bateaux de blé devaient être les plus gros ; les tonnages comme celui de l'Isis [28] ont cependant dû rester exceptionnels ; je prendrai comme moyenne des

27. *Mégapoles*, pp. 782-783.
28. Voir p. 783.

navires de 350 tonnes, minimum pour que les constructeurs d'un bateau mis au service de l'annone bénéficient d'une exemption de charges publiques [29]. Pour un tiers, le blé pouvait venir d'Égypte, trajet sur lequel deux rotations par an au grand maximum étaient possibles ; nous admettrons trois rotations pour les autres parcours. Les grosses amphores de Bétique pèsent pleines environ 90 kg : un navire de 2 000 amphores de ce type (180 t) est d'une taille raisonnable ; supposons que ceux de vin transportaient en moyenne 3 000 amphores. Le calcul conclut que 786 navires d'un port en lourd d'entre 150 et 350 tonnes devaient être mis au service du ravitaillement de Rome, et je ne tiens pas compte des arrivées de salaisons de poisson, dont l'archéologie atteste l'abondance [30]. Cette hypothèse très grossière est cependant éloquente si on la rapproche, comme je l'ai fait ailleurs dans ce volume pour un autre contexte [31], du nombre global des navires de toute la flotte de commerce française du XVIIe siècle : en tout quelques milliers de navires de plus de trente tonnes, dont quatre cents à peine de plus de cent. Elle n'aurait probablement pas suffi à assurer l'alimentation des habitants de Rome au Ier ou au IIe siècle de notre ère.

Mégapoles méditerranéennes, géographie urbaine rétrospective, Actes du colloque organisé par l'École française de Rome et la Maison méditerranéenne des sciences de l'homme (Rome, 8-11 mai 1996), collection de l'École française de Rome, n° 261, Maison méditerranéenne des sciences de l'homme, Maisonneuve et Larose, 2000, pp. 751-760.

---

29. *Digeste*, L, 5, 3.
30. Le chiffre global du tonnage ainsi calculé est nettement supérieur à celui supposé par K. Hopkins, 1983, p. 101 (« notionally 275 ships of 400 tonnes »).
31. P. 780.

Antonio Maria Colini

LE PORT FLUVIAL DU FORUM BOARIUM À ROME

Dès 1940, dans le supplément de son précieux ouvrage *I monumenti antichi di Roma e suburbio* — plus précisément dans la *Pianta del Foro Olitorio e del Foro Boario, aggiornata con gli elementi forniti dall'ufficio Antichità e Belle Arti del Comune di Roma* —, Giuseppe Lugli a publié [1], avec son encadrement topographique, le plan du site du port antique de Rome, tel qu'il se présentait après les travaux de rénovation de Trajan.

Ce plan, réalisé par l'architecte Gismondi, qui avait suivi les travaux d'exploration avec moi, était, encore aujourd'hui, dépourvu de descriptions détaillées et de commentaires : j'ai cependant le plaisir de vous annoncer que nous sommes sur le point de remédier à cette lacune grâce à la collaboration de C. Buzzetti. En effet, ce dernier a enrichi les résultats des fouilles grâce à des données provenant des découvertes précédentes et à l'étude de la zone pendant les époques successives. Je suis heureux de pouvoir vous donner en avant-première un aperçu des résultats de cette étude.

---

1. Après l'article fondamental de Christ. Hülsen, « Il Foro Boario e le sue adiacenze nell'antichità », *Diss. Pont Acc.*, s. 2,6 (1896), pp. 235-75, il faut rappeler les nombreux travaux publiés par Helge Lyngby de 1936 à 1966, parmi lesquels : « Beiträge zur Topographie des Forum-Boarium-Gebietes in *Rom*. Testimonien nebst Kommentar und kritischem *Apparat* », *Acta Instituti Romani Regni Sueciae*, in 8°7, (Lund 1954) 26 et 67. Il faut signaler également différentes études sur les temples de Portunus, de Mater Matuta, de Fortuna et les mythes qui les relient, dont la dernière s'intitule : « Due copie di templi a Roma e a Tivoli alla luce del mito Leucothea », *Palladio*,1966, n. 1-4.

La traversée du Tibre inférieur

Si l'on regarde sur une carte topographique du Latium (Fig. 1), la partie finale du fleuve, après le confluent avec l'Aniene, en allant de Rome jusqu'au point situé entre les localités actuelles de Ponte Galleria et d'Acilia où finit la zone vallonnée, on y trouve l'embouchure du Tibre datant de l'époque préhistorique. En effet, la plaine située en face est de formation maremmatique plus récente : l'été, on y ramassait le sel dans les parties les plus sèches.

Sur la rive gauche, à côté de l'embouchure en question, on a découvert un village protohistorique (*Ficana*?) où des fouilles sont actuellement en cours sous la direction de la Sopraintendenza agli scavi di Ostia (Surintendance aux Fouilles d'Ostie), en collaboration avec les Instituts archéologiques des pays scandinaves à Rome. Au sud-ouest de ce village, sur la même ligne que les collines regardant vers la mer, se trouvait la plage de Laurento et de Lavinium sur laquelle débarqua Enée [2]. Mais un autre emplacement côtier nous semble bien plus important et beaucoup plus susceptible de développement ultérieur ; située en effet sur la même rive gauche, à moins de 30 kilomètres de la mer, à proximité de la confluence avec l'Aniene, en un lieu qui favorisait aussi bien la traversée du fleuve que le stationnement des bateaux qui le remontaient, il s'agit évidemment de Rome elle-même.

Au milieu de son lit, un peu plus en amont — comme un grand bateau au mouillage — se trouvait alors une île qui séparait le courant en deux branches [3]. Comme le fleuve décrit une grande courbe en cet endroit précis, la branche de droite apparaissait plus étroite et parcourue par un courant assez fort. En revanche, la branche de gauche s'élargissait en faisant considérablement baisser le niveau des eaux parce qu'à cet endroit, qui correspondait également à l'embouchure de deux torrents, la rive était basse et marécageuse.

---

2. Cf. L. Quilici, « Geografia fisica ed umana del Lazio primitivo », in *Civiltà Lazio*, pp. 3-15.
3. M. Besnier, *L'île Tibérine dans l'antiquité*, Paris, 1901.

Cela avait favorisé d'abord l'installation d'un bac puis la construction d'un pont monté sur pilotis, qui sembla avoir été réalisé avec l'aide des Dieux, ce qui lui donna un caractère sacré (*Pons Sublicius*). Il a disparu sans laisser de traces mais il ne devait pas être situé très loin de celui qui le remplaça après la moitié du IIe siècle av. J.-C. (*Pons Aemilius*). En effet, à partir de ses culées, on avait mis en place un réseau routier qu'on ne pouvait pas modifier. Le pont *Sublicius*, en plus de relier les quartiers des deux rives de la ville, raccordait le territoire latin à la terre étrusque [4]. Ensuite, en 62 av. J.-C., on relia par un autre pont (*Pons Fabricius*) l'île à la rive où se trouvait le port. Cette île où s'était établi, depuis 291 av. J.-C., le culte d'Esculape, était le lieu où les malades s'arrêtaient pour recourir au dieu de la médecine et à ses prêtres [5].

Le bateau qui avait apporté d'Epidaure le serpent sacré — qui sauta spontanément du bateau pour aller sur l'île — avait très probablement accosté au quai du port adjacent. La rive qui avoisinait le *Forum Holitorium* constituait peut-être une aire complémentaire du port, bien qu'elle fût à l'extérieur de l'enceinte de la ville qui la séparait du *Forum Boarium*.

C'est justement à l'intérieur de ces murailles, c'est-à-dire à la hauteur de la *porta Carmentalis*, point intermédiaire entre les deux forums, que le *Vicus Jugarius* provenant du Forum romain et courant au pied du Capitole parvient à la zone portuaire.

Origines et premiers siècles de vie du port de Rome

Encore aujourd'hui, nous ne savons rien sur les équipements de ce port à cause de la profondeur à laquelle se trouve cette zone par rapport au niveau actuel et par manque de recherches approfondies. Nous devrons donc nous contenter de recueillir quelques informations provenant des recherches effectuées dans

4. Pour cette notice sur le Tibre et toutes les autres, voir : Le Gall.
5. M. Guarducci « L'isola Tiberina e la sua tradizione ospitalieria », *Rendic. Acc. Lincei.*, 3-4 (s.VIII), 26,1971, pp. 267-281.

la partie en arrière du port, dont elle fut ensuite séparée par une route. Ce terrain, à l'origine, appartenait à une unique plaine s'étendant à côté du Tibre entre le Capitole, le Palatin et l'Aventin. Celle-ci devint par la suite le *Forum Boarium* (Fig. 2).

Il s'agit de l'« Aire sacrée de San Omobono » qui renferme le double sanctuaire de *Mater Matuta* et de *Fortuna*[6]. Les recherches effectuées depuis des années sous le premier des deux temples (Fig. 3) ont démontré que des gens s'y rendaient depuis l'Âge du Bronze moyen (XVIe siècle av. J.-C.). Il n'est donc pas impossible que l'on puisse également y retrouver un jour des fragments de céramique mycénienne. Cela confirmerait les traditions insistantes sur l'arrivée à Rome de personnages grecs de l'Ère épique.

Jusqu'à aujourd'hui, on n'y a retrouvé qu'un groupe important de fragments en argile figuline, probablement de fabrication grecque, s'échelonnant chronologiquement entre le deuxième quart et la fin du VIIIe siècle. Pour être plus précis, certains vases ont été fabriqués par les Eubéens et des colons de l'ancienne Pithécusses (Ischia) ; d'autres sont d'origine corinthienne, d'autres encore furent vraisemblablement produits à Naxos, la plus grande des Cyclades[7]. Il est donc probable que Rome ait eu à cette époque de fréquents contacts avec la colonie eubéenne de Pithécusses, fondée entre 780 et 770 av. J.-C.

L'hypothèse d'une importation directe, et donc d'une activité de nature portuaire à Rome datant de cette époque est fondée sur la quantité et sur la variété du matériel d'importation découvert près de ce sanctuaire si proche du port en question.

---

6. À partir du jour de sa découverte, presque contemporaine à celle du quartier du port, une vaste bibliographie s'est développée sur cette zone. Elle est rassemblée, pour ce qui concerne la première période, dans mon « Introduzione allo studio della zona di S. Omobono », in *Bullettino. Comunale,* 77 (1959-1960 p. 3. Pour le temple archaïque : E. Gierstad « Early Rome », *Acta Inst. Rom.R. Sueciae,* 4, 2, Lund, 1966, p. 399 et les travaux de différents auteurs dans *Lazio Arcaico,* pp. 9-128.
7. E. La Rocca, « Ceramica d'importazione a Roma », in *Civilità Lazio*, p. 367 ; « Note sulle importazioni greche in territorio laziale nell'ottavo secolo » in Lazio arcaio, p. 375.

Je ne peux donc que souligner l'intérêt que représente l'exploration en profondeur de toute la zone du Forum Boarium [8] pour l'histoire archaïque de Rome. En effet, on y trouve d'autres temples, qui étaient tous plus ou moins liés au commerce à grande distance, et deux d'entre eux en particulier, celui de *Carmenta* et celui de *Portunus* qui, en plus de leur même mythe grec, se situent près du port [9]. Je ne citerai donc que ce que les sources nous apprennent sur ce dernier temple, dont toutefois nous ne connaissons aujourd'hui que les phases les plus récentes.

Varron (22,VI, 19) nous fournit l'explication la plus complète au sujet d'une fête qui était célébrée le 17 août : *Portunalia dicta a Portuno, cui eo die aedes in portu tiberino facta et feriae institutae*. Je crois qu'il ne pourra plus subsister de doutes sur le fait que le temple de Portunus est celui qui se dresse actuellement, merveilleusement conservé, sur la place *Bocca della Verità*, parallèlement au Tibre. Sa façade est tournée vers le nord, c'est-à-dire vers la maison médiévale des Crescenzi et vers le grand bâtiment administratif de l'actuelle Mairie, qui lui est contigu. Lors de la construction de cet édifice, on fit des découvertes intéressantes dont nous parlerons un peu plus loin [10].

---

8. Sur la stratigraphie du Forum Boarium : A. M. Collini et alii « Area sacra di S. Omobono in Roma ». Ricerca stratigrafica » 1974-76, *C N.R., La ricerca scientifica*, 100, p. 417.

9. Lyngby *supra* n. 1.

10. *Portunus ad Pontem Aemilianum* (*CIL*, 12 p. 217 etc.) A. De Grassi, *Inscr.Italiae,* 13, 2, p. 496. Sur le culte : J. Le Gall, Sur le culte du Tibre, 50 *Mélanges Grénier*, 1962, p. 457. Sur le temple : E. R Flechter « Der ionische Templel am Ponte Rotto », *Römische Mitteilunger,* 21, 1906, 221 sq.; G. Marchetti Longhi, « Il tempio ionico di Ponte Rotto. Tempio di Fortuna e di Portuno ? », *Ibidem*, 40, 1925, pp. 319-50, Beil. XIII-XV ; Lyngby, *supra* n. 1 ; Coarelli *Guida*, 286. Des recherches récentes de Caronna Lissi ont confirmé la construction du temple actuel à l'époque de César, lorsque l'on commence la rénovation de toute la zone des Forums *Boarium* et *Holitorium*, qui s'étendit jusqu'au temple d'Apollon et jusqu'au théâtre de Marcellus. Il est plus difficile de dater le grand podium de la phase précédente, lequel, cependant, nous est apparu antérieur aux grands travaux des censeurs de 179 av. J.-C. de par ses caractéristiques constructives et stylistiques.

Par souci de rigueur, on ne pourrait pas refuser de donner un sens générique à l'expression *in portu tiberino*[11]. Mais l'analyse de tout le contexte topographique qui a été mis au jour nous incite à conclure que le temple n'était pas isolé. Il se trouvait à l'extrémité d'une zone délimitée, adjacente à la rive, pour laquelle il semble que la fonction portuaire soit la plus adaptée.

Et je crois que c'est justement dans ce port qu'a accosté, en 292-291 av. J.-C., le navire apportant d'Epidaure le serpent d'Esculape, celui qui avait rejoint spontanément l'île[12] (Tite-Live, *Épitome*, 11), comme l'illustre une pièce de monnaie d'Antonin le Pieux.

En 213 av. J.-C., un terrible incendie dévasta d'un bout à l'autre la zone du *Forum Boarium* mais on ne fait mention ni du port ni du temple de Portunus[13]; cela confirmerait la séparation entre les deux zones, laquelle n'a pu être engendrée que par la différence de niveau et par l'abondance des eaux du Tibre à cet endroit.

En 179 av. J.-C., les censeurs M. Aemilius et M. Fulvius Nobilior entreprennent de grands travaux de rénovation à Rome. Après avoir obtenu des fonds qui devaient être assez importants, chacun fit des aménagements de son côté. *M. Fulvius plura et maioris locavit usus : portum et pilas pontis in tiberim quibus pilis fornices post aliquot annos P. Scipio Africanus et L. Mummius censores locaverunt inponendos.* Pour interpréter ce passage, il faut tenir compte non seulement de la signification des mots mais aussi de leur position dans la phrase. Il faut penser que l'on a procédé logiquement, en nommant d'abord l'œuvre principale, c'est-à-dire le port, et en ajoutant tout de suite après la construction — très complexe — des piliers du nouveau pont[14]. Il est clair que les deux œuvres

11. Le port cité ne peut pas être celui du *Testaccio* parce que l'on doit considérer que celui-ci rentre dans les travaux réalisés *extra portam Trigeminam* évoquées dans la suite du passage cité.

12. M. Guarducci, l.c. note 5.

13. Tite-Live, XXIV, 47 ; cf. XXXV, 7, 5.

14. Les œuvres n'ont pas pu être achevées brièvement vu leur nombre et leur caractère grandiose. Mais depuis le début on a procédé à une étude, avec

étaient complémentaires, au point que l'on peut penser que la nécessité de bâtir en ce lieu un grand pont aurait entraîné la reconstruction du port. La hauteur du pont devait dépasser les crues les plus importantes du fleuve et nullement gêner la navigation. Parallèlement, le vieux pont et le temple de Portunus devaient en revanche conserver le même emplacement. Le choix du lieu pour le nouveau pont était également lié aux réseaux routiers qui convergeaient vers le vieux pont.

La construction du pont requit évidemment, outre de solides fondations, l'aménagement des deux rives. Et peut-être doit-on faire remonter à cette époque la grande muraille en *opus quadratum* dans laquelle s'ouvrait l'embouchure de la *Cloaca Maxima*. Le pont fut renforcé par une large levée sur laquelle fut ensuite dressé le Temple rond (probablement dédié à Hercule[15]), encore admirablement conservé aujourd'hui. En revanche, le niveau intérieur, c'est-à-dire la place du Forum[16], resta en contrebas.

Denys d'Halicarnasse, qui se trouvait à Rome au temps d'Auguste, décrit la navigation de haute mer jusqu'à Rome (*Les Antiquités romaines,* livre III, 44) de la façon suivante : « Ainsi, les bateaux à rames, quelle que soit leur grandeur, et les vaisseaux qui transportent jusqu'à trois mille (boisseaux),

---

l'aide des urbanistes helléniques, et on a élaboré un programme qui fut réalisé progressivement. À la base de ce programme, on a constaté qu'après avoir vaincu Carthage, le chantier naval *(textrina)* tout comme l'arsenal (*navalia*) n'avaient désormais plus d'intérêt. Mais alors que les chantiers navals furent abandonnés, on conserva une partie de l'arsenal, comme l'a démontré Coarelli dans une étude récente [« Navalia, Tarentum e la Topografia del Campo Marzio meridionale » *Quaderni Ist.,* Topogr. 5, 1968, pp. 27-37].
En revanche on devait développer le port commercial, qui était celui du *Forum Boarium*, mais il fallait sortir du *Forum Boarium*, en allant au-delà de l'Aventin et en empruntant également l'autre côté de la rive ; le résultat de cette décision est illustré par le plan en marbre (Fig. 6). On peut retrouver des traces de l'existence d'un projet et de sa concrétisation progressive dans l'histoire du pont Aemilius, que l'on acheva 37 ans après.

15. F. Rakob, W. D. Hilmeyer, *Der Rundtempel am Tiber in Rom,* Mayence, 1973.

16. Colini, *Ara*, 69.

pénètrent par l'embouchure (du Tibre) et cheminent jusqu'à Rome, tirés par les rameurs et les câbles de remorquage tandis que les plus gros bateaux, mouillant l'ancre devant l'embouchure, sont vidés et déchargés sur les barques fluviales ». Jusqu'à nos jours, le fleuve a toujours été navigable, aussi bien en aval qu'en amont de la ville, d'où l'existence de deux ports : « Ripa Grande » et « Ripetta[17] ».

Comme nous l'avons déjà évoqué, nous n'avons aucune donnée sur l'équipement du port, à l'exception de sa délimitation. En effet, on a retrouvé des restes d'un mur incorporés dans les édifices du quartier que Trajan avait fait construire dans cette aire dont nous parlerons un peu plus loin. Nous pouvons estimer que ce mur date de la même époque que les grands travaux de 178 av. J.-C. Il s'étendait jusqu'au temple de Portunus, sur la même ligne que celui de son aire sacrée qui s'interrompait à la hauteur du mur postérieur du Temple. Au-delà de cette zone, il y a une parcelle de terrain qui rejoint la *Cloaca Maxima*.

Ce mur pourrait avoir suivi le même alignement que la fortification créée après l'incendie des Gaulois dans la surface comprise entre la *porta Carmentalis* et la *porta Trigemina*, laquelle était toujours restée ouverte. En effet, on pensait que le Tibre suffisait pour défendre la ville et pour que les bateaux puissent continuer à accéder facilement aux rives où ils accostaient.

Cet aménagement subit des dommages à répétition à cause des crues du fleuve mais aussi des incendies — dont le dernier, qui s'était amplement propagé, dévasta le Champ de Mars à l'époque de Titus[18]. C'est justement ces dommages qui ont incité Trajan à prendre la décision de rénover complètement le port. Nous connaissons l'aménagement de cette zone grâce aux fouilles de 1937. Malheureusement, nos découvertes se bornent à la limite intérieure de l'aire du quai où se trouve la partie la plus fonctionnelle et la plus active de tous les ports.

17. J. Le Gall, *passim*.
18. P. Werner, *De incendiis Urbis Romae aetate imperatorum*, Lipsiae, 1906.

La riche série de briques sigillées, retrouvée pendant les recherches (plus de 150 pièces), prouve que l'œuvre fut réalisée pendant la première décennie de l'empire de Trajan, quand Rome était animée par de grands travaux. On construisait alors les marchés adjacents à son Forum, les grands Thermes sur l'aire de la *Domus Aurea* et le nouveau port maritime [19].

L'œuvre de Trajan

Quelle était la situation de la zone du vieux port quand Trajan décida de prendre les mesures destinées à réaménager les habitations et les équipements à Rome, en commençant par ceux qui étaient destinés au réapprovisionnement et à la liaison maritime [20] ?

Les fouilles de 1937 (Fig. 5) ne nous permettent pas de donner sur ce point une réponse appropriée parce que les recherches n'ont pas pu être effectuées à des niveaux inférieurs à ceux des routes du quartier que l'on a découvert. Les signes d'incorporation des plus anciennes structures — à l'exception d'une dont nous avons déjà parlé — sont également très rares. Il s'agit d'un mur en *opus quadratum* qui suit approximativement le fleuve pour rejoindre le Temple de Portunus. Évidemment, il existait déjà avant : mais on ne peut pas dire qu'il n'y avait là qu'une simple clôture, seulement parce que l'on n'a pas retrouvé de traces d'autres éléments. Même le vieux port devait avoir quelques équipements fixes, au moins en bois (appentis, hangars, etc.).

Toujours à propos du mur, il ne faut pas exclure l'hypothèse qu'il ait été construit pour soutenir un terre-plein. En effet, les recherches effectuées dans l'aire sacrée de San Omobono qui est située derrière lui ont fait apparaître une forte élévation datant de la fin de l'époque des Rois [21]. Il faut ensuite rappeler

19. Bloch, pp. 176-207.
20. Paribeni, pp. 23-64.
21. C'est le terre-plein sur lequel nous voyons se dresser le podium des sanctuaires de *Fortuna* et de *Mater Matuta* appelés aussi les temples Jumeaux. Le matériel nécessaire pour ce grand remblai a dû être extrait principalement de la colline la plus proche, qui est le Capitole.

qu'après l'invasion des Gaulois, on avait élargi l'enceinte de la ville tout au long du fleuve, de la *porta Carmentalis* au Capitole, jusqu'à la *porta Trigemina* au pied de l'Aventin. Aujourd'hui, c'est l'hypothèse la plus probable puisque l'on a également retrouvé, dans différents points, le mur qui retenait la terre sur le côté intérieur. Il en découle l'image d'une levée si grande que l'on put y construire, en aval du site portuaire, derrière celui de Portunus, le Temple rond probablement dédié à Hercule [22].

Mais revenons à l'aire portuaire : le mur décrit délimite évidemment l'intérieur du port selon une ligne parallèle au fleuve. Toutefois il ne doit nullement être considéré comme partie secondaire de ce « port », qui aurait été construit en même temps que le pont Aemilius [23]. Et cela semble logique puisque la route d'accès au nouveau pont fut amenée à passer juste devant le Temple de Portunus, c'est la raison pour laquelle il fallut alors réaménager au moins partiellement la zone antérieure. Tout en admettant que cet ensemble portuaire ait pu subir des dommages à cause des crues — en particulier celle de l'époque de Nerva qui fut très grave [24] —, nous pouvons penser qu'il était encore en activité à l'époque de Trajan.

Le résultat le plus important des découvertes faites pendant la construction du grand édifice destiné à abriter les bureaux de la Mairie (entre *via del Teatro di Marcello* et le *Lungotevere*) a été de pouvoir tracer, presque entièrement, le plan du quartier (Fig. 4). Même si l'on remarque des différences dans chaque pâté de maisons, c'est un plan très régulier qui démontre dans l'ensemble qu'il était divisé en deux groupes. Le premier, intérieur, le plus grand, était rectiligne, et l'autre, tourné vers le Tibre, suivait la courbure du fleuve. Les édifices de ce dernier avaient des salles ouvertes sur le quai qui suivait la légère courbe du fleuve en face de l'île. (Avant de poursuivre, il faut dire que le terme *insula* est utilisé dans son sens générique pour indiquer des ensembles d'édifices isolés,

22. Colini, *Ara*, 69 ; Coarelli, *Guida*, 279, 287.
23. *Supra* p. 46.
24. Aur., Vict., *Epitomé,* 13. Pour les crues précédentes : Le Gall, p. 29.

sans distinguer ceux qui étaient destinés à l'habitat de ceux prévus pour les entrepôts, auxquels on rattache les noms de *horrea* et de *cellae*[25]).

Le quartier occupe une surface de forme trapézoïdale (140 et 110, 90 et 50 mètres de côté) parallèle au fleuve dont il est séparé par un large quai d'environ 25 mètres.

Ce quartier s'avançait au-dessus, vers l'est, en dominant la grande route qui reliait les places des forums contigus — *Boarium* et *Holitorium* —, dont les superficies avaient été grandement réduites à cette époque. De l'autre côté, à gauche, se présentait le flanc oblique des vieux sanctuaires de *Fortuna* et de *Mater Matuta* (à demi-couverts par une citerne) derrière lesquels, sur la droite, suivait la façade de deux *insulae*.

Le site du vieux port était occupé par huit (ou neuf) *insulae*, divisées en deux groupes par une route parallèle au cours du fleuve, au bout de laquelle on peut voir, malgré un resserrement, le Temple de Portunus.

Seule la grande *insula* méridionale dispose d'une entrée de chaque côté. Nous ne pouvons faire aucune observation sur la zone qui la sépare de la route permettant d'accéder au pont Aemilius, étant donné l'état des fouilles. Tous les bâtiments donnant sur le quai partaient de son niveau mais derrière le mur orbe du fond, le terrain formait un gradin, pour atteindre l'élévation de la zone située à l'arrière.

Il est apparu que, dans la construction des édifices, on recourait largement à un système de piliers en travertin sur lesquels se concentrait tout le poids. On soutenait les murs grâce à des arcs plats qui permettaient de relier les piliers entre eux. On l'a remarqué surtout dans l'*insula* centrale, dont on avait conservé seulement les fondations. La grande route longitudinale et la petite route, en partie parallèle, étaient reliées par des ruelles transversales de différentes largeurs, parfois même très réduites. Au centre de la partie supérieure du quartier, il existe

25. J. A. Packer, *The insulae of imperial Ostia MAAR*, 31, Rome, 1971 ; S. Panciera « Nuovi documenti epigrafici per la topografia romana » *Rend.Pont.Acc.*, 43, p. 111 ; G. Rickman, *Roman Granaries and store Buildings*, Cambridge, 1971, p. 87.

une large route transversale, pavée et donc adaptée au passage des chariots. Elle est flanquée d'un édifice très étroit qui nous est parvenu incomplet.

Cette partie du quartier était constituée essentiellement de deux grandes *insulae* qui montrent à la base de grandes *tabernae* sur deux rangées, ouvertes sur chaque côté. On reconnaît une grande *insula* entourée de routes et de ruelles au centre du quartier ; la partie se trouvant à proximité des temples du *Forum Holitorium* présente une situation plus marginale car elle possède des *insulae* plus petites — mais peut-être plus importantes — qui nous sont parvenues dans un état incomplet, comme celles que l'on a découvertes de l'autre côté.

Jusqu'à présent, j'ai étudié le quartier du côté du fleuve en mettant en évidence le quai et les bâtiments adjacents. En revanche, si on regarde depuis la grande route qui reliait les Forums *Boarium* et *Holitorium*, le quartier présente deux grandes *insulae* de dimensions différentes. Il s'y ajoute une troisième, plus petite, à droite, vers la limite du *Forum Holitorium,* où apparaît aussi un bâtiment à plan carré encore plus petit, peut-être de caractère monumental.

Les deux édifices principaux sont séparés par une large route, à droite de laquelle il y a un bâtiment étroit et long. On n'exclut pas qu'il ait été ajouté dans un deuxième temps : on pourrait alors supposer qu'à l'origine il y avait une route tellement large qu'elle atteignait les proportions d'une petite place. En relation avec cette route, s'ouvrait une autre route plus étroite du côté du fleuve. Elle était suivie d'une autre route un peu plus large qui descendait sur le quai, peut-être en escalier. Entre les deux *insulae* centrales, celle de droite — qui n'est pas grande —, retient l'attention à cause de la régularité de son plan et de sa structure : une route passe derrière elle et la sépare de l'*insula* s'ouvrant sur le quai

Vu dans son ensemble, le quartier découvert dans la zone du *Portus Tiberinus* devait présenter un aspect analogue à ceux d'Ostie et de Rome datant de la même époque, dont les plans apparaissent dans les fragments de la *Forma Urbis* en marbre. C'est la ville qui, dévastée par les incendies de Néron et de Titus, fut créée dans la partie plate principalement aux temps des empereurs Trajan et Hadrien. Notre quartier — comme nous l'avons vu — est séparé du port et s'insère, de par son emplacement et son niveau, dans le tissu édilitaire du site qui est derrière lui. Cependant, en font partie également les niveaux supérieurs des magasins qui sont alignés au fond du quai et dont les façades suivent la courbe du Tibre.

Des constructions analogues, destinées toutefois à des usages multiples et typiques des *insulae* (c'est-à-dire avec des appartements aux étages supérieurs et des dépôts ou des boutiques artisanales au niveau de la rue) doivent occuper l'aire qui longe le quartier étudié. Celle-ci est flanquée du *Vicus Jugarius* et du *Vicus Tuscus* et traversée par des routes qui convergent vers le centre du *Forum Boarium* aujourd'hui indiqué par les monuments de l'Arc des Argentiers et de l'Arc quadrifrons dédié probablement à Constantin.

On connaît les noms de quelques *insulae* de cette zone. L'une d'entre elles borde l'aire sacrée de San Omobono en longeant la route qui va vers l'est. Elle est visible dans les zones mises au jour de l'ensemble de constructions qui abritent les bureaux de la Mairie et qui se superpose à la zone archéologique.

Sur l'Arc de Bénévent (114 ap. J.-C.), qui pourrait se dire l'anthologie des plus grandes œuvres de Trajan — miraculeusement conservé intact sur la route qu'il avait lui-même ouverte afin de faciliter les relations avec l'Orient qui l'avait fasciné et où il mourut trois ans plus tard —, l'empereur fit représenter sa rencontre avec les commerçants dans un lieu symboliquement indiqué dans le fond par les images des plus importantes divinités des Forums *Holitorium* et *Boarium* : Apollon, Hercule et Portunus. Il me semble que ce bas-relief introduit une relation évidente [26] entre la grande route qui unit les deux Forums, sur laquelle donnait le quartier étudié, et le quartier lui-même que l'on avait construit dans la zone du *Portus Tiberinus* sans supprimer celui-ci.

Cela démontre toute l'importance que Trajan donna à cette œuvre.

---

26. G. Becatti « Timarchides e l'Apollo qui tenet citharam », *Bulletino Comunale*, 43, 1946, p. 117.

Conclusion

J'ai d'abord rappelé l'importance géographique de la vallée du Tibre, voie de communication avec tout le versant occidental de l'Italie centrale, et la position très favorable de Rome dans cette même vallée, à proximité de la confluence avec l'Aniene et à une distance de la mer tout juste supérieure à 20 kilomètres. J'ai rappelé également les caractéristiques géomorphologiques de la localité du *Forum Boarium*, lesquelles favorisèrent d'abord l'installation d'un bac et puis la construction d'un pont. Enfin, j'ai indiqué également la création d'un *emporium* qui commença à être régulièrement fréquenté, au moins à partir du VIIIe siècle av. J.-C., par des commerçants du bassin méditerranéen provenant surtout de la Grèce et de ses colonies, en particulier par les Eubéens venant de la très proche île d'Ischia.

Tout cela est aujourd'hui mis directement en lumière par les fouilles du sanctuaire archaïque de *Mater Matuta*, découvert sous ladite « aire sacrée de San Omobono » qui se trouve au niveau de la rive de la branche gauche du fleuve. En ce lieu, où l'interposition de l'île Tibérine donne au courant un rythme plus tranquille, le *Portus Tiberinus* s'est développé sous la protection de Portunus. Nous savons que les censeurs de 179 av. J.-C. le firent restaurer et aménager, avec le pont voisin, grâce aux connaissances que leur avait apportées l'architecture hellénistique.

En 1937, la zone de ce vieux port, libérée des bâtiments du quartier superposé, ont été découvertes. Toutefois, il est apparu que Trajan l'avait complètement restructurée lorsque, au début de son empire, il affronta les problèmes de communication maritime et du réapprovisionnement annonaire de Rome venant d'outre-mer, construisant aux embouchures du Tibre un nouveau port richement équipé. Dans l'aire s'étendant le long de la route, qui reliait les vieux Forums Boarium et Holitorium, on construisit alors *ex novo* un nouveau quartier au plan très régulier qui, ayant conservé le Temple de Portune, est occupé par des *insulae*. Une partie était destinée à être des magasins *(horrea* et *cellae)* et l'autre des habitations avec des boutiques *(insulae)*. En revanche, on fit ensuite reconstruire, en les rénovant, des dépôts et des « services » portuaires vers le fleuve, au niveau du quai.

À travers cette œuvre, Trajan voulut aussi réaliser un espace apprécié par les commerçants romains. Et il semble que le célèbre bas-relief de l'Arc de Bénévent en est l'exemple le plus éloquent. En effet, leur rencontre avec l'empereur est symboliquement représentée dans les Forums Boarium et Holitorium. Désormais, ces deux espaces sont pratiquement unis, par les images des divinités qui patronnaient leurs activités : Hercule, Apollon, et Portunus.

« The Seaborne Commerce of Ancient Rome : Studies in Archeology and History », *Memoirs of the American Academy in Rome,* Vol. XXXVI, American Academy in Rome, 1980, pp. 43-53. Traduction d'Ida Giordano.

Références bibliographiques

H. Bloch, « I bolli laterizi e la storia edilizia romana. Contributi all'archeologia e alla storia romana », *Bull. Comm.*, 64, 1936, pp. 141-225. Cité : Bloch.

R. Paribeni, « *Optimus Princeps* », Messine, 1936-1937. Cité : Paribeni.

G. Lugli, *I monumenti antichi di Roma e Suburbio* I-III, Suppl., Rome 1931-1940. Cité : Lugli.

J. Le Gall, *Le Tibre fleuve de Rome dans l'antiquité*, Paris, 1953. Cité : Le Gall.

L. Casson, « Harbour and River Boats of ancient Roma » *JRS*, 55, 1965, 31 sq. Cité : Casson.

A. M. Colini, « Ara dedicata alla Concordia Augusta nel Foro Boario » *Rent. Pont. Acc.*, 43, 1970-1971, pp. 55-60. Cité : Colini, *Ara*.

F. Coarelli, *Guida Archeologia di Roma*, Vérone, 1975. Cité : Coarelli, *Guida*.

« Civiltà del Lazio Primitivo », Rome, 1976. Citato : Civiltà Lazio.

« Lazio arcaico e mondo greco », *La parola del passato,* 32, 1977. Cité : *Lazio arcaico*.

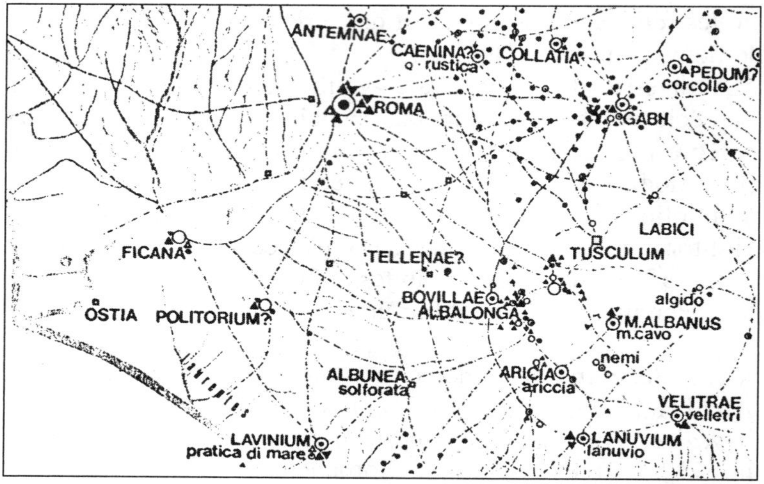

Fig. 1. *Rome et la mer à l'époque protohistorique (la plage passait au pied des collines sur lesquelles se trouvent* Ficana, Politorium *(Laurento ?)* Lavinium *(L. Quillici, 1975) tiré de « Civiltà del Lazio primitivo »*

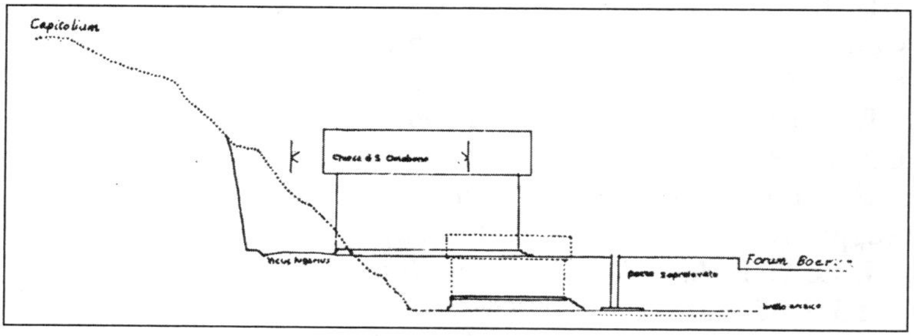

Fig. 2. *Coupe montrant l'identité de niveau entre la rive du Tibre et le temple archaïque de San Omobono (G. Ioppolo).*

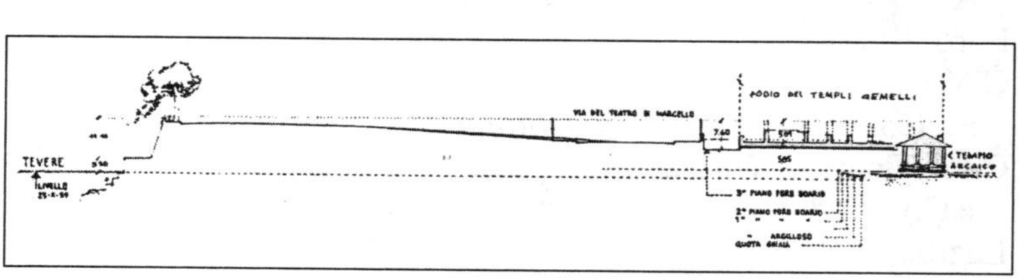

Fig. 3. *Coupe montrant la situation du temple archaïque de San Omobono par rapport au Capitole (P. Virgili).*

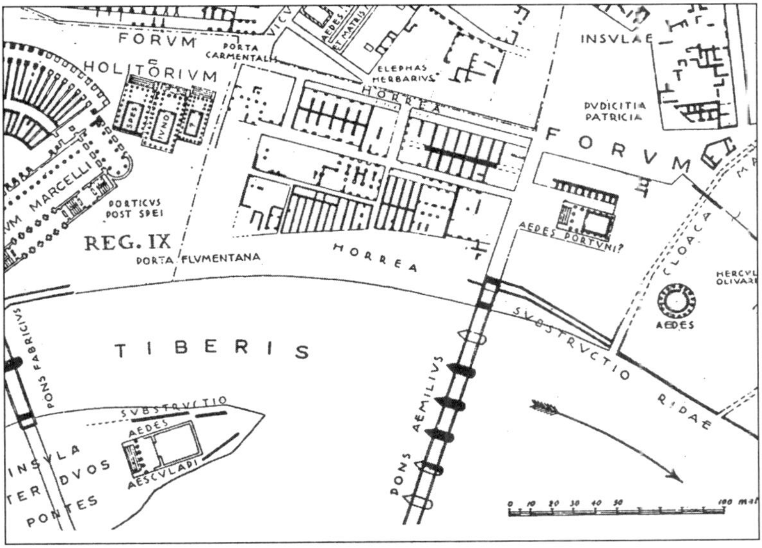

Fig. 4. *La rive gauche du Tibre le long des Forums Holitorium et Boarium (I. Gismondi 1940) tiré de Lugli,* Monumenti *(supplément).*

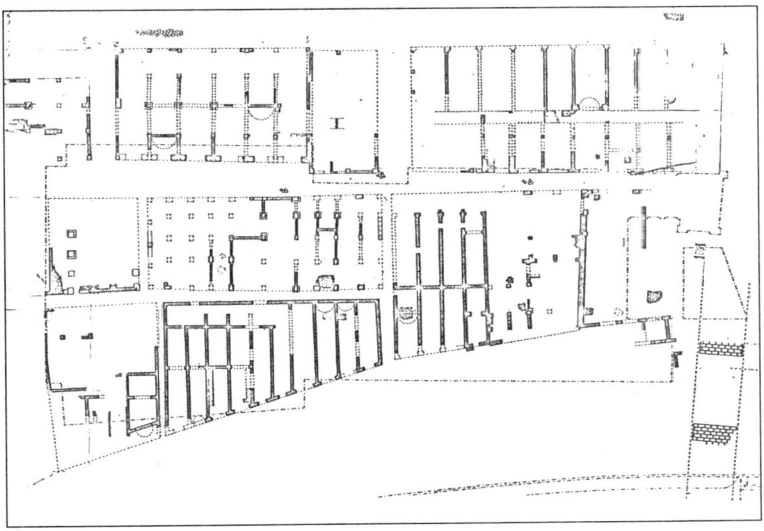

Fig. 5. *Plan des vestiges du quartier érigé à l'époque de Trajan dans la zone du vieux port (édition provisoire). (C. Buzzetti, 1979).*

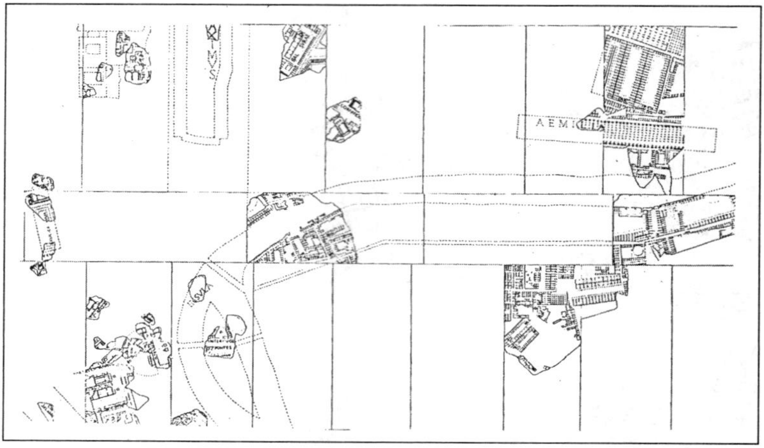

Fig. 6. *Fragments de la maquette en marbre attribués à la zone des Forums Holitorium et Boarium avec l'île et la rive du Transtévère (G. Gatti).*

Jean-Paul Morel

*MÉTIERS, RUES ET SOCIABILITÉ DANS LE MONDE ROMAIN**

Confronté à un sujet de société, l'historien de l'Antiquité romaine ne peut qu'envier les archives abondantes qui nourrissent l'histoire du Moyen Âge et des temps modernes. Réduit à solliciter des découvertes aléatoires, des textes allusifs, des inscriptions laconiques, il s'efforce de dégager quelques tendances générales d'une documentation foncièrement anecdotique. Par bonheur, les deux grands corpus où puiser l'essentiel des informations se complètent de façon assez satisfaisante : Rome, avec d'innombrables textes et une riche collection d'inscriptions lapidaires ; Pompéi, avec ses vestiges archéologiques et sa série inégalée d'inscriptions peintes et de graffiti. Mais pour le reste d'un empire qui, durant tant de siècles, a couvert quelques millions de kilomètres carrés, seules quelques indications éparses renforcent cette documentation. Voilà donc les données dont il faudra se contenter pour des observations que de toute façon les limites assignées rendront nécessairement brèves.

---

* Abréviations :
C = *Corpus Inscriptionum Latinarum,* IV (Pompéi) ;
Della Corte = M. Della Corte, *Case ed abitanti di Pompei*, 3e éd., Naples, 1965 ;
Topographie = J.-P. Morel, « La topographie de l'artisanat et du commerce dans la Rome antique » dans l'*Urbs, espace urbain et histoire* (Acte du colloque, Rome, 1985), Rome, 1987, pp. 127-155.

Les lieux des métiers

Pour comprendre comment les métiers des Romains se situent dans la société, et quel type de sociabilité (ou d'anti-sociabilité) ils sécrètent, il faut d'abord s'interroger sur l'architecture et sur l'urbanisme dans lesquels ils s'insèrent.

Pour l'essentiel, c'est bien de rues qu'il faut parler ici, comme nous y invite le thème de notre rencontre. Les véritables places, dans le monde romain, sont d'une rareté étonnante pour qui songe par exemple à la richesse insigne à cet égard de l'Italie médiévale et moderne. Il y a, certes, les forums, et un certain nombre d'espaces, cours plutôt que places, généralement entourés de portiques et souvent centrés sur un temple. Mais la nature de ces lieux, dont les métiers furent de plus en plus exclus, explique beaucoup des difficultés de ceux-ci à s'intégrer dans la cité.

Avec la rue, espace plutôt étroit, sauf exception [1], une autre réalité fondamentale est à la base de notre sujet : la *taberna*, échoppe, boutique, atelier, parfois habitation ou bureau, voire lieu d'exercice d'une profession libérale [2]. Ce qui frappe peut-être le plus dans la *Forma Urbis Romae*, ce sont les interminables files de *tabernae* qui s'étirent de façon presque obsédante au long des rues. Il en est de même dans les voies principales de Pompéi, dans le quartier nord-est de Volubilis [3], et en mille autres lieux [4].

Ces *tabernae* étaient pour le passant, dans les quartiers qu'elles envahissaient, la seule réalité clairement visible, tandis

---

1. Un exemple de ces exceptions : l'élargissement progressif de la Via dell'Abbondanza devant les thermes de Stabies, à Pompéi — du reste volontiers occupé par des commerces ambulants. Mais c'est un peu exagérément que Della Corte, p. 240, y voit « una vera e propria piazzetta ».

2. Sur les usages des *tabernae*, cf. *Topographie*, pp. 133-135.

3. Cf. R. Étienne, *Le quartier nord-est de Volubilis*, Paris, 1960, *passim*, notamment p. 92 et p. 119, qui cite aussi Timgad.

4. Voir l'exemple d'Augst : D. Paunier, « Les villes romaines de Suisse au IIe siècle de notre ère », dans H. J. Schalles, H. Von Hesberg et P. Zanker, éd., *Die römische Stadt im 2. Jahrhundert n. Chr. Der Funktionswandel des offentlichen Raumes* (*Kolloquium in Xanten*, 1990), Cologne, 1992, p. 44.

que n'étaient guère perceptibles çà et là, parmi elles, les entrées de *domus* ou d'*insulae* généralement dépourvues de fenêtres extérieures en rez-de-chaussée.

À cet égard, et par le regroupement topographique fréquent des divers types d'activités, les quartiers commerçants devaient être plus proches des souks arabes que ne l'admet un connaisseur pourtant averti de l'urbanisme antique, qui oppose trop nettement, me semble-t-il, les « secteurs spécialisés » des villes grecques et l'extrême dispersion des activités dans les villes italiques [5]. Autre analogie avec les souks : ces *tabernae* étaient largement ouvertes, faute de vitres, déversant directement sur la rue leurs odeurs, leurs vacarmes, leurs fumées, et laissant ignorer bien peu de leur activité [6].

De surcroît, elles envahissaient volontiers les lieux à vocation religieuse, politique, administrative ou judiciaire, aidées en cela par deux caractéristiques romaines : une architecture à podiums et à arcades, un urbanisme qui tendait à transformer les pentes naturelles en successions de terrasses dont les murs de soutènement n'étaient pas traités comme des structures inertes, mais étaient aménagés à des fins utilitaires. Nous connaissons ainsi des échoppes adossées *(adpositae)* au podium du temple des Dioscures à Rome [7], ou insérées dans le soubassement de la basilique d'Alba Fucens [8] ou, à la fin du IVe siècle, dans celui de l'immense basilique judiciaire de Carthage, et comme nichées sous cette dernière [9], ou encore des éventaires installés sous

---

5. R. Martin, *Architecture et urbanisme*, Athènes-Rome, 1987, pp. 99-100. Ce qui est vrai, en revanche, c'est que ces noyaux industrieux étaient situés en divers endroits de Rome, et que l'*Urbs* faisait « curieusement alterner les souks avec les hôtels particuliers et les immeubles de rapport » (J. Carcopino, *La vie quotidienne à Rome à l'apogée de l'Empire*, Paris, 1939, p. 212).

6. *A fortiori* si certains de leurs équipements fonctionnaient sur le seuil même, comme la chaudière d'un teinturier de Pompéi (Della Corte, p. 281).

7. Pline, *N.H.*, X, 121-122.

8. Au Ier s. av. J.-C. : cf. Cl. De Ruyt, *Macellum. Marché alimentaire des Romains*, Louvain-la-Neuve, 1983, p. 328.

9. Cf. Saint Augustin, *Confessions*, VI, et le commentaire de P. Gros, *Byrsa III. Rapport sur les campagnes de fouilles de 1977 à 1980 : la basilique*

les arcades de l'amphithéâtre de Pompéi[10]. Mais à vrai dire cette imbrication apparaît un peu partout[11].

C'est en ayant à l'esprit cette omniprésence des métiers dans la ville qu'il faut aborder trois aspects relatifs à la sociabilité (ou à l'hostilité) qui se développait autour d'eux : les commerçants et artisans entre eux, leurs rapports avec leurs clients, leur bras de fer avec les autorités.

Les commerçants et artisans entre eux

La contiguïté des boutiques et la fréquence des regroupements par professions engendraient inévitablement des phénomènes de concurrence féroce et de malveillance. Ne versons pas dans l'angélisme : de tels épisodes ont dû être fréquents. Force est toutefois de constater que nous en avons peu de témoignages et qu'on ne s'en vantait pas.

On connaît par Pline l'histoire de deux cordonniers établis côte à côte dans deux des échoppes précitées au pied du temple des Dioscures à Rome. Quand l'un d'eux tua un corbeau élevé par l'autre et devenu par ses talents célèbre auprès du peuple, ce fut par colère pour une incongruité du volatile, ou plutôt, insinue Pline, par une aigreur de voisin et de concurrent jaloux[12]. Il fut lynché par la foule, tandis que le corbeau reçut des funérailles pour ainsi dire nationales.

On ne saurait trop souligner l'importance de cette *inuidia*, cette malveillance née de la jalousie, que chaque Romain craignait comme la peste et dont il se protégeait à grand

---

orientale et ses abords, Rome, 1985, pp. 150-155.

10. Cf. Della Corte, p. 222.

11. J. Cels se demande à juste titre si des *fabri subaediani* attestés à Narbonne ne peuvent pas avoir été des « forgerons logés sous le temple » ou, « plus largement, [l'] association des ouvriers de Narbonne, qui avaient leur schola dans les dépendances de l'édifice » (« Un problème controversé : l'origine d'un flamine de Narbonnaise, Sextius Fadius Secundus Musa » dans *Eos*, LXVI, 1978, 1, p. 121).

12. *N.H.*, 121-123 : *hunc siue aemulatione uicinitatis manceps proximae sutrinae siue iracundia subita, ut uoluit uideri, excrementis eius posita calceis macula, exanimauit.*

renfort d'amulettes et de conjurations. « Envieux, je te piétine », proclame à Ostie une inscription sur une mosaïque de la première moitié du IIIe siècle. Le poissonnier qui en avait pavé sa boutique à l'entrée du marché voulait sans doute se prémunir contre l'*invidia* de son voisin d'emplacement, également poissonnier[13].

Mais les témoignages de relations plus sociables sont infiniment plus nombreux. Passons sur les *collegia* ou *sodalicia*, associations regroupant les corps de métiers : leurs membres y cherchaient, moyennant cotisation, la défense de leurs intérêts sous l'égide d'un *patronus* commun, l'assurance de funérailles décentes, et des occasions de se retrouver entre eux dans un local aussi confortable que possible. Cette sociabilité au sein d'une profession donnée échappait dans une certaine mesure à la rue, se traduisant plutôt par le repli d'une communauté sur elle-même : du reste ces collèges établissaient souvent leur siège, volontiers luxueux, dans des bâtiments séparés ou parfois en étage[14].

Plus intéressantes ici sont des situations ou des tendances que dépeignent par petites touches des graffiti et surtout des inscriptions peintes de Pompéi (un phénomène de la rue par excellence, à l'instar de nos affiches !), ou quelques autres documents. En particulier :

1) Les corps de métiers soulignent leur propre cohésion dans les joutes électorales. Leurs consignes de vote sont souvent collectives[15] et le mot *uniuersi* « tous ensemble », y revient

---

13. *Inbide, calco te* (cf. Cl. De Ruyt, *Macellum...*, *op. cit.*, p. 366). Voir aussi l'historiette narrée par Pline (*N.H.*, IX, 182) de la jalousie d'un pêcheur envers l'autre, qui nous conduit également dans le milieu de la poissonnerie et des marchés mais est par ailleurs assez analogue dans son déroulement à celle, précitée, des deux cordonniers et du corbeau. Telle inscription de Pompéi se termine par la formule *inuidiose qui deles aegrote* (C. 3775), telle autre proclame *imitari decet, non inuidere* (C. 7527).

14. Della Corte, p. 200 (mais on trouve aussi des sièges de corporations dans des *tabernae*, cf. ibid., p. 208). En général, sur les *scholae* de collèges, voir *Topographie*, pp. 141-142.

15. Je les transcris ici de façon simplifiée, sans mentionner les candidats recommandés ni les fonctions briguées, et sans tenir compte des abréviations.

fréquemment[16] : *lignari universi rogant*[17], *aurifices uniuersi rogant*[18], *fullones uniuersi rogant*[19], etc. Mieux encore si ces commerçants et artisans sont solidaires avec leur *patronus* : *pomari uniuersi cum Heluio Vestale rogant*[20]. En ce domaine comme pour les *collegia*, l'union fait la force, même pour ces pauvres troupes d'ouvriers agricoles qui attendaient d'être engagés, dans des tavernes situées près des portes de Pompéi[21]. Mais l'humour, la dérision et le canular ne perdent pas leurs droits, et des recommandations électorales émanent tout aussi bien des « pauvres »[22], des « dormeurs » (« tous ensemble »)[23], des « spectateurs du spectacle »[24], ou des « boit-tard » (« tous ensemble » eux aussi !)[25].

2) Tel graffito de Pompéi révèle l'aménité des relations entre deux artisans dont sont signalées, voire soulignées, les spécialités différentes : *Felix argentarius Campano gemmario feliciter*[26]. Et lorsque deux frères, Terentius Neo et Terentius Proculus, soutiennent le même candidat, c'est en se désignant par leurs professions respectives de juriste et de boulanger : *studiosus* et *pistor rogant*[27]. Sans compter ces deux époux ou

16. La même idée apparaît probablement dans l'inscription dite « urbanistique » de Carthage, selon laquelle de nombreux corps de métier ont agi « tous ensemble » pour percer une avenue nouvelle : cf. A. Dupont-Sommer, « Une nouvelle inscription punique de Carthage », dans *CRAI*, 1968, janvier-mars, p. 117 ; J. Ferron, « L'inscription urbanistique de la Carthage punique », dans *Le Muséon*, 98, 1985, 1-2, pp. 54 et 60-61.
17. C. 960.
18. C. 710.
19. C. 7164.
20. C. 202. Sur Heluius Vestalis comme *patronus pomariorum*, voir Della Corte, pp. 54 et 59.
21. Cf. C. 490 et C. 6672 : *agricolae rogant* ; *uindemitores rogant*.
22. Della Corte, p. 182 : *unguentari et pauperes facite*.
23. C. 575 : *rogant Macerio et dormientes uniuersi*.
24. C. 7585 : *spectaculi spectantes rogant*.
25. C. 581 : *seribibi uniuersi rogant*.
26. C. 8505.
27. Della Corte, pp. 157-159.

concubins de Rome, voisins d'épitaphe après avoir été voisins de travail dans la même rue, le *Vicus longus*, lui orfèvre, elle coiffeuse [28].

3) Ce sont de véritables équipes de travail, soudées et conviviales quoique occasionnelles, que forment les « afficheurs » de Pompéi, lesquels — on n'est jamais si bien servi que par soi-même — sont peut-être aussi ceux des travailleurs de cette ville qui se font le mieux connaître à nous : équipes formées normalement d'un peintre, d'un porte-lanterne et porte-échelle et d'un *dealbator* chargé de blanchir préalablement la paroi visée. Une complicité amusée y règne : « lanternier, tiens l'échelle » [29]. Quand d'aventure le peintre opère seul (pour sa propre publicité, sans doute parce que la campagne électorale annuelle va commencer [30]), il insiste sur cette solitude qui lui pèse en même temps qu'elle accroît sa fierté de travailleur : *scripsit Aemilius Celer singulus ad lunam* [31] ; ou encore *Mustius fullo facit et dealbat, scribit unicus sine reliquis sodalibus* [32]. Ces inscriptions soigneusement peintes soulignent la force de cette camaraderie, et sa valeur aux yeux de ces gens modestes.

4) Un texte de saint Augustin évoque le partage concerté du travail entre artisans. Dans une rue de Rome qui est comme leur souk, le *Vicus argentarius*, des *argentarii* se passent de main en main un vase auquel chacun apporte sa touche, *unum uasculum ut perfectum exeat per multos artifices transit* : exemple de parcellisation des tâches et de spécialisation dont Augustin se gausse, *cum ab uno perfecto perfici posset* [33] —

28. Cf. C. Gatti, « Notizie di recenti trovamenti di antichità in Roma e nel suburbio », dans *BCAR*, XXXIX, 1911, p. 212.

29. *Lanternari, tene scalam* (C. 7621).

30. Cf. Della Corte, pp. 167-168.

31. C. 3884.

32. C. 3529. Pour M. Della Corte, les *reliqui sodales* sont le *dealbator* et le *lanternarius*. On pourrait y voir aussi les compagnons de corporation de Mustius, foulon de son métier et peintre occasionnel, mais cette hypothèse me semble moins probable.

33. Saint Augustin, *Cité de Dieu*, VII, 4.

mais aussi symbole de l'incommunicabilité entre deux mondes, celui des artisans étant, dans sa singularité, sa solidarité et sa cohésion, incompréhensible aux intellectuels.

Métiers et clients, métiers et habitants des villes

Les textes sont formels : les écrivains romains (littéraires ou juristes) sont fort sensibles aux nuisances des métiers :

– aux odeurs : pour Plaute, à cause des poissonniers qui à son époque y sont installés, le Forum pue le poisson, *pisces foetidos*[34]. Les fabriques de garum et de fromage sont réglementées[35].

– aux bruits, tel celui que provoque la livraison du poisson susdit par des rosses au galop[36]. Sénèque déploie des trésors de vocabulaire pour décrire les bruits qui l'assaillent, lui qui habite au-dessus de thermes : sportifs, masseurs pétrissant à grandes claques, épilateurs racolant le client avant de le faire crier de douleur, marchands de victuailles, etc., sans compter le vacarme des artisans ses voisins. Il y là une page extraordinaire et, soulignons-le, sans acrimonie particulière, sur les « cris de Rome »[37].

– aux vapeurs et fumées, raisons répertoriées d'interdiction d'activités artisanales[38].

– aux encombrements[39], que visent des prescriptions comme

---

34. Plaute, *Captiui*, 813-817. Voir aussi A. Ziolkowski, *The temples of Mid-Republican Rome and their historical and topographical context*, Rome, 1992, p. 306.

35. Cf. C. Saliou, *Les lois des bâtiments*, Beyrouth, 1994, p. 269.

36. Plaute, *Captiui*, 814 : *... qui aduehuntur quadrupedanti crucianti cantherio.*

37. Sénèque, *Epist.*, LVI, 1-4.

38. Voir, notamment pour une époque beaucoup plus tardive (mais avec des références qui montrent l'ancienneté du problème), C. Saliou, *Les lois des bâtiments*, *op. cit.*, p. 268-269 ; *Ead.*, « « Iura quoque nota habeat opportun... ». « Une autre façon de traiter de l'architecture : l'écrit de Julien d'Ascalon », dans Auteurs divers, *Le projet de Vitruve. Objet, destinataires et réception du « De Architectura » (Actes du colloque, Rome, 1993)*, Rome, 1994, pp. 217, 222 et 224. Sur la fumée dégagée par les fabriques de fromage en plein Vélabre, voir Martial, XIII, 32 (et XI, 52, 10).

39. Pour Rome, voir évidemment Juvenal, III, mais aussi Martial, V, 22, 7-8.

celle de la *lex Iulia municipalis* interdisant, sauf exception, les charrois de jour[40].

– aux dangers : le grand incendie de 64 à Rome était né dans les *tabernae* qui entouraient le *Circus maximus*, se nourrissant des matières hautement inflammables qu'elles contenaient, comme déjà l'incendie de 36, alimenté par les boutiques de vanniers de la même zone[41].

Tout cela, répétons-le, ce sont des textes littéraires ou juridiques qui l'observent ou le condamnent. En revanche, l'épigraphie mineure de Pompéi laisse percevoir d'autres réalités, plus conviviales dans l'ensemble, malgré une société peu permissive pour les femmes, interdites de marché[42]. Certes, tout n'est pas forcément rose : tel client se plaint de la qualité du vin servi dans une taverne[43] ; tel personnage se moque avec truculence d'un homme qui a exercé, comme on dit, « tous les métiers »[44] ; et les lupanars concentrent sur leurs murs des rafales de graffiti où la critique le dispute à l'éloge envers leurs pensionnaires[45].

Quant aux commerçants et artisans, il faut bien qu'ils attirent la clientèle et fassent leur « réclame ». Au long des rues, les « enseignes » y pourvoient : plaques de tuf ou de terre cuite sculptées[46], inscriptions peintes ou gravées[47], ou fresques

---

40. *ILS*, 6085.
41. Pour l'incendie de 64, cf. Tacite, *Ann.*, XV, 38, 2. Pour l'incendie de 36, cf. Tacite, *Ann.*, VI, 45 ; Dion Cassius, 58, 26 ; M. Mingaud, « Ateliers et centres de production de vannerie dans l'Occident romain », dans *Mél. de la Casa de Velazquez*, XXVIII, 1992, 1, pp. 51-52. Voir aussi C. Saliou, « Iura quoque nota habere oportet... », art. cité, p. 217.
42. Cf. J. Carcopino, *La vie quotidienne à Rome...*, *op. cit.*, pp. 214-215 ; Cl. De Ruyt, *Macellum...*, *op. cit.*, p. 368.
43. C. 3948.
44. Della Corte, p. 396 : *coponium fecisti ; cretaria fecisti ; salsamentaria fecisti ; pistorium fecisti ; agricola fuisti ; aere minutaria fecisti ; propola fuisti ; laguncularia nunc facis. Si cunnum linxseris, consummaris omnia.*
45. Exemples : Della Corte, pp. 61, 149, 307-308 et spécialement p. 162.
46. Cf. Della Corte, pp. 90 et 146 ; M. Floriani Squarciapino, « Piccolo corpus dei mattoni scolpiti ostiensi », dans *BCAR*, LXXVIII, 1961-1962, pp. 112-115 ; et plus généralement T. Kleberg, *Hôtels, restaurants et cabarets dans l'Antiquité romaine*, Uppsala, 1957, pp. 58-59 et pp. 135-136, note 75.
47. Della Corte, pp. 357-358 et 403.

commerciales (un domaine dont nous ne saurions presque rien sans Pompéi). Dans ces peintures, le titulaire de la boutique invoque ses « saints patrons », Mercure, Bacchus, Vulcain, Minerve, Vénus... [48]. Il figure les gestes de son métier [49], se présente comme un spécialiste compétent. Verecundus, teinturier, foulon et « feutrier » *(coactiliarius)* est exemplaire à cet égard, qui nous montre ses ouvriers au travail, et lui-même, dûment désigné par son nom, exhibant aux passants une pièce d'étoffe propre : interpellation aussi muette qu'éloquente, jeu de regards entre l'atelier et la rue [50].

Dans la toponymie des villes romaines, et particulièrement de l'*Urbs*, abondent les rues et les lieux nommés d'après une profession : *Vicus t(h)urarius* (à Rome, à Pouzzoles), *Vicus materiarius*, *Scalae anulariae*, *Atrium sutorium*, et tant d'autres. Des localisations comme *inter falcarios*, *inter figulos*, *in figlinis*, etc., révèlent des quartiers « noyautés » par des corps de métiers. D'autres locutions (*uestiarius ab aede Cereris*, *Hercules Victor* dit *Oliuarius*, ou, sur un collier d'esclave, *reduc me ad Flora(m) ad to(n)sores*, impliquent une profonde familiarité topographique, et parfois fonctionnelle, entre professions et religion [51]. Par leur nombre, par leur cohésion, par leur visibilité, les métiers et les gens de métier sont bien, pour la population de Rome, de Pompéi et d'ailleurs, des références fortes et comme obligées.

Deux constatations me paraissent s'imposer :

1) L'ascendant sur le petit monde qui les entoure dont les corps de métiers font preuve, ou tout au moins se réclament — depuis les boutiquiers jusqu'aux membres des professions libérales — dans les joutes électorales qui chaque année agitent la société pompéienne :

---

48. Les cas en sont nombreux : cf. Della Corte, pp. 47-48, 52, 58-59, 83, 177, 190, 278, 387.

49. Exemples : Della Corte, pp. 59, 83, 387, et peut-être p. 147.

50. Voir aussi le commentaire de cette peinture par P. Veyne, « L'Empire romain », dans Ph. Ariès et G. Duby, dir., *Histoire de la vie privée*, I, *De l'Empire romain à l'an mil*, Paris, 1985, p. 90.

51. Sur tout cela, voir *Topographie*, pp. 144-145. Ajouter un fragment de plan en marbre de Rome récemment découvert, où un temple apparaît étroi-

– on implique ainsi ses voisins, les gens de la même rue ou du même quartier, *uicini : Caprasia cum Nymphio rogat una et uicini* (les meneurs sont une cabaretière et peut-être son mari)[52] ; *pistores rogant et cupiunt cum uicinis* (au siège de la corporation des boulangers ?)[53]. Ou encore ce sont les voisins qui font (ou sont censés faire) de la propagande pour tel commerçant, artisan ou industriel de la rue, tel le foulon Veranius : *L. Veranium Hypsaeum uicini uolunt*[54].

– on implique le *patronus* de la corporation (comme on l'a vu ci-dessus pour les *pomarii*) ;

– on implique ses clients : *Phoebus cum emptoribus suis rogat*[55] (il s'agit encore d'un gargotier : on notera le rôle social des tavernes) ;

– on implique ses disciples ou ses stagiaires, comme cet avocat, avec une magnifique faute de latin : *Cassius Saturninus cum discentes rogat*[56].

Unanimité réelle, ou prétendue ? On peut douter qu'elle soit toujours consentie ou réfléchie, puisqu'il arrive que des maîtres d'école compromettent dans le combat électoral leurs élèves, *pueri* : *poueri [sic] rogant*[57] ; *Sema ludimagister cum pueris rogat*[58].

2) Cette société est incroyablement extravertie. Les professionnels et leurs clients bavardent éperdument sur les murs et sans doute dans la rue, de même que les morts romains s'adressent aux passants, leur offrent un banc, de l'ombre, l'heure, leur triste histoire : « passant, arrête-toi un moment, si cela ne t'ennuie pas, et sache ce que tu dois éviter pour ne pas

---

tement cerné par des boutiques et des entrepôts (cf. M. Conticello De'Spagnolis, *Il tempio dei Dioscuri nel circo Flaminio*, Rome, 1984, notamment p. 15, fg. 7). Exemples concernant d'autres villes : R. Cagnat, *s.v. Mercator*, dans *D.A.*, III, 2 (1904), p. 1739.

52. C. 171.

53. C. 7273.

54. C. 193.

55. C. 103.

56. C. 275.

57. C. 3730.

58. C. 668.

finir comme moi.... »[59]. Les échanges de propos entre nos hommes de métier et leurs clients ou leurs relations sont évidemment plus joviaux ou plus toniques : *Sei copo, probe fecisti quod sellam commodasti* déclare, satisfait, un « afficheur », un *programmatum scriptor*, à un cabaretier qui lui a prêté une chaise en guise d'escabeau[60]. Et l'amant pressé houspille le muletier qui traîne au cabaret et tarde à le conduire vers son jeune ami[61].

Martial et ses libraires-éditeurs offrent un cas particulier de rapport commerçant-client, chacun étant en l'occurrence client à tour de rôle, puisque l'un fournissait des textes aux autres qui lui fournissaient des livres, ses propres livres. Est-ce pour cette raison que l'on perçoit une connivence, et sans doute une certaine amitié, de l'écrivain pour les *librarii* qui l'éditaient et le vendaient, le tout sur fond de rues commerçantes et familières ? « Si tu veux acheter mes œuvres, rends-toi à tel endroit de l'Argilète chez Untel, tu verras une boutique de tel aspect... » (et Martial de décrire une *taberna* dont les montants de porte sont couverts d'inscriptions publicitaires, comme dans tant de boutiques de Pompéi)[62].

Les métiers, perpétuels enfermés, perpétuels évadés

Efforts du monstre froid qu'est l'État romain pour brider l'exubérance et le sans-gêne des métiers ; entêtement de ces métiers, chassés de la rue par la porte, à y rentrer, si l'on peut dire, par la fenêtre ; réactions agacées ou complices de l'homme de la rue : voilà ce que nous observons ici.

L'État n'a de cesse qu'il n'écarte les métiers des rues, qu'il ne les éloigne du centre-ville et, à plus forte raison, du forum

59. Cf. A. D'Ambrosio et S. De Caro, *Un impegno per Pompei. Fotopiano e documentazione della necropoli di Porta Nocera*, Milan, 1983, fiche 23 OS.
60. C. 3502.
61. C. 5092.
62. Martial, I, 117, 8-18. Voir aussi I, 2, 7-8 ; I, 3, 1-2.

dont ils ont été parmi les premiers occupants, qu'il ne les enferme dans des sortes de centres commerciaux (*macella*, *horrea*), eux-mêmes déplacés de plus en plus loin à mesure que Rome accroît sa parure monumentale de capitale d'un Empire. Les commerces alimentaires une fois éloignés du Forum, *forensis dignitas creuit*, observe Varron[63] : leur présence dans le cœur politique, et que l'on voulait policé, de Rome avait fini par scandaliser autant que si des tripiers s'étaient établis place de la Concorde. Les autres villes, à leur échelle, reproduisent ce processus[64]. Cette clôture, cette exclusion, correspondent à une tendance étatique générale. Les forums se ferment, devenant des sortes de cours, et des portiques enserrent les places, puis bordent les rues principales[65]. De même a-t-on pu évoquer « l'enfermement progressif de l'activité judiciaire »[66].

Il y a là un phénomène proprement haussmannien qui combine la spécialisation des zones urbaines par fonctions[67] et l'éloignement des métiers autres que les commerces de luxe. Démolition d'un petit monde familier et gênant, larges percées, création de « grands magasins » à la périphérie de la ville ou du moins de son centre, tout y est. Dans un ordre d'idées voisin, « le pouvoir impérial a fait une petite guerre de quatre siècles aux cabarets, pour les empêcher de servir aussi de restaurants *(thermopolium)*, car il est plus moral de se nourrir chez soi »[68]. La convivialité, évidemment, n'y trouvait guère son compte.

---

63. *De uita populi Romani*, II, fr. 72, *ap*. NON., 532 M. = 853 L.
64. Sur l'ensemble de cette évolution, cf. *Topographie*, pp. 135-140.
65. Cf. L. Crema, *L'architettura romana*, Turin, 1959, pp. 160-166 et 348-352 ; R. Martin, *Architecture et urbanisme*, *op. cit.*, p. 164.
66. J.-Ch. Balty, « Le centre civique des villes romaines et ses espaces politiques et administratifs », dans *XIV Congreso internacional de Arqueología clásica, Pre-Actas* (Tarragona, 1993), *La ciudad en el mundo romano, Pre-Actas*, 1, *Ponencias*, Tarragone, 1993, p. 27 (citant J.-M. David).
67. R. Martin parle à cet égard de « zoning » (*Architecture et urbanisme*, *op. cit.*, p. 90).
68. P. Veyne, « L'Empire romain », *art. cité*, p. 185.

Mais le mouvement inverse est très fort aussi. On y distingue quatre degrés :

1) Les commerçants tendent toujours à dépasser leur seuil, et ce *limen* allégrement franchi devient un symbole très fort[69]. On encombre les trottoirs, les chaussées, les colonnades, par des déballages de marchandises, des auvents, des portiques privés faits avec des moyens de fortune[70]. Se répandant des deux côtés d'une même rue, des commerces annexent quelque peu celle-ci[71]. Bien entendu, l'État tente d'y mettre bon ordre par des interdictions. Celles-ci épargnent souvent les foulons et les métiers assimilés, corporation d'une exceptionnelle puissance qui fait valoir des exigences techniques : nécessité de faire sécher des tissus sur les trottoirs (malgré des efforts pour assurer le séchage dans les ateliers mêmes ou leurs annexes[72]), d'exposer des jarres pour recueillir l'urine des passants (Martial a beau exprimer sa réprobation devant cette économie sordide[73], on en voyait un peu partout dans les rues et jusqu'en plein forum de Pompéi[74]).

2) Des baraques de bois ou de toile s'ajoutent aux boutiques proprement dites : par exemple toute une série de baraques en bois étaient adossées au mur extérieur nord de la basilique de Pompéi et empiétaient sur la rue adjacente[75]. Les rues piétonnes favorisant ce processus, on retrouvait de la sorte les encombrements auxquels on avait cru échapper en les instaurant.

3) Les métiers de plein air. Il n'est guère de métier en *taberna* qui n'eût son double en plein air, depuis les marchands de toutes sortes jusqu'aux coiffeurs et aux maîtres

69. Voir Martial, VII, 61, 2 et 9.
70. Sur ces derniers à Pompéi, voir Della Corte, p. 127.
71. Della Corte, pp. 156, 157-158.
72. Dans des cours intérieures, sur des loggias, sur des balcons... : Della Corte, pp. 58, 202 (où il s'agit d'un *lanifricarius*), 281, 282. Sur l'exception consentie en faveur des foulons, voir Della Corte, p. 279 ; C. Saliou, *Les lois des bâtiments*, *op. cit.*, p. 12.
73. Martial, VI, 93, 1-2 : *fullonis auari testa*.
74. À l'édifice d'Eumachia. En général, voir Della Corte, p. 338.
75. Della Corte, pp. 222-223, qui pense en l'occurrence à une autorisation accordée à titre onéreux par les édiles.

d'école[76]. D'autres activités ne se concevaient qu'en plein air : dans une ruelle de Pompéi s'étaient installés des réparateurs ou fabricants de filets de pêche[77].

4) De tout cela, nos auteurs habituels (mais non les habitants de Pompéi !) se plaignent comme d'une gêne intolérable. Mais le comble de l'horreur, à leurs yeux, est atteint avec les commerçants ambulants, car c'est aussi le comble de l'indiscipline et de la marginalité. Telle épigramme de Martial[78] égrène de façon obsessionnelle les thèmes du colporteur *(ambulalor)*, de ses divagations *(circumfert)*, du cercle de badauds qui l'entoure *(otiosa corona)*, de ses cris qui finissent par le rendre enroué *(raucus)*. On rappellera à ce propos qu'en Grèce les vociférations des marchands révélaient leur manque de savoir-vivre, et constituaient un scandale d'incivilité[79].

Dans ce bras de fer perpétuel entre État et métiers, un temps fort est marqué par l'époque flavienne. De même que Vespasien avait rendu à la colonie de Pompéi des terrains publics que des particuliers s'étaient indûment appropriés[80], ou avait restitué au peuple romain l'emprise de la *Domus aurea*[81], de même Domitien récupère le sol public devant les boutiques : « barbier, cabaretier, cuisinier, boucher s'en tiennent à leur seuil » *(sua limina seruant)* ; « Rome est redevenue Rome, elle qui naguère n'était qu'une vaste boutique » *(Nunc*

76. À propos de Pompéi, de Rome et d'autres villes, voir Della Corte, pp. 221-224, 240, 403-404 ; R. Étienne, *La vie quotidienne à Pompéi*, Paris, 1966, pp. 215-218. Le phénomène était déjà attesté dans Carthage punique, où un bijoutier s'était installé en plein carrefour à Byrsa : cf. S. Lancel (dir.), *Byrsa II. Rapports préliminaires sur les fouilles 1977-1978 : niveaux et vestiges puniques*, Rome, 1982, pp. 35-39.
77. Della Corte, p. 198.
78. I, 41.
79. Cf. L. Soverini, « Parole, voce, gesti del commerciante nella Grecia classica », dans *Ann. Sc. Norm. Sup Pisa, Cl. di Lettere e Filosofia*, s. III, vol. XXII, 1992, 3, pp. 811-884 et particulièrement pp. 852-858 et 883-884.
80. Aux portes d'Herculanum, du Vésuve et de Stabies : cf. *CIL*, X, 1018 ; A. et M. De Vos, *Pompei, Ercolano, Stabia* (Guide archeologiche Laterza), Rome-Bari, 1982, pp. 154-155, 178, 231.
81. Martial, *Lib. Spect.*, II.

Roma est, nuper magna taberna fuit)[82]. Mais ce qui aurait pu n'être qu'une remise en ordre devient aussi l'appropriation par l'État de lieux hantés de tout temps par les gens de métier. Fait particulièrement symbolique : l'Argilète, voie commerçante[83] entre Subure et le vieux Forum, célèbre par son animation, fait partiellement place sous Domitien au *Forum transitorium*, par une rupture brutale de sa continuité que Martial évoque peut-être en imposant par deux fois au mot *Argiletum* une curieuse césure : *Argi/Letum*[84]. Là encore, la raison d'État, sous la forme typique d'un forum impérial, vient déchirer un tissu urbain dense, fortement générateur de sociabilité.

Une spécificité romaine

Tout cela est relativement banal : Napoléon III, Mussolini, Ceaucescu, bien d'autres aménageurs feraient de même plus tard. Et nous pourrions citer quantité d'articles de presse contemporains qui ne disent pas autre chose — commerçants encombrants, ou quartiers saccagés — à propos de Paris ou de Naples, de Tunis ou de Hanoï. Mais le monde romain avait tout pour accentuer ces problèmes : une société particulièrement axée sur les villes ; le nombre et la diversité exceptionnels des métiers urbains[85] ; et la schizophrénie propre aux Romains.

---

82. Martial, VII, 61. P. Sommella évoque à ce propos un « restauro ideologico dello Stato » (« Pian i regolatori e programmazione urbanistica a Roma tra la fine del la Repubblica e la prima età imperiale », dans *XIV Congreso internacional de Arqueología clásica, Pre-Actas*, I, *op. cit.*, p. 219). De son côté, R. Sablayrolles insiste davantage sur la prévention des incendies par démolition des « constructions parasites en bois » et rôle de coupe-feu de rues retrouvant leur largeur originelle (« Domitien, l'Auguste ridicule », dans Auteurs divers, *Les années Domitien*, Toulouse, 1994, p. 115).
83. Ou quartier ? Sur le doute relatif à l'extension de ce nom, et en général sur cette zone, voir E. Tortorici, « Argiletum. Commercio, speculazione edilizia e lotta politica dall'analisi topografica di un quartiere di Roma di età repubblicana », dans *BCAR*, suppl. 1, Rome, 1991, notamment pp. 32-34.
84. I, 117, 9 ; II, 17, 3.
85. Cf. S.M. Treggiari, « Urban labour in Rome : « mercennarii » and « tabernarii » », dans P. Garnsey, éd., *Non-Slave Labour in the Greco-Roman World*, Cambridge, 1980, pp. 48-64.

D'un côté, la poigne du pouvoir ; de l'autre, la fantaisie, voire le libéralisme, de maints individus. D'un côté, le mépris des gens bien pour tout ce qui était métier (ce qui n'empêchait pas ces mêmes gens bien de flanquer leurs *domus* de boutiques dont ils tiraient profit [86]) ; de l'autre, la fierté des gens de métier pour leur propre réussite professionnelle, sociale ou financière, fierté qui trouve à s'exprimer avant tout dans le théâtre de la rue. Dans le *Satiricon*, un affranchi arrivé remet à sa place des blancs-becs : « je suis un homme parmi les hommes, je marche la tête haute, je ne dois un liard à personne... Viens avec moi au forum et demandons qu'on nous prête de l'argent : tu auras vite constaté si je n'ai pas du crédit, malgré ma bague de fer de simple affranchi » [87].

Cette même schizophrénie caractérise aussi nos sources. D'un côté, les auteurs qui s'intéressent à ces problèmes sont souvent des comiques, des satiriques, des moralistes ou des prédicateurs, qui brandissent le sarcasme, l'indignation, la dérision ou le blâme, comme Plaute, Juvénal, Cicéron, voire saint Augustin, toutes attitudes dont la sociabilité des rues sort mal en point. Pour nos écrivains, le monde de la *taberna* est méprisable, car vil, et subversif, car indiscipliné et envahissant. Plus modérés, Sénèque, Pline ou Tacite n'ont cependant guère de tendresse pour nos gens de métier. En revanche, l'attitude de Martial est originale : malgré ses bougonnements assez convenus contre les inconvénients de Rome, il est peut-être le seul à avouer un goût pour la flânerie urbaine, voire pour la

---

86. S'il est évident que « l'imbrication des *tabernae* et des *domus* ne permet de conclure ni à un mélange social, ni à une cohabitation » (R. Étienne, *Le quartier nord-est de Volubilis*, *op. cit.*, p. 119), il est évident aussi que les propriétaires des domus sont fortement impliqués dans l'existence et l'usage de ces *tabernae*.

87. Petrone, *Satiricon*, LVII-LVIII ; cf. P. Veyne, « L'Empire romain », *art. cité*, p. 137. Sur la fierté des gens de métier qui réussissent, voir aussi J.-P. Morel, « La manufacture, moyen d'enrichissement dans l'Italie romaine ? », dans Ph. Leveau, éd., *L'origine des richesses dépensées dans la ville antique (Actes du colloque d'Aix-en-Provence, 1984)*, Aix-en-Provence, 1985 (et réimpr. 1988), pp. 95-96.

fréquentation de certains boutiquiers — de préférence des libraires, il est vrai[88].

D'un autre côté, et même s'il faut se garder d'embellir une réalité souvent assez rude, nous devinons une vie exubérante, une camaraderie réelle, une extraversion étonnante qui s'oppose à l'introversion de la *domus* repliée sur ses patios. Tout cela dans une société où, « qu'il soit notable, plébéien ou même sénateur, un Romain n'est pas présumé disposer d'une intimité personnelle »[89], et où en tout cas nos gens de métier, loin de prétendre à cette intimité, se mettent en avant et impliquent volontiers tout leur voisinage dans leurs proclamations commerciales ou politiques, agressives ou joviales.

En somme, une lutte permanente entre une sociabilité spontanée et la loi d'airain d'un urbanisme « moderne » ; et face au formalisme strict des édits des Césars, le désordre de la rue qui est la vie même.

La rue, lieu de sociabilité ? Rencontres de la rue, Actes du colloque de Rouen, 16-19 novembre 1994, textes réunis par Alain Leménorel, Publications de l'université de Rouen n° 214, 1997, pp. 149-159.

---

88. Voir notamment la jolie évocation d'*Epigr.*, V, 20 (rien de tel en revanche, malgré le fameux *ibam forte Via Sacra*, dans Horace, *Sat.*, 1, 9 !). Voir aussi F. Castagnoli, « Roma nei versi di Marziale », dans *Athenaeum*, XXVIII, 1950, pp. 67-78 ; J.-M. Pailler, « Martial et l'espace urbain », dans *Pallas*, XXVIII (n.s. XVII), 1981, 3, pp. 79-87.
89. P. Veyne, « L'Empire romain », *art. cité*, p. 168.

Andrew Wallace-Hadrill

PATRONAGE IN ROMAN SOCIETY : FROM REPUBLIC TO EMPIRE

The Roman self-image

To stand at the door of an upper-class Roman house of the late republic or early empire is already to glimpse something of the centrality of patronage in Roman society. From the threshold a vista opens out, elaborately and symmetrically framed : between the walls of the entrance passage *(fauces)*, the sightline passes over the rectangular light-well of the impluvium, its central axis marked by an ornamental marble table, and through the great square opening of the tablinum ; and resting briefly there, passes on through a smaller opening in the back wall to the balanced columns of the peristyle garden beyond, with a central fountain perhaps playing amid plants and graceful statuary ; and then still on beyond to mountain peaks rising in the blue distance (Bek 1980). The vista is striking ; yet it lacks a central focus, like an elaborate frame without a picture, unless we repopulate it in our imagination. At the focal point, in the centre of the tablinum, belongs the master of the house, seen as Cicero pictures the great noble of an earlier generation : « both walking about in the forum and sitting at home on his throne, he was approached, not just about questions of law, but about marrying a daughter, buying a farm, cultivating the land, in fact about any point of social obligation or business » (*De oratore,* 3, 133).

The physical structure of the house, as the architect Vitruvius reminds us, must be seen in the context of the social structure of activities to which it forms the setting (Wiseman 1982, Wallace-Hadrill 1988). The way the Roman house invites the viewer from the front door, unparalleled in the Greek world, flows from the patronal rituals so often described in the Roman sources : the opening of the doors at dawn to the crowd of callers, the accessibility of the dominus to the public, his clients and his friends. Patronage was at all periods for which we have information central to the way the Roman upper class wished to present itself to the world. Passages widely separated in date illustrate the continuity.

Plautus' *Menaechmi*, dating from the years immediately after the Second Punic War, presents the hero returning tired and frustrated from a morning's business in the forum (571ff.) Menaechmus has been engaged in representing a client in a lawsuit, though he regards the client as a rogue and the suit as a nuisance. But, like other members of his class, he is trapped; « What a stupid, irritating practice we have, and one the best people follow most ! Everyone wants lots of clients. They don't bother to ask whether they're good men or bad ; the last thing that counts is the reliability *(fides)* of the client, and how dependable he is (*clueat*, punning on *cliens*). If he's poor and no rogue, he's held good for nothing ; if he's a rich rogue, he's treated as a solid client. » Which, Menaechmus elaborates, only gets the patron into deep waters, since the rich rogues drag them irresponsibly into indefensible suits.

Though the play is based on a Greek original, this passage is evidently one of those Plautine additions designed to give local Roman colour. Here, in one of the earliest pieces of Roman literature, patronage is seen as a characteristic activity of the upper class, and one which in practice falls short of the ideal. The client should be marked by dependability, one for whom the patron can pledge his faith *(fides)* ; but anxiety to maximise following and profits lead to neglect of moral considerations.

We are to find the same thought recurring later in Cicero (*De Officiis,* 2, 69-71). There are obvious financial and political advantages that derive from the patronage of the wealthy and influential in preference to the poor but worthy man, and few in practice hesitate to fend their support to the wealthy. Yet, Cicero urges, there is a strong argument for taking the opposite line, for the patronage of the poor appears disinterested and wins widespread and lasting support, whereas the rich dislike being held under obligation and hate « like death » to be treated as clients whether in deed or name (a much but only partially quoted passage).

Six centuries after Plautus, a Gallic aristocrat, Paulinus of Pella, voiced his bitter regret at the passing of a way of life shattered by the Visigothic invasions of the early fifth century, « when my house was happy and prosperous... and when the display of my rank was very important, magnified and bolstered by deferential crowds of clients » (quoted in Van Dam 1985, 151). His regrets mirror the standard image of a fall from power such as was evoked by an Augustan rhetorician : « I have seen hallways deserted by their ambitious crowd of clients put up for sale by a master under forfeit » (Seneca, *Controversiae,* 2, 1, 1).

Numerous passages throughout the intervening period (collected e.g. by Friedlander 1922) tell the same story : that the Roman noble felt himself almost naked without an entourage of dependants, which he expanded to the best of his ability, and who acted as the visible symbol of his social standing. Patronage was central to the Roman cultural experience, in a way in which it was foreign to the Greek cultural experience. It represented a vital part of conscious Roman ideology, of their own image of how their world both was and ought to be. It does not follow (and there are many grounds for questioning) that practice squared with ideal ; that patronage « worked », for the benefit of either party ; that it represented the only power-base for the upper class ; or that the type of relationships characterised (and legitimised) as patronal remained constant over the centuries (cf. Rouland 1979). What however does demand some explanation is why on the cultural and ideological level patronage remained so central.

Ideal and reality

One of the difficulties in dealing with patronage is to determine at what level the analysis is to be conducted. Is it a pattern of relationships that exists objectively in certain societies whether or not the participants themselves acknowledge or approve it, or is it a way in which the actors perceive and formulate the relationships in which they are engaged ? That is to say, are we talking about a structure or an ideology ? We need only formulate this question (which I owe to Silverman 1977) to see that the answer is both. We cannot simply study one or the other. Thus Finley rightly anticipates and dismisses the objection that we cannot talk about « clients » at Athens simply because the Greek language has nothing comparable to *clientela*. If there is an objective exchange of goods and services whereby political support is given in exchange for material benefits, one can properly speak of patronage even if the Greeks didn't have a word for it (Finley 1983, 41). On the other hand, there is something in Millar's protest :

> « It can even be claimed that we are entitled to apply to ancient societies the now established common-language (or sociological) use of terms like 'clientage' and 'patronage' without regard to the presence, or precise use, of equivalent terms in the society in question. But to say that is to say that curiosity about exact nuances of ancient social and political relationships is superfluous » (Miller 1984, 17).

Certainly, to declare the ideology and language of the society studied irrelevant is to miss a vital dimension ; on the other hand to identify the ideology with the social reality is to invite confusion — exemplified in the argument which seeks to estimate the actual importance of Roman patronage on the basis of frequency of the use of the words *patronus* and *cliens* (see Saller above). We need to study both structure and ideology and the relationship between the two. The importance of the *patronus-cliens* relationship in Roman ideology does not in itself prove that « patronage » in the modern sense was important in their social structure; but it does constitute an invitation to us to explore the structural significance of patronal relationships.

The gulf between ideology and social reality, and the complexity of the relationship between the two, emerges from the one passage we have that purports to offer an explicit analysis of the patron-client bond. As a Greek writing, at least partly, for a non-Roman audience, Dionysius of Halicarnassus, when describing how Romulus as founder of Rome also « founded » patronage, spells out what the mutual obligations of patron and client were (*Roman Antiquities* 2, 9-11, see Appendix for text). One of the most striking features of this description is its lack of overlap with contemporary realities of the late first century BC. Romulus' patrons are identical with the patricians, his clients with the plebeians; by the late republic this had long since ceased to be the case. Romulus' patron-client bond is enshrined in the law : the parties might not take legal action or vote against each other, on pain of being declared accursed; yet historical Roman patronage is a moral and not a legal relationship, and the one famous instance of invoking the principle is a quaint anachronism — the rising Marius is far from flattered when a Herennius refuses to testify against him on the grounds that the Marii were hereditary clients of his family (Plutarch, *Marius,* 5). Finally, the relationship is clearly seen as exclusive and binding : each client has « his » patron to whom he is obliged, and the patron will pass on his hereditary clients to his heir. Historically, we are more struck by the fluidity and multiplicity of patronal bonds : the client could sustain many links simultaneously, and pick and choose to suit the moment, like Cicero's clients (in court) the Roscii, who « had many patrons and hospites inherited from their ancestors, whom they ceased to cultivate and pay observance to, and betook themselves to the *fides* and *clientela* of Chrysogonus (the upstart ex-slave of the dictator Sulla) » (*Pro Roscio Amerino,* 106).

Of course, the misfit between the « Romulan » patronage of Dionysius and contemporary reality is partly chronological. This picture of the « original » pattern is meant to represent something lost and gone; it has formed the basis of reconstructions of the « original » patronage of early Rome from Mommsen on (see Drummond's discussion below). But it also has a strong idealistic dimension. Any Roman description of ancestral ways, the *mos maiorum*, particularly when associated with the authoritative figure of Romulus, tends to represent an ideal, one indeed from which the present generation has fallen off, but which nevertheless it ought to imitate. Dionysius brings this out in his open praise for Romulus' system. The division between the master class of patricians, who act as priests, magistrates, judges and patrons, and the working class of plebeians, who are farmers, craftsmen and clients, is one, in Dionysius' view, well designed to avoid social conflict (sedition). Patronage means that ruling class and ruled are held together by mutual bonds of affection : « It is remarkable how intensely both parties competed with each other in their demonstrations of goodwill, each anxious not to be outdone in generosity by the other : clients resolved to perform every service they could for their patrons, whilst patrons were anxious to inconvenience their clients as little as possible and accepted no gifts of money ». The abuse by the ruling class of the ruled that was disastrous in Greek cities was thus, according to the historian, avoided.

There is enough contact in this picture with contemporary realities (notably in the listing of the mutual services of patron and client) to invite the reader to draw links with contemporary patterns of behaviour : at the same time it is remote enough to be recognisable as an ideal and a reproach to contemporary practice. We have, in fact, myth serving a characteristic function : to legitimate current practice. The fact that they had fallen away from their ancestors made it easier for Romans to apply the myth to circumstances quite unlike those attributed to Romulus. The Roman could no longer live as if he was a subject of Romulus; even so, the more closely his social relationships resembled the lost ideal, the better and more legitimate they were. The old division of patrician and plebeian, with which Dionysius links patronage, had long since ceased to have importance; but it was easy to see in contemporary social divisions an analogue. The Roman of Augustus' day who exercised « patronage » even dimly resembling the Romulan model could be seen as acting in the interest of the state, for by his actions he reconstructed the ideal society of the past.

Patronage in politics

In most recent discussion, the practical importance of Roman clientage has been located in the workings of internal politics. Yet what Fustel de Coulanges (1890) offered was an insight into the structure of Roman society. « Patronage », according to Fustel, « explains how in the context of laws of equality, the great families always kept their power... Clientele was not in the laws... but it reigned in society ». Patronage was central to the structure of Roman society as feudalism was to medieval : it constituted the dominant social relationship between ruler and ruled. Matthias Gelzer (1912) expanded and deepened this insight, documenting the way in which the republican nobility maintained their dominance through the channels of personal links of dependance and obligation :

> « The entire Roman people, both the ruling circle and the mass of voters whom they ruled, was, as a society, permeated by multifarious relationships based on fides and personal connections, the principal forms of which were patrocinium in the courts and over communities, together with political friendship and financial obligation. These relationships determined the distribution of political power. To maintain their rights citizens and subjects alike were constrained to seek the protection of powerful men… » (1969, 139).

Gelzer's slim essay was a seminal contribution to social history. Yet his successors were more interested in writing political than social history. His analysis of personal bonds, in boiled down and dogmatised form, became the basis of a new type of political history in which « Who knew whom ? » became the only significant question. Patronage was no longer a relationship to explore, but one to take for granted as the basis for the pattern of links between individual members of the elite (e.g. Scullard 1951, 12ff.). Much of this work has been naive and mechanistic ; and it has provoked a reaction which questions whether clientage can explain much about the working of Roman politics (Bruns 1988[1]; Millar 1984 and 1986 ; Rouland 1979 and 1981). As a result, we are beginning to learn something of the limitations of patronage ; to see it as one factor coexisting with others in the structure of politics. Some of the salient points may be briefly summarised.

First, if patronage is seen as a system primarily political in its orientation, in which the payoff for the patron's support and protection is the vote, we may doubt that it affected even the majority of the population by the late republic. Poor citizens scattered throughout Italy were too far from the political centre in Rome to be worth courting for their vote ; while the 250 000 or so urban poor of the capital were simply too numerous to enter into significant personal relations with the few hundred members of the political elite. Their votes were, for the little that they were worth, more effectively courted by « bread and circuses ». The massive expansion of the population of the capital rendered traditional social relationships impotent ; old structures of deference broke down to the point at which military force became necessary to « police » the behaviour of the mob (Nippel 1984). Nor is it easy to account for the debt crises urban and rural, of the last century BC, encapsulated in the Catiline episode, and the recurrent stories of dispossession, if the majority of the poor enjoyed active protection from their patrons (Bruns 1979). « Debt » in a patronal society should form part of the nexus of mutual obligations of patron and client : a debt crisis implies a crisis of patronage.

Secondly, it is at best part of the political process on which vertical relationships could have effect. The elections are one

1. Although this fundamental paper appeared too late to be taken into consideration, I am grateful to Professor Brunt for discussing his arguments with me in advance of publication.

thing (and even here patronage is one among several factors); legislation is another, and it would be hard indeed to build up an argument that the popular assembly in the constant stream of laws of the late republic was swayed by personal dependence on members of the nobility. On the contrary, significant elements of the *popularis* legislation are explicitly anti-patronal in aim : the introduction of secret ballot by a series of laws in the 130s deliberately aimed to free the voter or juror from patronal pressure in registering his opinion — Cicero's indignant rejection of the principle of secret ballot on the « rounds that it undermines *auctoritas* or social deference is a telling commentary (*De legibus,* 3, 33f.). In particular, the distributions of land and corn initiated by the Gracchi constituted a frontal assault on patronal power, for dependence on the state for alleviation in times of poverty and crisis reduced the necessity of dependence on individuals. This may lie behind the perennial accusation of kingship levelled against popular legislators : for by making themselves through the distribution of public resources the equivalent of universal patrons, they usurped the function and social power of the pluralist patrons of the ruling class (Garnsey 1988, 197).

Thirdly, we must allow for the effect on social relationships of the influx of wealth and especially coin in the aftermath of the Punic Wars. Roman society underwent something of the transformation which Samuel Johnson observed in eighteenth century Scotland : the old relationships of dependence and protection between the highland chieftains and their clansmen became a new monetary relationship of landlord and tenant, as the chiefs sought to imitate and finance the lifestyle of the London-based aristocrat (Cregeen 1968). The effects of such « monetisation » of social relationships are apparent in two spheres, the rewards of advocacy and the bribery of voters. Already in 204 BC the lex Cincia sought to keep money out of the patron-client relationship by banning « gifts ». The ban was easily evaded, and we have seen above in Plautus concern over the pursuit of rich clients to the detriment of traditional patronal ties. Legacies in particular became a standard way of rewarding services, and it is arguable that the whole pattern of

Roman inheritance was affected by the need to lubricate such patron-client obligations (Wallace-Hadrill 1981). The eventual modification of the lex Cincia by Claudius represents the admission that advocates had become « patrons » only in name, and indeed even the name of *patronus* slips out of use for the advocate in the imperial period (Neuhauser 1958). Moreover, the massive advance of bribery in the late republic struck at the heart of the traditional patronage system. The dividing line between legitimate patronal rewards and the purchase of votes was a blurred one : and the purity of the traditional model was irreparably compromised. The very concept of bribery, as of debt (above), suggests a patronage system in crisis.

Such considerations have led some to deny patronage more than marginal significance in the political life of the late republic — and in view of the fact that we are enormously better informed about this period than about earlier ones, it becomes difficult to talk with confidence about the operation of political patronage at any period. Certainly, these arguments should be enough to deter us from taking a mechanistic view of patronage, as if it was a smoothly operating system following predictable and inevitable rules. The picture that emerges from the late republic is more dynamic : of social relationships in a state of flux and change, seen by participants to suffer from malfunction and abuse, subject to open challenge and attack. Rather than offering *the* key to Roman politics, patronage must be seen as one of several methods of generating power, a system actually in competition and conflict with other systems. But, once this is conceded, how are we to estimate its overall importance in Roman society and politics ?

Patronage and social integration

The argument so far has tended to drive a wedge between ideal and reality. Patronage emerges as a distinctive and central element in Roman culture and ideology ; yet when we look at its practical significance at precisely the point where it might be supposed to be most effective, in the politics of the late republic, major doubts arise. Some may be happy with such a dichotomy, particularly Roman historians in the positivist tradition which puts little faith in ideologies. The self-image of the Romans, it could be argued, was a survival inherited from their ancestors, which bore only a tenuous relationship to contemporary realities.

On the other hand, if we relegate Roman ideals and attitudes to a state of « false consciousness », we ignore one of the most valuable contributions of the sociological and anthropological literature. One might expect to find in a value system the psychological underpinning of social structures, not a nebulous memory floating free from social realities. However distorted they may be, ideals and perceptions themselves play a vital role in constituting contemporary realities : for the Romans, their real world was fashioned of their perceptions of how it was and their ideals of how it ought to be. In what follows, I want to suggest that patronage was indeed as central to the Roman social system in reality as in ideology ; and that though across the centuries diverse and varied relationships were seen by the Romans themselves as patronal, they all have in common a vital social function.

Dionysius of Halicarnassus saw in the patronage instituted by Romulus an instrument of social control, that kept the population in subjection to the ruling class. That is a plausible and, I want to argue, correct analysis ; but what is less than plausible is his picture of how it worked. Even in the remotest Roman past, we may find difficulty in swallowing his rosy image of rich and poor competing to outdo each other in favours, and the rich studiously abstaining from the exploitation of the poor. It is in fact merely the reverse image of contemporary abuses ; an attempt to explain social conflict of his own day in terms of the social relationships no longer pertaining. A more credible model of how patronage works as a system of social control in a relatively simple agrarian community is suggested by Silverman's study of nineteenth and twentieth century Umbria (1965 and 1967). Under the *mezzadria* system, the big landowners also acted as patrons to their peasant tenants. They provided them with access to certain services from which the peasants were otherwise cut off, particularly those located in the remote town : legal representation, intervention with the police, applications for jobs, medical facilities, loans. The patrons, because of their links with the central system of power, were able to act as mediators, between country and town, between locality and the state, channelling the requests for resources. The clients could not do without their patrons. Patronage thus serves as a mechanism for reproducing social power.

One of our problems in envisaging how Roman patronage worked is that of seeing how the patron was in a position to (let alone willing to) deliver the goods to large numbers of dependants. Yet the power of the patron may derive not from the ability to secure benefits for all who ask, but from the sheer impossibility of securing them for any but a minority. The secret of the game is the manipulation of scarce resources : where all need resources that are in short supply, it is easier for the patrons to secure control of the routes of access, so rendering access impossible except through a patron. Hence, Judith Chubb (1982) has argued, the control of the DC party in the impoverished Palermo and Naples ; the scarcity of resources gives them power precisely over those poor people one might expect to be their natural enemies and vote socialist. A similar process is exposed by Juvenal (*Satire,* 5) : Clients themselves are the dupes, for the patrons have no intention of rewarding their services ; a meal is all they get, and that not often ; and when at last after two months the neglected client is invited, he is insulted with cheap and nasty fare while the patron gorges luxuriously. Here food may stand as the symbol of the resources a patron distributes : his power over the client derives not from generous and regular distribution, but from keeping him on tenterhooks with the prospect of access to resources which is in fact never fully granted. The client's only chance of breaking out of the system is to make the unacceptable admission that the resources are unavailable and in any case superfluous.

Here, then, may be a first step towards understanding the use by the Romans of patronage as an instrument of social control.

The ruling nobility, priests, magistrates, judges, legal counsel, and generals rolled into one, stood astride all the major lines of communication with the centre of state power and the resources it had to distribute (cf. Sallust, *Jugurtha,* 41). Their success in control lay as much in their power to refuse as in their readiness to deliver the goods. In this light, the inability of a few hundred to satisfy the needs of hundreds of thousands, their manifest failure to alleviate poverty, hunger and debt, indeed their exploitation of these circumstances to secure themselves advantage, all of which we have met in the case of the late republic, need not be seen as arguments for the inadequacy of patronage, so much as the conditions of its flourishing.

But we need to go a step further. The dominance of the republican nobility was, after all, identified, resented, and broken. In order to evolve a credible model of patronage which will stretch from Romulus' Rome to fourth century Gaul, we need to move away from the specific tie with the republican nobility. The model I wish to put forward is of patronage as a mechanism of social integration. Looking at Roman society over the *longue durée*, one of its most persistent defining characteristics is its ability to expand and absorb outsiders or newcomers. To attempt to explain how this constant assimilation and integration of outsiders was achieved would be to write a complete cultural history of Rome : for the absorption of outsiders involved not only their own acculturation, but the constant adaptation of Roman culture itself to accommodate the newcomers. In this context, however, it is enough to point to the role of patronage in the process of integration.

The problem of integration lies in the relationship between the centre and the peripheries. Rome expanded by constantly adding to its peripheries ; yet peripheries are fissile, liable to split off and form separate entities unless united to the centre by strong bonds. They need access to the centre and the resources it controls. One model of access which the Romans did not use, but which was widespread in Greece, is the democratic model. Here the peripheries are afforded equality of access to the centre : thus the deme system of classical Attica allowed each component village regular and direct involvement in the political process at the centre (cf. Osborne 1985). This system, while egalitarian in its treatment of existing members, is not easily tolerant of expansion; the tendency is for the society to become more hedged about with rules of exclusion as access to the centre becomes more open. The Roman political system at all times avoided any sort of direct regional representation in government. Instead, access was mediated through individuals. It was this inaccessibility of the centre except through personal links that generated the power of patronage; and it was through the exercise of this power that patronage placed social integration within limits and so secured social control. At the same time, unlike the Attic democratic system, it was highly flexible, allowing continuing expansion.

Symmetrically corresponding with the Roman willingness to expand membership of its citizen body and incorporate outsiders, whether ex-slaves or foreigners, is a cautiousness about allowing the citizen unmediated access to power. The patron intervenes at both individual and corporate level. I shall look at the corporate level first, if only because here the relevance of the peripheries/centre model is more immediately apparent.

The patronage of subject communities, discussed in Badian's classic *Foreign Clientelae* (1958) and below by Braund and Rich, is probably the best documented form, and certainly a context in which the Romans themselves readily applied the terminology of *clientela*.

In law, the relationship of Rome to its subjects was complex and confused : they might be « friends » and « allies », « free » cities bound to Rome by various treaties, directly governed non-citizen subjects, or half-citizens, or full citizens who nevertheless formed self-governing communities (*coloniae* and *municipia*). In practice, all these categories needed, from time to time, access to the decision-making centre in Rome, notably in the senate, and such access was virtually impossible without the personal intervention of a member of the ruling elite. In consequence, the component communities of the empire formed numerous personal links with members of the elite, often in highly formalised terms, expressed in honorific decrees and records (*tabulae patronatus*, cf. Nichols 1980a). Such relationships fall outside the standard modern definition of patronage in that one of the partners to the relationships was a community not an individual. But the important feature is that links between communities and the Roman state are mediated through individuals; and in fact the more formal links are supplemented by numerous informal patronal links between members of the local elites and members of the Roman elite. Typical is the spectacle presented by Sallust in his *Jugurtha* of the Numidian prince servicing his links with members of the elite with gifts and bribes in order to secure his position locally; or of the victims of Verres' government in Sicily establishing contact with patrons at Rome in order to secure redress.

Badian's interest in this phenomenon was primarily for its relevance to Roman internal politics: nobles with foreign *clientelae* enjoyed a power base in their competition with each other. But it also has relevance for the structure of Roman rule, as Badian notes in passing (pp. 165-6):

> « It is mainly due to this solid structure of personal relationships that the Empire of the Roman People survived the storms of the last few generations of the Republic ».

Patronage caused chaos as well as cohesion (as Braund argues); but the structure of Roman control relied heavily on it. The manipulation of scarce governmental resources by members of the elite kept the peripheries dependent on the ruling elite as a whole.

The patronage of foreign communities *as if* they were individuals was one of the techniques by which Rome managed to preserve the structure of a city-state while incorporating other city-states within its empire, and that despite what was by our standards a very weak system of communications. But in a closely parallel fashion, the patronage of individuals also served as a technique of integration and control. This was apparently the function they themselves attributed to patronage in the Rome of Romulus. They saw Rome as starting from a community of shepherds, rapidly expanding by absorbing rootless newcomers. Social organisation was based on the *gentes* under patrician control : patricians acted as patrons to the plebeian clients. Patronage thus operated as the mechanism by which newcomers were incorporated into the system. This picture may be historical fantasy (see Drummond below) ; but what is significant in this context is the myth itself. In attributing this sort of function to « original » patronage, they provided a rationale for using patronage in similar ways in contemporary situations.

Certainly in the historical period Rome continued to expand by the admission of newcomers. The patron stood as sponsor to the new citizen, commonly providing him with his own gentile name. The patron was an essential channel for access to knowledge within Roman society. Republican Rome operated largely through a body of orally transmitted custom, *mos maiorum*, covering most areas of life including private law. The individual cannot operate a system without knowledge of how it works, and until in the late republic Greek influence transformed Roman knowledge, it was only through consultation of the patron that the newcomer could learn the Roman way.

One special type of newcomer is the freed slave. The *patronus-libertus* relationship is different from the *patronus-cliens* relationship in several crucial respects (Fabre 1981). It is not voluntary : the freedman neither has choice over whom to adopt as his patron, nor over whether to have one at all. The obligations of deference and service (*obsequium et officium*) were, unlike those of the client, enforceable in law. The freedman in fact is a special case, since the transition from slave to free is a special case of the transition from non-Roman to Roman. The obligatory nature of this patronage obviously protects the interests of the individual master ; but it also has relevance for the relationship between the freedman and society at large. As a citizen, the ex-slave is a full member of Roman society ; yet his membership is in some sense conditional, mediated through his patron who continues as a sort of sponsor. This patronal bond helps to account for the extraordinary ease with which slaves of diverse ethnic origins were assimilated into the fabric of Roman society.

The enfranchised foreigner or slave are only extreme cases of those on the periphery of Roman society. To understand the pervasiveness of patronage in Roman society, we need to think not only about relationships between those at opposite ends of the spectrum, but about the multifarious links which involved men of all social levels, rising to virtual social parity with the « patron ». Nor is there always a clearcut distinction between patrons and clients, since one man's client is another man's patron. Such links are highly fluid and informal in character. There has been needless difficulty over the appropriateness of the term « patronage » to such relationships. If Roman manners distinguished *amici* (friends) from *clientes*, it was not an objective analytical distinction : they applied the same language of friendship, trust and obligation to both indifferently (see Saller above). Of course there is a contrast between the friendship of social equals, and the dependent relationship of unequals ; but what justifies describing the network as a whole as a patronage network is that it involves exchanges between those closer to the centre of power and those more distant from it, and has the effect of mediating state resources through personal relationships. This crisscrossing web of personal links is the system which Gelzer wanted to expose in *The Roman Nobility*.

The operation of such links is hard to document without numerous collections of letters. But all the collections of Roman letters we possess (Cicero from the republic, Horace, Seneca, Pliny, Fronto, Symmachus etc. from the empire) show letters of recommendation exchanged without embarrassment as a normal and proper part of public life (for documentary examples, see Cotton 1981). The small selection of Cicero's letters of recommendation which survives, mainly from the period 46-4 BC (*Ad Familiares,* 13), illustrate how frequent and diverse such correspondence was (de Ste. Croix 1954). In a single year (46) Cicero sends 13 letters to one friend alone (Servius Sulpicius Rufus) who is acting as governor of

Achaea. Sulpicius and Cicero are social equals (not patron and client); but Sulpicius' position of authority enables him to distribute favours, particularly favourable judgments in legal cases, to those for whom Cicero acts as broker. Their social range is wide : a city (Sparta), a senator (Mescinius), local businessmen of citizen and non-citizen status, and on two occasions the freedmen of friends/clients.

Such networks must have, as Gelzer argued, implications for the pattern of Roman politics; above all for election to senatorial office it was necessary, as contemporary sources explicitly state, to activate one's network of obligations. It was not the only element in political life, but nestled among other techniques of winning support : Cicero might count on the vote of a client defended in court, and of those obliged to that client, but he could also hope to have made a favourable impression on the jurors, the bystanders, and the readers of his published speeches. The importance of the patronage network does not best emerge from asking the question (which is in any case unanswerable), How important was patronage for political success ? The revealing question is different : How effectively could any individual or group gain access to the resources controlled by the Roman state (of whatever sort, judgment, privilege, status, power, money) except through personal links of patronage ? Here, it seems to me, Gelzer's conclusions remain valid :

> « To maintain their rights citizens and subjects alike were constrained to seek the protection of powerful men... ».

Pluralist and universal patronage

Republican patronage should not be seen as a stable and unchanging set of relationships. On the contrary, it is because it was flexible and dynamic and could be adapted to changing social circumstances that it remained effective. Particularly in the last century of the republic, as we have seen, a concatenation of changes placed traditional patterns of patronage under strain : numerical explosion of the urban population of Rome, new patterns of popular politics, and the influx of wealth and monetisation. Traditional aristocratic patronage failed to cope with problems of mob violence, starvation and land-hunger. The Romans acknowledged their traditional system to be under attack and collapsing. But alongside the decay of the old system, we can see the growth of a new one.

The republican system was pluralist in its nature. A multiplicity of patrons acted in competition with each other, offering alternative routes of access to resources. Client choice guaranteed a measure of freedom : by withholding the vote and transferring allegiance to another patron the client (but not the freedman) could establish his independence. It would appear axiomatic that if one patron achieves monopoly control of resources, he destroys the system and becomes the state itself. That is exactly what seemed to Gelzer to have happened with the onset of autocratic rule. His essay concludes :

> « At the end of the titanic conflict the opposition lay annihilated or utterly exhausted at the feet of a single victor, and the predominance of the nobility gave way to absolute monarchie » (1969, 139).

The key to republican patronage, at least for Gelzer, lies in the elections, for ultimately the only significant service the client can offer the patron in exchange for his protection is the vote. Even though Augustus initially restored the semblance (and perhaps more) of elections, he was evidently determined to break the powerbase of dependents of the nobility in the city of Rome. The mounting restrictions on aristocratic displays such as triumphs, gladiatorial games, public buildings in the city, even the striking of personal badges on coins, had done much to erode the traditional self-presentation of the nobility even before the end of the reign (Eck 1984). In AD 14 popular elections to senatorial office were reduced to a ceremony, leaving the reality of choice to the senate, guided as often as not by indications of imperial will. There seems small scope left for the operation of traditional patronage.

Yet, paradoxically, it was through patronage that the revolutionary leader achieved his power, and through the preservation of patronage that he maintained it. Just as Barrington Moore (1967) has shown that twentieth century dictatorships have relied on democratic structures to destroy democracy and generate their own power, Roman imperial power has at its root a transformation of the patronage structures of republican Rome. One of the most fruitful developments of patronage study was Anton von Premerstein's analysis of the sociological basis of imperial power, which saw the basis of Octavian's power in his position as universal patron. He saw as a forerunner of Octavian the tribune Livius Drusus, to whom also a great oath of loyalty was sworn. Indeed there is much about the behaviour of the popular leaders that is explicitly patronal in style : Livius Drusus built his house on the edge of the Palatine overlooking the forum « so that everything he did could be visible to the whole people » ; he is described at the time of his assassination as « surrounded by the vast and chaotic mass which always accompanied him » (Velleius Paterculus, 2, 13-4). It is significant too that Gaius Gracchus is said to have been the first to have divided his friends into a first and second « admission » (Seneca, *De Beneficiis,* 6, 34). Such men evidently were playing the patron on a massive scale. The military dynasts of the period, through their control of wealth, rank and land, exercised equally a massive patronage that represented the other strand of Octavian's power.

One may object to the theory of « universal » patronage on the grounds that it renders the concept vacuous. If patronage involves personal relationships, what relationship can there be between an emperor and a population of millions scattered across the Mediterranean ? In practical terms, the oath of loyalty that has its origins in the oath of *tota Italia* before Actium, but was repeated for each emperor (Herrmann 1968), created no personal links between subject and emperor, but was merely an affirmation of obedience. Indeed one may speak of a special relationship between the emperor and his troops (Campbell 1984). Augustus and his successors also cultivated strong ties with the Roman plebs (Yavetz 1969), and one could argue that aristocratic patronage in the capital was partially extinguished by « bread and circuses » : thus Tacitus in a famous passage contrasts the minority of the city plebs bound to the noble houses by patronage with the rabble dependent on imperial handouts (*Histories,* 1, 4). But, the city of Rome perhaps apart, it is perfectly clear that the emperor in no sense diminished personal patronage as a general phenomenon in the Roman world. No reader of the letters of the younger Pliny can long remain in doubt of the continued importance, both ideologically and practically, of patronage in public life. After Saller's ample documentation and persuasive analysis (1982), the question can no longer be as to whether patronage continued; rather it is how and why it continued after the disappearance of elections.

The emperor then did not become universal patron in the sense of *sole* patron in the Roman world. Nevertheless, he brought about a profound transformation of the overall system of patronage. As a system, republican patronage was pluralist. Numerous patrons competed in the distribution of resources; ultimately the network converged on the *populus Romanus*, the sovereign body to which the resources belonged (*res publica populi Romani*). The clients themselves constituted the *populus Romanus*, and by their votes chose between and rewarded their patrons. The effect of imperial rule is to usurp the function of the *populus Romanus*. There is no longer a vote, and ultimate control of public resources passes *de facto* to the emperor. Thus the network of patronage realigns, and all strands converge on the emperor at the centre. The universal patron is not the only patron, nor is he powerful at the expense of others : on the contrary, they owe their power to him, and he exercises his patronage through them.

Autocracy and patronage

How then does the new system operate, and what is the payoff if not the vote? It is helpful to look sideways at the operation of patronage in other autocratic societies, and Sharon Kettering's analysis of seventeenth century France

(1986) now offers a rewarding analogy [2]. Her argument is that in a nation with still relatively weak state control from the centre in the shape of the monarchy, patronage was deliberately exploited as a method of extending the tentacles of royal control into the loosely attached peripheries.

> « The crown used royal officials to govern, but institutional procedures alone were insufficient because royal authority in the provinces was still too uncertain and its enforcement too weak... So the crown had to supplement its authority with patron-broker-client ties that functioned inside and outside the institutional framework : they were used to manipulate political institutions from within, to operate across institutions, and to act in place of institutions. They were interstitial, supplementary, and parallel structures » (5).

Royal patronage and resources were channelled through ministers like Richelieu, Mazarin, Colbert to trusted clients who acted as « brokers » in the provinces. A complicated web of mutual dependance built up.

> « Brokers interceded for clients and mustered influence and resources on their behalf. They opened doors for them, secured offices for them, and provided patronage allowing them to build their own clienteles — creating a large client network was the first step in obtaining political power. Membership of a clientele was necessary for political advancement, and clientele hopping was essential to political preferment » (55-6).

Clients promised absolute loyalty and allegiance to their patrons, yet the patron was well aware that his own ability to command the loyalty of a client depended on his own political success. Clienteles evaporated at a whiff of failure.

2. I am grateful to my former colleague, Professor Richard Bonney, of the History Department at Leicester for drawing this work to my attention.

> « Government by patron-client ties is better understood as the utilization of changing interests and resources, motivating men to political action, than as tiers of fixed, immutable client royalties » (39).

(This observation applies with equal force to the Roman republic, and undermines the picture put forward by the cruder exponents of prosopographical method.)

Finally, we should notice that this whole system operated not only from the top downwards (because the crown wanted it) but simultaneously from the bottom upwards. It worked because in the context of French society, a man's social standing depended on the respect in which he was held, and that respect was objectified in the strength and number of his clientele. There is no question of the vote here, but a more fluid estimate of the support he commanded.

> « In order to act as broker, an individual needed crédit at home and at Paris... Crédit was derived from personal reputation, rank, title and family name, wealth, officeholding, clients, and patrons... A broker who had provincial credit did not owe everything to a Paris patron... In fact, his provincial influence and clients, which made him independent, had probably secured him patronage in the first place and enabled him to act as a broker » (43-4).

Clients, in fact, were not merely the result of political success : they were the origin of political success. One could not achieve access to royal patronage, and distribute it to one's dependants unless one was seen to possess credit in commanding the loyalty of dependants. Ultimately the domestic power basis is crucial, for it is in the patron's house that many of the exchanges of clientage take place.

> « The size of a man's household indicated his rank and wealth. In order to keep his status and prestige and to display the wealth that promised generosity to his clients, thereby increasing his power, a great noble needed to maintain a

large household. Grands or great nobles could easily have 100 salaried individuals on their staff, the majority stationed at one or perhaps two provincial châteaux... Grands in high office also maintained entourages... Great noble entourages were meant to impress, and they swelled with the occasion since they reflected the wealth and status of their patron » (34-5).

Numerous features in this account of seventeenth century France are recognisable to the historian of the Roman empire. The network of obligations which spreads out from court, involving ministers and even the traditional nobility; the fluidity and multiplicity of ties, coupled with a constant cynical calculation of personal advantage; the collapse of credit of the fallen political favourite; the provincial power basis; the grand houses that both displayed and created power. But above all we should observe the superfluity of the vote. It is a confidence trick in which your standing depends on appearances, what people are seen to think of you; it is never put to the polls, and yet you are on trial every minute. The people below you estimate your standing in the eyes of those above you; and those above estimate your support from below. It is a jittery system like the stockmarket, not a system of occasional major tests like democratic elections.

Some of this is relevant even under the republic. Much of the value of *clientela* lay not in a solid and dependable block of votes, but in its contribution to appearances, by which the majority of voters themselves had to judge. In that sense the way for the imperial system had been prepared long before. The abolition of popular elections in AD 14 was not a violent revolution, but the removal of an element which had become superfluous to the working of the system, the voice of the city plebs of Rome. Rome was the special power base of the emperor; he could not afford to be seen to have rivals there. But he had no reason to discourage patronage in other contexts, provincial and domestic, for it provided structures of loyalty which he could manipulate to the benefit of his own power.

Fergus Millar (1977) has taught us to see the emperor not so much as an official controlling a system of bureaucratic government, but rather as a patron sitting at the centre of a vast web of resource distribution, granting or denying to individuals and communities status, privilege, favourable hearings and wealth. The French analogy suggests that these two images are not alternative but supplementary. The Roman emperor did govern through officials, on a scale not previously attempted ; nevertheless, in comparison to modern bureaucratic systems, imperial government was exceedingly small and feeble (Garnsey and Saller 1987, 20ff.). The patronage network was an essential supplement, working in the interstices of bureaucracy, both inside and outside. Nor could the emperor operate this network alone, as Millar tends to envisage him, a solitary spider at the centre of the web. Elite brokers, as Saller (1982) shows, were essential to the structure, with the court at Rome operating as the first level of contact. Senators were indeed the emperor's potential rivals ; but they were also his necessary collaborators, for they acted as focuses of loyalty which through the distribution of patronage he could keep loyal to himself.

The language of patronage tends to multiply and spread under the empire. Numerous inscriptions celebrate the election of patrons, by municipalities and bodies like the *collegia* of Ostia (Harmand 1957). These should not be dismissed as not « true » patronage ; on the contrary, the way they are recorded on stone or bronze reflects the need to make patronal links visible. Nor should the importance of local ties be underestimated (Nichols 1980b). The support of the people of Tifernum Tiberinum for Pliny, as their major local landowner, brought him no votes ; but the care with which Pliny drew their enthusiastic support to the attention both of his friends and the emperor shows its value in enhancing his own standing (*Ep.*, 4, 1 and 10, 8). Tifernum, or the college of bargemen at Ostia, may stand for thousands of communities and bodies round the empire. They needed patrons close to the centre of power to obtain access to resources, and protection from their enemies ; reciprocally the patrons needed their support as the basis of their own political credibility.

Conclusion

The problem that emerged at the outset was of the relation between ideology and social reality. I moved from the image of the patron framed in the setting of his house, and the persistence of the patronal image in the self presentation of the Roman elite. I have argued that this self-image makes no sense except in the context of the real importance of patronage in the structure of Roman society. Patronage has not emerged from this survey as the only Roman system ; rather as something operating alongside other systems, sometimes in competition with them, sometimes in collaboration. But throughout, I have suggested, it served one fundamental function, to provide a connection between the centre of power and the peripheries which the centre sought to control. From the point of view of the society, patronage represented a flexible method of integration and simultaneously of social control ; that is not to say that it was always effective, nor indeed a particularly attractive system to live in. From the point of view of the individual patron, the ability to persuade others of his power to secure access to benefits was the basis of social credibility. The ideology thus both results from and morally underpins the social system.

Patronage in ancient society, Edited by Andrew Wallace-Hadrill, Routledge, 1989, pp. 63-87.

Bibliography

E. Badian, *Foreign Clientelae (264-70 BC)*, Oxford, 1958.

L. Bek, *Towards Paradise on Earth*, *Analecta Romana*, vol. 9, 1980.

P. A. Brunt, « Clientela », in *The Fall of the Roman Republic and Related Essays*, Oxford, 1988, pp. 382-442.

J. B. Campbell, *The Emperor and the Roman Army 31 BC - AD 235*, Oxford, 1984.

J. Chubb, *Patronage, power and poverty in southern Italy : a tale of two cities*, Cambridge, 1982.

H. Cotton, *Documentary Letters of Recommendation in Latin from the Roman Empire*, Königstein/Ts, *Beiträge zur klassischen Philologie*, vol. 132, 1981.

E. R. Cregeen, « The changing role of the house of Argyll in the Scottish highlands », in I. M. Lewis (ed), *History and Social Anthropology*, London, A.S.A. Monographs n° 7, 1968, pp. 153-192.

W. Eck, « Senatorial self-representation : developments in the Augustan period », in F. Millar and E. Segal (eds.), *Caesar Augustus. Seven aspects*, Oxford, 1984, pp. 129-167.

G. Fabre, *Libertus. Recherches sur les rapports patron-affranchi à la fin de la république romaine*, Rome, Coll. Ecole Française à Rome, vol. 50, 1981.

M. I. Finley, *Politics in the Ancient World*, Cambridge, 1983.

L. Friedlander, *Darstellungen aus der Sittengeschichte Roms* (10th ed.), Leipzig, 1922.

N. D. Fustel de Coulanges, *Histoire des institutions politiques de l'ancienne France*, vol. 5 : *Les origines du système féodal*, Paris, 1890, pp. 205-47.

P. Garnsey and R. P. Saller, *The Roman Empire : Economy, Society and Culture*, London, 1987.

P. Garnsey, *Famine and Food Supply in the Graeco-Roman World : Responses to Risk and Crisis*, Cambridge, 1988.

M. Gelzer, *Die Nobilität der romischen Republik*, Leipzig-Berlin, 1912.

M. Gelzer, *The Roman Nobility*, trans. R. Seager, Oxford, 1969.

L. Harmand, *Un aspect social et politique du monde romain : le patronat sur les collectivités publiques des origines au Bas-Empire*, Publ. de Clermont, 2e Série, Fasc. 2, 1957.

P. Herrmann, *Des römische Kaisereid : Untersuchungen zu seiner Herkunft und Entwicklung*, Göttingen, *Hypomnemata*, vol. 20, 1968.

K. Hopkins, *Death and Renewal*, Cambridge, 1983.

S. Kettering, *Patrons, Brokers, and Clients in Seventeenth Century France*, Oxford, 1986.

F. Millar, *The Emperor in the Roman World 31 BC – AD 337*, London, 1977.

F. Millar, « The political character of the Classical Roman Republic, 200-151 BC », *Journal Roman Studies,* 74, 1984, pp. 1-19.

F. Millar, « Politics, persuasion and the people before the Social war (150-90 BC) », *Journal Roman Studies,* 76, 1986, pp. 1-11.

Moore, Barrington, *Social origins of dictatorship and democracy : lord and peasant in the making of the modem world,* Harmondsworth, 1967.

W. Neuhauser, *Patronus und Orator*, Innsbruck, 1958.

J. Nichols, « *Tabulae Patronatus* : a study of the agreement between patron and client-community », *Aufsteig und Niedergang der römischen Welt,* ed. H. Temporini, 2, 13, 1980a, pp. 535-61.

J. Nichols, « Pliny and the patronage of communities », Hermes, 108, 1980b, pp. 365-85.

W. Nippel, « Policing Rome », *Journal Roman Studies,* 74, 1984, pp. 20-29.

R. Osborne, *Demos : the Discovery of Classical,* Attika, Cambridge, 1985.

A. von Premerstein, *Vom Werden und Wesen des augusteischen Prinzipats*, Munich, 1937.

N. Rouland, *Pouvoir politique et dépendance personnelle dans l'antiquité romaine. Genèse et rôle des rapports de clientèle*, Brussels, Coll. Latomus n° 166, 1979.

N. Rouland, *Rome, démocratie impossible ? Les acteurs du pouvoir dans la cité romaine*, Paris, 1981.

G. E. M. de Ste. Croix, « Suffragium : from vote to patronage », *British Journal of Sociology* 5, 1954, pp. 33-48.

R. P. Saller, *Personal Patronage under the Early Empire,* Cambridge, 1982.

H. H. Scullard, *Roman Politics, 220-150 BC*, Oxford, 1951.

S. Silverman, « Patronage and community-nation relationships in central Italy », *Ethnology,* 4, 2, 1965, pp. 172-89.

S. Silverman, « The community-nation mediator in traditional central Italy » in J. M. Potter, M. N. Diaz and G. M. Foster (eds.), *Peasant Society : a Reader*, Boston, 1967, pp. 279-93.

S. Silverman, « Patronage as myth » in E. Gellner and J.

Waterbury (eds.), *Patrons and Clients*, London, 1977, pp. 7-19.
R. Van Dam, *Leadership and Community in Late Antique Gaul.*, California, 1985.
A. Wallace-Hadrill, « Family and inheritance in the Augustan marriage laws », *Proceedings Cambridge Philological Society,* 27, 1981.
A. Wallace-Hadrill, « Image and authority in the coinage of Augustus », *Journal Roman Studies,* 76, 1986, pp. 66-87.
A. Wallace-Hadrill, « The social structure of the Roman house », *Papers British School Rome,* 56, forthcoming, 1988.
T. P. Wiseman, « *Pete nobiles amicos* : poets and patrons in late republican Rome », in B. K. Gold (ed.), *Literary and Artistic Patronage in Ancient Rome*, Austin, Texas, 1982, pp. 28-49.
Z. Yavetz, *Plebs and Princeps*, Oxford, 1969.

Joël Le Gall

LES HABITANTS DE ROME ET LA FISCALITÉ SOUS LE HAUT-EMPIRE

Pendant tout le Haut-Empire, Rome a été — et de beaucoup ! — la principale agglomération du monde antique. On y trouvait des riches et des gens à leur aise, des pauvres et des très pauvres ; même la situation économique réelle des esclaves y présentait d'énormes différences. Malgré la légende du *panem et circenses* et celle de la sportule [1] cette agglomération gigantesque et disparate, énorme réservoir à la fois de consommateurs et de main-d'œuvre, avait nécessairement une vie économique intense, qui postulait une circulation monétaire extrêmement active aux dépens de laquelle le Prince et le Sénat, qui avaient précisément à faire face à tant de dépenses à Rome, ne pouvaient manquer d'effectuer de larges ponctions.

Les habitants de la ville payaient des impôts qui ne leur étaient pas propres — par exemple celui sur les héritages pour les citoyens romains — mais nous voudrions montrer qu'ils participaient également aux dépenses publiques selon des modalités qui leur étaient particulières, ne relevant pas toujours, à vrai dire, de ce que nous entendons aujourd'hui par « fiscalité » [2].

---

1. J'ai donné mon avis sur ce sujet dans deux articles : « La 'nouvelle plèbe' et la sportule quotidienne » (*Mél. A. Piganiol*, pp. 1449-1454) et « Rome, ville de fainéants ? » (*REL*, XLIX, 1971, pp. 226-277). — La conception traditionnelle de la sportule est exposée en détail par J. Gérard, *Juvénal et la réalité contemporaine*, pp. 178-191.
2. Les sources sont rares et peu explicites. Elles ne permettent pas de déceler les évolutions et pas davantage de préciser dans quelle caisse étaient versées

L'exploitation des biens de l'Empereur et du Sénat

À Rome l'Empereur était propriétaire de ses palais, de ses jardins, de bâtiments d'utilité publique, mais il l'était aussi d'édifices semblables à d'autres appartenant à des particuliers, qu'il exploitait exactement comme eux. Par exemple, il était propriétaire d'« *horrea* », or tous les « *horrea* » n'étaient pas des entrepôts portuaires, la plupart étaient disséminés dans la ville et les particuliers pouvaient y louer des emplacements de destinations et d'importances variables, aussi bien pour entreposer les marchandises destinées à la vente que pour abriter des objets précieux car ces établissements étaient considérés comme plus sûrs que les « *domus* » ou que les « *cenacula* » des « *insulae* » parce qu'ils étaient organisés pour cela. Nous possédons le règlement qui avait organisé ces locations dans des *horrea* propriété d'un empereur [3] — probablement Nerva — il est très semblable à celui d'*horrea* privés, propriété de la famille de M. Ummidius Quadratus qui fut consul en 167 [4].

L'Histoire Auguste prétend qu'Alexandre Sévère généralisa le système en établissant des *horrea publica* dans toutes les régions de l'*Urbs* [5] : la *Vita Alexandri Severi* est une des plus romancées du recueil, mais ce qui importe c'est que son auteur ait estimé normal qu'un empereur ait créé ces établissements ; il présente cela comme un service rendu au public, mais il ne dit pas que ce service ait été gratuit. Il en était évidemment de même pour les *horrea* de l'État [6].

---

les sommes recueillies : on peut parfois le soupçonner, mais Dion Cassius avoue qu'il ne pouvait déjà plus distinguer pour l'époque d'Auguste ce qui relevait de l'*aerarium* et ce qui relevait des caisses impériales (Dio. Cass., LIII, 22, 3).

3. *CIL*, VI, 33747, cf. *ibid.*, 8681 = 33744.
4. G. Gatti, *B.C.A.R.*, 1911, pp. 120-128 ; cf. *CIL*, VI, 33860.
5. H.A., *Al. Sev.*, XXXIX, 3.
6. C'est probablement l'existence d'*horrea* de ce type, quelle qu'en ait été la situation juridique, qui explique le nombre surprenant d'*horrea* que les Régionnaires du IVe s. attribuent à des « *regiones* » situées au cœur de l'agglomération et loin du Tibre (48 pour la Regio X, *Palatium*, alors que la

Une bonne partie des 150 *cellae* du « Marché de Trajan » devaient être louées comme boutiques, tandis que bon nombre des quelques 500 boutiques du centre de la ville[7] devaient appartenir au Prince ou à l'État ainsi que les appartements — *cenacula* — qui se trouvaient certainement très souvent au-dessus d'elles[8].

On louait même des emplacements à ciel ouvert, comme le montrent les vers célèbres de la troisième satire de Juvénal :

> « Ici, où Numa donnait rendez-vous à sa nocturne amie, le bois de la source sacrée et les sanctuaires sont maintenant loués à des Juifs qui ont pour matériel une corbeille et du foin — car on a imposé à tous les arbres de verser une redevance au peuple et elle mendie cette forêt d'où les Camènes ont été chassées. »[9]

L'explication de ces vers ressort du contexte. Il était interdit aux voitures de circuler dans Rome : si Umbricius, le héros de la Satire, qui quitte définitivement Rome pour aller s'installer à Cumes, fait charger son mobilier — *tota domus* — sur une voiture à la porte Capène, c'est que cette interdiction ne s'appliquait qu'à l'intérieur de l'enceinte Servienne, c'est donc hors des portes de cette enceinte qu'on trouvait des voituriers prêts à se mettre au service des gens qui avaient à faire faire un transport au-delà, mais il fallait emporter de la nourriture pour les animaux dont la quantité n'avait pu être prévue avant que ne fussent connues la longueur et la durée du voyage : les juifs pauvres qui habitaient dans les parages vendaient tout simplement le foin indispensable[10].

Regio XIII, *Aventinus*, qui comprenait l'Emporium, n'en comptait que 35). L'État romain possédait certainement des *horrea* comme la cité de Pouzzoles (*AE*, 1969-1970, 100 ; 1973, 143).

7. Évaluations empruntées à Tenny Frank, *An economic survey of ancient Rome*, V, p. 232.

8. Les scolies à Juv., III, 37-38 confirment cette probabilité. V. *infra*, p. 123.

9. Juv., III, 12-16.

10. L'interprétation que propose J. Gérard (*op. laud.*, pp. 391-392) de ces

Une inscription postérieure d'un siècle montre qu'on pouvait même élever des constructions permanentes sur un terrain public et en rester propriétaire à condition d'en avoir obtenu l'autorisation préalable et de payer une redevance au nom expressif : le *solarium*[11] que connaissait encore le Digeste[12].

L'occupation des terrains qui relevaient du *ius aquarum*, c'est-à-dire de la réglementation des aqueducs, donnait également lieu à la perception d'une redevance : ces *vectigalia* étaient dus pour l'occupation des emplacements et des constructions qui se trouvaient au voisinage immédiat des conduits, des châteaux d'eau, des châteaux d'eau qui alimentaient une fontaine monumentale, des fontaines publiques ordinaires ; nous savons cela grâce à Frontin qui nous apprend en même temps qu'à son époque ces redevances rapportaient environ 250 000 sesterces par an et que cette somme couvrait les frais d'une des deux *familiae* serviles qui assuraient l'entretien et le service des aqueducs de Rome, la *familia publica*[13]. Sous la République les foulons et les entrepreneurs de bains payaient une redevance

vers célèbres met l'accent sur « *mendicat* » et gomme « *locantur* ». Le petit commerce des Juifs de la Porte Capène me paraît pourtant attesté également par la satire VI, vers 542-545 :

« ... ayant laissé sa corbeille et son foin, une Juive tremblotante mendie en tapinois à l'oreille, interprète des lois de Solymes (= Jérusalem), grande prêtresse d'un arbre et fidèle messagère du Ciel suprême ».

Pour aller dire la bonne aventure en ville — dans les « beaux quartiers » — cette pauvresse avait délaissé le petit commerce auquel elle se livrait avec ses coreligionnaires.

Rien dans les vers de Juvénal n'oblige à placer ces scènes un jour de sabbat où leur religion interdisait aux juifs d'allumer du feu et « *supellex* » ne signifie pas seulement « vaisselle ».

11. *CIL*, VI, 1585. Il s'agit d'un affranchi de Septime Sévère qui était chargé de la garde de la Colonne Aurélienne ; il habitait au pied une cabane qu'il avait obtenu l'autorisation de remplacer par une véritable maison qu'il pourrait transmettre à ses héritiers. L'autorisation donnée par l'Empereur était celle d'« *aedificare loco cannabae a solo aedificium iuris sui pecunia sua Praestaturus solarium sicut ceteri* ».

12. *Dig.*, 43, 8, 2, 17 (Ulpian.) ; 30, 1, 39, 5 (Paul.).

13. Frontin., *De aquaed.*, CXVIII.

pour utiliser l'eau qui débordait des réservoirs[14] ; il en était certainement encore ainsi sous l'Empire[15].

Ventes et prêts

Tibère, qui était un puriste, s'excusa un jour devant le Sénat d'utiliser le terme grec de « *monopolium* » parce qu'il n'y avait pas de terme latin correspondant[16] ; peut-être s'agissait-il des monopoles égyptiens, toutefois Rome connaissait depuis très longtemps des monopoles au moins de fait : celui du sel d'Ostie[17], celui du cinabre[18] de la mine espagnole de *Sisapo* (= Almaden) qui servait à la fabrication du « rouge pompéien » et dont le minerai devait être transporté à Rome pour y être traité ; dans l'un et l'autre cas, il semble que des mesures étaient prises pour empêcher que les fermiers n'élevassent les prix de façon abusive, mais les sommes qu'ils encaissaient représentaient bien encore des ponctions sur la circulation monétaire de l'*Urbs* dont une partie revenait tout de même à l'État.

La vente du blé de l'annone constituait une source de rentrées beaucoup plus importantes. En effet l'annone n'avait pas simplement à constituer des stocks pour assurer régulièrement la distribution des rations gratuites aux ayants droit, il fallait qu'elle disposât également de réserves dont la mise en vente, lorsqu'une disette menaçait, empêchait la flambée des prix du marché libre[19]. Ces stocks, conservés trop longtemps,

14. *Ibid.*, XCIV.
15. Toutefois le « procès des foulons », que nous connaissons par une inscription datée de 244 (*CIL*, VI, 266), paraît concerner plutôt la concession d'un terrain destiné à la construction d'un sanctuaire.
16. Suet., *Ti.*, LXXXI, 1 ; cf. XXX, 2.
17. Liv., XXIX, 37.
18. Cf. Van Nostrand, ds. Tenney Frank, *An economic survey of Ancient Rome*, III, pp. 163-164 ; Tenney Frank, *ibid.*, V, p. 228. On ne sait que penser du monopole des peaux de hérissons utilisées pour le cardage des étoffes : Pline, qui en a seul conservé le souvenir (*H. N.*, VIII, 135) se contente de dire qu'il suscitait de nombreuses plaintes de la part des provinciaux.
19. Cf. Van Berchem, *Les distributions de blé et d'argent à la plèbe romaine sous l'empire*, *passim*.

seraient devenus inutilisables[20], il fallait donc en assurer le renouvellement, ce qui implique qu'on les mettait en vente de façon régulière même en dehors des périodes de crise. Comme ces blés étaient fournis dans des conditions économiques particulièrement favorables, il est certain que ces ventes laissaient un bénéfice très substantiel bien que faites à des prix très raisonnables. Il en fut de même pour l'huile lorsque la compétence de l'annone fut étendue à cette autre denrée de première nécessité[21].

Selon Suétone, Vespasien avait fait un pas de plus et s'était engagé dans de véritables spéculations sur certains produits en les achetant pour les revendre plus chers[22] : Suétone n'a pas précisé lesquels. Le grand portique d'entrée de la *Domus Aurea* sur la Velia a été transformé à l'époque flavienne en *horrea piperataria*, magasins au poivre, qui n'étaient certainement ni des entrepôts ni des lieux de sûreté mais plutôt des galeries à boutiques où l'on vendait les produits de luxe venus des Indes dont les importations étaient relativement faciles à contrôler : l'empereur s'en était-il réservé le monopole de fait sinon de droit ? les faisait-il mettre en vente au détail par un service impérial ou par l'intermédiaire de revendeurs ?[23]

Commerçant, l'Empereur était également banquier. Les *alimenta* de l'époque antonine reposaient sur des prêts que faisait l'Empereur et dont il renonçait à toucher les intérêts et même à récupérer le capital, mais on avait déjà grandement loué Auguste[24] et Tibère[25] d'avoir fait en certaines circonstances exceptionnelles des prêts à titre gratuit, ce qui implique qu'ils

20. Un cas est rapporté par Tacite, *Ann.*, XV, 18 : Néron a fait jeter au Tibre des stocks gâtés par suite de leur ancienneté.

21. À partir d'Hadrien : cf. H. Pavis d'Escurac, *La Préfecture de l'annone, service administratif impérial, d'Auguste à Constantin*, pp. 188-201.

22. Suet., *Vesp.*, XVI.

23. Sur la destination de ces *horrea*, cf. Tenney Frank, *op. laud.*, V, pp. 231-232.

24. Suet., *Aug.*, XLI.

25. *Ibid.*, *Ti.*, XLIII ; Tac., *Ann.*, VI, XXIII. Ces prêts à intérêts consentis par l'Empereur ont continué pendant le Haut-Empire : les « *pecuniae publicae* » dont la bonne rentrée réjouissait Pline le Jeune, gouverneur de Bithynie,

en faisaient normalement à titre onéreux; les principaux utilisateurs de ces prêts étaient certainement des habitants de Rome; d'ailleurs leur successeur, Caligula, inventa un moyen singulier d'obliger les richards de l'*Urbs* à devenir ses débiteurs [26].

Le prix des services

Lorsqu'ils désiraient utiliser certains services organisés officiellement les Romains devaient payer. Ainsi en était-il pour « Libitine », c'est-à-dire pour les pompes funèbres. Juvénal ne parlait que des gens qui se portaient soumissionnaires pour le transport des cadavres au bûcher [27], mais nous savons maintenant qu'à Pouzzoles et à Cumes [28] les adjudicataires devaient également procéder à l'exécution des esclaves condamnés à mort par leur maître : il en était évidemment de même à Rome.

Dans le même passage Juvénal mentionne les gens qui se portaient adjudicataires de la criée aux esclaves [29]; il est certain qu'à Rome comme à Pouzzoles [30] et à Vipasca [31] les vendeurs devaient payer les crieurs et qu'on ne vendait pas seulement ainsi des esclaves mais encore n'importe quoi.

---

mais dont le placement, notamment en prêts à intérêts, s'avérait difficile (Pl., *Ep.*, X, 54; 55), étaient plutôt les revenus des cités de la province que des revenus impériaux, mais sous les Sévères, en Espagne, les procurateurs impériaux du *Kalendarium Vegetii* prêtaient toujours de l'argent comme l'avaient fait les anciens propriétaires (cf. H. G. Pflaum, *Les procurateurs équestres sous le Haut Empire romain*, p. 90).
Aux yeux de tous le prêt à intérêts était un procédé normal pour faire valoir sa fortune et l'accroître : pourquoi l'Empereur n'en aurait-il pas fait autant ?

26. Selon Suet., *Calig.*, XLI, repris par Dio Cass., LIX, 28, Caligula avait installé au Palatin un lupanar de grand luxe, des *nomenclatores* étaient chargés d'aller chercher sur les forums et dans les basiliques des clients auxquels on prêtait l'argent nécessaire, ils devenaient ainsi les débiteurs de l'Empereur...
27. Juv., III, 31-32.
28. *AE*, 1971, pp. 88-89.
29. Juv., *op. laud.*, 33.
30. *AE*, 1973, 141 ; 142.
31. *CIL*, II, 5181, 10 sq.

Pour entrer aux thermes, les hommes payaient un *quadrans*[32], les femmes davantage[33], les enfants jouissant seuls de la gratuité[34]. Les textes ne distinguent pas entre les thermes impériaux et les thermes privés, mais il est évident que ceux-ci auraient perdu leur clientèle si les autres avaient été gratuits.

C'est l'Empereur, ce sont les magistrats, voire les humbles *vico-magistri* ou même de simples particuliers qui assumaient l'essentiel des dépenses occasionnées par les *ludi*. Pourtant, sauf exceptions qui allèrent certainement en se multipliant, il fallait payer sa place pour assister aux jeux publics et s'il y avait des places gratuites même des chevaliers romains et des matrones n'hésitaient pas à venir les occuper longtemps à l'avance pour être sûrs d'en profiter[35]. Et qui payait les frais des *factiones* dont l'existence était nécessaire à l'organisation des courses ?

Vers une fiscalité : la charge de la voirie et les cadeaux à l'Empereur

La loi latine de la Table d'Héraclée, qui date des alentours de 70 av. J.-C.[36], mettait l'entretien des rues à la charge des propriétaires riverains ; ils devaient exécuter les instructions de l'édile auquel incombait la « région » de la ville dans laquelle se trouvait l'immeuble, s'ils ne le faisaient pas, cet édile mettait le travail en adjudication à leurs frais, avec

32. Hor., *Sat.*, I, 3, 137 ; Sen., *Epist. ad Lucill.*, 86, 9 ; Martial., III, 30, 4 ; VIII, 42, 3 ; Juv., VI, 447.

33. Juv., VI, 447.

34. Juv., II, 152.

35. Suet., *Calig.*, XXVI, 6 : « Dérangé par le bruit des gens qui s'installaient aux places gratuites dans le cirque dès le milieu de la nuit, il les fit tous chasser à coups de bâtons ; dans la bousculade, plus de vingt chevaliers romains et autant de matrones furent écrasés, plus une foule innombrable d'autres personnes ».
En 39 apr. J.-C. Caligula donna deux jours de spectacles gratuits pour commémorer l'anniversaire de sa sœur Drusilla qui avait été proclamée déesse après sa mort (Dio. Cass., LIX, 13).

36. E. Schoenbauer, « Die Tafeln von Heraklea in neuer Beleuchtung », *Anzeiger der Oester. Akad. der Wissen. in Wien*, LXXXIX, 1952, pp. 109-132.

une pénalité de moitié si la somme due n'était pas réglée à l'entrepreneur dans les trente jours [37].

La création des quatorze régions augustéennes n'a pas dû modifier ce système, qui a probablement été simplement étendu à la totalité de l'agglomération ainsi définie [38]. Avec lui on s'approchait d'une véritable fiscalité.

On s'en est approché davantage encore avec les cadeaux offerts à l'Empereur. Le cadeau jouait un rôle considérable dans la vie de relations : on en offrait aux Saturnales, aux Sigillaires, au 1er janvier, au 1er mars pour les femmes, pour des occasions diverses, voire simplement pour le plaisir de faire plaisir, également pour s'acquérir les bonnes grâces de celui dont on attendait quelque service. On offrait n'importe quoi, mais le plus simple pour faire le geste sans se donner le mal de chercher était évidemment d'offrir quelques pièces de monnaie — on le faisait bien pour les dieux — c'était devenu l'usage courant pour la fameuse sportule qui n'était que le moyen symbolique et quelque peu dérisoire par lequel celui qui avait reçu la *salutatio* exprimait son remerciement [39].

L'empereur recevait des cadeaux lui aussi ; lorsque les donateurs se présentaient en foule, il ne pouvait s'agir que de cadeaux en argent. Ce fut le cas pour Auguste après l'incendie de sa maison [40], pour Caligula après la naissance de sa fille [41].

C'est ce texte qu'on avait pris l'habitude d'appeler « *Lex Julia Municipalis* » en l'attribuant à César — dont il aurait, du moins, réuni un certain nombre de projets.

37. L. 20 à 55.

38. Caligula fit couvrir de boue l'édile Vespasien parce qu'il n'avait pas suffisamment veillé au nettoyage des rues de la région dont il avait la charge (Suet., *Vesp.*, IV, 4). L'institution de procurateurs impériaux chargés des régions de la Ville, affranchis impériaux sous Claude, plus tard chevaliers, n'a pas dû dégager les riverains de cette obligation ; peut-être cette fonction n'a-t-elle pas été permanente (cf. G. Boulvert, *Esclaves et affranchis impériaux sous le Haut-Empire romain, rôle politique et administratif*, p. 162 ; H. G. Pflaum, *op. laud.*, pp. 73, 91).

39. V. *supra*, n. 1.

40. Suet., *Aug.*, LVII 4.

41. *Id.*, *Calig.*, XLII, 1-2.

Plus régulièrement Auguste recevait au 1er janvier des cadeaux que lui apportaient tous les *ordines* ; la cérémonie avait lieu même en son absence, mais au Capitole ; avec cet argent, il achetait des statues qu'il dédiait dans les *vici*[42]. Tibère dut se soumettre à cette tradition, mais en rendant la valeur de ces étrennes au quadruple et en refusant de les recevoir au-delà du seul 1er janvier[43]. Caligula eut soin au contraire d'annoncer qu'il les recevrait en personne, ce qui lui valut de voir des gens de toutes sortes venir accumuler devant lui des monceaux de monnaies[44] ; lorsqu'il n'était pas à Rome, on déposait les étrennes au Capitole comme sous Auguste. Nous savons cette fois que c'était devant sa chaise curule[45], la cérémonie avait dû déjà s'y dérouler ainsi au temps d'Auguste et sans doute lorsque Tibère avait quitté Rome.

Or ces cadeaux étaient tarifés, car Caligula au début de son règne en abaissa le montant d'un denier à un as pour la plèbe annonaire[46] : avec ces cadeaux tarifés, dont l'offre était moralement obligatoire pour une bonne partie des habitants de Rome, on n'était pas loin d'un impôt par tête, d'une capitation. En général les « dons gratuits » finissent effectivement par devenir de véritables impôts : pour une fois, ce ne fut pas le cas, parce que Titus refusa d'accepter ces étrennes[47].

Une véritable fiscalité propre, à Rome

Pressé par le besoin d'argent, Caligula osa créer de nouvelles taxes qui furent certainement propres à Rome car il en confia la perception aux tribuns et aux centurions des cohortes prétoriennes : il s'agissait d'une taxe sur les comestibles, d'une taxe sur les procès — un quarantième des sommes en litige — d'une taxe sur les portefaix — un huitième de leur

42. *Id.*, *Aug.*, LVII, 3.
43. *Id.*, *Ti.*, XXXIV, 4.
44. Suet., *Calig.*, *loc. laud.*
45. Dio. Cass., LIX, 24.
46. *Ibid.*, 6, 4.
47. Suet., *Tit.*, VII, 6.

gain journalier — et d'une taxe sur les prostituées — le prix d'une « visite », probablement par jour. Les réactions furent d'autant plus vives que l'empereur s'ingénia à empêcher les assujettis de prendre connaissance de leurs obligations afin que des amendes fussent ajoutées à leurs redevances. Il y eut des réactions sérieuses, une violente manifestation au Cirque que Caligula mata en faisant exécuter les meneurs [48]. La plupart de ces taxes disparurent sans doute après son assassinat, toutefois Pline l'Ancien parle d'une taxe sur les légumes qui aurait été perçue pendant plusieurs règnes parce qu'elle avait l'avantage d'être d'un rendement sûr et régulier du fait qu'elle pesait sur les pauvres [49] dont nous savons par ailleurs qu'ils étaient obligés de par leur pauvreté d'acquérir leurs provisions au jour le jour [50].

Vespasien aurait imposé à son tour diverses taxes à la population romaine mais nous n'en connaissons qu'une seule : le fameux *vectigal urinae* [51]. Comme Juvénal parle de son côté de la ferme des *foricae* [52], on en a déduit que Vespasien avait rendu les latrines payantes, mais le pittoresque scatologique de cette interprétation traditionnelle en masque la fragilité ; en effet *forica* est un *hapax* pour lequel les scolies de Juvénal proposent plusieurs interprétations [53] et c'est précisément l'existence du *vectigal urinae* qui a fait oublier les autres, or les latrines publiques ont toujours été rares et en les rendant payantes on en eût probablement détourné les usagers, par exemple vers les jarres des foulons auxquelles ils pouvaient recourir sans bourse délier : c'est bien plutôt sur celles-ci qu'a

48. Suet., *Calig.*, XL, 1 ; Fl. Jos., *Ant. Jud.*, XIX, 24 sqq (Chaereas fut l'un des officiers prétoriens chargés de la perception de ces taxes).
49. Pl., *H. N.*, XIX, 56. Comme c'est trop souvent le cas, l'exposé de Pline est assez obscur. La phrase la plus importante illustre une des difficultés auxquelles se heurtent les recherches institutionnelles lorsqu'elles doivent utiliser les textes littéraires, puisque le même prélèvement y est désigné successivement par les quatre termes de *vectigal*, *portorium*, *census* et *pensio*.
50. Tac., *Hist.*, IV, 38 : cf. I, 86, 3.
51. Suet., *Vesp.*, XXIII, 5 ; Dio. Cass., (Xiphilin), LXV, 14, 5.
52. Juv., III, 37-38.
53. V. *infra*, p. 123.

porté la nouvelle taxe car il était impossible de les dissimuler et leurs propriétaires ne pouvaient pas trouver un autre moyen pour se procurer le produit indispensable à leur industrie [54].

Le *Vectigalium foriculiarium et ansarium promercalium* n'est connu que par cinq inscriptions trouvées à Rome dont quatre — *CIL* VI, 1016 a, b, c, et 31227 — ont des textes identiques, sous réserve des modifications imposées par les vicissitudes politiques ; voici celui de 1016 a, qui y a échappé : « *Im(perator) Caesar M(arcus) Aurelius / Antoninus Aug(ustus) / Germanicus Sarmat(icus) et / Imp(erator) Caesar L(ucius) Aurelius / Commodus Aug(ustus) Germanicus Sarmatic(us) / hos lapides constitui iusserunt / propter controversias quae / inter mercatores et mancipes / ortae erant uti finem / demonstrarent vectigali / foriculari et ansarii / promercalium secundum / veterem legem semel dum / taxat exigundo.* »

Sur 1016 b et sur 31227 la titulature de Commode a été effacée, sur 1016 c elle a été remplacée par celle d'Alexandre Sévère. Ces quatre bornes avaient donc été mises en place entre l'association de Commode à l'Empire à la fin de 177 et l'annonce à Rome de la mort de son père survenue le 17 mars 180 à Vindobona ; 1016 c garantit qu'elles sont restées en service au moins jusqu'à la fin du règne d'Alexandre Sévère, assassiné le 18 mars 235.

Traduisons la partie du texte qui indique leur rôle : « (les empereurs) ont ordonné l'établissement de ces bornes en raison des controverses qui avaient surgi entre les marchands et les fermiers, afin qu'elles indiquent la ligne du *vectigalium foriculiarium et ansarium* des marchandises à vendre conformément à l'ancien règlement, sous réserve qu'il ne soit exigé qu'une seule fois [55] ».

---

54. Interprétation déjà proposée par Blüter, *Römischer Privataltertümer*, p. 165, n. 3.

55. On peut comprendre également « sous réserve qu'il ne soit exigé qu'une seule fois conformément à l'ancien règlement ». *CIL*, VI, 31227 n'était pas connue des érudits du siècle dernier qui se sont occupés de l'octroi de Rome (cf. R. Cagnat, *Étude historique sur les impôts indirects chez les Romains*, pp. 147-151).

Des quatre inscriptions *CIL* 1016 a, b, c, et 31227, il faut rapprocher *CIL* VI, 8594.

« *Quidquid usuarium invehitur ansarium non debet* ».

« Tout ce qui entre et qui est d'usage personnel, ne doit pas (payer) l'*ansarium* ».

Il s'agissait donc d'une taxe qui frappait à l'entrée dans Rome *(invehitur)* les marchandises destinées à la vente *(promercalia)* et dont étaient exemptes celles qui étaient destinées à l'usage personnel *(usuaria)*.

Ces mots appartenaient au langage juridique et seule leur destination distinguait ces marchandises comme le montre un texte d'Aulu Gelle :

« ... Des *promercalia* et des *usuaria* qui se trouveraient dans les mêmes lieux (Masurius Sabinus) pense que feraient seuls partie du *penus* ceux qui suffiraient pour une année. »

Selon Q. Mucius Scaevola — consul en 95 av. J.-C. — le *penus* était constitué par les provisions nécessaires pour le père de famille, ses enfants et leur entourage à l'exception des gens qui travailleraient pour l'extérieur. Masurius Sabinus, qui fut un des chefs des Sabiniens au milieu du premier siècle de notre ère, estimait qu'il fallait y ajouter les provisions nécessaires aux bêtes dont le maître se servait et qu'on pouvait considérer qu'en faisaient également partie le bois, les fagots et le charbon de bois nécessaires pour la cuisine, à la fin du IIe s., Catus Aelius y ajoutait l'encens et les cierges, évidemment parce qu'on les utilisait pour les cultes domestiques [56].

L'*ansarium* et *foricularium* était donc un octroi qui frappait à leur entrée dans Rome les provisions destinées à la vente, mais pourquoi était-il désigné par deux noms différents ?

Ansarium est un *hapax* qui ne se rencontre que dans ces inscriptions, il est donc impossible d'en présenter une explication vraiment fondée. La seule qu'on puisse proposer le fait dériver d'*ansa* = anse : beaucoup de comestibles, le vin, l'huile, étaient usuellement transportés dans des amphores ou des amphorettes munies d'anses, on peut donc supposer que le tarif était de « tant par amphore ou amphorette » sans tenir

56. A. Gell., *Noct. Att.*, IV, 1, 23.

compte du contenu, ce qui permettait un calcul rapide même pour les gros chargements à partir des anses visibles, avantage appréciable aux passages où le trafic était intense.

Foricularium ne se rencontre également que dans les quatre inscriptions : *CIL* VI, 1016, a, b, c, et *CIL*, VI, 31.227. On l'a rapproché des *foricae* de Juvénal [57] pour lesquelles les scolies [58] donnent quatre explications :

1° *Foricae = stercora* ou *cloacae*.
2° *Foricae* = boutiques voisines du forum.
3° *Foricae = vectigal vinarium.*
4° Foricae = maisons construites avec l'argent public en vue de la location.

La seconde explication repose sur une étymologie fantaisiste à partir de forum ; elle rappelle cependant que les boutiques du forum et ses alentours appartenaient normalement à l'État ; la quatrième fait probablement allusion à la location des *cenacula* qui se trouvaient au-dessus de ces boutiques. La première doit provenir d'un rapprochement entre le verbe *forio* = relâcher le ventre et le *vectigal urinae* : elle doit à ce rapprochement d'être la seule qui soit généralement retenue, mais nous avons vu qu'il y avait une chance sérieuse pour que *vectigal urinae* ait pesé sur les jarres des foulons et non sur les latrines ; en outre le scoliaste fait allusion à l'adjudication des *cloacae* que Juvénal distingue de celle des *foricae* : en fait il ne savait plus ce qu'elles avaient été.

Forica avait cependant un diminutif, *foricula* dont le sens est clair grâce à une citation de Varron à propos de l'aménagement des fruitiers :

« Aussi ceux qui font construire des fruitiers ont soin qu'ils aient leurs fenêtres exposées au vent du nord et qu'elles soient bien aérées non toutefois sans (être pourvues de) volets pour

57. Juv., III, 37-38.
58. Selon P. Wessner, dans la préface de son édition, ces scolies dériveraient toutes plus ou moins directement d'un commentaire de Juvénal composé vers 400.

éviter que perdant leur jus sous l'effet d'un vent continu (les fruits) ne blettissent »[59].

La traduction « volets » est appelée par « *fenestras* ». D'après Verrius Flaccus — à travers Festus et Paul Diacre — « foreculae » pouvait désigner les ouvertures elles-mêmes[60].

De tout ceci on peut déduire que le *foricularium* était lui aussi un droit payé au passage de portes à l'entrée de Rome, peut-être avait-il frappé à l'origine les marchandises qui n'étaient pas transportées en amphores ; l'étude du *penus* d'après Masurius Sabinus[61] en laisse entrevoir quelques-unes : le bois, les fagots, le charbon de bois, et le fourrage pour les bêtes que les Juifs de Juvénal n'emportaient pas au-delà de la porte de la Porte Capène. L'*ansarium* et le *foricularium* étant perçus au même endroit, ils ne constituaient en fait qu'un seul octroi avec des tarifs adaptés aux marchandises ; la troisième scolie de Juvénal donne à penser que le taux le plus élevé pesait sur les vins.

R. Lanciani[62] a essayé de montrer qu'il y avait eu autour de Rome, à l'époque impériale, une enceinte qui avait joué le même rôle fiscal que la Barrière des Fermiers Généraux autour du Paris de la fin de l'Ancien Régime et dont le tracé avait été repris pour la Muraille d'Aurélien sous réserve de quelques reculs imposés par les nécessités militaires, mais il n'est jamais question de cette barrière dans les textes. Si les vendeurs de fourrage pouvaient venir jusqu'à la Porte Capène[63]

59. Varr., *De R.R.*, 59, 1. Trad. J. Heurgon, édit. des Universités de France.
60. Festus, 74, 26 (Ed. Lindsay, 1965) : « *foreculae, id est ostiola* ». L'existence d'un dieu protecteur des portes appelé *Forculus* est des plus douteuses car elle n'est attestée que par Tertullien (*De Idol.*, 15) et par Saint Augustin (*De Civ. Dei*, IV, VIII).
61. V. *supra*, p. 122.
62. L. Lanciani, *Le Mura di Aureliano e Probo*, B.C.A. di Roma, 1892, pp. 87-111. Sur le tracé du Pomerium après Claude et Vespasien, v. M. Labrousse : « Le Pomerium de la Rome impériale », *M.E.F.R.*, LIV (1937), pp. 1-35.
63. Elle avait été restaurée par Domitien selon le Chronogr. de 354 (cité par G. Lugli, *Fontes ad. topographiam Veteris Urbis Romae pertinentes*, I, p. 60, no. 70). Les *Portae Esquilina, Caelimontana, Trigemina* et *Flumentana* avaient été reconstruites par Auguste et marquaient le départ des grandes routes (cf. F. Coarelli, *Guida archeologica di Roma*, 2ᵉ éd., p. 22).

sans payer le *foricularium*, c'est que l'octroi était perçu normalement aux portes de l'Enceinte Servienne et il faut envisager pour le texte de Pline l'Ancien[64] sur lequel s'était appuyé Lanciani une autre explication.

Dans ce passage, Pline donne quelques indications sur la topographie de l'*Urbs* au temps de la censure de Vespasien et de Titus (73 apr. J.-C.).

« L'étendue (de l'*Urbs*) fait en ligne droite 20 765 pas, cette mesure courant depuis le milliaire installé au bout du Forum Romain jusqu'à chaque porte, qui sont aujourd'hui au nombre de 37, à condition de ne compter les Douze portes que pour une et d'omettre 7 des anciennes qui ont cessé d'être. Mais jusqu'à l'extrémité des toits, y compris le Camp prétorien, la mesure de toutes les routes à travers les rues depuis le même milliaire fait au total un peu plus de 70 000 pas ».

Pline distingue donc une *Urbs* qui s'étend jusqu'aux limites des zones bâties, y compris le Camp Prétorien et une autre plus restreinte : c'est celle-ci qui possède 37 portes dont certaines sont anciennes, ce qui suppose qu'il y en a de nouvelles.

Cette *Urbs* restreinte, englobée par l'*Urbs* au sens large, est évidemment celle de la Muraille Servienne, c'est à elle que se rapporte la fin du passage de Pline :

« Elle est fermée à l'est par l'*agger* de Tarquin le Superbe... Ailleurs elle était fortifiée par des murs très élevés ou des hauteurs abruptes si ce n'est que l'extension des maisons y a ajouté de nombreuses villes ».

Pour Juvénal également, l'*agger* restait la limite de l'*Urbs*[65] ? Cette ville de la Muraille Servienne était également celle du Pomérium — sauf pour l'Aventin — jusqu'à l'époque où Claude, puis Vespasien et Titus en 73 précisément avaient agrandi cette limite religieuse[66]. Or les portes étaient en rapport

64. Pl., *H. N.*, III, 5, 66-67. Je cite ce texte d'après G. Lugli (*op. laud.*, I, III, p. 136, n. 1). Les distances indiquées ont donné lieu à des discussions, qui n'ont pas d'importance pour notre recherche.

65. Cf en partic. *Sat.*, VI, 25-27.

66. J. Le Gall, « À propos de la Muraille Servienne et du Pomerium, quelques rappels et quelques remarques », *Études d'archéologie classique*, II, pp. 43-54 (*Ann. de l'Est*, Mémoires, n° 22).

avec le Pomerium : ainsi s'explique que sept portes de l'enceinte servienne aient perdu leur valeur, qu'elles aient été ou non effectivement détruites. L'expression traditionnelle « les Douze Portes » désignait les *carceres* du Grand cirque qui se trouvaient sur son côté court proche de l'*Ara Maxima*[67]. L'indication relative aux « Douze Portes » c'est-à-dire aux *carceres* du *Circus Maximus* prouve que le Pomerium suivait désormais leur façade extérieure, ce qui était certainement dû à Claude puisque c'est lui qui avait fait entrer l'Aventin à l'intérieur de la zone pomériale. Les nouvelles portes étaient donc celles qui avaient été établies par Claude et par Vespasien et Titus lorsqu'ils avaient porté le Pomerium en avant de la Muraille Servienne dans certains secteurs[68].

Au temps de Septime Sévère toutes ces portes continuaient à jouer leur rôle symbolique. Au moment de son entrée dans Rome, le Sénat, dit Hérodien[69] qui en a été le témoins oculaire, vint le saluer « aux entrées de la ville ». L'expression est assez vague, mais Dion[70] est plus explicite en parlant de l'attitude de l'Empereur : « il s'avança à cheval et en tenue de cheval jusqu'aux portes », là il revêtit la tenue civique et continua à pied ». Vieux rite, qui rappelait que le Pomerium marquait la limite entre le territoire « *domi* » et le territoire « *militiae* »[71].

Selon notre hypothèse la ligne du Pomerium était restée celle de l'*ansarium* et *foricularium*. Nous ignorons comment

---

67. Les *carceres* avaient probablement des ouvertures vers l'extérieur pour permettre l'entrée des attelages mais la seule porte qui mettait vraiment en communication l'intérieur du cirque et l'extérieur était la porte majestueuse, qui se trouvait entre les deux groupes de six *carceres*, par laquelle entrait la *pompa circensis*, d'où le décompte de Pline.

68. *CIL*, VI, 1016 b a été trouvée sur la Via Salaria, c devant la Porta Flaminia, 31 227 près de la Porta Asinaria et 8 594 au pied de l'Aventin près du Tibre. Bien que les conditions des découvertes ne soient pas connues de façon suffisante, ceci justifierait la théorie de Lanciani, mais uniquement pour les secteurs où le Pomerium avait été élargi et sans que cela imposât l'idée d'une barrière continue. Nous ignorons où a été recueillie 1016 a.

69. Herodian., II, 14, 2.

70. Dio. Cass. (Xiphilin.), LXXIV, 1.

71. Pour l'époque impériale, cf. Tac., *Hist.*, II, 89, 1 et Pl., *Paneg.*, 22.

les nouvelles portes étaient marquées sur le terrain : sans doute par des portes relativement sommaires — de simples *foriculae* — parce qu'elles n'étaient pas destinées à jouer un rôle militaire effectif. Ailleurs cependant les tracés de Claude, de Vespasien et de Titus n'étaient marqués que par des bornes dont certaines avaient été restituées par Hadrien : on conçoit dans ces conditions que les fraudes aient été aisées et que de Marc-Aurèle à Alexandre Sévère on ait estimé utile de renforcer en certains endroits le jalonnement pomérial par un jalonnement purement utilitaire qui était plus facile à établir.

On peut supposer que l'*ansarium* et *foricularium* avait été établi par Vespasien pour remplacer l'impôt trop impopulaire qu'avait créé Caligula. Qu'il ait été perçu le long d'un tracé qui coupait l'agglomération en deux, en laissant en particulier à l'extérieur les installations portuaires, montre bien qu'il n'avait qu'un but purement fiscal; cet octroi n'était qu'un péage comme l'Antiquité en a connu tant d'autres. Il a certainement répondu aux espoirs de ceux qui l'avaient instauré, car il a duré jusqu'à la fin de l'Antiquité, le Digeste citant encore des *foricarii* qui ne peuvent avoir été que ses fermiers. Ce texte qui rappelle que tous les concessionnaires de *vectigalia* devaient payer au fisc des intérêts de retard s'ils ne s'acquittaient pas de leur dû en temps voulu, les mentionne seuls de façon particulière : sans doute attendait-on d'eux des versements plus importants que de la part de leurs collègues [72].

Points de vue sur la fiscalité antique, Henri Van Effenterre (dir.), Paris, Publications de la Sorbonne, Série « Études », tome 14, 1979, pp. 113-126.

72. *Dig.*, XXII, 1, 17, 5.

IV

Rome, lieu des conflits ?

Une population aussi variée et pas toujours contrôlable, et, la présence du pouvoir politique, parfois soumis aux crises, ont conduit les dirigeants à introduire les forces armées dans une ville dont elles étaient exclues dans les limites sacrées du *pomerium* ; en effet, le peuple en armes se réunissait sur le Champ de Mars dans le cadre des comices centuriates. Certes, il existait dans la Rome républicaine, des structures veillant à cette tranquillité de la rue. Mais trop souvent, elles étaient inefficaces. C'est Auguste qui en créant plusieurs forces armées cantonnées dans Rome va introduire une certaine sécurité dans les rues de la capitale de l'empire. Les cohortes urbaines, dépendantes du préfet de la Ville [1] assument plus particulièrement la sécurité diurne, alors que les cohortes prétoriennes [2], placées sous les ordres du préfet du prétoire, peuvent être considérées comme les gardes du corps du prince. Enfin, les cohortes des vigiles sont l'équivalent des pompiers contemporains et veillent de plus à la sécurité nocturne. Grâce aux fouilles archéologiques et aux sources littéraires et épigraphiques, R. Sablayrolles [3] a pu tracer un portrait-type du vigile des premiers temps du Principat.

Mais ces forces armées ne suffisent pas toujours à garantir la paix dans les rues de l'*Urbs*, peuplées d'une faune parfois dangereuse, même si la Ville se présente, en tant que capitale

1. A. Chastagnol, « Le fonctionnement de la préfecture urbaine », dans *La Rome impériale. Démographie et logistique. Actes de la table ronde (Rome, 25/3/1994)*, Rome, CEFR 230, 1997, pp. 111-119.
2. M. Durry, *Les Cohortes prétoriennes,* thèse, Rome, BEFAR 146, 1938 (rééd. 1968).
3. Libertinus miles. *Les cohortes de vigiles*, thèse, Rome, CEFR 224, 1996.

de l'empire, comme la représentante de l'ordre et de la civilisation. En effet, les sources de désordre sont nombreuses ; Hélène Ménard les a répertoriées et analysées, en montrant également comment les Romains ont dû parfois suppléer aux forces publiques en se protégeant par eux-mêmes.

Cependant, les troubles les mieux connus aujourd'hui sont ceux qui éclatent lors des cérémonies publiques, en particulier celles liées à la présence du Prince. En effet, ce dernier se doit de contrôler la Ville, qui lui est parfois hostile ; avant de pouvoir réellement gouverner, il lui faut convaincre le peuple romain. Stéphane Benoist [4] montre à travers trois situations différentes, la façon dont le prince prend ainsi possession de l'espace urbain romain.

Mais certains hommes politiques et princes n'arrivent pas à asseoir un pouvoir suffisamment fort. Si les deux siècles et demi que couvre le programme des concours sont riches en épisodes politiques violents, la fin de la période républicaine apparaît souvent comme étant particulièrement marquée par les scènes sanglantes — assassinat de Milon, proscriptions du Triumvirat… [5] — alors que le Principat semble plus calme. Or il ne faut pas négliger certaines passations de pouvoir qui se sont déroulées dans un climat de crise — la dynastie antonine disparaît ainsi le 31 décembre 192 avec le meurtre de son dernier représentant, Commode. Bruno Poulle est ainsi revenu sur la mort de Galba en 69 sur le Forum romain.

---

4. *La Fête à Rome au premier siècle de l'Empire. Recherches sur l'univers festif sous les règnes d'Auguste et des Julio-Claudiens*, thèse, Bruxelles, Latomus (vol.248), 1999 ; ; « La "consécration dynastique" : César divinisé au Forum », *Rome antique. Pouvoir des images et images du pouvoir*, Caen, mars 1996, Caen, 2000, p. 117-134 ; « Le prince, la cité et les événements : l'année 68-69 à Rome », *Historia*, 2001, s.p.
5. J.-M. Flambard, « Clodius, les collèges, la plèbe et les esclaves. Recherches sur la politique populaire au milieu du Ier siècle », *MEFRA*, 89, 1, 1977, p. 115-156.

Robert Sablayrolles

SPARTEOLI, LES VIGILES DANS ROME

Animées, les rues de Rome l'étaient de jour comme de nuit, au bon comme au mauvais sens du terme. L'acide Juvénal a, à maintes reprises, évoqué les encombrements de la ville, son bruit incessant, ses bousculades et ses mauvaises rencontres. Il en a également dénoncé les dangers : constructions chancelantes, incendies fréquents et dévastateurs[1]. C'est pour parer à ce dernier risque, permanent et apocalyptique, qu'Auguste avait organisé, après bien des hésitations et des tergiversations, sept cohortes de vigiles, recrutées essentiellement parmi la population affranchie. Le vigile était donc indissolublement lié à la rue : il était le garant de sa sécurité nocturne et il constituait, à n'en pas douter, un élément caractéristique de son paysage familier. Au-delà de son rôle spécifique, le vigile faisait, par conséquent, partie du petit peuple urbain et, à ce titre, il entrait dans le réseau complexe de relations qui constituait la vie de la rue, composante fondamentale d'une Rome antique qui était la capitale hydrocéphale d'un empire méditerranéen.

Le vigile dans Rome comme un poisson dans l'eau

Le lien, quasiment ontologique, entre les forces en charge de la sécurité anti-incendie et la rue était, à Rome, une tradition qui remontait à la république archaïque. C'était un impératif synonyme d'efficacité, et les vigiles, nombreux et rationnelle-

1. Juvénal, *Satires*, XII, v. 280 et suivants et XIII, v. 193 et suivants.

ment organisés, héritèrent de ce lien fondamental avec la rue, d'un point de vue administratif comme dans leur pratique quotidienne.

Les textes juridiques relatifs à la « préhistoire » des vigiles (le juriste Paul, en particulier, dans des extraits conservés au *Digeste*[2] parlent, en effet, pour la république, d'esclaves publics dispersés « autour des murs et des portes », révélant que, dès les temps reculés, le quadrillage de la ville était apparu comme le principe de base de la sécurité anti-incendie. Les responsables les plus proches du terrain, que les textes appellent parfois *magistratus minores*, portaient le nom évocateur de *quinqueuiri uls cis Tiberim*, collège de cinq magistrats en fonction en deçà et au-delà du Tibre. J.-M. Pailler a montré que ce collège à cinq têtes correspondait à la division de Rome en cinq régions, les quatre régions serviennes traditionnelles sur la rive gauche du Tibre et une cinquième région transtibérine, déjà peuplée et animée au IIIe siècle avant notre ère, la future quatorzième région d'Auguste, l'actuelle plaine du Trastevere[3]. Dans sa stratégie de base (dispersion des effectifs) comme dans son encadrement, le système républicain tenait donc déjà compte du rôle essentiel du terrain dans la lutte contre l'incendie. Il tenait également compte du problème spécifique que posait la période nocturne : la surveillance relâchée, l'augmentation des risques (naturels, comme l'éclairage, ou humains, comme la criminalité), la surprise face au déclenchement de la catastrophe, l'absence des repères diurnes, qui décuplait les phénomènes de panique, constituaient autant de facteurs qui faisaient de la nuit la période dangereuse par excellence en matière d'incendie. Le complot nocturne de marginaux asociaux (esclaves, aventuriers, ennemis) projetant d'incendier l'*Urbs* fait partie des clichés traditionnels de la littérature historique ou politique romaine, héritage des grandes peurs de la Ville. Des esclaves révoltés songent à incendier le Capitole de nuit en 456 av. notre ère d'après Tite

2. Paul, *De officio praefecti vigilum, Digeste*, I, 15, 1.
3. Pailler (J.-M.), « Rome aux cinq régions ? », *MEFRA*, XCVII, 1985, pp. 785-797.

Live (Tite-Live, III, 15-18) ; c'est également de nuit que des Capouans vengeurs mettent le feu au forum en 210 avant notre ère, selon le même Tite-Live (Tite-Live, XXVI, 2 et 13 à 16) ; l'incendie nocturne constitue une des armes de choix dans l'arsenal de crimes que Catilina ou Clodius projettent de perpétrer contre la cité, si l'on en croit Cicéron (Cicéron, *Catil.*, I, 9 ; *Pro Milone*, 90) ; et on pourrait multiplier les exemples. Aussi, les *triumuiri* responsables, à l'échelon supérieur, de la sécurité urbaine en matière d'incendies portaient-ils le nom évocateur de *nocturni*[4]. Si l'état républicain avait une conscience plus ou moins nette des facteurs déterminants en matière de protection contre l'incendie, il n'en avait pas, pour autant, résolu le problème, comme le prouve la répétition d'incendies d'ampleur catastrophique pendant tout le Ier siècle avant notre ère, et en particulier au début de l'empire, sous le règne d'Auguste.

C'est au premier *princeps* que devait revenir le mérite d'organiser un corps efficace et original dans la prévention du feu. Prenant en compte l'enseignement des époques antérieures (nécessité d'un quadrillage de la ville, accroissement du risque nocturne), il pallia les insuffisances criantes du système républicain (faiblesse des effectifs, dispersion du commandement) et, surtout, s'appuya sur la notion de prévention, caractéristique essentielle des vigiles, qui explique leur parfaite intégration dans le quartier et dans la rue. L'incendie dans la ville antique, dès qu'il avait pris une ampleur même secondaire, devenait inmaîtrisable. Les moyens mécaniques faisaient défaut, l'architecture de la ville était propice à une propagation rapide (règlements d'urbanisme inexistants ou non respectés, omniprésence de matériaux combustibles), et, très vite, étaient réalisées les conditions de ce phénomène apocalyptique que les techniciens modernes appellent la « tempête de feu », et que l'époque contemporaine ne connaît que dans certains incendies de forêts particulièrement violents[5]. Dans la Rome

4. Sur la fonction exacte de ces magistrats, voir Sablayrolles (R.), *Libertinus miles : les cohortes de vigiles*, Rome, 1996, pp. 12-16.

5. Sur le phénomène de la tempête de feu, voir Sablayrolles (R.), « Le

antique, on ne pouvait enrayer l'incendie, il fallait donc l'empêcher d'éclater. Dans ce principe résidait sans doute l'essentiel et le plus efficace de la réforme augustéenne.

Auguste fit enrôler 3 500 vigiles, effectif qui fut augmenté, probablement en deux fois, à la fin du Ier siècle et au début du IIIe siècle, et porté à 7 000 hommes, chiffre attesté par les inscriptions au début du IIIe siècle [6]. Il s'agit là d'un nombre colossal : c'est à peu près l'effectif actuel des pompiers de Paris (8 000 hommes), qui ont sous leur surveillance plus de huit millions d'habitants (Paris et la proche banlieue) et une surface dix fois supérieure à celle de la Rome antique. Par leur nombre, les vigiles étaient donc bien omniprésents dans la ville. D'autant que ce chiffre considérable trouve son explication dans la fonction attribuée aux vigiles : patrouiller en permanence dans les rues de la ville afin de prévenir l'incendie. C'est ainsi que le juriste Paul décrit, au IIIe siècle de notre ère, le préfet des vigiles, prêtant sans doute, en la circonstance, aux cadres supérieurs l'allure du soldat de base : « Il faut savoir que le préfet des vigiles doit veiller toute la nuit et patrouiller dans la ville, botté et équipé de seaux et de haches » [7]. Ces rondes incessantes expliquent l'importance de l'effectif nécessaire et faisaient du vigile un élément constitutif du paysage nocturne de la rue. La répartition géographique des casernes et des postes de garde au nom évocateur (*excubitorium*) témoigne aussi de ce mode de fonctionnement : situées sur des grandes artères de la capitale, les casernes étaient au centre de réseaux de communication rapides et faciles. Harmonieusement réparties de façon à couvrir chacune deux régions, elles dispersaient les vigiles dans tous les quartiers de Rome, en tenant compte, probablement, d'une carte du risque qui faisait des zones de parcs et de jardins des secteurs moins exposés, et des quartiers populeux, en revanche, les points

---

Colisée brûle-t-il ? », *Spectacula* 1. *Amphithéâtres et gladiateurs, Actes du colloque tenu à Toulouse et Lattes*, 26-29 mai 1987, Lattes, 1990, pp. 129-134.

6. *CIL*, VI, 1057 et 1058.

7. *Sciendum est autem praefectum uigilum per totam noctem uigilare debere et coerrare calceatum cum hamis et dolabris* (Paul, *Digeste*, I, 15, 1).

forts de la surveillance [8]. C'est à cette carte du risque, probablement, que les vigiles durent leur responsabilité dans la surveillance des thermes, que confirment une inscription et deux textes du *Digeste* [9]. Le chauffage permanent des salles et des bains devait exposer particulièrement ces édifices, en même temps que les importantes réserves d'eau dont ils disposaient en faisaient des points d'approvisionnement privilégiés en cas de lutte contre le feu. Dans les thermes, les vigiles se trouvaient cantonnés dans un des lieux où s'exprimait le mieux la convivialité de la cité romaine sous l'Empire. Les vigiles étaient donc, par leur fonction et par leur répartition, immergés dans la population de Rome.

Cette assimilation à la vie quotidienne de la ville avait des répercussions inattendues, dans au moins deux domaines. Quand Auguste créa les cohortes en 7 de notre ère, il craignait de se voir reprocher la constitution, dans la capitale même, au cœur du pouvoir, de milices armées qui auraient rappelé l'origine militaire et sanglante du principat et les sombres années des guerres civiles, où les soldats et leurs chefs franchissaient sans vergogne le tabou religieux que constituait l'enceinte mythique de la ville, le *pomerium*. C'est pourquoi Auguste donna à ces cohortes de vigiles un aspect aussi civil que possible. Elles furent donc recrutées parmi les affranchis, traditionnellement écartés de toute fonction militaire. Sociologiquement, les vigiles faisaient ainsi partie du petit peuple de Rome, où la population servile et affranchie tenait une place considérable : c'est dans la même catégorie des affranchis, par exemple, que se recrutaient le plus souvent les *magistri uici*, responsables administratifs et religieux des quartiers de

---

8. Rome comptait, sans doute dès l'époque augustéenne, sept casernes et quatorze régions, soit une caserne pour deux régions. Les casernes les mieux connues, celles de la première et de la cinquième cohortes, se trouvaient ainsi respectivement sur la *via Lata*, à la limite des régions VII et IX et sur l'axe *porta Metrovia*-Colisée, à la limite des régions I et II. L'*excubitorium* de la septième cohorte se trouvait, lui, en plein quartier populeux, sur la rive gauche du Tibre, au cœur de la région XIV. Voir là-dessus, Sablayrolles (R.), *Libertinus miles : les cohortes de vigiles*, Rome, 1996, pp. 245-289.

9. *CIL*, VI, 3052 ; Paul, *Digeste*, I, 15, 3, 5 et Ulpien, *Digeste*, VII, 17, 1.

Rome, en prise directe avec la vie quotidienne de la cité. Leurs liens structurels avec les vigiles étaient d'ailleurs étroits à l'origine du corps [10]. Le vigile ne jurait donc pas dans le paysage de la Rome familière.

Il s'y fondait même tellement bien que la récompense traditionnelle du *miles vigilum* qui avait accompli trois années de service était, à partir du IIe siècle de notre ère au moins, son inscription sur les registres du *frumentum publicum*, ce privilège de la distribution gratuite de blé par l'État, apanage des seuls citoyens de Rome depuis la plus haute antiquité [11]. Par cette inscription, que les soldats commémoraient avec fierté et ostentation, les vigiles se voyaient assimilés aux civils de Rome : ils étaient intégrés, au plein sens du terme, dans le corps restreint (200 000 *happy few* !) des Romains de Rome, quintessence du *populus Quiritium*.

Au tableau de cette fusion du vigile dans le paysage urbain, quotidien, topographique ou administratif, on pourrait ajouter que son intervention spécifique, dans la lutte contre le feu, faisait de lui un élément clé d'un moment où s'exprimait, avec une virulence particulière (mais aussi une certaine ambiguïté, sur laquelle nous aurons l'occasion de revenir), le sentiment de solidarité de la communauté urbaine. C'était un cliché de la littérature philosophique antique : l'incendie fait cesser les discordes (Sénèque, *De ira*, III, 43, 3), interrompt toute activité (Sénèque, *De Tranq. Animi*, XII, 4) et engendre l'union de la cité tout entière (Sénèque, *De Clementia*, I, 25, 5). Face à l'incendie, riches et pauvres, soldats et civils, puissants et petites gens conjuguaient leurs efforts. Il n'était pas

---

10. Voir Panciera (S.), *« Invigulantes pro vicinia », Scritti storio-epigrafici in memoria di M. Zambelli*, Macerata, 1978, pp. 315-320 et Sablayrolles (R.), *Libertinus miles : les cohortes de vigiles*, Rome, 1996, pp. 32-33.

11. Rappelons la définition de D. Van Berchem en la matière : « Blé et congiaires sont réservés à cette classe des citoyens, que nous avons dite privilégiée » (Van Berchem (D.), *Les distributions de blé et d'argent à la plèbe romaine sous l'empire*, Genève, 1939, p. 129). Voir également les travaux récents de C. Virlouvet sur le sujet : Virlouvet (C.), Tessera frumentaria. *Les procédures de distribution du blé public à Rome sous le principat*, Rome, 1995.

rare de voir les membres de la famille impériale intervenir personnellement, tels, parmi d'autres, Livie, Caligula ou Claude[12]; les prétoriens et les soldats des cohortes urbaines étaient mobilisés comme les vigiles, et la population civile tout entière était amenée à collaborer aux efforts souvent impuissants des soldats. Les vigiles constituaient alors un pion essentiel dans une partie où se jouait l'avenir même de la cité, bien au-delà de sa simple destruction physique : l'incendie détruisait en effet les barrières sociales, en mettant sur un même pied le riche et le pauvre face au cataclysme : « Le feu cette nuit-là rendit pauvres de nombreux riches » écrivait Hérodien à propos d'un incendie survenu en 191 (Hérodien, I, 14, 3). Ce pouvoir destructeur du feu explique les comportements suicidaires, qui concurrençaient le sentiment de solidarité : à plusieurs reprises, au témoignage des auteurs anciens, des éléments de la population, même militaire, gagnés par la folie face au sinistre dévastateur, l'attisaient au lieu de le combattre. C'est sur ce comportement insensé de quelques individus que se fondèrent, après le grand incendie de 64, les accusations portées contre Néron par certains membres de l'aristocratie sénatoriale[13]. Même les vigiles, nous le verrons, n'étaient pas épargnés par ce type de conduite, s'intégrant donc, pour le meilleur comme pour le pire, dans le creuset des comportements collectifs de la Ville. Citoyen de la Ville par sa fonction, son casernement, sa situation administrative, ses réactions, quelles relations le vigile avait-il avec elle ? Quelle image laissait-il de lui auprès de la population urbaine, quelle place tenait-il dans la « sociabilité » qui caractérisait la rue romaine ?

---

12. Voir Suétone, *Tib.*, 50; Dion Cassius, LIX, 9, 4 et LXI, 33, 12.

13. Tacite décrit en termes sans équivoque l'aspect dément des incendiaires (Tacite, *Annales*, XV, 38, 8). Ce comportement est celui d'individus ayant perdu toute raison devant l'ampleur apocalyptique de la catastrophe, et non pas celui de criminels exécutant de sang-froid un plan minutieusement concerté.

Le vigile est bon enfant

Curieusement, alors que la littérature antique fait une large place à l'incendie, et à l'incendie de l'*Urbs* en particulier, elle ignore à peu près totalement le vigile. Il n'apparaît chez les historiens que comme force d'appoint dans les troubles politiques qui agitèrent la cité à chaque crise de succession : lors de la chute de Séjan, de l'assassinat de Caligula et de la proclamation de Claude, lors de la lutte dans Rome entre partisans de Vitellius et de Vespasien, entre autres[14]. Les récits, pourtant nombreux et détaillés, du grand incendie de 64 de notre ère ne disent mot des vigiles : seul, Dion Cassius rappelle qu'en la circonstance les vigiles étaient plus occupés à piller la ville qu'à combattre le feu (Dion Cassius, LXII, 17). Comme nous le suggérions, il s'agit là d'un comportement de folie collective qui pouvait gagner toute la cité, confrontée par l'incendie dévastateur à l'écroulement de toutes les valeurs qui constituaient la base de la société.

En dehors de cet épisode peu glorieux, les vigiles n'ont droit qu'à deux citations qui les montrent en action, deux épisodes où ils interviennent à contre-temps et où leur portrait tourne à la caricature. C'est tout d'abord durant le repas de Trimalcion dans le *Satiricon* de Pétrone. La scène est, certes, censée se dérouler à Pouzzoles, et non à Rome, mais ce sont bien des vigiles qui sont dépeints, des vigiles qui, d'ailleurs, furent peut-être, un peu plus tard, détachés à Pouzzoles comme ils le furent à Ostie. Le tintamarre des trompes, qui sonnent en l'honneur des pseudo-funérailles de Trimalcion, déclenchent l'alarme chez les soldats du feu qui cassent la porte à coups de hache et se précipitent au milieu du banquet avec leurs seaux : « C'est pourquoi les vigiles chargés de la surveillance de la région voisine, pensant que la maison de Trimalcion était en feu, brisèrent soudain la porte et se mirent à mener grand vacarme avec leur eau et leurs haches au nom de leurs

14. Chute de Séjan : Dion Cassius, LVIII, 12, 7 ; proclamation de Claude : Flavius Josèphe, *Antiquités Judaïques*, XIX, 253 ; lutte entre Flaviens et Vitelliens dans Rome : Tacite, *Histoires*, III, 64.

fonctions »[15]. Comment ne pas voir dans cette scène une représentation-cliché des vigiles, affublés de leurs attributs traditionnels et en pleine action, mais dans une circonstance totalement inadéquate ? Ce type de situation devait constituer une sorte de « topic », une plaisanterie traditionnelle (un *chiste*, comme diraient les Espagnols), puisqu'on retrouve ce schéma dans une allusion de Tertullien. Raillant les sacrifices aux divinités païennes, l'apologiste chrétien écrivait : « À la fumée du banquet de Sérapis accourront les *sparteoli* », ces *sparteoli* qui, nous apprend une scholie à Juvénal, n'étaient autres que les vigiles, désignés en l'occurrence par leur sobriquet[16]. Même situation de fausse alerte, même intervention intempestive, même atmosphère de caricature créée ici, non pas par le comique de situation, mais par l'utilisation du terme d'argot pour qualifier des vigiles incongrus dans un banquet religieux.

On s'est beaucoup interrogé sur le sens de ce surnom prêté aux vigiles. Si l'étymologie n'est pas douteuse (*spartum*, le jonc), la raison de l'utilisation du terme est plus difficile à élucider. Quel instrument en spart utilisaient donc les vigiles ? On a parlé de seaux en spart, attestés dans les mines de la Péninsule Ibérique, de chaussures (des sortes d'espadrilles) ou de bonnets, eux aussi découverts dans les mines d'Espagne[17]. Ces diverses pièces auraient, toutes, pu convenir à l'équipement

---

15. *Itaque uigiles qui custodiebant uicinam regionem rati ardere Trimalcionis domum effregerunt ianuam subito et cum aqua securibusque tumultuari suo iure cœperunt* (Pétrone, *Satiricon*, 68, 6).

16. *Ad fumum cœnae serapiacae excitabuntur sparteoli* (Tertullien, *Apologétique*, 39) ; sur l'explication du vocable *sparteoli* : scholie à Juvénal, *Satires*, XIV, 305 (Ed. Teubner, 1942, p. 224).

17. Les diverses hypothèses sur l'origine du surnom (vêtements, seaux, cordages) étaient déjà présentées par C. Kellermann qui se rangeait finalement à celle de l'utilisation de « *vasi spartei* » par les vigiles (Kellermann (C.), *Latercula duo Caelimontana*, Rome, 1835, p. 2), comme tous les autres auteurs qui ont, par la suite, écrit sur les vigiles (Baillie Reynolds (P. K.), *The Vigiles of Imperial Rome*, Londres, 1926, p. 97 et note 2 ; Rainbrid (J. S.), *The Vigils of Rome*, 1976, pp. 136-137). Pline l'Ancien rapporte la large utilisation du spart faite par les bergers du sud-ouest de la Péninsule Ibérique : ils en tissaient leurs vêtements et en fabriquaient leurs chaussures (Pline, *Histoire Naturelle*, XIX, 7, 2). De fait, C. Domergue atteste la décou-

des vigiles, mais on peut s'étonner que Pline, qui insiste sur le caractère local des pièces en spart utilisées dans le sud-ouest de l'Espagne, ne mentionne pas leur utilisation à Rome. En fait, la seule exportation du spart hors de la Péninsule Ibérique paraît avoir concerné la fabrication de câbles et de cordages [18]. C'est, là encore, un accessoire dont pouvaient avoir besoin les vigiles dans le cadre de leur action, sous la forme de cordes ou d'échelles souples, un accessoire qu'ils portaient, peut-être, enroulés autour de la taille et des épaules, à la manière d'un baudrier. Les inscriptions *CIL*, VI, 1056 à 1058 font en effet, état de soldats *bal(?)*, dans lesquels on a vu d'invraisemblables *bal(listarii)* ou de possibles *bal(nearii)* : les vigiles, en effet, ne possédaient pas de ballistes, qui constituaient une arme de prestige réservée aux prétoriens et aux légionnaires, mais assuraient bien, comme nous l'avons déjà vu, la police des thermes, les *balnea* [19]. Mais l'abréviation pourrait, tout aussi bien, se développer en *bal(tearii)*, porteurs de baudriers, vocable qui évoquerait parfaitement des soldats transportant, à la manière des alpinistes modernes, des cordages ou des échelles de corde dont ils avaient besoin dans l'exercice de leur métier [20]. L'accoutrement en question, sans doute encombrant et voyant, aurait pu valoir aux vigiles ce sobriquet de *sparteoli*, comme les longues pèlerines des agents cyclistes de l'entre-deux guerres avaient valu à leurs propriétaires celui d'hirondelles.

Quels que soient le sens et l'origine du surnom, c'est son existence qui est importante. On ne donne de sobriquet qu'à ce qui est proche et familier. Le vigile, personnage du quotidien

---

verte, dans la région des mines d'Aljustrel, de sandales et de bonnets en spart utilisés par les mineurs (Domergue (C.), *Les mines de la Péninsule Ibérique dans l'Antiquité romaine*, Rome, 1990, p. 409).

18. Pline, *Histoire Naturelle*, XXVIII, 11, 2 et XXXV, 10, 12.

19. Sur l'absence des ballistes dans les cohortes de vigiles, voir Sablayrolles (R.), « La hiérarchie inférieure des vigiles : entre tradition et originalité », *Hiérarchie-Rangordnung de l'armée romaine, Actes du colloque de Lyon*, 1995, p. 133.

20. Cette restitution avait déjà été suggérée par G. Henzen à propos de l'inscription *CIL*, VI, 3744, mais sans justification.

de la Rome antique, largement intégré dans la population civile, présentait les caractères nécessaires. Le prétorien, hautain et arrogant, fier de son statut et de ses privilèges, méprisant pour le civil et la plèbe de Rome, faisait peur : c'est Juvénal qui le décrit ainsi, rappelant qu'il fallait, dans la rue, se laisser écraser les pieds sans rien dire par le prétorien désinvolte. Le vigile n'avait pas le profil du baroudeur plein de morgue, il faisait rire, et non pas peur. Et si on ne sourit que de ce qui est familier, le sourire, fût-il moqueur, suppose également la sympathie. Les mésaventures des vigiles, décrétant le branle-bas de combat au moindre son de trompe ou à la moindre fumée, suscitaient la plaisanterie ; mais le comique de la situation ne rendait pas, pour autant, les vigiles antipathiques.

Deux épisodes montrent, au demeurant, des vigiles bons enfants, acceptant sans doute avec bonhomie leur situation de *sparteoli*. Invités à célébrer, comme tous les corps de l'armée romaine, les fêtes liées à la dynastie régnante, les vigiles organisèrent dans ce cadre des cérémonies en l'honneur de l'anniversaire de Septime Sévère, cérémonies réitérées au moins une fois après la mort de l'empereur, en 212 de notre ère. Les inscriptions qui commémoraient l'événement (*CIL*, VI, 1063 et 1064) témoignent de l'enthousiasme des soldats dans cette circonstance, des soldats qui avaient organisé eux-mêmes les réjouissances, choisissant eux-mêmes parmi eux un responsable des festivités, auquel était attribué le titre évocateur d'*aedilis*. Or, la cérémonie ainsi célébrée par les soldats pour la commémoration de l'anniversaire impérial était une pièce de théâtre jouée par les vigiles eux-mêmes, l'inscription donnant la liste des participants et du rôle qu'ils avaient exécuté. On rencontre, entre autres, le bouffon *(scurra)*, le sot *(stupidus)*, le Grec *(Graecus)*, la femme *(mulier)*, le riche *(pecuniosus)*, tous rôles tenus par des vigiles és qualités puisque le groupe constitué pour la représentation portait le titre très officiel de *vexillatio*, détachement militaire. On imagine mal scène semblable dans les cohortes prétoriennes ou dans les légions : la représentation d'une pièce de théâtre, sans doute proche du mime, dont la trame, si l'on en juge par les rôles des personnages, consistait en situations classiques d'un comique farcesque, voire scabreux.

Ce type de cérémonie ne correspondait guère à l'image traditionnelle que le soldat romain aimait à donner de lui-même. Célébrer l'anniversaire impérial par un divertissement de comique troupier et tirer gloire de l'événement par une inscription commémorative ne pouvait être l'apanage que de vigiles plus proches des plaisirs de la plèbe urbaine que des idéaux militaires de l'armée romaine.

Une autre fête, célébrée par les vigiles et commémorée par une inscription, malheureusement fragmentaire, les révèle sous le même jour[21]. Datée de 362, sous le règne de l'empereur Julien, cette inscription décrit des matrones équipées de chars de pompes, de faux murales, de baudriers (?), tous instruments appartenant à la panoplie traditionnelle des vigiles. On s'est souvent interrogé sur la présence des matrones dans une telle procession. L'explication est sans doute à chercher dans le terme propre *matronae* utilisé dans le texte : il ne peut faire référence qu'à la fête spécifique des *matronae*, les *Matronalia*, qui se célébrait le 1er mars en l'honneur de Iuno *Lucina*[22]. Le 1er mars, qui ouvrait le mois du dieu de la guerre, était aussi probablement jour de fête pour les vigiles, puisqu'il marquait le début de l'année officielle. Une inscription commémorant l'accès au blé public d'une « promotion » de vigiles révèle en effet que l'année était comptée du 1er mars au 28 février : les recrues constituant la promotion de l'année en question avaient été ainsi engagées entre le 1er mars 199 et le 28 février 200[23]. Or, si l'on en croit les auteurs chrétiens tardifs, scandalisés, les hommes, lors de la fête des *Matronalia*, le 1er mars, se déguisaient en femmes dans une sorte de joyeux carnaval, stigmatisé par les vertueux apologistes chrétiens. Les matrones juchées sur les chars et les pompes, harnachées de baudriers et armées de faux murales, étaient donc vraisemblablement les vigiles eux-mêmes, déguisés pour la circonstance, et participant, avec leurs attributs traditionnels, à la liesse populaire du carna-

21. *CIL*, VI, 3744 = 31075.
22. Voir Weinstock (S.), *Matronalia, Real-Encyclopädie*, XIV, 2, col. 2306-2309.
23. *CIL*, VI, 220.

val du 1er mars. Ils célébraient ainsi tout à la fois le début de l'année officielle dans le cadre des cohortes et la fête des *Matronalia*. L'épisode est, certes, à situer dans le cadre du renouveau des fêtes païennes, que l'empereur Julien chercha à impulser pendant son court règne ; il n'en révèle pas moins des vigiles plus proches par leur exubérance joviale de la plèbe de Rome que des traditions militaires.

Personnage de la rue, le vigile l'était donc d'abord par fonction, puisqu'il patrouillait toute la nuit à travers les voies et ruelles de l'*Urbs*. Il l'était aussi administrativement puisque l'organisation et la répartition du corps était calquée sur une carte du risque qui privilégiait, naturellement, les quartiers populeux. Le meilleur symbole de cette immersion totale dans la vie de la ville est sans aucun doute l'accès aux distributions gratuites du blé public, récompense éminemment civile qu'obtenait le soldat des vigiles au bout de trois années de service et qui faisait de lui un Romain de Rome, l'égal des citoyens de la plèbe urbaine. Proche du peuple, le vigile en subissait, du coup, les *lazzi*, devenant le *sparteolus* pas toujours très adroit, un *sparteolus*, cependant, à qui on savait devoir la sécurité de la Ville face à la menace toujours présente et toujours terrible de l'incendie. Si le *sparteolus* faisait sourire, c'était avec sympathie : il faisait partie de cette sociabilité qui animait les rues de la Rome antique, une sociabilité faite d'humour, de convivialité, d'exubérance.

La rue, lieu de sociabilité ? Rencontres de la rue, Actes du colloque de Rouen, 16-19 novembre 1994, textes réunis par Alain Leménorel, Publications de l'université de Rouen n° 214, 1997, pp. 97-103.

Hélène Ménard

L'INSÉCURITÉ DE LA ROME IMPÉRIALE : ENTRE RÉALITÉ ET IMAGINAIRE

L'insécurité est une préoccupation qui semble assez récente. Ce terme apparaît à la période révolutionnaire, en 1794. L'insécurité se définit comme le manque de sécurité et caractérise une situation dans laquelle l'individu est exposé à des menaces portant sur sa personne et/ou sur ses biens. L'insécurité a pour corollaire le sentiment d'insécurité, subjectif par nature. Il ne reflète pas forcément la réalité. C'est l'idée, en négatif, que l'on a de sa propre sécurité, sans que cela implique que l'on ait été victime d'un crime ou d'un délit [1]. La ville apparaît aujourd'hui comme un lieu parfois peu sûr, propice aux violences en tout genre, des incivilités aux émeutes, en passant par une délinquance qualifiée d'urbaine. En France, vers 1880, l'insécurité ne se limite plus aux campagnes, mais gagne les villes : la délinquance semble, dès lors, se concentrer en milieu urbain [2].

Dans les sources antiques la ville est présentée sous un double aspect. Elle est le symbole de la civilisation et de l'ordre [3], à l'image de l'*Urbs* [4]. Espace organisé, ordonné, où

1. Christophe Soullez, *Les violences urbaines*, Toulouse, éd. Milan, 1999, pp. 6-7.

2. Sébastien Roché, *Sociologie politique de l'insécurité. Violences urbaines, inégalités et globalisation*, Paris, 1998, pp. 20-30.

3. Christian Goudineau, « Sources et problèmes », in *Histoire de la France urbaine, La ville antique*, sous la direction de Georges Duby, Paris, 1980, pp. 66-67.

4. Anita Johner, *La violence chez Tite-Live. Mythographie et historiographie*,

s'épanouit la vie civilisée, la ville se différencie nettement d'un espace rural soumis, entre autres, aux brigandages [5]. Cette opposition peut être symboliquement matérialisée par le mur d'enceinte [6]. Mais l'espace urbain se révèle aussi comme celui du désordre. La ville constitue un foyer d'agitation potentiel [7], sinon permanent, notamment en Orient [8]. Des nombreux motifs de désordres collectifs émerge, omniprésente, la peur de la disette. Les élites urbaines craignent cette situation, génératrice d'émotions populaires. La ville est aussi un espace criminogène, où se développe une certaine insécurité.

L'historien de l'Antiquité ne dispose pas, contrairement au contemporanéiste, pour analyser ce type de phénomène, de données quantitatives permettant d'en apprécier la réalité et l'ampleur. L'étude classique de la criminalité à Paris, dans la première moitié du dix-neuvième siècle, par Louis Chevalier, s'appuyait ainsi sur des articles de journaux relatant des faits divers et sur des rapports de police [9]. Certes quelques séries documentaires permettent d'apprécier de façon très ponctuelle

---

AECR, Strasbourg, 1996, p. 291. « La violence première, celle du fratricide originel, est, comme dans nombre de mythes cosmogoniques, violence fondatrice et civilisatrice. L'Ordre, la Ville naissent en se dégageant de l'univers pastoral précivique que représente Rémus, en détruisant un stade préculturel perçu comme chaotique et négatif : Rome ne semble pouvoir se définir, se construire, qu'en s'opposant. [...] Rémus, le premier « coupable » et la première victime, est vu comme porteur de désordre, d'indifférenciation : il refuse les limites de la ville nouvelle, la vouant ainsi au chaos ».

5. Par ex. Symmaque, *Ep.*, II, 22, 1 (383 ap. J.-C.).

6. Sénèque, *De beneficiis*, VI, XV, 8.

7. Peter Garnsey et Richard Saller, *L'Empire romain, économie, société, culture*, trad. fr., Paris, La Découverte, 1994, p. 69.

8. Sur les émeutes ou mouvements violents que j'ai pu recenser, pour le Haut Empire, vingt-sept ont lieu en Orient et quinze en Occident, avec une nette suprématie de Rome. Voir Hélène Ménard, *La notion d'ordre public sous le Haut Empire romain (de 31 av. J.-C. à 235 ap. J.-C.)*, DEA, Paris IV-Sorbonne, 1995.

9. Louis Chevalier, *Classes laborieuses et classes dangereuses à Paris, pendant la première moitié du dix-neuvième siècle*, Paris, 1984 (1ère édition 1978), pp. 43-45.

10. Adam Lukscewicz, « Petition concerning a Theft. P Berol. 730 », *JJP*,

la réalité de l'insécurité. C'est le cas du vol dans les papyrus égyptiens ou dans les tablettes de Bretagne[10]. Ce type de documents nous permet d'appréhender directement les plaintes des victimes, soit aux autorités, soit à des divinités vengeresses. Mais ce degré d'objectivité reste rare. Devant une certaine indigence des sources, l'antiquisant se doit d'utiliser tous les documents à sa disposition, du vestige archéologique, révélant les systèmes de sécurité des maisons, aux sources plus subjectives. Si la littérature exprime des peurs, elles sont souvent un reflet de la réalité, certes déformée et exagérée, comme pour les genres satirique et romanesque. La dispersion de ces documents dans le temps et l'espace rend toute généralisation hasardeuse. Ainsi la Rome impériale apparaît comme un champ d'investigation fructueux, grâce au nombre de documents la concernant.

Les phénomènes et actes générant l'insécurité à Rome, sous l'Empire, sont multiples. Les incendies en représentent une part non négligeable, qu'ils soient localisés à une *insula*, ou concernent plusieurs quartiers, voire la Ville entière. L'incendie de Rome, sous Néron en 64 ap. J.-C.[11], comme en 238 ap. J.-C.[12], montre qu'il s'agit là d'une réalité indéniable, justifiant une surveillance et une répression constantes. Les incendies ont souvent pour cause la négligence, mais peuvent aussi être volontaires, parfois dans le but de profiter de la

---

19, 1983, pp. 107-119. Hélène Ménard, « Le vol à partir des tablettes de Bretagne » (résumé), Bulletin de la Société d'études épigraphiques sur Rome et le monde romain, *Cahiers du Centre Glotz*, IX, 1998, p. 287 et R. W. Davies, « The Investigation of some Crimes in Roman Egypt », *Anc. Soc.*, 4, 1973, pp. 199-212. Voir également l'article de B. Baldwin, « Crime and Criminals in Greco-Roman Egypt », *Aegyptus*, 43, 1963, pp. 262-263, sur les limites des enseignements d'une telle documentation.

11. Tacite, *Annales*, XV, XXXVIII-XLIV ; Suétone, *Néron*, XXXVIII.

12. Hérodien, *Histoire des empereurs romains*, VII, XII, 5-7. Pour un inventaire des incendies, voir Robert Sablayrolles, *Libertinus miles. Les cohortes de vigiles*, Rome, 1996, appendice VII : les incendies de Rome ; et Anne Daguet-Gagey, *Les Opera publica à Rome, 180-305 ap. J.-C*, Paris, 1997, notamment le chap. II : *Mille pericula urbis*.

13. En particulier *Digeste*, I, 15, 3, 1 ; 3.

confusion pour commettre des méfaits. Les vigiles sont chargés, et leur préfet en premier lieu, de la prévention des incendies comme de la répression des éventuels incendiaires[13].

Deuxième source d'insécurité, les difficultés de ravitaillement que connaît tout au long de la période la Ville, tant au Ier siècle ap. J.-C. qu'au Bas Empire. La population manifeste plus ou moins violemment son inquiétude devant la diminution des stocks et les risques de disette, quand celle-ci n'est pas déjà là. L'empereur Claude lui-même est pris à partie par une foule mécontente, qui l'assaille en lui lançant des croûtons de pain rassis[14]. Au IVe siècle ap. J.-C., ce sont les préfets de la Ville, principaux responsables du bon ravitaillement de la cité, qui subissent de telles manifestations[15].

L'insécurité peut naître d'actes plus quotidiens, dans les rues mêmes de Rome. Parmi les phénomènes qui provoquent un sentiment d'insécurité pour le Romain moyen, tel que Juvénal le met en scène dans sa IIIe satire, la rixe occupe une place importante :

> « Qu'un ivrogne d'humeur belliqueuse n'ait par hasard encore rompu les os à personne, le voilà en proie au remords ; il passe une nuit aussi lugubre que le fils de Pelée pleurant son ami. Il se couche sur le nez, puis sur le dos. Mais non ! il n'aura de sommeil qu'à ce prix : il y a des gens qu'une bonne querelle fait dormir. Malgré l'effronterie de sa jeunesse qu'échauffe encore le vin, il ne se frotte pas au passant que lui conseillent d'éviter un manteau écarlate, une nombreuse escorte, quantité de flambeaux et une lampe d'airain. Moi qui n'ai d'ordinaire pour me reconduire à la maison que la lune, ou la lueur chétive d'une chandelle dont je règle avec économie la mèche, je ne lui fais pas peur. Écoute comment s'engage la fâcheuse rixe, si rixe il y a, quand c'est l'autre qui assène

14. Suétone, *Claude*, XVIII, 3.

15. Voir par exemple : Ammien Marcellin, *Histoires*, 14, 6, 1-2 ; 25 (Bassus) ; 19, 10, 1-4 (Orfitus) ; 27, 3, 6 ; 8-10 (Lampadius) ; 27, 3, 4 et Symmaque, *Ep.*, 2, 38 (incendie de la maison de Symmaque).

les coups tandis que moi, je me contente de les encaisser ! Il se plante devant moi : "Halte-là !" Il faut bien obéir ; le moyen de faire autrement quand on a affaire à un forcené qui, en outre, est plus fort que vous ? 'D'où viens-tu', hurle-t-il, 'chez qui es-tu allé te gorger de piquette et de fèves, quel savetier t'a fait partager sa ciboulette et son museau de mouton bouilli,... Tu ne réponds pas ; parle, ou bien... un coup de talon ! Où as-tu ton poste (de mendiant) ? Dans quelle synagogue faut-il te chercher ? ». Essayer de répondre, faire retraite sans mot dire, c'est tout un. Ils n'en tapent pas moins dans les deux cas, ces furieux-là, et encore vous assignent-ils en justice ! Il ne reste au pauvre hère qu'une issue d'ouverte : bousculé, meurtri de coups de poings, il sollicite, il implore d'eux la faveur de s'en tirer avec quelques dents intactes. Bien d'autres mésaventures sont à redouter » [16].

Deux types de rixes peuvent être distingués : celles qui sont causées par des voyous, des habitués, tels l'ivrogne de Juvénal, et celles qui sont l'expression de rivalités entre gens du peuple, la rixe étant alors le mode habituel pour laver des affronts ou régler des comptes. La rixe semble être un phénomène relativement banal, suffisamment pour être utilisé comme exemple d'un type de comportement dans des écrits philosophiques. Ainsi la rixe chez Sénèque caractérise un comportement populaire, stigmatisant le manque de détachement ou de maîtrise de soi des gens du peuple [17]. Ce genre d'agissements semble admis des jeunes gens L'ivrogne évoqué par Juvénal appartient à ce groupe, tout comme ceux évoqués par Apulée [18]. Paul Veyne parle à ce sujet d'un droit folklorique qu'avait la jeunesse, dans le

16. Juvénal, *Satires*, III, 273-301 (trad. P. de Labriolle et F. Villeneuve, CUF, Paris, 1983).
17. Sénèque, *Sur la démenée*, 1, VII, 4 ; *De la constance du sage*, XIX, 2 ; *Lettres à Lucilius*, II, 14, 9.
18. Juvénal, *Satire*, III, vers 282 : « *improbus annis* » ; Apulée, *Métamorphoses*, II, 18.

monde romain, de rosser les bourgeois [19]. Mais la rixe naît plus souvent d'une divergence d'intérêts. Ainsi ce cas, soumis au juriste Alfenus, d'un boutiquier victime d'un vol [20]. La rixe constitue une catégorie juridiquement définie par rapport à d'autres troubles collectifs, notamment la *turba*. Les sources juridiques caractérisent la rixe par le nombre de personnes mises en cause et par le degré de violence. Ainsi la rixe met en jeu en général deux personnes, toujours moins de dix [21]. La gravité des faits entre également en compte pour différencier une rixe, n'entraînant que de façon involontaire la mort d'un participant, de violences dues à une criminalité organisée, générant l'homicide. Une anecdote d'Ammien Marcellin au sujet des Gaulois souligne néanmoins la violence de ce genre d'incidents, d'autant plus que le principal protagoniste est... une femme [22].

19. Paul Veyne, « Le folklore à Rome et les droits de la conscience publique sur la conduite individuelles », *Latomus*, 42, 1983, pp. 29-30 ; E. Eyben, *Restless Youth in Ancient Rome*, Londres, 1993, pp. 107-112.

20. *Digeste*, IX, II, 52, 1 (Alfenus) : « Un boutiquier avait posé une lampe sur une pierre, dans la rue, de nuit. Un quidam, passant par là, l'emporta. Le boutiquier, le poursuivant, lui réclama la lampe, et retint le fuyard. Celui-là commença à le frapper avec le fouet qu'il tenait à la main et au bout duquel était un fer pointu, pour qu'il le laisse aller. Cela aboutit à une rixe grave : le boutiquier creva un œil à celui qui avait pris la lampe. Il me consulta pour savoir s'il semblait bon de donner une action en perte et injure, puisqu'il avait été, le premier des deux, frappé par le fouet. J'ai répondu qu'il n'était pas coupable s'il avait crevé l'œil à son adversaire sans dessein prémédité et que le coupable était celui qui, le premier, avait donné des coups de fouet ; mais que si le marchand n'avait pas été frappé le premier et qu'en voulant reprendre sa lanterne, il en fut venu à la rixe, alors il devait être regardé comme coupable ».

21. *Digeste*, XLVII, VIII, 4, 3. Si le nombre de personnes mises en cause excède dix, cette forme de violence collective est qualifiée de *turba*.

22. Ammien Marcellin, *Histoire*, 15, 12, 1 (trad. E. Galletier, CUF, Paris, 1978) : « Si l'un d'eux, au cours d'une rixe, a fait appel à sa femme, qui est beaucoup plus vigoureuse que lui et a les yeux pers, une troupe d'étrangers ne pourra lui tenir tête, surtout quand celle-ci, le cou gonflé et grinçant des dents, balançant d'énormes bras blancs, commence à décocher en y mêlant des coups de pied, des coups de poings semblables à des projectiles de catapultes lancés par la torsion de leurs cordes ».

Outre les phénomènes de violence, le droit prévoit tous les cas de danger potentiel pour le passant, comme la chute d'objets [23], les dégâts pouvant être causés par des animaux dangereux, comme les chiens, ou encore la frayeur causée par les serpents montrés par des charlatans [24], dans les rues ou sur les places publiques.

À cette insécurité du quotidien s'ajoutent les méfaits d'une criminalité plus ou moins organisée. Des voleurs de tout acabit qui peuplent la littérature romaine, l'*effractor* constitue une figure bien attestée [25]. À Rome, les *effractores* s'attaquent en particulier aux entrepôts, les *horrea*, notamment publics [26], mais aussi aux maisons de riches particuliers.

Le cambriolage est puni *extra ordinem*, à Rome devant le préfet des vigiles [27], d'une façon plus sévère que le vol simple *(furtum)* [28]. Le vol par effraction appartient en effet à la catégorie des vols qualifiés d'époque impériale, c'est-à-dire des vols considérés comme graves et recevant un traitement spécifique, comme *crimina extraordinaria*. À cette même catégorie appartiennent notamment le vol dans un établissement de bain, le vol de sac, le vol de troupeau [29]. Les *effractores* peuvent aussi s'introduire dans les maisons en perçant les murs,

23. *Digeste*, IX, III, 1.
24. *Sentences de Paul*, XV, 1-4.
25. Valerio Neri, *I marginali nell'Occidente tardoantico. Poveri, « infames » e criminali nella nascente società cristiana*, Bari, 1998, dans son chapitre sur les voleurs, répartit les différents types de voleurs d'après la nature du lieu où ils opèrent (publics, notamment les bains, pp. 292-301, ou non). La catégorie des *effractores* se retrouve dans des énumérations de criminels, aussi bien dans des textes juridiques (*Digeste*, I, XV, 3, 1 ; XLVII, 18, 1) que dans Firmicus Maternus (*Mathésis*, III, II, 13 ; IV, 7, 3 ; 14, 7 & 10).
26. *CJ*, 4, 65, 1 (= *Mosaicarum et Romanarum Legum Collatio*, 10, 9, 1) ; 4, 65, 4. Il s'agit des constitutions de Caracalla (213 ap. J.-C.) et Alexandre Sévère (222 ap. J.-C.). Cette dernière s'appuie sur un rescrit d'Antonin le Pieux adressé à Euricius Clarus et connu par un extrait du *Digeste* (1, XV, 3, 2). Également *Digeste*, (I, XV, 3, 2).
27. *Digeste*, I, XV, 3, 1 ; XLVII, XVIII, 2.
28. *Digeste*, XLVII, XVII, 1 (= *Mosaicarum et Romanarum Legum Collatio*, 7, 4, 1-2).
29. Theodor Mommsen, *Droit pénal romain*, III, in *Manuel des Antiquités*

comme l'illustre le cas d'un chevalier romain sanctionné sous Marc Aurèle pour avoir dérobé une somme d'argent, par effraction, en ayant percé une paroi [30]. Dans les *Métamorphoses* d'Apulée, le héros Lucius croit défendre la maison de ses hôtes contre des cambrioleurs, il est vrai appelés *latrones* [31]. Ces cambrioleurs essaient d'entrer en force et sont armés. Il en est de même des *effractores* que l'on rencontre chez Firmicus Maternus [32].

S'il paraît évident que les voleurs bénéficient de tout un réseau de complicités, ne serait-ce que pour receler et écouler les biens volés, peut-on pour autant parler d'un brigandage urbain ? Les *latrones* constituent une catégorie bien particulière de la criminalité. Le brigandage ne constitue pas un délit en soi, mais est combattu au travers de ses composantes : la réunion d'hommes armés, qui n'hésitent pas à tuer, et le vol avec violence. Mais nous n'avons quasiment aucun témoignage, hormis romanesque, de l'intrusion de brigands dans une ville [33]. La plupart des épitaphes qui mentionnent une mort due à une attaque de brigands la situent sur les principales voies de communication [34]. De plus l'appellation de *latro* ou *latrocinium* sert à stigmatiser comme gravissimes des actes qui ne sont pas, stricto sensu, du brigandage [35].

---

romaines, XIX, Paris, 1907, pp. 81-87 ; C. Ferrini, *Diritto penale romano*, Rome, 1976.

30. *Digeste*, XLVII, XVIII, 1, 2.

31. Apulée, *Métamorphoses*, II, XXXII, 2-6 ; III, V, 2 ; 6-7.

32. Firmicus Maternus, *Mathesis*, VI, 31, 6 : « Placés dans des signes solides, ils donneront de fameux casseurs de maisons qui, armés d'une épée, dépouilleront de leur patrimoine et font peser une menace sur la vie des gens qui se reposent. Mais tous ceux-là, arrêtés pendant leurs forfaits, sont frappés par la sévérité de la vindicte publique. » (Trad. P. Monat, t. III, Paris, CUF, 1997).

33. Jens-Uwe Krause, « Prisons et crimes dans l'Empire romain », *Carcer. Prison et privation de liberté dans l'Antiquité classique. Actes du colloque de Strasbourg (5-6 décembre 1997)*, éd. par C. Bertrand-Dagenbach, A. Chauvot, M. Matter, I.-M. Salamito, Paris, 1998, p. 118.

34. Voir V. Neri, *I marginali...*, *op. cit.*, pp. 368 ; 371.

35. Voir le cas de Maternus, sous Commode. Hérodien, *Histoire des empereurs romains*, 1, 10, 374.

Certes il existe quelques mentions d'assassinats par des sicaires, ainsi sous Domitien ou Commode [36]. Mais un des assassinats les plus célèbres, et qui le doit en partie à cause de l'émeute suscitée par la stricte application de la loi à l'encontre de la *familia* servile, et également au statut de la victime, en l'occurrence le préfet de la Ville, Pedanius Secundus, n'est pas dû à un homme de main ou un rôdeur, mais bien à l'un de ses esclaves [37].

Il semble en effet qu'une bonne partie des délits, vols ou meurtres, soit l'apanage de la domesticité. Le voisinage, si l'on admet la possibilité d'appliquer à Rome les conclusions de travaux sur d'autres régions de l'Empire, est également à incriminer [38]; il s'agit sans doute d'actes de malveillance, de jalousie aussi. On sait la place de l'*inuidia* dans les mentalités de l'époque [39].

Très minoritaire, mais sans doute plus frappante est la participation des membres de la haute société à l'insécurité. En effet, si la criminalité urbaine est vraisemblablement le fait de marginaux ou de criminels appartenant aux bas-fonds de la société [40], il arrive que certains membres de la haute société se compromettent dans de tels actes, comme ce chevalier sur le cas duquel Marc Aurèle statue [41].

---

36. Dion Cassius, *Histoire romaine*, LXVII, 11, 6; LXXIII, 14, 4.

37. Tacite, *Annales*, XIV, 42, 1-2. Sur la nécessité d'une surveillance constante des esclaves; considérés comme un danger potentiel pour le maître, voir K. R. Bradley, *Slaves and Masters in the Roman Empire. A study in Social Control*, Bruxelles, 1984, pp. 24-26; idem, *Slavery and Society at Rome*, Cambridge, 1994, pp. 113-114.

38. A. Lukscewicz, « Petition... », *op. cit.*, pp. 107-119. H. Ménard, « Le vol... », *op. cit.*, p. 287 et R. W. Davies, « The Investigation... », *op. cit.*, pp. 199-212.

39. Y compris à la fin de l'empire, dans des milieux chrétiens (A. Merlin, « Amulettes contre l'*inuidia* provenant de Tunisie », *REA*, 42, 1940, pp. 483-493).

40. Catherine Salles, *Les bas-fonds de l'Antiquité*, Paris, 1988; V. Neri, *I marginali...*, *op. cit.*, p. 325.

41. Voir note 30. V. Neri, *I marginali...*, *op. cit.*, p. 323.

Autre exemple atypique d'une insécurité générée par un membre de l'aristocratie romaine : les activités nocturnes de Néron, telles qu'elles sont décrites par Tacite, Suétone ou Dion Cassius [42]. Néron se déguise soit en esclave, soit coiffé d'un *pilleus* ou d'une casquette [43]. La désinvolture de Néron vis-à-vis de l'opinion est manifeste et cette attitude ne peut être attribuée à une certaine inconscience, due à sa jeunesse, même s'il ne cherche apparemment qu'à se divertir [44]. Pour Suétone, il s'agit là d'un trait de caractère [45], celui propre au mauvais empereur. Car si tolérance il y a vis-à-vis d'une jeunesse turbulente, le statut même de Néron rend des actes, déjà délictueux, proprement scandaleux et permettant de stigmatiser son comportement. Néron n'hésite pas, en effet, à provoquer des rixes et à faire le coup de poing. Il reçcit lui-même des coups : comme le mentionne Pline l'Ancien, il utilisait une sorte de férule, le *thapsia*, pour effacer toute trace de ses équipées nocturnes sur son visage meurtri [46]. On sait que Néron fut violemment repoussé par un membre de l'ordre sénatorial, Julius Montanus [47]. Ayant appris qu'il avait ainsi molesté l'empereur, il s'en excusa auprès de celui-ci : mal lui en prit, car il fut obligé de se suicider. On ne pouvait porter la main sur le détenteur du pouvoir impérial, fût-il déguisé en voyou ! Cet incident fit redouter à Néron de telles déconvenues

---

42. Tacite, *Annales*, XIII, XXV, 1-3 ; Suétone, *Néron*, 26 ; Dion Cassius, *Histoire romaine*, 61, 9, 3.
43. Tacite, *Annales*, XIII, 25, 1 ; Suétone, *Néron*, 26 ; Dion Cassius, *Histoire romaine*, LXI, 9, 2, parle de nombreux déguisements, sans autre précision.
44. Suétone, *Néron*, 26.
45. *Ibid* : « Son libertinage, sa lubricité, sa profusion, sa cupidité et sa cruauté se manifestèrent d'abord graduellement et de façon clandestine, comme dans l'égarement de la jeunesse, et pourtant, même alors, personne ne put douter que ces vices n'appartinssent à son caractère plutôt qu'à son âge. » Avec une appréciation plus nuancée chez Tacite. Voir J.-M. Engel, *Tacite et l'étude du comportement collectif*, Lille, 1972, note 4, p. 184.
46. Pline l'Ancien, *Histoire Naturelle*, XIII, 43.
47. Sur Julius Montanus, voir C. Iulius Cf. Cla. Montanus, in Ségolène Demougin, *Prosopographie des chevaliers romains julio-claudiens (43 av. J.-C.-70 ap. J.-C)*, Rome, 1992, n° 524, pp. 435-436. *PIR*, IV, 1, 435.

et — comble du paradoxe — il se fit dès lors accompagner par des hommes armés, intervenant dès que la bagarre dégénérait [48]. Dans le même temps, Néron se conduisait comme un vulgaire et cupide *effractor* [49].

Une fois de plus, une analyse sociologique précise de l'insécurité se heurte aux lacunes de la documentation. Il en est de même si l'on veut en établir la géographie. Il semble cependant que l'insécurité se développe surtout dans certains quartiers, qui cumulent l'insalubrité, propice aux incendies ou aux épidémies, et une population nombreuse et souvent très modeste. Ces quartiers sont ceux de Subure, du Transtévère et des abords du Circus Maximus [50], à l'époque républicaine. Ils gardent à l'époque impériale leurs activités et leur caractère populeux [51]. Cependant les criminels semblent préférer avoir leurs repaires en dehors de la ville. Zones insalubres ou nécropoles semblent constituer des caches idéales [52]. Les tavernes fournissent aussi des lieux de rencontre et de cachette [53].

La nuit est le temps favorable aux mauvais coups : le fait que Néron en profite pour commettre des actes répréhensibles n'a, en soi, rien de surprenant. Les sources littéraires donnent une image des rues de Rome beaucoup moins sûres la nuit [54]. En 204 ap. J.-C., les empereurs se soucient d'organiser des rondes de nuit pendant les Jeux Séculaires, afin de veiller à la

---

48. Tacite, *Annales*, XIII, 25, 2 ; Suétone, *Néron*, 26 ; Dion Cassius, *Histoire romaine*, LXI, 9, 3-4.
49. Suétone, *Néron*, 26 : « … et même à briser les portes des boutiques et à les piller ; il avait installé dans son palais une cantine où l'on dépensait l'argent de ce butin, qu'il dispersait aux enchères. » Tacite parle seulement de vols à l'étalage, commis par ses comparses : *Annales*, XIII, 25, 1.
50. C. Salles, *Les bas-fonds…*, *op. cit.*, pp. 130-133.
51. « Subura » in L. Richardson, *A New Topographical Dictionary of Ancient Rome*, Baltimore, 1992, p. 373.
52. Juvénal, *Satires*, III, 306-308 : « Tandis que des patrouilles armées font régner la sécurité dans les marais Pontins et la forêt Gallinaria, les brigands s'abattent de là-bas sur Rome comme sur une proie. » C. Salles, *op. cit.*, pp. 185 ; 191-193.
53. C. Salles, *Les bas-fonds…*, *op. cit.*, p. 201.
54. Voir Wilfried Nippel, *Public Order in Ancient Rome*, Cambridge, 1995, p. 97 : « Because of the character of our sources […], we know more about

tranquillité et à la sécurité de la Ville, de ses habitants et des spectateurs non résidents attirés en foule par ces festivités exceptionnelles [55]. Car les périodes festives — nombreuses à l'époque impériale — peuvent également être génératrices d'insécurité [56]. Lorsque le peuple est au cirque, la ville se retrouve en quelque sorte sans surveillance, d'où les mesures prises par Auguste [57].

Certes tout citoyen, par différents moyens, peut assurer la sécurité de sa personne et de ses biens. Chaque citadin doit prendre les mesures minimales pour mettre ses biens en sûreté : des fenêtres élevées, garnies de barreaux, semblent mettre à l'abri de tentatives criminelles, si l'on suit un passage du *Querolus* [58]. À Pompéi, les portes d'entrées des riches demeures sont de dimensions imposantes, avec des systèmes de sécurité, serrures complexes et barres de bois ou de fer perfectionnés [59]. Qui ne connaît le fameux « *caue canem* » d'une mosaïque de la cité campanienne ? Autre chien de garde connu cette fois par Pétrone, Scylax, « gardien de la maison et de son contenu » [60].

Les *horrea*, vastes et solides constructions, pouvaient également recevoir des dépôts des particuliers. Ils comportaient en général un rez-de-chaussée affecté aux marchandises (notamment les céréales) et un étage, où étaient entreposés dans des salles *(cellae)* des armoires *(armarii)* ou des coffres

---

the insecurity of the City streets at night during the presumably much better-policed imperial era than during republican times. »

55. *CIL*, VI, IV, 2, 1 (I.19 et suivantes).

56. Voir note 35.

57. Suétone, *Auguste*, XLIII, 3.

58. *Querolus*, 45 : « Mais je vois ici des fenêtres bien basses ! Parfait, on ferme les portes pour rien par ici. En plus de barreaux inoffensifs, tant ils sont écartés. La sécurité, ma foi, règne dans ce pays et on n'y craint pas les voleurs. » (Trad. Catherine Jacquemard Le Saos, Paris, CUF, 1994).

59. Robert Étienne, *La vie quotidienne à Pompéi*, Hachette, 2e éd., 1977, pp. 252-253.

60. Pétrone, *Le Satiricon*, 64 ; voir également l'article de Paul Veyne sur la mention des chiens de garde peints en trompe l'œil dans ce roman, symboles du mauvais goût : « Caue canem », *MEFR*, 75, 1, 1963, pp. 59-66. V. Neri, *I marginali…*, *op. cit.*, p. 304.

(arcae), les objets plus précieux : argenterie, bijoux, statues. Il semble donc que certains particuliers voulaient ainsi protéger des biens qui ne l'auraient pas été à leur domicile.

La légitime défense est autorisée en cas de nécessité, notamment si l'on est menacé par une arme, et avec certaines garanties. Sénèque, dans son *De Clementia*, conseille un jeune empereur au pouvoir depuis deux ans et dont la propre sécurité serait sacrifiée à l'ordre régnant dans sa capitale : la mention d'escorte atteste, *a contrario*, la possibilité pour les riches Romains de se faire accompagner pour assurer leur sécurité [61] :

> « Que de choses te sont interdites qui nous sont grâce à toi permises ! Je puis marcher sans crainte dans n'importe quel quartier de Rome, bien que je n'aie derrière moi aucune escorte ; à la maison ou à mon côté, aucune épée. Toi, au milieu de la paix qui est ton œuvre, tu es obligé de vivre armé. » [62]

Pourtant le rôle du pouvoir impérial reste primordial dans la gestion de l'insécurité. En effet, tout un dispositif vise à maintenir l'ordre : la garnison de Rome est un outil indispensable dans cette politique. Vigiles et cohortes urbaines ont pour fonction essentielle d'assurer la sécurité tant de jour que de nuit [63]. Le nombre de soldats urbains a fluctué pendant l'époque impériale, mais on s'accorde à reconnaître un taux d'encadrement policier très important par rapport à ceux des villes occidentales contemporaines [64]. La sécurité

---

61. Sénèque, *De Clementia*, 1, VIII, 2 (Trad. P. Veyne, dans *Sénèque, Entretiens. Lettres à Lucilius*, Robert Laffont, Paris, 1993).
62. La rhétorique n'est pas absente de ce texte : Sénèque décrit en effet une situation contemporaine des vagabondages nocturnes du jeune empereur. Quel contraste entre cette image d'une Rome sécurisée grâce à la politique impériale et celle d'un empereur commettant ces méfaits. Sur le problème du port d'armes, voir P. A. Brunt, « Did Imperial Rome Disarm her Subjects ? », *Phoenix*, 29, 1975, pp. 260-270.
63. W. Nippel, *Public Order…*, *op. cit.* ; Edward Echols, « The Roman City Police : Origin and Development », *CJ*, LIII, 1958, pp. 377-385.
64. Thomas W. Africa, « Urban Violence in Imperial Rome », *Journal of*

des citoyens, et tout particulièrement des Romains, est un enjeu politique pour le pouvoir impérial.

Au début du deuxième siècle ap. J.-C., Juvénal dresse un tableau aux accents passéistes de la criminalité à Rome[65] :

> « Quelle forge, quelle enclume ne fabrique pour eux de pesantes chaînes ? Presque tout ce que nous avons de fer passe à cela : c'est au point que l'on en viendrait à craindre de manquer de charrues, de marres et de sarcloirs. Heureux les trisaïeuls de nos bisaïeuls, heureux les siècles qui, jadis, sous les rois comme sous les tribuns, ont vu Rome se contenter d'une seule prison ! »

Faut-il pour autant admettre un tel degré d'insécurité dans la capitale des premiers Antonins ? La criminalité semble avoir pris des proportions considérables. Beaucoup d'historiens ont repris tel quel cet état des lieux[66]. Même si cette satire de Juvénal est sans doute proche de la réalité, elle n'en reste pas moins une satire : le genre nuit à une appréciation objective du degré réel d'insécurité. De plus la corrélation entre l'augmentation de la population carcérale et celle de la criminalité, et donc de la délinquance, n'est pas évidente[67]. Le rôle croissant de l'État peut tout aussi bien expliquer ce phénomène. Autre exemple de la difficulté à analyser l'évolution de l'insécurité : la mise à disposition des particuliers par Alexandre Sévère d'emplacements en plus grand nombre dans les *horrea* publics. Peut-on pour autant déduire de cette mesure un niveau

---

Interdisciplinary History, 2, 1971, p. 9 : « With a third of the population of Chicago, Imperial Rome had a police force of about the same size as that of the modern city. »

65. Juvénal, *Satires*, III, 309-314. Voir J.-U. Krause, « Prisons et... », *op. cit.*, p. 121.

66. Jean Gérard, *Juvénal et la réalité contemporaine*, Lille, 1976, p. 195 ; 528 et suivantes ; Gilbert Highet, *Juvenal the Satirist*, Oxford, 1954, pp. 74-75 ou encore C. Salles, *Les bas-fonds...*, *op. cit.*, p. 191.

67. J.-U. Krause, « Les prisons et... », *op. cit.*, p. 122 et suivantes.

68. Léon Homo, *Rome impériale et l'urbanisme dans l'Antiquité*, « L'évolution de l'humanité », Albin Michel, 2e éd., Paris, 1971, p. 208.

croissant d'insécurité ? C'est ce que suggère la traduction d'un passage de l'*Histoire Auguste* proposée par Léon Homo :

> « Il fit construire dans toutes les régions de la ville des magasins publics, où l'on était libre de déposer les objets qu'on ne pouvait garder en sûreté chez soi. » [68]

Nous savons par une constitution de cet empereur que ces mêmes *horrea*, pourtant gardés par tout un personnel d'esclaves et d'affranchis impériaux, sont loin d'être à l'abri de cambriolages [69]. Aussi ne doit-on pas surinterpréter ce texte ; il ne s'agit pas de lutter contre une recrudescence des cambriolages particulièrement marquée sous le règne d'Alexandre Sévère, mais d'offrir à des particuliers qui ne pourraient se protéger contre ce type de méfaits de meilleures conditions de protection de leurs biens. C'est le rôle d'un empereur soucieux du bien-être et de la sécurité des particuliers de leur donner une telle possibilité.

Inversement, la licence de l'empereur entraîne un relâchement de la discipline de la cité ; le dérèglement de la conduite du prince amène à un dérèglement plus général, à une extension de ces comportements délictueux, et donc à une recrudescence des peurs, comme le souligne Tacite :

> « Puis, quand on sut que c'était César qui menait ces expéditions, comme les outrages se multipliaient contre des hommes et des femmes de haut rang et que, cette licence une fois tolérée, certains, se faisant passer pour Néron, commettaient les mêmes excès avec leurs propres bandes, Rome offrait pendant la nuit l'image d'une ville prise. » [70]

Histoire Auguste, *Vie d'Alexandre Sévère*, XXXIX, 3 : « Il créa dans toutes les régions [de la Ville] des greniers publics où peuvent déposer leurs denrées ceux qui ne possédaient pas de magasins personnels. » (Traduction d'André Chastagnol, in *L'Histoire Auguste*, Robert Laffont, Paris, 1994, pp. 604-605).

69. Voir note 26.

70. Tacite, *Annales*, XIII, 25, 2 ; de même chez Dion Cassius, *Histoire romaine*, *LXI*, 8, 1-2, l'idée d'une contagion.

On peut dès lors mieux percevoir la cohérence de l'énumération d'empereurs ayant le même comportement : Caligula, Néron, Vitellius, Vérus. Car si la participation à des rixes est avérée pour Néron, elle ne l'est ni pour Caligula — qui se déguisait certes la nuit, mais pour commettre débauches et adultères [71] —, ni pour Vitellius. On sait que son prédécesseur Othon — tout comme lui compagnon de Néron — s'en prenait de nuit aux passants, dans sa jeunesse, mais sans qu'il soit précisément question de rixes [72]. L'auteur de l'*Histoire Auguste* attribue de façon quasi systématique cette conduite déviante aux « mauvais empereurs », selon une pratique courante dans l'historiographie antique [73], et cela, sans réel souci de précision historique. Néron, en participant à des rixes et en volant par effraction, se rend coupable de faits troublant l'ordre public et accroissant l'insécurité. Le « mauvais empereur », par son attitude licencieuse, et l'impact de ses débordements, est perçu comme celui qui génère insécurité et désordre. Le thème de l'insécurité participe ainsi d'un discours sur le pouvoir impérial.

Évaluer la réalité de l'insécurité dans les villes de l'empire romain, à une époque donnée, ne peut rester qu'à l'état d'approche en raison du caractère disparate et lacunaire des documents. Le sentiment d'insécurité qui s'en dégage parfois, s'il repose sur des situations bien réelles, corroborées en partie par d'autres sources, essentiellement juridiques, reste trop souvent connoté. Ainsi les méfaits attribués à Néron, s'ils sont avérés, semblent appartenir à un topos littéraire, qui permet de stigmatiser la conduite d'empereurs indignes. Les vagabondages

---

71. Suétone, *Caligula*, XI.

72. Suétone, *Othon*, II.

73. Françoise Frazier, *Histoire et morale dans les Vies parallèles de Plutarque*, Paris, Les Belles Lettres, 1996, p. 130 (parlant de l'image des démagogues) : « La lumière se déplace de la politique aux bonnes mœurs et ceux qui lâchent la bride aux passions de la foule, toujours selon le même cliché qui conjugue platonisme philosophique et conservatisme politique, ne peuvent que se laisser eux-mêmes emporter par leurs élans vers une action désordonnée et téméraire ou vers une vie déréglée et impudente. »

nocturnes de ces princes qui s'encanaillent sont finalement plus révélateurs de la perception du pouvoir impérial et du portrait moral de son détenteur, que de la réalité de l'insécurité. Les rixes et les vols commis lors de ces expéditions sont notables plus par le statut de celui qui les commet que par leur participation à une insécurité générale, précédemment banalisée.

La focalisation des sources sur certains comportements criminels et donc sur certaines figures de la criminalité urbaine — *effractor, fur balnearius*, voire *latro* — empêche-t-elle une tentative d'analyse historique de l'insécurité ? Certaines indications peuvent tout de même fournir quelques éléments de réflexion : ainsi la mention relativement fréquente de rixes paraît assez significative d'un certain degré de violence, présent, semble-t-il, dans toutes les couches de la société urbaine [74]. Quant aux cambriolages, ils peuvent indiquer un niveau de délinquance, voire de criminalité organisée.

Il n'en reste pas moins qu'un discours sur l'insécurité n'existe pas de façon autonome. Que ce soient l'ivrogne belliqueux de Juvénal ou les *latrones* d'Apulée, à l'occasion cambrioleurs de riches *domus* urbaines, ils appartiennent à des catégories littéraires bien définies. Leur apparition dans le récit a une fonction précise : la présence des brigands, rencontrés en différentes occasions par le héros, joue un rôle structurant dans le roman initiatique [75]. Quant à Juvénal, il dépeint les dangers de la vie nocturne dans la capitale impériale comme symétriques des difficultés d'une vie diurne tout aussi pénible. Ces rues de Rome, coupe-gorge pour le Romain moyen la nuit, sont aussi à éviter de jour. Sous la recension apparemment exhaustive des dangers de la vie urbaine, cette satire vise à illustrer un thème récurrent de la littérature latine : une vie

74. Outre l'exemple de ce membre de l'ordre sénatorial qui n'hésite pas à frapper son agresseur, cette anecdote révélatrice, rapportée par Jérôme, met en scène une dame de l'aristocratie romaine, chrétienne. Elle frappa violemment une miséreuse qui avait indûment quémandé, à deux reprises, son aumône. Jérôme, *Ep.*, XXII, 32.

75. H. Mimbu Kilol, « Structures et thèmes initiatiques de l'âne d'or d'Apulée », *Anc. Soc.*, 25, 1994, pp. 303-330.

urbaine peu enviable par rapport à la sérénité et aux bienfaits de la vie à la campagne.

La prise en compte de l'insécurité en milieu urbain participe donc d'une représentation plus générale des villes de l'empire et de leur modèle, Rome.

« Peurs citadines », *Histoire urbaine*, Société Française de l'Histoire Urbaine, n° 2, décembre 2000, pp. 59-71.

Stéphane Benoist

L'ESPACE URBAIN DE ROME, COMME LIEU D'ENCADREMENT DE LA FOULE AU PREMIER SIÈCLE DE L'EMPIRE

On a pu envisager précédemment la rue, à Rome, comme théâtre des débats politiques, plus ou moins violents, d'un régime déclinant au premier siècle avant notre ère. Il convient en effet de garder à l'esprit les situations que nous livrent les dernières décennies de la République romaine. Nous devons prendre en compte les luttes politiques entre les grands *imperatores*, Marius et Sylla, Pompée et César, puis Antoine et Octave, qui débouchent sur de violents affrontements populaires dans les rues de Rome avant même de se traduire militairement sur les champs de bataille. La rue, ou plus précisément certains lieux publics à Rome, notamment le forum, l'enceinte des élections (les *Saepta*) ou même le théâtre, résonnent des combats entre bandes armées rivales, l'exemple le plus célèbre étant l'affrontement de Clodius et Milon, le premier succombant sous les coups des partisans du second en 52 av. J.-C., et qui illustre cette violence des manifestations de l'opinion publique que les réflexions de l'historien israélien Zvi Yavetz ont éclairée en mettant en scène le peuple dans la vie politique romaine, son intervention, ses prises de position, finalement son engagement en faveur du compétiteur qui sut placer les valeurs de la paix au premier plan[1].

---

1. Renvoyons d'une part à la communication d'Elizabeth Deniaux, « La rue et l'opinion publique au 1er siècle av. J.-C. : cortèges et popularité », dans le même volume, qui traite des dernières années de la République, et

Cette présence d'un centre urbain politiquement animé n'est pas le propre d'une période particulière de l'antiquité gréco-romaine mais bien l'expression de toute vie « politique » de la cité. Elle demeure au cœur des récits historiques dont nous disposons pour traiter des siècles postérieurs : de Cicéron, témoin oculaire des Guerres Civiles, au récit que nous en livre Appien, rédigé sous l'empire antonin au deuxième siècle de notre ère, les circonstances politiques ont changé mais demeure le rôle attribué au peuple de Rome dans un dialogue nourri et multiple entre celui qui incarne le renouveau de la République, le Prince, et cette plèbe romaine aux contours fluides. La violence est toujours résurgente et affleure tout au long de la période, la rue conserve son caractère premier de lieu de la contestation, voire de siège d'une nouvelle guerre civile, comme lors de la mort de Néron [2] ; mais l'Espace de la Cité est un enjeu que les nouveaux détenteurs du pouvoir ont dorénavant à l'esprit, tirant les leçons des erreurs du passé et de la nécessité d'ancrer un nouveau régime dans un espace, lieu stratégique en vue d'une reconnaissance politique. Ainsi, cet espace que nous prenons comme objet de réflexion se trouve modifié : lieu de débat il demeure, mais lieu de mise en scène il s'affirme au cours du premier siècle du Principat.

Nous retenons trois situations qui permettent d'éclairer l'action des princes à l'égard de l'espace urbain de leur capitale et rendent compte des conséquences des crises passées : d'une part, l'entrée dans la cité qui souligne l'investissement de l'espace par un homme ; puis, le parcours de ses rues lors de cérémonies qui convient le peuple à la célébration d'un pouvoir ;

---

d'autre part à l'ouvrage de Zvi Yavetz, *La plèbe et le prince : foule et vie politique sous le haut-empire romain*, traduction française, Paris, 1984, qui, comme son titre ne l'indique pas précisément, étudie la fin de la République et le premier siècle du Principat, de Jules César à Néron.

2. Notre étude, « Le prince, la cité et les événements » (titre d'une communication au séminaire de M. André Chastagnol, E.P.H.E. IVe section, 29 avril 1994) se donne pour but de décrire les années 68-69 de notre ère à Rome et d'en tirer des enseignements concernant la définition politique du régime impérial, l'importance de la cité comme lieu de légitimation et les espaces symboliques qui sont le théâtre de ces conflits de pouvoir.

enfin, l'investissement lui-même, qui multiplie les lieux de l'échange entre *princeps* et *populus*, diffuse dans les rues de la cité un modèle de relations politiques et sociales qui nous conduit à redéfinir un régime en fonction de sa nature propre et de l'image qu'il souhaite livrer de lui-même.

Première situation : entrer dans la cité

Les leçons de l'affrontement des compétiteurs, fossoyeurs de l'antique République, ont été retenues : tenir Rome, c'est prendre la cité en premier lieu, avant même de se rendre maître de l'Empire, aux frontières sans cesse reculées. Marius, Sylla, César puis Octave firent le siège de la ville, que ce soit militairement ou plus pacifiquement en contrôlant la scène politique, et notamment le Sénat, mais également la rue. Un siècle plus tard encore, ceux qui aspirent à la succession de Néron, Galba, Othon, Vitellius ou Vespasien, chercheront à investir Rome pour asseoir, donc légitimer, leur prétention au Principat. Or, dans l'intervalle, on relève une action concertée des empereurs, et notamment du premier d'entre eux, Auguste, pour rendre l'appropriation d'une ville par son prince plus sensible à la population de cette capitale, en un mot ritualiser l'entrée dans la cité, à l'origine d'un cérémonial qui s'affermira avec les siècles, l'*adventus Augusti*.

Les prémices de cette cérémonie sont originales à plus d'un titre. Certes, nous pourrions nous pencher sur le retour d'Octave des provinces orientales après les victoires d'Actium et d'Alexandrie qui mirent fin à l'opposition d'Antoine et de Cléopâtre. Mais cet ensemble de cérémonies de l'année 29 nous semble plus caractéristique d'un programme de parcours de la ville et nous l'envisagerons dans notre deuxième partie. Retenons plutôt deux exemples des années 19 et 13 avant notre ère. Dans les deux cas, il s'agit d'un non-événement hissé au rang de modèle festif. En effet, le retour du prince des provinces transmarines (l'Orient) ou de Gaule et d'Espagne fut délibérément nocturne, pour éviter toute manifestation populaire : Auguste franchit donc les limites sacrées de la cité sans apparat et se rend des faubourgs au centre de la ville en petite escorte. Deux remarques sont nécessaires pour comprendre ce choix : dans les deux cas, le climat politique en son absence était à la limite de l'insurrection[3] et bien que sa personne n'ait pas été mise en cause, certains lui proposant bien au contraire des pouvoirs exceptionnels qu'il refusa, il a fallu pourtant consolider un régime encore fragile, sans réelles assises institutionnelles ni même dynastiques. Or d'un refus de donner un caractère public à un événement qui marquait pourtant le succès militaire de l'homme en charge des destinées de la cité, et donc la faveur renouvelée des dieux à son égard, est née une fête institutionnalisée, très symbolique de l'emprise d'un homme sur le calendrier festif romain, puis l'érection d'un monument qui porte en lui le modèle de toutes les processions publiques de la cité. Dans le premier cas, en 19, une fête est organisée qui porte le nom du prince et célèbre son retour triomphal, les *Augustalia*, au mois d'octobre[4], dans le second, en 13, est décidée la construction de l'autel de la Paix (*ara Pacis*) sur les frises duquel est représenté un modèle de cortège religieux qui met en scène le prince et sa famille[5]. D'une réalité marquée par des troubles sociaux et politiques naît un programme de pérennisation (par exemple donner son nom à une fête) et une lecture ordonnée de la société politique que le Sénat a inscrite à l'ordre du jour dès 30. Les Vestales, le Sénat, l'ordre équestre et le peuple avec femmes et enfants venant accueillir le prince en dehors de l'enceinte sacrée, le *pomœrium*, pour l'escorter ensuite dans la cité.

3. De nouveau, renvoyons à Zvi Yavetz, *op. cit.*, chapitre IV, pp. 121-144, mais également à Ronald Syme, *La révolution romaine*, traduction française, Paris, 1967, chapitre XXII, pp. 314-330, et à notre thèse *La Fête à Rome au premier siècle de l'Empire. Recherches sur l'univers festif sous les règnes d'Auguste et des Julio-Claudiens,* Bruxelles, Latomus, vol. 248, 1999, pour les sources concernant cette période difficile du principat augustéen, les tensions des années 23-19 av. J.-C.

4. Cf. le récit d'Auguste lui-même dans ses *Res Gestae Divi Augusti*, 11 et la mention des *Fasti Amiternini* au 12 octobre : un autel à la Fortuna Redux, des sacrifices annuels et des jeux commémoratifs sont mentionnés. Dion Cassius, LIV, 10, nous relate les circonstances du retour du prince.

5. Autel voué le jour de ce retour, le 4 juillet 13, et dédié le 30 janvier 9 : *Res Gestae*, 12, 2 ; *Fasti Amiternini* et Dion Cassius, LIV, 25, 3.

L'imitation du modèle augustéen d'entrée solennelle dans la cité par Néron, en mars 68, nous offre une lecture tout à la fois convergente et révolutionnaire d'un *adventus* qui confère à la cité un statut politique original. En effet, Néron, de retour d'un voyage en Grèce, désire célébrer ses victoires, non plus militaires mais artistiques, par une cérémonie qui soit conforme à l'exemple du fondateur du principat [6]. Quelques variantes ont toutefois renforcé l'originalité de cette démarche, notamment la mention de murs abattus et de portes arrachées. Ainsi, l'entrée du prince prend-elle alors une signification qui peut, à première vue, s'apparenter à l'investissement militaire mais peut également ouvrir sur une dimension plus fondamentale, à savoir l'abaissement de l'enceinte sacrée de la cité, les limites une fois abolies permettant de symboliser l'identification de la ville au monde (et, de même, parallèlement du palais à la cité tout entière), ce qui renforce la mystique impériale et la personne de ce prince esthète qui relie politique et valeurs agônales [7]. L'entrée dans la cité de celui qui fut couronné dans les fêtes isolympiques grecques est alors un pas de plus dans l'affirmation d'un régime impérial dont la cité-capitale est présentée comme le centre de l'*oïkoumène* et le prince comme la tête d'un État : les penseurs de la fin du premier siècle et du second prennent le relais de cette mise en scène pour élaborer une véritable idéologie impériale (Dion Chrysostome, Aelius Aristide). Ces exemples d'investissement de la cité, augustéen et néronien, procèdent d'une même lecture politique qui associe étroitement fête et pouvoir avant d'illustrer une appropriation concertée de l'Espace par un parcours qui livre autant d'enseignements sur la valeur des lieux traversés (la voie triomphale, les collines du Capitole et du Palatin) et de la société ainsi ordonnée.

---

6. Les témoignages de Dion Cassius, LXIII, 20 et de Suétone, *Nero*, 25 sont convergents et insistent sur l'*imitatio Augusti* : le même char, le même vêtement triomphal et une commune référence à l'Apollon citharède d'Actium.

7. Nous relevons ce constat de Pline, dans *Naturalis historia*, XXXVI, 111, de l'existence d'une *domus* impériale qui en vient à englober l'ensemble de l'espace urbain et mentionnons l'article de Jean-Louis Voisin, « Exoriente

Deuxième situation : parcourir la cité

La procession a valeur de mise en scène de l'espace parcouru mais également de la société, telle qu'elle est perçue, et finalement permet d'identifier précisément les lieux de pouvoir dans la cité. L'usage du parcours rituel, de la procession, de la *pompa*, est traditionnel dans les cités gréco-romaines. Un exemple républicain exhumé au début du principat augustéen et concernant un pilier du nouveau régime, l'ordre équestre et plus particulièrement sa jeunesse, en est le dédoublement processionnel que représentent les deux cérémonies des *Lupercalia* du 15 février et de la *transvectio equitum* du 15 juillet[8]. La première fête, en plein cœur d'un mois consacré aux rituels d'apaisement des morts, est une lustration qui met en scène des confréries de jeunes hommes, les Luperques, dans un parcours rituel au pied du Palatin ; tandis que la seconde est une parade des jeunes chevaliers menant leur cheval public *(equus publicus)*. Ces deux cérémonies, dans leur réorganisation augustéenne, confirment une attention particulière à l'ordre social, la composition rigoureusement établie des groupes sociaux de la cité, et plus généralement de l'Empire, et à son inscription précise dans le calendrier festif et dans l'espace de la cité.

Nous l'avons dit, la victoire du jeune Octave, sorti vainqueur d'une longue période de guerres civiles, s'inscrit en un premier ensemble de cérémonies triomphales du mois d'août 29 (les 13, 14 et 15), qui permet de proposer à la population de la cité un exemple à suivre et qui s'inscrit dans le cadre d'une pratique ancienne du triomphe républicain des généraux vainqueurs et d'une approche plus récente du régime d'un

sole » (*Suétone*, Nero. *6*). *D'Alexandrie à la* Domus Aurea, dans *L'Urbs. Espace urbain et histoire (Ier siècle avant J.-C.-IIIe siècle après J.-C.)*, actes du colloque de Rome, 8-12 mai 1985, collection EFR 98, Rome, 1987, pp. 509-543, à propos de ce projet néronien de palais impérial.

8. Valère Maxime, II, 2, 9 : « La jeunesse de l'ordre équestre se donnait solennellement en spectacle à Rome deux fois par an, le jour des Lupercales et le jour de la revue des chevaliers ; fêtes instituées par d'illustres fondateurs. »

seul. Ces trois jours de festivités marquent tout à la fois le retour triomphal du prince dont nous avons précédemment marqué l'importance en terme d'entrée dans la cité, mais également l'accueil reçu par ce héros de la paix retrouvée : illustration des temps nouveaux, la foule en liesse l'accompagne tout au long d'une traversée de la ville qui porte l'empreinte d'un homme et d'une dynastie en formation, au fur et à mesure d'un programme édilitaire de transformations architecturales du centre urbain, financé par le monopole du triomphe et de son butin. L'emphase avec laquelle un auteur contemporain rapporte ce retour de 29 est très significative de l'enjeu politique (qui concerne plus particulièrement les élites de la cité) mais également d'une spontanéité de la foule qui va au-devant de l'homme en qui elle a remis tous ses espoirs de paix [9]. On peut insister sur la composition de son cortège ou sur la voie triomphale elle-même que suivront les différents triomphes que nous connaissons durant cette période. La foule assiste au long du chemin emprunté par le cortège à une leçon historique puisqu'il s'agit de rapporter la geste du vainqueur avec exhibition de ses malheureux vaincus, prisonniers vivants ou morts qui sont représentés en effigie (c'est le cas de Cléopâtre). Cette évocation du passé se complète d'une mise en forme de la société politique issue des guerres civiles : le char du prince est précédée par deux de ses successeurs potentiels sur les

9. « Par quel concours de foule, par quel enthousiasme de gens de toute condition, de tout âge, de tout ordre, César a été accueilli à son retour en Italie et à Rome. Quelle a été la magnificence de ses triomphes, des spectacles qu'il a donnés, cela ne pourrait même pas être convenablement exprimé dans un ouvrage de dimensions normales, à plus forte raison dans un abrégé tel que le mien. Rien de ce que les hommes peuvent demander aux dieux, rien de ce que les dieux peuvent fournir aux hommes, rien de ce qui peut être souhaité, rien de ce qui peut être accompli avec un plein succès qu'Auguste, après son retour à Rome, n'ait réalisé pour l'État, le peuple romain et le monde entier ». Velleius Paterculus, *Histoire Romaine*, II, 89 (traduction de J. Hellegouarc'h, C.U.F.-Belles-Lettres) et Zvi Yavetz, *op. cit.*, p. 42. On trouve également le récit des triomphes chez Dion Cassius, LI, 21, 5-9 ; Suétone, *Divus Augustus*, 22 & 94 et *Tiberius*, 6, 5 ; enfin dans les *Res Gestae*, 4, 1 & 3.

chevaux de volée, droite et gauche, Marcellus son neveu et Tibère son beau-fils ; les magistrats dont le consul, son collègue, et les sénateurs suivent son char. Bien entendu l'*imperator* est revêtu du manteau pourpre étoilé et traverse le centre urbain : Cirque Flamine, Forum Holitorium et Forum Boarium, Cirque Maxime, Voie Sacrée, Forum, Capitole puis retour au palais impérial sur le Palatin. Or, les lieux que nous venons de citer sont l'objet des soins attentifs du prince et offrent au regard de la foule venue assister aux cérémonies l'image d'une œuvre monumentale qui répond aux impératifs idéologiques du principat. La zone du champ de Mars et du cirque Flamine *(in campo* et *in circo)* point de départ de la procession triomphale, le Capitole puis le Palatin : autant de lieux qui décrivent une géographie politique du nouveau régime et sont donc reçus en tant que tels par la population, chaque monument construit ou reconstruit par les princes étant dédicacé, ce qui augmente encore leur lisibilité politique. Cet exemple de 29 est un point de départ qui sera décliné de multiples fois tout au long de la période, selon les programmes festifs des empereurs. Les cérémonies funéraires, par exemple, reprendront le modèle triomphal dans leur déroulement. Attardons-nous néanmoins à deux séries d'événements qui renforcent l'importance de certains lieux.

Nous avons retenu trois lieux et deux moments importants qui soulignent leur rôle respectif et les enjeux d'une lutte partisane à leur propos. Il s'agit du Forum, centre traditionnel du débat politique dans la cité ; du Capitole, siège du temple de Jupiter Optimus Maximus et de l'assemblée sénatoriale, lors des grandes cérémonies religieuses ; du Palatin enfin que le prince a choisi pour sa résidence. Deux moments politiques permettent d'observer sur le vif le rapport entre ces trois espaces durant le premier siècle de l'Empire : d'une part, la cérémonie d'entrée en fonction des consuls ordinaires éponymes le premier janvier et, d'autre part, certains faits marquants de la guerre civile de 68-69. Nous ne pouvons, dans les deux cas, qu'illustrer notre propos par quelques éléments et non proposer une description complète, qui fut l'objet d'études antérieures. Le premier janvier, les deux futurs consuls ont réuni amis et fidèles chez eux avant de se rendre à pied au Capitole, cette procession consulaire comprenant, outre les consuls en toge prétexte, les faisceaux et les chevaliers qui les précèdent, puis les sénateurs et la foule, en habits de fête, qui les escortent, pour sacrifier au temple de Jupiter deux taureaux blancs, rendre grâces au dieu, puis tenir en ce lieu la séance inaugurale du Sénat[10]. Rien que de très républicain, semble-t-il, si nous ne pouvions relever lors des discours et des prises de vœux une évolution notable des formules qui permet d'associer à la République le Prince. Les *vota pro salute imperatoris* sont également accompagnés, du moins à partir de Tibère, d'un serment sur les actes du prince qui renforce alors la spécificité impériale de cette cérémonie républicaine. Par ailleurs, un aspect privé des festivités du premier de l'an, les offrandes de bon départ, ces étrennes *(strenae)* que l'on doit au prince, comme on les devait à tout patron (l'empereur n'est-il pas le père de la patrie ?), permet, du moins à partir de Caligula, assurément, d'associer au Forum et au Capitole le Palatin, puisque c'est en ce lieu que doivent être remis les cadeaux, après transfert de la cérémonie depuis le Capitole[11].

Ces lieux qui apparaissent étroitement liés en période de paix, et donc de bon déroulement des cérémonies publiques (et privées, en nous interrogeant sur la nature de certains gestes), sont encore plus mis à contribution en période de troubles quand il s'agit d'obtenir un surplus de légitimité ou bien une reconnaissance de la validité de son pouvoir. Ainsi, le Sénat au Capitole (avec le temple de Jupiter), les Rostres au Forum et le palais au Palatin sont très souvent reliés dans les récits que nous avons conservés de cette période de crise que l'on a

10. Les récits concernant les cérémonies républicaines, puis leur évolution sous le principat, sont nombreux : parmi eux, d'abord Tite-Live, XXI, 63 et XXII, 1 pour les cérémonies de 218 et 217 av. J.-C., alors encore aux ides de mars ; puis Ovide, *Fasti*, I, 79-84 et *Ex Ponto*, IV, 4, 23-42 pour la période augustéenne. Pour plus de détails concernant rituels et déroulement, renvoyons à Michel Meslin, *La fête des Kalendes de Janvier dans l'Empire Romain. Étude d'un rituel de Nouvel An*, collection Latomus, volume 115, Bruxelles, 1970 et à notre thèse, pp. 134-148.

11. Suétone, *Caligula*, 42, 2, à propos de l'attitude de Caligula.

souvent qualifiée d'année des quatre empereurs, de janvier à décembre 69. Que ce soit dans le cadre d'une reconnaissance du pouvoir récemment conquis ou, bien au contraire, dans le cadre d'un véritable projet d'abdication, chacun de ces lieux est envisagé en ce qu'il permet d'associer les parcelles d'un pouvoir complexe à la définition originellement (et volontairement) composite et floue. Quand Othon ou Vitellius arrivent à Rome, il leur faut procéder à la légitimation de leur pouvoir qui passe par un parcours dans la cité où chaque lieu a son importance : à travers le Forum, se rendre au Capitole puis investir le Palatin [12]. La foule assiste à cet essai de reconnaissance ou bien à la tentative contraire quand Vitellius projette d'abandonner le pouvoir et envisage successivement les Rostres, la Curie et le Palatin pour rendre publique sa décision [13]. Quand ce n'est pas la mort qui viendra bouleverser la géographie politique de la cité ou bien plutôt s'inscrire en creux dans sa réalité : Galba, menacé par Othon, hésite sur l'attitude à prendre. Doit-il se retrancher dans le palais, gagner le Capitole ou bien se rendre aux Rostres ? C'est finalement en ce dernier lieu, au Forum, qu'il rencontre ses agresseurs et la mort, tout comme son successeur désigné Pison ; tandis que Vitellius, déchu, se trouve contraint par une foule hostile à refaire un parcours triomphal inverse du Palatin à l'Aventin, puis par la Voie Sacrée au Forum [14].

12. Mentionnons brièvement les témoignages de Tacite, *Historiae*, I, 47 et II, 89 et de Dion Cassius, LXIV, 4, 5.

13. Cf. Suétone, *Vitellius*, 15 et Dion Cassius, LXV, 16-17.

14. Le récit des derniers moments de Galba se trouve chez Tacite, *Historiae*, I, 39-41 et Plutarque, *Vie de Galba*, 25-27. Galba trouve la mort au pied du bassin de Curtius entre les basiliques émilienne et julienne ; Titus Vinius sur les marches du temple du divin Jules et Pison devant le temple de Vesta, tous trois donc en plein Forum.
Le parcours triomphal mortel d'un Vitellius déchu se trouve rapporté par Suétone, *Vitellius*, 16 ; Tacite, *Historiae*, III, 84-85 et Dion Cassius, LXV, 20. Signalons également l'article de John Scheid, « La mort du tyran. Chronique de quelques morts programmées » dans *Du châtiment dans la cité. Supplices corporels et peine de mort dans le monde antique*, table ronde organisée par l'École française de Rome (9-11 novembre 1982), collection EFR 79, Rome,

On le voit, ces lieux deviennent alors des enjeux dans une lutte armée pour le pouvoir où chaque camp tente d'investir le plus possible le centre politique de la cité, comme lorsque le parti flavien se trouve retranché au Capitole face aux partisans de Vitellius qui contrôlent encore le Forum et le Palatin [15]. La foule, quant à elle, n'est le plus souvent que spectatrice en ces mois troublés : elle suit le débat politique, y participe parfois, quand la pression des événements, ou de la crainte et de la famine, se fait trop forte [16]. Mais elle est en tout cas très consciente des enjeux de cette quête de la légitimité par le contrôle de l'espace urbain qui rend compte d'une visibilité du pouvoir associée aux termes de l'échange entre *princeps* et *populus*.

Troisième situation : investir la cité

Nous avons successivement envisagé l'espace urbain de Rome, du point de vue du pouvoir politique, en étudiant l'entrée puis le parcours dans la cité, c'est-à-dire en fait une utilisation concertée de lieux au nom de la légitimation d'un homme, voire de toute une famille. Le régime du Principat, né sur les vestiges d'une République agonisante, mais qui a conservé le même cadre institutionnel, se fonde sur des pratiques politiques héritées notamment de ses dernières années, à savoir un échange entre la foule et les hommes politiques qui prenait à l'époque appui sur le Forum ou les scènes festives, à propos des programmes des campagnes électorales, dans un système où la brigue préside aux débats et entraîne une course aux soutiens par des dépenses édilitaires obligées [17].

1984, pp. 177-193 qui étudie les morts de Caligula, Néron, Vitellius et Galère.

15. Cf. Suétone, *Vitellius*, 15 et *Domitianus*, 1 ; Tacite, *Historiae*, III, 69-71 et Dion Cassius, LXV, 17.

16. Tacite, *Historiae*, III, 84 : « Le peuple était là en spectateur ; il assistait à ces combats comme aux jeux du cirque, et appuyait chaudement de ses acclamations et de ses battements de mains tantôt ceux-ci tantôt ceux-là », à propos des affrontements de 68-69.

17. Zvi Yavetz, *op cit.*, dans son épilogue, p. 179, rappelle les termes de la

Cet échange entre le prince et la foule, un véritable dialogue instauré dès avant la victoire finale d'Octave sur Antoine, prend un tour d'autant plus régulier qu'il conduit à ritualiser certaines pratiques dans des lieux qui permettent à la fois au prince de mettre en scène son pouvoir et à la foule de signifier le plus souvent son accord, mais parfois aussi son refus des décisions prises. Nous ne retiendrons pas ici les manifestations au théâtre ou au cirque comme exemples de ce dialogue permanent entre *princeps* et *populus*, mais nous préférons poursuivre dans la voie d'une identification d'un espace investi en relevant les éléments qui permettent de juger de la multiplication de ces lieux qui mettent en rapport pouvoir et soutien populaire et leur diffusion dans l'ensemble de la cité. Manifester, soutien ou désapprobation, c'est exister ! Les parcours ritualisés, qu'il s'agisse d'une entrée triomphale, d'une cérémonie publique d'ouverture de l'année, voire de funérailles, permettent tout au long de l'année de rencontrer le pouvoir, donc de l'identifier, de participer à une mise en scène

relation « foule-souverain » dans la perspective d'une prise de participation politique : « Individuellement, le citoyen romain avait peu de poids politique. En revanche, rassemblées au cirque ou au théâtre, les foules s'exprimaient collectivement, et pas un souverain ne restait indifférent à ces manifestations », et cite en note H. Mattingly (*The Emperor and his Clients* dans *Todd Memorial Lecture*, n° 2, Sydney, 1948, p. 7) : « Ce peut être un prélude à la chute de l'empereur que l'expression ouverte de la désapprobation du public. Ce trait n'est pas uniquement propre à la période impériale. Au temps de la République aussi, les réactions des masses au théâtre ou au cirque donnaient la mesure des rapports entre le peuple et ses chefs. »
Bien entendu, l'œuvre majeure de Ronald Syme, *op. cit.*, affirmait déjà : « Jeux et fêtes constituaient les moyens habituels d'orienter les sentiments du peuple. » Et de donner des exemples tirés de Cicéron (cf. p. 117 et les notes 20 et 21) avant de consacrer deux chapitres aux titres fort évocateurs, « La mise en condition de l'opinion » et « L'opposition » (pp. 434-466), dans lesquels il précise les modalités d'une liberté d'expression plus ou moins canalisée : « … et la plèbe de Rome était encouragée à manifester publiquement sur le Forum ou au théâtre » (p. 434), qui est retracée depuis la République pompéienne jusqu'aux exemples augustéens les plus significatifs (p. 455 : deux évocations de manifestations durant les jeux, contre M. Titius [Velleius Paterculus, II, 79, 6] et en faveur d'Aemilia Lepida [Tacite, *Annales*, III, 23]).

des rapports sociaux et de contester dérives ou progressif isolement de celui-ci (le règne de Tibère en est une illustration éclairante). En diffusant lieux de culte et scènes festives d'un échange ritualisé entre pouvoir et peuple, on obtient une image différente d'un espace investi, contrôlé mais également sujet aux accès de fièvre collective dont l'histoire nous rapporte les échos récurrents et violents.

On peut, dans nos sources littéraires, relever plusieurs emplois remarquables du terme de *vicatim* entre les années qui précèdent la guerre civile, notamment lors des fêtes triomphales de César, et 68-69. Il s'agit alors de rendre l'idée d'une diffusion dans toute la cité, à tous les carrefours de rues, dans tous les quartiers (*vici*), de jeux scéniques ou de sacrifices religieux. Donnons quelques exemples qui permettent de mieux comprendre l'objectif de cette diffusion des lieux festifs dans l'ensemble de la ville ce qui, à bien des égards, nous semble également le meilleur moyen de contrôler le peuple en liesse au moment des fêtes régulières ou extraordinaires, inscrites ou non au calendrier. César associa l'ensemble de la population à la célébration de ses triomphes en 45 av. J.-C. en organisant des représentations théâtrales sur autant de scènes provisoires où son action ne pouvait manquer d'être rappelée [18]. Auguste réorganisa une cérémonie traditionnelle qui réunissait, dans les campagnes mais également en ville, les populations aux carrefours pour sacrifier aux Lares. Ces *Compitalia* qui avaient lieu à date variable entre les Saturnales et les ides de janvier sont transformés, en même temps que l'ensemble de la cité est réorganisée en 265 *vici*, et fixés aux kalendes de mai et d'août. La fête, sous l'autorité de responsables locaux, comprend une procession, un sacrifice et des *ludi*. Toute la ville est ainsi en fête, dans tous ses quartiers, et la population est invitée à célébrer le nouveau régime puisque les Lares des carrefours se sont vus flanqués du Génie du prince *(genius Augusti)* tandis que tous les aspects subversifs étaient supprimés (notamment des collèges séditieux très actifs dans les années 64-56) [19].

18. Cf. Suétone, *Divus Iulius*, 39, avec l'emploi du terme *regionatim*.
19. Cf. Notre étude dans nos *Recherches…*, *op. cit.*, pp. 260-275.

De nouveau, nous sommes confrontés à cette habile association entre des caractères privés et publics de la fête et entre une pratique festive populaire et l'association étroite à la personne du prince. Un dernier cas illustre cette diffusion des festivités dans l'ensemble de la cité. Tacite relève l'organisation « spontanée » d'un parcours religieux de temple en temple, dans toute la cité, des images de Galba après l'annonce de la mort d'Othon, en même temps que l'on dépose des guirlandes sur l'emplacement de son assassinat au bassin de Curtius [20]. De même, il mentionne la célébration du *natalis* (jour anniversaire) de Vitellius par des combats de gladiateurs *vicatim* [21].

La société romaine se trouve ainsi associée, par le biais des manifestations festives, au pouvoir en place. Les lieux politiques sont le plus souvent de véritables lieux festifs, le théâtre, l'amphithéâtre ou le cirque, quand ce n'est pas un lieu politique qui se trouve transformé en scène festive comme les *saepta* (l'enceinte des élections). De fait, la cité ainsi investie peut alors participer à une célébration en masse du nouveau régime, politiquement en le reconnaissant, socialement en parcourant la cité de manière ordonnée ou en prenant place sur les gradins des théâtres et de l'amphithéâtre selon un plan de répartition extrêmement rigoureux. Les échanges entre *princeps* et *populus* sont nombreux, tout au long de l'année, et assurent le plus généralement la pérennité du régime en place quand ils n'ont pas pour résultat final de favoriser un changement de titulaire de la magistrature suprême. Pourtant, durant la période d'étude que nous avons privilégiée, le premier siècle de l'empire, le remplacement des empereurs, quand il ne résulte pas du choix du prédécesseur mais d'un épisode sanglant, n'est pas directement le fait de la foule, mais bien plutôt d'une révolte des milieux politiques et militaires qui peuvent ensuite appeler la foule à témoin, comme lors de l'assassinat de Caligula en 41 ou durant la longue période de troubles des années 68-69. Le peuple de Rome peut être amené

20. Tacite, *Historiae*, II, 55.

21. *Ibidem*, II, 95. La date de cet anniversaire demeure toutefois imprécise, le 7 ou le 24 septembre.

à utiliser cet espace qu'on lui reconnaît pour manifester soutien ou réprobation, il n'est jamais à l'origine directe d'un quelconque changement.

Nous voudrions finir cette brève évocation de l'espace urbain de Rome, et de son utilisation par le pouvoir à des fins idéologiques, en rappelant que c'est en définitive au statut de la cité elle-même, à sa place au centre de l'empire, à son rôle éminent dans la légitimation du souverain qu'aboutit cette réflexion. Que la conquête soit civile ou militaire, elle est souvent illustrée par une marche qui aboutit à la Ville et s'en empare symboliquement en la parcourant triomphalement. De l'accueil réservé au Prince par le peuple dépendra la légitimation de cette prise de possession : elle se traduit par une multiplicité de lieux d'échange et un véritable parcours ritualisé. Rome est le centre du monde, de l'*oïkoumène*, mais c'est parfois, comme sous Néron, à l'identification de l'espace urbain au palais du prince, la *domus Augusti*, que nous sommes conviés. Dernière étape d'une appropriation de l'espace, d'un encadrement de la foule qui participe alors, de l'intérieur, à la vie quotidienne du prince.

La rue, lieu de sociabilité ? Rencontres de la rue, Actes du colloque de Rouen, 16-19 novembre 1994, textes réunis par Alain Leménorel, Publications de l'université de Rouen n° 214, pp. 215-223.

Bruno Poulle

LA MORT DE GALBA ET LE LACUS CURTIUS

On sait l'importance, aux yeux des Anciens, des circonstances de la mort d'un grand personnage, et en particulier de ses dernières paroles. À ce moment, la vie était résumée dans une attitude, un acte ou une phrase ultimes qui achevaient de peindre ou de révéler un caractère. La pensée antique voyait alors s'accomplir une destinée. La littérature, qu'elle soit historique ou moraliste, a abondamment tiré parti des récits de morts, qui suscitaient un intérêt constant du public, comparable à celui provoqué par les combats de gladiateurs. Valère-Maxime, pour ne citer qu'un exemple, avait consacré un chapitre des *Mémorables*, aux *mortes non vulgares*[1].

C'est pourquoi, dans l'œuvre de Tacite, une place non négligeable est laissée aux morts des hommes célèbres, en particulier des empereurs. L'historien rapporte fidèlement, chaque fois qu'il le peut, leurs derniers mots. Or pour Galba, il reproduit, en témoignant toutefois de son incertitude, ses dernières paroles, au moment où les soldats révoltés l'assassinent en plein Forum : « Sa dernière parole a été diversement rapportée par la haine ou l'admiration. Les uns prétendent que, d'une voix suppliante, il demanda quel mal il avait fait, priant qu'on lui accordât quelques jours pour s'acquitter du *donatitivum*; d'autres, en plus grand nombre, disent qu'il tendit lui-même sa gorge aux meurtriers, s'écriant : "Allez, frappez, si le bien de l'État l'exige" »[2]. Il y a donc eu, selon Tacite, deux versions des derniers mots de Galba. La première est très vraisemblablement

1. *Mém.*, 9, 12.
2. *Hist.*, 1, 41, 3 (traduction H. Goelzer, C.U.F. Paris, 1946).

celle de ses détracteurs, ceux qui sont marqués par l'*odium* : il Supplie lâchement ses bourreaux pour obtenir un délai.

On peut s'étonner que Galba, par sa demande, manifeste qu'il ignore le motif de la révolte des soldats et qu'aussitôt après il les supplie pourtant de lui laisser le temps d'y remédier. L'explication suit la logique du caractère[3] : à la surprise d'une victime qui a bonne conscience succède une hypothèse implicite sur la cause de l'événement et une ultime tentative de faire ce qu'il convient. Certes, l'officier qu'est fondamentalement resté Galba[4] ne se grandit pas à supplier des soldats, qui, de plus, se sont révoltés ; mais ces mots témoignent de sa bonne volonté. Il comprend tardivement qu'il a eu tort de ne pas prendre en compte l'avidité des soldats. C'est en tout cas à cause du pathétique de ces supplications et de l'inversion dramatique des situations (le supérieur supplie l'inférieur, le parcimonieux est contraint à la libéralité par les soldats avides) que Tacite a transcrit, en faisant les réserves qui conviennent, des paroles que Galba n'avait peut-être pas prononcées.

L'autre version des dernières paroles de Galba est plus surprenante et plus contradictoire encore. Elle est très probablement celle de ses admirateurs, les plus nombreux : il accepte de mourir pour le bien de l'État, employant un vocabulaire et des expressions à la connotation religieuse *(agerent ac ferirent)* et juridique *(si ita e re publica uideretur)*[5].

Or on voit mal en quoi, du point de vue des partisans de Galba, il était de l'intérêt de l'État qu'Othon prenne le pouvoir ou que la guerre civile renaisse — conséquences immédiates et prévisibles de ce meurtre. Galba lui-même aurait-il en toute vraisemblance accepté la mort pour un tel résultat ? Un militaire si attaché à la discipline ne pouvait pas considérer comme un bien pour le peuple romain que des soldats révoltés tuent leur empereur !

---

3. Pour une synthèse de la vie et de la personnalité de Galba, J. Sancery, *Galba ou l'armée face au pouvoir*, Paris, 1983.
4. Ainsi que le prouve une autre phrase qui lui est attribuée juste auparavant : à un soldat qui lui annonce faussement qu'il a tué Othon, Galba rétorque : « Qui t'en a donné l'ordre ? ». Cf. J. Sancery, *op. cit.*
5. Cf. le documentaire et les références données par H. Heubner dans son édition commentée du passage (Heidelberg, 1963), p. 94.

Attribuer le récit de ces dernières paroles aux détracteurs de Galba n'est pas non plus satisfaisant : la mort, pour la patrie est tout à l'honneur de l'empereur. Mourir pour l'État restait un trait caractéristique de l'antique *uirtus*. Il y a donc bien, dans cette seconde version des derniers mots de l'empereur, une apparente contradiction.

Or la mort de Galba nous est bien connue, grâce aux récits ou allusions de huit autres auteurs anciens. Suétone, Plutarque et Dion Cassius en donnent un récit détaillé. Flavius Josèphe et Philostrate se contentent d'une allusion, ainsi que les auteurs plus tardifs, Aurélius Victor, Eutrope et Orose. Tacite est le seul à proposer ces deux versions de la mort de Galba en les opposant. Le récit de Suétone [6], qui est le plus proche de celui de Tacite, ne reprend pas la question « qu'ai-je fait de mal ? » et n'oppose pas la promesse d'un donativum à l'acceptation de la mort. Chez Dion Cassius on ne retrouve que la première question [7]. À l'inverse, Plutarque ne reprend que les paroles d'acceptation de la mort, en des termes dont la connotation religieuse est moins apparente [8]. Les autres auteurs [9] ne mentionnent pas les derniers mots de Galba ; mais il est vrai que leurs récits sont beaucoup moins détaillés que celui de Tacite : l'événement n'occupe chez eux pas plus d'une phrase.

Les dernières paroles de Galba ne sont pas le seul détail du récit de sa mort sur lequel les historiens ne s'accordent pas. Le nom du meurtrier ou la raison de la présence de l'empereur sur le Forum, pour ne prendre que deux exemples [10], sont aussi mal établis. Tacite fournit trois noms possibles pour le meurtrier (Terentius, Lecanius ou Camurius), liste à laquelle Plutarque ajoute le nom de Fabius Fabulus, tandis

6. Suét., *Galba*, 20, 1.

7. Dion Cassius, LXIV, 6.

8. Plutarque, *Galba*, 27.

9. Aurélius Victor, 6, 3 ; Eutrope, VII, 10 ; Josèphe, *Bell. Iud.*, IV, 494 ; Philostrate, *Apoll.*, V, 32 ; Orose, VII, 8, 1.

10. On trouvera une comparaison détaillée des sources dans Ph. Fabia, « La journée du 15 janvier 69 à Rome, confrontation des témoignages de Tacite, Plutarque, Suétone et Dion Cassius », dans *Revue de Philologie*, 36, 1912, pp. 78-129.

que les autres historiens ne donnent pas de noms. Selon Plutarque et Dion Cassius, Galba, croyant Othon assassiné, avait quitté le Palatin où il s'était retranché pour aller sacrifier à Jupiter Capitolin, ce qui explique sa présence sur le Forum. Pour Tacite et Aurélius Victor, Galba partait apaiser la sédition et réduire les partisans d'Othon ; pour Suétone, au contraire, l'empereur allait au-devant de ses partisans.

Cependant, les historiens, même les plus brefs sur l'événement, précisent tous (excepté Orose) que le meurtre eut lieu sur le Forum romain. Il est certain qu'un tel fait à un tel endroit avait de quoi frapper les esprits des nombreux spectateurs qu'il y eut [11], et par la suite des historiens. C'est assez sûrement d'un ou de plusieurs témoins oculaires que les historiens les plus anciens ont pu tirer leurs récits, au point que la question d'une source commune a été soulevée [12]. L'indication que donne Tacite, à savoir que les paroles de l'empereur mourant furent diversement rapportées, témoigne précisément d'une diversité des sources et des récits partisans qui ont été faits.

Le récit de Tacite, qui est le plus détaillé, est aussi très travaillé. On pourrait dire que, depuis le chapitre 5 des *Histoires*, tout prépare la mort de Galba, avec une intensité dramatique croissante au fur et à mesure qu'Othon prépare son complot. Tacite raconte en détail la journée du 15 janvier 69 à partir du chapitre 27, en utilisant en particulier les procédés de l'accélération des scènes ou des événements et du changement brusque de lieux [13]. Dans un article magistral et très riche [14], A. Rouveret a démontré, en particulier, que les monuments sont chez Tacite des acteurs à part entière de l'histoire, en s'appuyant justement sur le récit de la mort de Galba. Et de

11. *Hist.*, 1, 40, « Galba était poussé tantôt ici, tantôt là, par les remous d'une foule incertaine, tandis que de toutes les basiliques et de tous les temples remplis de monde on regardait ce lugubre spectacle. »
12. Cf. Ph. Fabia, *art. cit.*
13. P. Schunck, « Studien zur Darstellung des Endes von Galba, Otho und Vitellius in dem Historien des Tacitus », in *Symbolae Osloenses*, 39, 1964, pp. 38-82.
14. A. Rouveret, « Tacite et les monuments », in *A.N.R.W.*, II, 33, 4, pp. 3051 -3099 (spécialement pp. 3066-3072).

fait, tout au long de sa narration, Tacite mentionne les lieux et les monuments de Rome de façon à donner aux événements l'arrière-fond historique et symbolique que le décor porte en lui-même. Galba sacrifiant devant le temple d'Apollon Palatin évoque Auguste, fondateur du régime ; les noms des lieux qu'il parcourt en quittant le Palatin rappellent la fondation de Rome et soulignent la profanation qu'est la guerre civile [15]. Sur le Forum, la foule s'est réfugiée dans les basiliques, laissant la place aux soldats, comme jadis, jusqu'à Auguste, pour les combats de gladiateurs. La théâtralisation de l'événement atteint ici son point culminant ; on se trouve reporté par le fait-même à l'époque républicaine. Tacite fait alors intervenir les prestigieux monuments qui entourent la scène : « la vue du Capitole, la sainteté des temples qui dominent le Forum et l'idée des princes passés et futurs ne détournèrent pas (les insurgés) de commettre leur crime » (I, 40).

La mention du Capitole ici n'est pas fortuite ; sans aucun doute, elle annonce l'incendie provoqué par Vitellius et rappelle celui qui suivit l'entrée de Sylla dans Rome : la guerre civile est bien l'auto-destruction de la puissance romaine, marquée par la profanation et la ruine de son symbole, le Capitole [16]. Mais l'allusion historique de Tacite est encore plus précise : Galba est l'arrière-petit-fils de Quintus Lutatius Catulus, qui reconstruisit le Capitole et y inscrivit son nom [17]. Le premier empereur à ne pas être de la famille d'Auguste avait axé sa propagande sur cet ancêtre pour se donner une légitimité. Il avait fait figurer le nom de Catulus sur ses statues [18] et le Capitole sur ses monnaies [19]. Aussi, quand Tacite

15. Je résume ici l'analyse d'A. Rouveret, *art. laud.*

16. Paul M. Martin, « Architecture et politique : le temple de Jupiter Capitolin », in *Présence de l'architecture et de l'urbanisme romains*, Paris, 1983, pp. 9-29.

17. Sur le sens de la reconstruction de Catulus, voir G. Sauron, *Quis deum, l'expression plastique des idéologies politiques et religieuses à Rome*, Paris, 1994, pp. 169-248.

18. Suétone, *Galba*, 2.

19. Fred S. Kleiner, « Galba and the Sullan Capitolium », in *American journal of Numismatics*, 1, 1989, pp. 71-77.

signale que le Capitole a surplombé le meurtre de Galba, il nous transporte à l'époque républicaine et souligne l'atteinte à la légitimité de l'empereur, l'impiété criminelle de son assassinat et l'ironie tragique de l'histoire romaine, qui est sans cesse recommencée.

C'est à mon sens dans cette optique, c'est-à-dire en rapport avec les monuments, que l'on doit comprendre les dernières paroles de Galba. Celui-ci fut tué près du Lacus Curtius. Or ce très antique et très célèbre sanctuaire faisait mémoire de trois récits explicatifs, selon Varron[20] : « Selon le récit de Procilius, la terre s'ouvrit à cet endroit, et ce prodige, par voie de sénatus-consulte, fut soumis aux haruspices. Leur réponse fut que le dieu des Mânes revendiquait un sacrifice expiatoire, autrement dit voulait qu'on précipitât dans ce gouffre le plus valeureux des citoyens. Alors un homme valeureux, un certain Curtius, monta à cheval tout armé puis, tournant le dos au temple de la Concorde, avec son cheval il se précipita dans le vide ; cela fait, la terre se referma, ensevelissant son corps sur l'initiative des dieux, et laissant à sa famille un témoignage durable de son souvenir. Selon le témoignage de Pison dans ses *Annales*, pendant la guerre sabine qui se livra entre Romulus et Tatius, lorsque Romulus eut d'un point dominant lancé l'attaque, un homme très valeureux, le Sabin Mettius Curtius, fit diversion vers un coin marécageux qui s'étendait alors sur le Forum, avant la construction des égouts ; puis il rejoignit les siens au Capitole. Le lac trouva son nom de Curtius d'après celui du héros. Cornelius et Lutatius rapportent dans leurs écrits que cet emplacement fut frappé par la foudre puis clôturé en vertu d'un sénatus-consulte. Comme la mesure se trouva appliquée par le consul Curtius (qui avait alors pour collègue Marcus Genucius), l'emplacement reçut le nom de Curtius ». Cette dernière explication, donnée par Procilius et Lutatius, reste l'explication la plus marginale ; on ne la retrouve que dans ce passage de Varron. L'explication de Pison, la diversion faite par Mettius Curtius, serait au contraire la plus ancienne et aurait le fond le plus véridique, malgré les

20. *Ling lat.*, 5, 148-150.

divergences des sources sur le rôle véritable du héros sabin[21].

La mort de Galba à côté de ce lieu qui gardait la mémoire de la guerre entre les Sabins et les Romains, guerre archétype de toutes les guerres civiles ultérieures, n'aurait donc pas été une coïncidence aux yeux des contemporains, mais la répétition de l'histoire et le signe prodigieux d'un retour de cette détestable tradition[22]. La dernière parole de Galba (« Allez, frappez, si le bien de l'État l'exige ») est donc plus qu'un consentement à mourir, c'est une résignation devant le destin collectif de Rome[23] et une acceptation du présage.

Il reste que la soumission au destin n'est pas nécessairement le bien de l'État, si le destin doit dans l'immédiat apporter le malheur en la personne d'Othon. C'est pourquoi le troisième récit rattaché au Lacus Curtius, celui de Procilius, où est racontée la *devotio* d'un Curtius, me paraît expliquer le mieux les derniers mots de Galba. Celui-ci est mort pour la patrie, près d'un lieu qui gardait la mémoire d'une autre mort pour la patrie ; c'en était même le monument par excellence[24]. Galba aurait renouvelé un geste des temps héroïques en acceptant la mort. Comme Curtius qui s'est jeté tout armé dans le gouffre, Galba avait revêtu une cuirasse : ce détail, explicable dans de telles circonstances, aurait dans un autre cas paru trop banal pour être mentionné. Or les historiens ont tenu à le préciser[25].

Du reste, on remarque chez les différentes sources qui ont traité de la mort de Galba une précision topographique

---

21. Voir l'analyse de J. Poucet, *Essai sur les origines sabines de Rome*, Paris, 1967, pp. 241 sqq.

22. C'est l'interprétation d'A. Rouveret, *ad laud.*

23. Il a été supposé que Galba était stoïcien (H. Bardon, *Les empereurs et les lettres latines*, Paris, 1940, pp. 259-260) ; sa mort pourrait dans ce cas passer aussi pour un suicide stoïcien. Mais aucune preuve ne vient étayer cette hypothèse.

24. Le célèbre bas-relief trouvé près du Lacus Curtius, qui figure un guerrier à cheval se jetant dans un marécage (représentation qui peut convenir autant à l'étiologie de Pison qu'à celle de Procilius) montrait la mémoire du lieu aux yeux de tout un chacun, y compris à ceux de Galba.

25. Suétone, *Galba*, 19, 3 : « *loricam induit linteam* » (une cuirasse de lin ne pouvait servir qu'à une protection toute symbolique) ; Tacite, *Hist.*, 35, 1 : « *sumpto thorace* ».

constante ; Dion Cassius est le seul, avec les auteurs dont le récit est très bref, à se contenter de l'indication « au milieu du Forum ». Suétone, Plutarque et Aurélius Victor, comme Tacite, précisent bien que la litière de l'empereur fut renversée près du Lacus Curtius. Ce sont aussi Tacite, Suétone et Plutarque qui citent les derniers mots de Galba parlant du bien de l'État. Aurélius Victor, plus bref, parle néanmoins de la cuirasse de l'empereur : « Comme Galba, revêtu d'une cuirasse, se rendait (au Forum) pour apaiser le désordre, il fut tué près du lac Curtius ». La conjonction dans nos sources entre les mentions de la cuirasse que portait l'empereur, du Lacus Curtius et de ses ultimes paroles surprenantes indique que ces paroles ne peuvent se comprendre sans le nom du lieu et renforce l'hypothèse que cette mort fut une *deuotio*.

La *deuotio* célèbre de Decius Mus, telle que la raconte Tite-Live [26], a cependant suivi un rituel précis et s'est produite dans des circonstances très différentes de celles qui ont entouré la mort de Galba. Decius Mus a prononcé un *carmen* dicté par un pontife avant de se jeter au milieu des ennemis ; même si les mots employés par Galba appartiennent à la langue religieuse, ils ne constituent pas la formule de la *deuotio*. À cette objection, on répondra que la mort de Curtius lui-même, telle qu'elle est racontée par Varron, Tite-Live et Valère-Maxime [27], ne fut pas accompagnée d'une formule et ne fut pas provoquée par les ennemis au cours d'une bataille. Tite-Live est d'ailleurs seul à employer le verbe « *se deuouisse* », tandis que Varron parle d'une *postilio*. Il est vrai aussi que les coups d'épée [28] qui causèrent la mort de Galba diffèrent d'un engloutissement dans le sol. L'analogie entre la fin de Galba et celle de Curtius subsiste néanmoins. Galba était tombé de sa litière et avait roulé au sol, comme Curtius est tombé dans le gouffre.

Il reste à se demander si Galba a réellement prononcé les dernières paroles que certains, selon Tacite, ont rapportées : nous ne pouvons avoir là-dessus, bien entendu, que des

26. *Deuotiones* des Decii : *T-L*, VIII, 9 : VIII, 10 et X, 28.
27. *T-L*, VII, 6 ; Val.-Max., 5, 6, 2.
28. *Hist.*, I, 41.

hypothèses. Voyant qu'il tombait près du Lacus Curtius, l'empereur, qui un instant auparavant comptait encore obtenir grâce, aurait compris que son destin était de renouveler le geste de Curtius en mourant pour la patrie. Le monument aurait ainsi pleinement joué son rôle, qui est de rappeler le passé et d'offrir un modèle pour l'avenir.

Il est possible aussi, ainsi que le dit Tacite, que les partisans de l'empereur défunt aient cherché à exploiter pour leur propre propagande une simple coïncidence ; attribuer à Galba de telles paroles, alors que les spectateurs du drame étaient trop loin pour les entendre, c'était faire de lui un héros des origines de Rome. Enfin, le fait que Tacite ne reprenne pas ces paroles à son compte et que Suétone et Plutarque les mentionnent aussi exclut l'hypothèse d'une pure invention de Tacite.

Quoi qu'il en soit, la mise en scène qu'opère Tacite de la tragique journée du 15 janvier 69 fait un grand usage du décor, auquel est donné un rôle actif et de premier plan. L'historien rapporte les derniers mots attribués à Galba et mentionne le Lacus Curtius parce qu'il tire un effet dramatique et littéraire du geste ultime de l'empereur. Il nous transporte à l'époque républicaine, par l'intervention des monuments dans le récit. À cause de la présence en eux du passé, la mort de Galba devient, plus qu'un simple meurtre commis par des factieux, le renouvellement de l'histoire et un nouveau geste des temps héroïques. En même temps, le portrait de l'empereur est complété par un dernier trait qui dépasse le personnage historique, c'est-à-dire l'image qu'il voulut léguer ou qu'on lui donna. Par sa piété à l'égard de l'État, Galba est devenu l'archétype du bon soldat sur lequel a reposé la puissance romaine, une figure devenue étrangère à son époque. C'est ainsi que le récit historique, comme les monuments de Rome, peut non seulement faire mémoire du passé mais être édifiant devant l'Histoire.

Bulletin de l'Association Guillaume Budé, Lettres d'Humanité LVII, n° 4, février 1998, pp. 310-317.

Aubin Imprimeur
LIGUGÉ, POITIERS

Achevé d'imprimer en octobre 2001
N° d'impression L 62591
Dépôt légal octobre 2001
Imprimé en France